GOLDMANN

Buch

Hans-Jürgen Wischnewski, der in zahlreichen schwierigen Verhandlungen – sei es bei der Befreiungsaktion auf dem Flughafen von Mogadischu, bei seinem Engagement für die algerische Freiheitsbewegung, bei den Verhandlungen mit den nicaraguanischen Contras, beim Fischereiabkommen mit Island und bei den Krisenverhandlungen vor Ausbruch des Golfkrieges – ein untrügliches Gespür für das Machbare entwickelte, gilt als der »Feuerwehrmann der Nation«. Er genießt weltweit hohes Ansehen und großen Respekt – der »Freund klarer Verhältnisse« und des offenen Wortes wird über alle Konflikte hinweg als Mann der Freundschaft geschätzt.

Autor

Der 1922 in Ostpreußen geborene Hans-Jürgen Wischnewski bekleidete im Laufe seines Lebens nahezu alle Ämter, die seine Partei zu vergeben hat. Er war Bundesvorsitzender der Jungsozialisten, Geschäftsführer, Schatzmeister und stellvertretender Vorsitzender der SPD. Mehr als dreißig Jahre lang gehörte er dem Deutschen Bundestag an. Während der großen Koalition leitete er das Ministerium für wirtschaftliche Zusammenarbeit im Auswärtigen Amt, dann Staatsminister beim Bundeskanzler. Landes- und weltweit bekannt wurde Hans-Jürgen Wischnewski aber nicht durch seine Ämter, sondern durch sein engagiertes Handeln, wie zum Beispiel bei der Befreiungsaktion von Mogadischu im Herbst 1977.

Hans-Jürgen Wischnewski

Mit Leidenschaft und Augenmaß

In Mogadischu und anderswo
Politische Memoiren

GOLDMANN VERLAG

Der Goldmann Verlag
ist ein Unternehmen
der Verlagsgruppe Bertelsmann

Made in Germany · 6/91 · 1. Auflage
Genehmigte Taschenbuchausgabe

Umschlaggestaltung: Design Team München
Umschlagfoto: Süddeutscher Verlag/Bilderdienst, München
Druck: Presse-Druck Augsburg
Verlagsnummer: 11699
SK · Herstellung: Heidrun Nawrot
ISBN 3-442-11699-6

DIESES BUCH

ist gewidmet in Dankbarkeit den vielen Mitarbeitern, den Helferinnen und Helfern, die mich in unterschiedlichen Aufgaben begleitet haben, mir geholfen haben, die mich berieten und vor Fehlern und Unheil bewahrt haben.
Besonders danken möchte ich meiner langjährigen Mitarbeiterin, Frau Ursula Luge. Ohne ihre Mithilfe wäre dieses Buch nicht entstanden.

Dieses Buch ist gewidmet in Liebe und Dankbarkeit meiner Frau Gika, die mir zu Hause den Rücken freihielt, damit ich meine ganze Kraft meinen Aufgaben zuwenden konnte.

Inhalt

Vorwort 9

DIE ANFÄNGE

Ein Ostpreuße wird in Niederbayern Sozialdemokrat 13
Von den Falken zum Bundesvorsitzenden der Jungsozialisten 17
Der »Kölsche Klüngel« 22
Abgeordneter in Bonn 28
Lehrzeit in Afrika 39
Bundesminister für Entwicklungspolitik in der Großen Koalition 48
Wer Vorschläge macht, muß selbst die Konsequenzen ziehen: Bundesgeschäftsführer 60
Sondierungen in Osteuropa 78
Von der ersten bayerischen Briefmarke bis zur Gedenkmarke zu Lenins Geburtstag: Briefmarken als Geschichtsunterricht 96

BEN WISCH

Mit Algerien fing alles an 105
Scherbenhaufen 124
Im Schwarzen September 127
Neuer Anfang 140
Gedanken über unsere arabischen Nachbarn 152
Die Palästinenser 159
Israel 163
Reise durch den Nahen Osten 168

DIE SOZIALLIBERALE KOALITION

Staatsminister im Auswärtigen Amt 177
Staatsminister beim Bundeskanzler 186
Das schwerste Jahr in der Geschichte der Bundesrepublik Deutschland: Mogadischu 202

Der Kampf um die Fortführung der sozialliberalen Koalition 244
Parteiämter 256
Eintreten für die Menschenrechte 267

ERFAHRUNGEN IN LATEINAMERIKA

Chile: Der Putsch der Generäle und die Opfer 277
Die Contadora-Gruppe 285
»Wischnewski, du mußt ihn besuchen«: in Panama und auf Kuba 286
Zwischen San Salvador und Managua 289
Das Wunder von Esquipulas 297
Als Vertreter der nicaraguanischen Regierung bei den Waffenstillstandsverhandlungen 314

AUSKLANG

Ein notwendiges Wort mit ungewollten Folgen: Der Rücktritt Willy Brandts 353

Brief an meinen Nachfolger 371

Ein notwendiges Nachwort 385

ANHANG

1. Die Ergebnisse der Bundestagswahlen im Kölner Wahlkreis 67 und 59 393 – 2. Stellungnahme zur Bundestagswahl vom 29. Mai 1969 für Willy Brandt, Helmut Schmidt, Herbert Wehner, Alfred Nau 397 – 3. Aufzeichnung über die Koalitionsverhandlungen vom 2. Oktober 1969 401 – 4. Nahostmission der Sozialistischen Internationale vom 23. Februar bis 18. März 1989 405 – 5. Erklärung der Operation Kofre Kaddum vom 13. Oktober 1977 411 – 6. Aufzeichnung des Telefongesprächs zwischen Bundeskanzleramt und Mogadischu via Rom 413 – 7. Bericht zur Lage der Partei vom 7. September 1981 419 – 8. Rede vor der Vollversammlung der Vereinten Nationen am 30. September 1982 423 – 9. Vorschlag der Regierung von Nicaragua, um die Feuereinstellung im Rahmen von Esquipulas II zu erreichen 435 – 10. Entwurf für ein Abkommen zwischen der verfassungsmäßigen Regierung der Republik Nicaragua und dem nicaraguanischen Widerstand über den endgültigen Waffenstillstand 441 – Bildquellenverzeichnis 449 – Register 451

Vorwort

In diesem Buch habe ich meine Erlebnisse, meine Erfahrungen und meine Erkenntnisse aus gut vierzig Jahren deutscher Politik aufgezeichnet.

Natürlich gibt diese sehr subjektive Aufzeichnung meine ganz persönliche Sicht der Dinge und Vorgänge wieder. Das gilt für die Schilderung und Beurteilung von Ereignissen, aber auch für die Beurteilung von Personen aus dieser Zeit.

Im vorliegenden Buch und seinem Anhang werden auch eine Reihe von Niederschriften und Dokumenten aus der jeweiligen Zeit wiedergegeben. Sie charakterisieren die damalige Situation besser als ich sie heute beschreiben könnte. Diese Dokumente sind vielleicht auch für diejenigen Leser interessant, die sich mit der Geschichte der Bundesrepublik Deutschland beschäftigen.

In diesem Jahr ist die Bundesrepublik Deutschland vierzig Jahre alt. Diese vierzig Jahre habe ich sehr bewußt miterlebt, habe aktiv Anteil nehmen können und habe auch mitgestalten dürfen.

Ich berichte hier über meine Arbeit für meine Partei, die SPD, die in diesen vierzig Jahren immer eine bedeutende Rolle gespielt hat, unabhängig davon, ob sie an der Regierung oder in der Opposition war.

Es ist das Buch eines engagierten Parlamentariers, der in einer harten Schule gelernt hat, daß man in der Regierung mehr bewegen kann als in der Opposition, der aber auch erkannt hat, daß gerade in unserem Land eine starke Opposition von besonderer Bedeutung ist.

Und schließlich berichtet dieses Buch besonders ausführlich über die Dritte Welt und ihre Konflikte. Daß deren Probleme ausführlicher behandelt werden als die bundesdeutsche Innenpolitik, hängt damit zusammen, daß ich leider zu der Auffassung gelangt bin, die Brisanz dieser Problematik werde auch heute noch nicht erkannt. Und selbst dort, wo sie erkannt wird, werden noch immer nicht die notwendigen Konsequenzen gezogen. Die Welt wird nicht überleben, wenn es dabei bleibt, daß wir in den industrialisierten Regionen zwischen mehr als 200 Brotsorten wählen können, während es Millionen Menschen in der Dritten Welt an einer einzigen Scheibe Brot mangelt.

Es hat sich herumgesprochen, daß ich in Mogadischu, Lateinamerika und in anderen Ländern der Erde in außergewöhnlichen Situationen Verhandlungen führen mußte, um entführte Menschen zu befreien oder einen Beitrag zum Frieden in einer Region zu leisten. Dies war nicht immer einfach. Oft mußte ich mich bis zum Rande der physischen Erschöpfung engagieren.

Auf den nachfolgenden Seiten werde ich von meiner Arbeit und meinen Erfolgen, aber auch von meinen Niederlagen und Enttäuschungen erzählen.

Den Titel hat mir der Verlag vorgeschlagen. Mit Leidenschaft habe ich mich immer bemüht, meine Aufgaben zu erfüllen. Das notwendige Augenmaß habe ich wohl nicht immer erreicht.

Die Bürgerinnen und Bürger haben mich für mehr als drei Jahrzehnte in den Deutschen Bundestag gewählt. Hier ist mein Bericht.

Hans-Jürgen Wischnewski

Die Anfänge

Ein Ostpreuße wird in Niederbayern Sozialdemokrat

Ich wurde am 24. Juli 1922 in Allenstein in Ostpreußen geboren. Meine Mutter war eine echte Masurin, mein Vater stammte aus dem Ruhrgebiet, wo mein Großvater als Bergmann gearbeitet hatte. Der Vater war nach dem Ersten Weltkrieg in Ostpreußen geblieben.

Im Jahre 1927 siedelten meine Eltern nach Berlin über, wo mein Vater als Zollbeamter tätig war. Hier, in Berlin, besuchte ich auch vier Jahre lang die Volksschule. Das geringe Einkommen meines Vaters als »kleiner« Beamter zwang unsere Familie zu größter Sparsamkeit. Trotzdem kam zuerst ich und fünf Jahre später auch meine Schwester aufs Gymnasium. Die Eltern wollten, daß es ihre Kinder einmal besser haben sollten als sie selbst.

An die Weimarer Republik erinnere ich mich kaum; als Hitler 1933 an die Macht kam, war ich zehn Jahre alt. In meiner Klasse traten eine ganze Reihe von Mitschülern in das »Jungvolk« ein. Ich wollte dies auch, aber meine Eltern waren dagegen. So wurde ich erst »Pimpf«, als die Zugehörigkeit zur Staatsjugend für alle Kinder Pflicht geworden war und brachte es sogar zum Jungzugführer. Aber ein Jahr vor dem Abitur ließ mich mein Vater beim Jungvolk beurlauben.

1941 machte ich mein Abitur. Ich interessierte mich besonders für Fremdsprachen und deutsche Literaturgeschichte, ausgesprochen schlecht war ich in Mathematik. Meine Abiturarbeit schrieb ich über Gerhard Hauptmann.

Unmittelbar nach dem Abitur wurde ich zum Arbeitsdienst eingezogen. Als Arbeitsdienstmann habe ich auch den Beginn des von Hitler befohlenen Überfalls auf die Sowjetunion mitgemacht. Von Tilsit in Ostpreußen bis kurz vor Leningrad war ich – mit Fahrrad, Spaten und Gewehr – beim Straßenbau eingesetzt. Im Winter 1941/42 erlitt ich leichte Erfrierungen an beiden Füßen.

1942 wurde ich als Rekrut zu den Kradschützen eingezogen und kam zu einem Panzergrenadierregiment in den Kaukasus. Hier regten sich zum ersten Mal Zweifel und Kritik in mir: Warum mußte ich am Fuße des Elbrus mein Vaterland verteidigen? Warum wurde die Zivilbevölkerung so unmenschlich behandelt und warum gab es so viele Partisanen? In meiner Einheit wuchs die Kritik an Hitlers Krieg. Aber unternommen haben wir nichts.

Bei Kriegsende 1945 war ich 23 Jahre alt und Oberleutnant der Reserve. Ich war zweimal leicht verwundet worden. Der weitaus größte Teil meiner Schulkameraden war tot. Ich wußte nichts von meiner Familie in Berlin. Meine Gefangenschaft bei den Amerikanern in Österreich dauerte nicht lange, da ich nicht politisch belastet war. Wegen der ungeklärten Lage in Berlin wurde vorerst niemand dorthin entlassen, deshalb ging ich nach Niederbayern.

Im Winter 1945/46 lebte ich bei meinen Eltern in Ost-Berlin, wollte aber den mit dem Ende des Krieges begonnenen neuen Abschnitt meines Lebens nicht unter der Fuchtel Stalins beginnen. So ging ich schon 1946 wieder nach Niederbayern zurück. Im gleichen Jahr trat ich in Straubing der Sozialdemokratischen Partei bei und begann, mich aktiv am politischen Leben zu beteiligen. Meinen Lebensunterhalt verdiente ich als Arbeiter in einer Landmaschinenfabrik, mit deren Leitung ich vereinbart hatte, daß ich mich während des Semesters beurlauben lassen konnte, um in München Germanistik und Literaturgeschichte zu studieren. Aber es kam anders. Als Mitglied der IG Metall wurden mir bald Gewerkschaftsaufgaben übertragen. Ich nahm als Gewerkschaftsvertreter meines Betriebes an Versammlungen der Region teil und führte auch Tarifverhandlungen. Sorgen machte ich mir wegen meines Studiums. Doch die IG Metall schlug mir vor, auf ein Studium zu verzichten. Sie wollte mich für ein Jahr zur Ausbildung – vor allem im Arbeitsrecht – nach Köln schicken. Danach sollte ich eine hauptamtliche Tätigkeit in der bayerischen IG Metall übernehmen. Ich ging auf den Vorschlag ein und absolvierte meine Ausbildung in Köln. Dort bin ich auch danach geblieben und werde auch weiter in dieser Stadt leben. Inzwischen sind es fast vierzig Jahre.

1963 übersiedelte meine Mutter völlig normal und legal von Ost-Berlin nach Köln. Obwohl sie nicht Mitglied meiner Partei war, nahm

Quintaner des Realgymnasiums in Berlin-Köpenick (August 1934).

Während eines Fronturlaubes (Oktober 1943).

sie sehr regen Anteil an meiner politischen Arbeit. Während der Wahlkämpfe ging sie ins Parteibüro, um beim Einkuvertieren von Massenpostsendungen mitzuhelfen. Sie rief auch im Parteibüro an, wenn sie in der Stadt ein Plakat sah, das zerrissen worden war: »Haben Sie noch nicht bemerkt, daß das Plakat meines Sohnes am Neumarkt zerstört ist?« Oder: »Was machen Sie da eigentlich den ganzen Tag im Büro?« Gewiß wählte sie auch die SPD, und dies nicht nur, weil sie in meinem Wahlkreis wohnte.

Meine Mutter war äußerst sparsam und lebte sehr bescheiden. Selbst von ihrer Altersversorgung sparte sie noch für ihren Sohn. Eines Tages hörte ich von Freunden, daß sie ihnen erzählt habe: »Ich muß jeden Pfennig sparen. Mein Sohn hat eine ganz unsichere Existenz. Seine Stellung wird alle vier Jahre neu ausgeschrieben.« Und als ich einmal bei der Aufstellung der Bundestagskandidaten einen Gegenkandidaten hatte, beruhigte sie mich: »Wenn sie dich nicht mehr wollen, dann mach dir keine Sorgen. Ich werde dich schon durchbringen.« Damals war sie 81 Jahre alt.

Einmal nahm ich meine Mutter zu einer Kur mit. Der Preis war der Zeit angemessen. Sie aber wollte immer wieder wissen, was dieser Aufenthalt pro Tag eigentlich koste. Ich gab nur ausweichende Antworten und hatte auch die Verwaltung des Kurhauses gebeten, ihr den Preis nicht zu nennen, da ich wußte, daß er aus ihrer Sicht viel zu hoch war. Sie hat ihn dann aber über andere Kurgäste doch herausbekommen. Darauf drohte sie mit sofortiger Abreise: »Ich kann mich hier nicht erholen. Ich kann mich auch nicht erholen, wenn ich weiß, daß ich einen Sohn habe, der das Geld zum Fenster rauswirft.«

Als sie ihren 80. Geburtstag feierte, habe ich ihren Altenclub zu einem schönen Fest eingeladen. »Heute brauchst du nicht zu sparen«, sagte sie. »Diese Leute haben nicht viel. Sie sind alle sehr nett zu mir und helfen mir darüber hinweg, daß ich meinen Sohn so selten sehe.«

Natürlich beobachtete sie auch meine Auftritte im Fernsehen sehr genau, und es gab Zeiten, wo ich dort sehr häufig zu sehen war. Einer ihrer Kommentare lautete: »Meistens finde ich das ganz vernünftig, was du im Fernsehen sagst. Gestern warst du aber sehr schlecht. Du mußt auch ein bißchen an deine Mutter denken. Hier kennen mich alle Leute. Ich muß mich ja schämen, wenn du so etwas im Fernsehen sagst.«

Als ich sie am 1. Dezember 1966 nach der Vereidigung zum Bundesminister für wirtschaftliche Zusammenarbeit aufsuchte, sagte sie mir: »Siehst du, es hat sich doch gelohnt, daß ich dir in der Schulzeit ab und zu ein paar hinter die Ohren gegeben habe.«

Leider habe ich meine Mutter in diesen Jahren nicht so oft sehen können, wie es notwendig gewesen wäre. Aber unmittelbar nach meiner Berufung zum Staatsminister beim Bundeskanzler habe ich sie besucht. Sie sagte mir: »Junge, du bist Bundestagsabgeordneter, du warst Bundesgeschäftsführer und Bundesminister. Jetzt wirst du Staatsminister. Das ist endlich mal was Vernünftiges.« Für die preußische Beamtenwitwe war der Bund kein Begriff, aber natürlich der Staat. Als ich ihr erzählte, daß ein Staatsminister nicht unerheblich weniger Geld erhielte als ein Bundesminister, antwortete sie: »Wenn man Staatsminister ist, fragt man überhaupt nicht nach dem Geld.«

Sie war eine großartige Frau. Ihre guten Eigenschaften habe ich wohl nicht alle geerbt, das gilt auch für ihre besondere Sparsamkeit. Ich habe meine Mutter sehr geliebt.

Mein herzensguter Vater hat meine Zeit als Politiker nicht mehr erlebt. Er ist vorher gestorben.

Von den Falken zum Bundesvorsitzenden der Jungsozialisten

Als ich am 20. August 1946 in die SPD eintrat, konnte ich nicht voraussehen, von welch großer Bedeutung diese Entscheidung für mein ganzes späteres Leben sein sollte. Daß ich mich für diese Partei entschied, hatte mehrere Gründe.

Ich war damals 24 Jahre alt, hatte die Brutalität des Krieges und den völligen Zusammenbruch des Deutschen Reiches erlebt. Ich wollte meinen bescheidenen Beitrag leisten, damit sich die Schrecken der Vergangenheit nie wiederholten. Und im Winter 1945/46 hatte ich in Ost-Berlin beobachtet, wie die dortige Besatzungsmacht die in der Sowjetunion praktizierte Gesellschaftsordnung einführte. Deshalb wollte ich in der SPD am Aufbau eines demokratischen Staates mitarbeiten. Eigentlich mußte ich die Demokratie erst einmal erlernen. Die von der amerikanischen Besatzungsmacht herausgegebene »Neue Zeitung« diente mir dabei als Lehrmeister.

Ein weiterer, wichtiger Grund für meinen Eintritt in die SPD war, daß es in dieser Partei besonders viele Männer und Frauen gab, die während des Faschismus für ihre demokratische Überzeugung ihr Leben geopfert hatten, in den Gefängnissen und Konzentrationslagern leiden oder in die Emigration gehen mußten. Ich hatte sehr bald nach dem Krieg viele Kontakte zu politisch Verfolgten.

Auch Dr. Kurt Schumacher, der damalige erste Mann der SPD, hat viel zu meiner Entscheidung beigetragen. Ich empfand ihn in jener Zeit wie eine Verkörperung des geschundenen und geschlagenen Deutschlands, aber eines Deutschlands, das Widerstand gegen Gewalt und Krieg geleistet hatte, das jetzt nicht nur das Recht, sondern die Pflicht hatte, bei dem Versuch eines Neubeginns eine entscheidende Rolle zu spielen. Mir imponierte, daß er gerade uns aus der »Hitlerjugendgeneration« zur politischen Mitarbeit aufforderte. Ich bin Kurt Schumacher leider niemals persönlich begegnet.

Aber ich bin auch Mitglied der SPD geworden, weil nach dem Krieg die sozialen Unterschiede besonders kraß hervortraten. Die Familie meines Vaters kam aus der Bergarbeiterschaft des Ruhrgebietes, und mein Vater hat uns viel aus dieser Zeit erzählt. Nun erlebte ich, wie viele Millionen Menschen durch den Krieg, durch Flucht und Zerstörung alles verloren hatten und andere verschont geblieben waren. Ein wirklicher Neubeginn mußte hier einen Ausgleich schaffen. Dabei wollte ich mitarbeiten und habe bestimmt nicht an eine politische Karriere gedacht. Unser Land wurde damals von den Besatzungsmächten regiert und keiner wußte, wie lange dieser Zustand andauern würde.

Obwohl ich mich des öfteren – wie das ja wohl völlig normal ist – über meine Partei ärgerte, habe ich meine Entscheidung vom August 1946 niemals bereut. In den mehr als 40 Jahren meiner Mitgliedschaft in der SPD bin ich zu keiner Zeit auf den Gedanken gekommen, diese Partei zu verlassen.

Anfangs engagierte ich mich besonders in der Jugendarbeit der SPD: zuerst bei den »Falken«, dann bei den Jungsozialisten. Daneben hat in dieser Zeit die gewerkschaftliche Jugendarbeit für mich eine große Rolle gespielt.

In der Jugendarbeit der SPD kam es darauf an, die junge Generation, die während der Zeit des Faschismus groß geworden war, für die Demokratie und natürlich auch für die Sozialdemokratie zu gewinnen. Es gab viel zu lernen für uns. Vor allem die Gespräche mit den

Älteren, die die Weimarer Republik nicht nur erlebt, sondern mitgestaltet und den Faschismus hatten ertragen müssen, waren für uns von entscheidender Bedeutung. Ich habe von diesen älteren Freunden sehr viel gelernt. Aber auch die vielen Bildungsveranstaltungen gaben uns Gelegenheit, die Demokratie zu *erlernen*.

Das große Erlebnis der damaligen Zeit aber waren die ersten Kontakte mit Gleichgesinnten aus anderen Ländern. Das war nicht so einfach, wie man sich das heute vorstellt. Gegenüber den Deutschen bestand in vielen Ländern der Welt, vor allem aber natürlich in denen, die von uns überfallen und beraubt worden waren, eine strikte Ablehnung, zumindest aber ein tiefes Mißtrauen. Nach dem Verlauf unserer Geschichte von 1933 bis 1945 war das auch nicht verwunderlich. Aber uns Jungsozialisten brachte man doch nach einiger Zeit größeres Verständnis entgegen. Bald besuchten uns auch die Freunde aus den Jugendorganisationen der anderen westeuropäischen Länder. Unvergessen aus dieser Zeit ist für mich Peer Häkkerup aus Dänemark. Er wagte den ersten Schritt. Später war er des öfteren Minister in seinem Lande. Die in schwerster Zeit mit uns geschlossene Freundschaft hat sich bewährt. Wir selbst konnten in den ersten Jahren nach dem Krieg nicht ins Ausland reisen; das ließen einmal die Besatzungsmächte nicht zu, aber auch die materielle Not in unserem Lande gab uns dazu keine Möglichkeit.

Nach dem Ende meiner Ausbildung betätigte ich mich aktiv bei den Jungsozialisten in Köln und im Bezirk Mittelrhein. Als Bezirksvorsitzender der Jungsozialisten im Bezirk Mittelrhein war ich auch Mitglied des Bundesausschusses der Jungsozialisten.

Die Partei vernachlässigte zu dieser Zeit in sträflicher Weise die Regelung der Führungsfrage bei den Jungsozialisten. Von 1952 bis 1959 hatte kein Bundeskongreß der Jungsozialisten mehr stattgefunden. Es gab deshalb keine Möglichkeit, die Führung durch Wahlen auszuwechseln. Außerdem hatten die Jungsozialisten noch keinen Vorsitzenden, sondern einen vom Parteivorstand berufenen Zentralsekretär. Die Unzufriedenheit unter den Jungsozialisten über diese Situation war groß. Ich gehörte zu denen, die opponierten. Wir wollten die Arbeit der Jungsozialisten reformieren. Es ging uns nicht darum, eine völlig selbständige Organisation aufzubauen, aber wir wollten mehr Demokratie und mehr Eigenständigkeit innerhalb der Partei. Wir haben uns schließlich durchsetzen können.

Am 25. April 1959 wurde ich zum Vorsitzenden der Jungsozialisten gewählt. Ich war somit der erste Vorsitzende in der damals erst kurzen Geschichte dieser Jugendorganisation. Eigentlich hätte ich gar nicht gewählt werden dürfen. Denn zu jener Zeit war ich schon 36 Jahre alt, und die Richtlinien sahen damals wie heute eine Altersbegrenzung für Jungsozialisten bei 35 Jahren vor, und diese lag schon sehr hoch. Sie war damals jedoch bewußt so hoch angesetzt worden, weil man den jungen Kriegsteilnehmern die Möglichkeit geben wollte, sich an der politischen Jugendarbeit zu beteiligen. Heute ist diese Altersgrenze nicht mehr gerechtfertigt und müßte herabgesetzt werden. Ich habe später als Bundesgeschäftsführer der Partei einen Versuch in diese Richtung unternommen, bin aber damit gescheitert.

Da ich zu den entschiedenen Verfechtern einer Veränderung der Organisationsstruktur der Jungsozialisten gehört hatte, war ich bereit, die Aufgabe des Bundesvorsitzenden für zwei Jahre zu übernehmen. Ich war ja damals auch schon Mitglied des Bundestages und Vorsitzender der Kölner Partei.

Erich Ollenhauer, der damalige Parteivorsitzende, kommentierte meine Wahl zum Bundesvorsitzenden der Jungsozialisten mit den Worten: »Mir bleibt auch nichts erspart.« Ich galt als ausgesprochen unbequem. Außerdem war ich damals schon sehr stark im algerischen Unabhängigkeitskrieg engagiert. Erich Ollenhauer hatte deshalb erhebliche Schwierigkeiten mit den französischen Sozialisten. Nun mußte er mit weiteren Schwierigkeiten rechnen.

Er behielt auch recht. Natürlich habe ich meine Möglichkeiten als Bundesvorsitzender der Jungsozialisten genutzt, um für die Unabhängigkeit Algeriens einzutreten. Wir machten eine große Kampagne gegen die Rekrutierung von jungen Deutschen in die französische Fremdenlegion, die im algerischen Krieg eine besonders unrühmliche Rolle spielte. In meiner Zeit als Bundesvorsitzender konnten wir die internationale Arbeit erheblich über die europäischen Grenzen in die dritte Welt ausdehnen. Die früheren Kolonien, vor allem in Afrika, forderten und erreichten in jenen Jahren ihre Unabhängigkeit. Oft errangen sie ihre Freiheit erst nach harten Kämpfen und langwierigen Kriegen. Insbesondere galt das für Algerien und später für die portugiesischen Kolonien.

Im November 1959 veranstaltete ich mit meinen Freunden eine für damalige Verhältnisse große internationale Konferenz im Hause der

Friedrich-Ebert-Stiftung in Bergneustadt. Vertreten waren Delegierte aus 21 afrikanischen und asiatischen Ländern. Manche von ihnen habe ich später in ihren Ländern in wichtigen Positionen ihres Staates wiedergetroffen. Schwierig war die Finanzierung einer solchen Konferenz. Man konnte Vertreter aus Afrika und Asien nur einladen, wenn man auch die Flugkosten übernahm. Das bereitete mir große Sorgen. Damals trafen sich die Bundestagsabgeordneten aus Nordrhein-Westfalen ziemlich regelmäßig mit den Landtagsabgeordneten in der Bonner Landesvertretung bei parlamentarischen Abenden. An einem dieser Abende war auch der damalige CDU-Ministerpräsident Franz Meyers anwesend. Zu vorgerückter Stunde erzählte ich ihm von unserem Problem. Ich konnte ihn überzeugen. Der Ministerpräsident deckte unsere Finanzlücke mit Landesmitteln ab. Danach haben wir uns dann ein paar Klare bewilligt.

In dieser Nacht erreichte ich mit Mühe den letzten Zug, der nach Köln fuhr. Es war der D-Zug von Belgrad nach Ostende. Vor Freude über die in Aussicht stehende Finanzierung, aber auch unter dem Einfluß der Klaren bin ich sofort eingeschlafen. Nach einiger Zeit wurde ich geweckt: »Monsieur, Passport s'il vous plaît!« In meinem benebelten Zustand sah ich einen Beamten in einer fremden Uniform. Ich zeigte meinen Paß. Es war alles in Ordnung. Aber plötzlich wurde mir klar, daß ich schon über die Grenze gefahren war. Die nächste Station war Lüttich. Ich stieg aus und suchte den Stationsvorsteher auf, um ab der Grenze nachzuzahlen. Er fragte mich, warum ich erst ab der Grenze nachzahlen wolle, denn ich sei doch sicher nicht an der Grenze in den fahrenden Zug zugestiegen. Ich zeigte ihm meine Bundestagsnetzkarte und erzählte ihm mein kleines Mißgeschick.

»Dann brauchen Sie bei uns auch nicht zu bezahlen.« Ich konnte noch in Lüttich frühstücken, fuhr dann direkt wieder nach Bonn und war pünktlich zur Bundestagssitzung im Plenum. Leider hat mir meine Frau diese Geschichte nie geglaubt.

Am 21. Oktober 1961 wurde Holger Börner, der spätere Bundesgeschäftsführer der Partei und Ministerpräsident des Landes Hessen zu meinem Nachfolger gewählt. Eigentlich wollte Günter Müller mein Nachfolger werden, aber das wollte ich der Partei nicht zumuten. Er war mir zu unseriös. Erst als Nachfolger von Holger Börner wurde er

Vorsitzender der Jungsozialisten. Bei den Auseinandersetzungen um die Ostpolitik zu Beginn der 70er Jahre hat er die Partei verlassen. Heute ist er Bundestagsabgeordneter der CSU.

Die heutigen Jungsozialisten behaupten, wir wären damals zu parteifromm gewesen. Das mag stimmen. Aber die Jungsozialisten von heute haben entscheidend an Einfluß verloren. Früher wurden die Vorsitzenden der Jungsozialisten in den Bundestag und auch in den Parteivorstand gewählt. Das galt für Werner Buchstaller, für mich, für Wolfgang Roth, für Karsten Voigt, für Heidi Wieczorek-Zeul und auch für Norbert Gansel. Aber seit Jahren ist kein früherer Vorsitzender der Jungsozialisten mehr in den Parteivorstand oder in den Bundestag gewählt worden. Das ist sehr zu bedauern. Ich selbst wurde im Herbst 1957 zum ersten Mal in den Deutschen Bundestag gewählt.

Der »Kölsche Klüngel«

Im ersten Jahr, das ich in Köln verbrachte, hatte ich kaum Zeit für die politische Arbeit. Ich war in erster Linie mit meiner Ausbildung beschäftigt und büffelte Arbeitsrecht. Aber danach habe ich mich intensiv in der Kölner Parteiarbeit engagiert. Am 17. März 1957 wurde ich zum Vorsitzenden der Kölner SPD gewählt. Bis zum 27. Oktober 1968 habe ich diese Aufgabe erfüllt. Dann wurde ich Bundesgeschäftsführer der Partei. Seit 1945 ist keiner länger Vorsitzender der SPD in Köln gewesen als ich. Diese Zeit war für mich eine hervorragende Lehre für alle anderen Aufgaben, die ich noch zu erfüllen hatte. Die Kölner sind nicht einfach. Sie haben ihre ganz eigene Art. Mit mir war nun jemand zum Vorsitzenden gewählt worden, der in Ostpreußen geboren und in Berlin aufgewachsen war.

Es wird viel vom »Kölschen Klüngel« geredet. Damit ist die Art gemeint, wie diejenigen miteinander umgehen, die in Köln das Sagen haben. Dabei spielt es keine Rolle, ob das im Rathaus ist, in den Parteien, im Karneval oder sonstwo. Ich habe mir angewöhnt zu sagen: »Der Kölsche Klüngel ist eine gute Sache. Es ist nur schlecht, wenn man nicht dabei ist.«

Ich war dabei. In diesen Jahren habe ich Köln nicht nur kennen-, sondern auch lieben gelernt. Es ist eine großartige Stadt. Oft wird behauptet, die Kölner wären nicht besonders zuverlässig. Aber ich habe gerade in schwierigen Situationen das Gegenteil erlebt. Köln ist ein bißchen Weltstadt, doch es hat seinen ureigensten Charakter nie verloren. Nach dem Kriege kamen viele Flüchtlinge in die Stadt. Aber es hat nie Vertreter von Flüchtlingsparteien im Rat der Stadt gegeben. Alle wollten innerhalb kurzer Zeit Kölner sein. Den Kölner Dialekt habe ich leider nie erlernt. Erst wenn ich einige Kölsch getrunken habe, kann ich auch Kölsch reden. Meine Berliner Vergangenheit brach freilich auch dann noch durch.

In Köln hatte ich die Chance, ein großes Bildungs- und Freizeitprogramm im Rahmen der IG Metall-Jugendarbeit zu gestalten. Wir gingen gemeinsam ins Theater und diskutierten danach. Außerdem gab es eine Laienspielgruppe und ein Mundharmonika-Orchester. Wenn ich die alten Freunde aus jener Zeit jetzt nach Jahrzehnten wieder treffe, höre ich mitunter den Vorwurf: »Dich sieht man ja nur noch im Fernsehen.«

Zwei Ehrenbürger Kölns, Willy Millowitsch und Heinrich Böll, zeigen die Spannweite dieser Stadt. Mit Willy Millowitsch fühle ich mich freundschaftlich verbunden. Niemand hat den Menschen in der Bundesrepublik, in der DDR, in Österreich und in der Schweiz die Mentalität dieser Stadt nähergebracht als er. In Bonn fehlt es nicht an Ärger. Ich verdanke Millowitsch, daß ich durch ihn und sein Theater mit diesem Ärger besser fertig geworden bin. Es beeindruckte mich immer wieder, wenn er bei Erstaufführungen in der Pause in dem kleinen Raum neben der Kasse anrief, in dem ich mit Journalisten zusammenstand, um sich zu erkundigen, wie »das Stück ankomme«.

Heinrich Böll, der wie kaum ein anderer deutscher Schriftsteller die Not der einfachen Leute in den Nachkriegsjahren beschrieb, lernte ich schon Anfang der 50er Jahre kennen. Ich hatte ihn gebeten, vor jungen Metallarbeitern in einem Lehrlingsheim aus seinen Arbeiten zu lesen. Über das Honorar von 200 DM hat er sich damals sehr gefreut. Für alle Beteiligten, aber insbesondere für mich war diese Lesung ein großes Erlebnis. Heinrich Böll hat die SPD eine Reihe von Jahren unterstützt. 1972, unmittelbar nachdem ihm der Nobelpreis für Literatur verliehen worden war, trat er gemeinsam mit Willy Brandt in einer Wahlkundgebung in der Kölner Sporthalle auf. Willy Brandt war im Jahr zuvor mit dem Friedensnobelpreis für seine Ostpolitik geehrt worden. Mehrere tausend Menschen fanden

Mit dem damaligen Kölner Oberbürgermeister Theo Burauen an einem Stadtmodell.

Mit der Kölner Schauspielerin Trude Herr.

in der Sporthalle keinen Platz mehr. Es gab eine ausgesprochene Aufbruchstimmung. Die SPD wurde stärkste Partei in der Bundesrepublik. Heinrich Böll hat sich später mehr den Grünen zugewandt. An meinem Respekt vor seiner Persönlichkeit und vor seiner Leistung hat das nichts geändert.

Nicht vergessen habe ich meine Gespräche mit Kardinal Höffner. Der Kardinal sprach mit dem Protestanten Wischnewski über die Lage der katholischen Kirche in Zentralamerika. Es gab viel Übereinstimmung in der Beurteilung.

Auch Otto Wolff von Amerongen, der langjährige Präsident des Industrie- und Handelstages, gehörte und gehört zu meinen persönlichen Freunden. Nicht alle meine politischen Freunde haben das verstanden, und seine Unternehmerkollegen haben sich wohl auch gewundert. Der Kölsche Klüngel macht vieles möglich, was andernorts undenkbar wäre.

Meine Tätigkeit in Bundestag, Bundesregierung und Partei hielt mich immer wieder in Bonn fest. Doch meine Basis blieb in Köln. Nicht nur wegen des Wahlkreises. In Köln habe ich erfahren, wie die Menschen über das dachten, was wir in Bonn taten. In Köln kann man auch als Minister an der Theke stehen und sich mit der Kritik der Bürgerinnen und Bürger auseinandersetzen. Sie war fast nie bösartig und ich konnte daraus lernen. Wenn ich mich in Bonner Gremien zu Wort meldete, tuschelten meine Kollegen mitunter: »Nun wird er uns erst einmal erzählen, was man in Köln darüber denkt.«

Natürlich hatte ich auch meine Stammkneipe in Köln. Dabei war für mich der Wirt und sein Verhältnis zu den Gästen von ausschlaggebender Bedeutung. Inzwischen hat sich der erste Wirt meiner drei Stammkneipen nach vierzig Jahren aus Altersgründen zur Ruhe gesetzt, der zweite ist leider schon verstorben. Aber auch unter dem dritten Wirt geht es in der »Keule« nach wie vor gesellig zu. Natürlich habe ich auch andere Gaststätten besucht.

Als ich vor nahezu 40 Jahren nach Köln kam, war der Karneval für mich etwas völlig Neues. Zuerst reagierte ich etwas ratlos, weil mein Bedürfnis nach Fröhlichkeit nicht immer mit dem Karnevalskalender übereinstimmte. Heute würde mir etwas fehlen, wenn es ihn nicht gäbe. Allerdings habe ich nie zu den Politikern gehört, die von Sitzung zu Sitzung eilten, um sich möglichst vielen Menschen zu zeigen. Aber zwei gute Sitzungen und den Rosenmontagszug wollte ich eigentlich nie versäumen. Als Bundesminister bin ich einmal auch im Rosenmontagszug als »tapferes Schneiderlein« mitgefahren. Es war nicht nur ein großes Erlebnis, sondern auch sehr anstrengend und teuer. Wenn ich nicht genügend Wurfmaterial (»Kamelle«, Schokolade und »Strüßchen«) warf, tönte es von der Straße: »Ben Wisch, Du Knieskopp!«

Für einige Jahre bin ich leider von Köln weggezogen. Ich wollte ein Einfamilienhaus bauen, und die Grundstückspreise waren mir in Köln zu hoch. Aber ich bin bald reumütig von Liblar nach Köln zurückgekehrt.

Ich war in jenen Jahren Vorsitzender der Kölner SPD, in denen sie in dieser Stadt ihren politischen Durchbruch erzielte. In dieser Zeit steigerten wir unseren Anteil bei den Kommunalwahlen von 46,0 auf 53,8 Prozent, bei den Landtagswahlen von 38,6 auf 52,6 Prozent. Entsprechend verlor die CDU an Stimmen. Konrad Adenauer hat noch erleben müssen, welche entscheidenden politischen Veränderungen in seiner Stadt vor sich gingen.

Köln hatte in dieser Zeit in Theo Burauen einen hervorragenden und sehr beliebten Oberbürgermeister. Er verstand den Charakter dieser Stadt besser als jeder andere. Mit Volksschule und Lehre erfüllte er seine Verpflichtungen gegenüber ausländischen Staatsoberhäuptern, die Köln besuchten, wie ein Staatsmann, aber einer mit Herz. Er war ein Oberbürgermeister zum Anfassen.

Als Vorsitzender der Kölner SPD hatte ich auch die Kommunalwahlkämpfe zu organisieren und zu leiten. Obwohl ich selbst leider nie Kommunalpolitiker war, engagierte ich mich dabei in ganz besonderem Maße. Die Wahlkämpfe für Theo Burauen zu führen, war allerdings sehr leicht. Einmal schrieben wir auf ein Plakat mit Theo Burauens Porträt: »Vertrauen zu Burauen«. Vier Jahre später »Weiterbauen mit Burauen«. Als wir einmal eine kleine Differenz hatten, sagte ich ihm: »Lieber Theo, ›Burauen Verhauen‹ reimt sich auch.«

Es war eine Zeit guter Zusammenarbeit. Unser gemeinsames Interesse für Nordafrika, insbesondere für Tunesien, führte dann auch dazu, daß Köln und Tunis Partnerstädte wurden.

Auch mit Nes van Ziegler arbeitete ich sehr eng zusammen. Er war Fraktionsvorsitzender der Kölner SPD, nach Theo Burauen Oberbürgermeister von Köln und viele Jahre Präsident des Landtags von Nordrhein-Westfalen.

Während der Großen Koalition war mein meist gutes Verhältnis zu den Mitgliedern der Kölner SPD starken Belastungen ausgesetzt. Die Kölner Parteifreunde standen dieser Koalition mehrheitlich skeptisch bis ablehnend gegenüber.

Durch mein immer stärkeres Engagement in Bonn und der internationalen Politik rückten die Kölner Gegebenheiten leider etwas in den Hintergrund. Neunmal hat mich die Kölner SPD als ihren Bundestagskandidaten aufgestellt, und kein Kölner Abgeordneter gehörte dem Bundestag länger an. Heute beschränke ich mich darauf, meine Stadt und meine politischen Freunde zu beraten. Dem heutigen Oberbürgermeister Norbert Burger fühle ich mich freundschaftlich verbunden.

Verschweigen darf ich nicht, daß ich gerade in den letzten Jahren in Köln auch manchen überflüssigen, nicht immer mit fairen Mitteln ausgetragenen Streit erleben mußte. Zwar habe ich versucht zu helfen, aber meist hatten diese Auseinandersetzungen nichts mit Politik zu tun, sondern mit menschlichen Unzulänglichkeiten, die es eben leider überall gibt.

In Köln habe ich einen Teil meiner Ausbildung erhalten und auch sonst viel lernen können. In dieser Stadt habe ich Plakate geklebt, Flugblätter verteilt und Staatspräsidenten die Hand geschüttelt. Hier habe ich Freude und Leid, Siege und Niederlagen erlebt. Und ich habe hier mein erstes Büro für die Algerier eröffnet, ohne zu ahnen, welche große Bedeutung dies für meinen späteren politischen Weg haben würde.

In Köln habe ich meine Frau kennengelernt.

In dieser Stadt haben mir viele Menschen sehr viel Vertrauen entgegengebracht und ich habe vielen von ihnen helfen können.

Ich habe in der ganzen Welt viele große und schöne Städte kennengelernt. Dennoch ist Köln für mich die Stadt aller Städte.

Abgeordneter in Bonn

Die Wahrnehmung meines Bundestagsmandats wurde die wichtigste Aufgabe im Rahmen meiner politischen Arbeit, und sie war auch meine kontinuierlichste Aufgabe. Aber das Ergebnis der ersten Wahl war für mich tief enttäuschend. An eine Direktwahl in meinem Wahlkreis war ohnehin nicht zu denken. Doch ganze 28,8 Prozent bei den Erststimmen und 28,1 Prozent bei den Zweitstimmen empfand ich als blamabel. Die CDU hatte etwa 60 Prozent der Stimmen im Wahlkreis errungen. Ihr Kandidat war Hans Katzer, mit dem ich dann während der Großen Koalition zusammen im Kabinett saß. Ich löste als Kandidat Werner Hansen ab, der als Landesvorsitzender des Deutschen Gewerkschaftsbundes keine Zeit mehr hatte, sich in dem notwendigen Maß um die Kölner Probleme zu kümmern. Damals habe ich das Bundestagsmandat sehr bewußt angestrebt und wurde dann auch über die Landesliste in den Bundestag gewählt.

Die Bundestagswahlen 1957 waren die berühmten »Adenauer-Wahlen«. Die CDU/CSU erhielt mit 50,2 Prozent im Bundesgebiet die absolute Mehrheit. Es war das einzige Mal in der bisherigen Geschichte der Bundesrepublik Deutschland, daß eine Partei die absolute Mehrheit erhielt. Aber die Voraussetzungen für die CDU/CSU waren auch ganz besonders günstig. Bei allem Respekt vor der Lebensleistung des damaligen Parteivorsitzenden Erich Ollenhauer, die Parole »Ollenhauer statt Adenauer« war den Wählern damals nicht zu vermitteln. Außerdem war der wirtschaftliche Aufbau in vollem Gange. In dieser Zeit des Kalten Kriegs wirkte sich auch die Niederschlagung des Arbeiteraufstandes in der DDR am 17. Juni 1953 negativ für uns aus. Und es gab üble Verleumdungen in diesem Wahlkampf.

Meine Enttäuschung über die in meinem Wahlkreis für die SPD gewonnenen Stimmen war vor allem deshalb so groß, weil ich besonders große Anstrengungen unternommen hatte, um mich den Wählern meines Wahlkreises bekannt zu machen. Ich hatte an alle Haushalte meines Wahlkreises eine Postwurfsendung verschicken lassen, in der ich anbot, allen Wählern, die es wünschten, das SPD-Programm zuzuschicken, alle interessierenden politischen Fragen schriftlich zu beantworten und mich den Wählerinnen und Wählern, die Wert darauf legten, persönlich vorzustellen. Wir konnten diese Arbeit kaum leisten, und ich war Tag und Nacht unterwegs.

In den Jahren von 1957 bis 1972 gelang es, den Anteil der Zweitstimmen von 28,1 bis auf 54,0 Prozent zu steigern. Danach gingen die Stimmenanteile der SPD zurück, sie blieb aber die stärkste Partei in Köln.[1]

Bei der Beurteilung der Wahlergebnisse müssen einige Tatsachen berücksichtigt werden: Die Kölner Sozialdemokraten haben am allgemeinen Aufwärtstrend der Partei besonders partizipiert, der dazu führte, daß die SPD 1972 zur stärksten Partei der Bundesrepublik wurde. Später blieben sie dann aber auch von der negativen Entwicklung nicht verschont, die den Sozialdemokraten in den Großstädten herbe Einbußen brachte, wenn auch bei weitem nicht in dem Maße wie in München und Frankfurt.

Der große Sprung von 31,2 Prozent bei den Wahlen von 1961 auf 46,0 Prozent im Jahr 1965 ist auch durch eine wesentliche Veränderung des Wahlkreises zustande gekommen. Köln hatte ursprünglich drei Wahlkreise und erhielt 1965 aufgrund der Bevölkerungsentwicklung einen vierten. Mein Wahlkreis hatte sich durch die Neueinteilung in seiner sozialen Struktur so verändert, daß er für die SPD wesentlich günstiger war. 1965 wurde ich zum erstenmal direkt in den Bundestag gewählt. Es war für meinen Wahlkreis und für mich ein großes Ereignis. 1980 wurde der Wahlkreis noch einmal durch die Eingemeindung von Porz verändert. Ich verlor dadurch meinen bisher besten Stadtteil. Bei den Erststimmen wird das aber nicht erkennbar.

Ich halte unser heutiges Wahlrecht für gut. Wir haben eine personifizierte Verhältniswahl mit einer 5-Prozent-Klausel. Für jeden Kandidaten ist dabei natürlich das Verhältnis zwischen Erststimmen, den Stimmen für den Wahlkreiskandidaten, und den Zweitstimmen, den Stimmen für die Partei, von besonderem Interesse. 1957 erzielte ich 0,7 Prozent mehr Erststimmen, 1987 waren es 5,7 Prozent.

Die Wahlen von 1972 brachten der SPD meines Wahlkreises ihr bisher bestes Ergebnis. Wesentlichen Anteil hatte daran das Mißtrauensvotum gegen Willy Brandt, aber auch die Ostpolitik der SPD, die damals von der CDU/CSU erbittert bekämpft wurde. An meinem besonders guten Erststimmenergebnis ist erkennbar, daß bei dieser Wahl eine ganze Reihe von FDP-Wählern ihre Erststimme dem Sozialdemokraten Wischnewski gegeben haben. Aber auch CDU-Anhänger haben sich in meinem Wahlkreis für den sozialdemokratischen Kandidaten entschieden.

Den größten Vorsprung bei den Erststimmen erreichte ich bei den Bundestagswahlen 1987 mit 5,7 Prozent. Dieses Ergebnis fiel aus dem allgemein üblichen Rahmen heraus. Mein Bekanntheitsgrad war hoch. Dabei stammte das Mehr an Erststimmen keineswegs in erster Linie von den Grünen, die in meinem Wahlkreis einen hohen Anteil erreicht hatten, sie kamen auch von FDP- und CDU-Anhängern.

Aber man soll sich nicht täuschen: Die Wählerinnen und Wähler entscheiden sich in erster Linie für eine Partei. Ein guter Kandidat kann ein wenig bewegen, aber nicht viel. Sehr viel entscheidender ist der Spitzenkandidat einer Partei, der Kandidat für das Amt des Bundeskanzlers.

Bei meiner Aufstellung zum Bundestagskandidaten in Köln hatte ich zweimal Gegenkandidaten. Das ist ein völlig normaler Vorgang. Es ist eher die Ausnahme, wenn man bei neun Kandidaturen nur zweimal gegen einen Mitbewerber antreten muß. Meinen ersten bekam ich im Zusammenhang mit der Auseinandersetzung um die Notstandsgesetzgebung während der Zeit der Großen Koalition. Es gab eine heftige Kontroverse in der SPD. Durch die Notstandsgesetzgebung wurde für den Fall des Notstands die Souveränität an die Bundesrepublik übertragen. Deshalb gehörte ich zu den Befürwortern der Notstandsgesetzgebung. Es kam mir darauf an, die volle Souveränität der Bundesrepublik Deutschland gegenüber unseren Alliierten, den Vereinigten Staaten, dem Vereinigten Königreich und Frankreich zu gewinnen.

In dieser Auseinandersetzung habe ich mich während eines Parteitages der Kölner Partei sehr schlecht benommen. Gegen die Befürworter der Notstandsgesetzgebung wurde ein Mißtrauensantrag mit sehr vielen Unterschriften eingereicht. Im Laufe der Debatte zogen jedoch immer mehr Delegierte ihre Unterschrift zurück. Ich hatte die Versammlung zu leiten. Als im Laufe der Debatte nur noch sechs Unterschriften übriggeblieben waren, hielt ich den Mißtrauensantrag mit zwei Fingern hoch und fragte die Versammlung, was mit den restlichen Unterschriften geschehen solle. Auch sie wurden zurückgezogen. Darauf ließ ich den Antrag von der Bühne vor den Delegierten wie einen Scheuerlappen fallen. Der Antrag segelte nach unten. Ich hätte ihn am liebsten zurückgeholt. Aber es war zu spät. Es gab

Pfiffe, und ich habe mich geschämt. Selten habe ich so gravierend aus meinem Fehlverhalten lernen können und müssen.

Als ich im Jahre 1957 das erste Mal den Plenarsaal des Deutschen Bundestags als Abgeordneter betrat, kannte ich ihn schon von der Zuschauertribüne her. Die Fraktion saß damals in alphabetischer Reihenfolge – mein Platz war also in der letzten Reihe. Offensichtlich konnte man mir meine Enttäuschung über diesen Platz ansehen. Als Herbert Wehner an mir vorbeiging, sagte er: »Hier mußt du Arschloch heißen, wenn du nach vorne willst.« Ich bin dann aber auch ohne Namensänderung nach vorn gekommen.

Mit dem Ende dieser Legislaturperiode gehöre ich dem Deutschen Bundestag 33 Jahre an. Ich habe nicht zu den Vielrednern gehört, aber mehr als 70 Reden habe ich im Bundestag doch gehalten. Als ich 1957 einzog, wurde ich als Sekretär der IG Metall Mitglied des Ausschusses für Arbeit. In dieser Funktion machte ich mit einer Delegation auch meine erste Auslandsreise. Wir sollten in den Niederlanden die Probleme des Zivilen Ersatzdienstes studieren. Eigene Erfahrungen besaßen wir nicht, denn während der Weimarer Republik hatten wir ein Berufsheer. In der Nazizeit kamen Wehrdienstverweigerer ins Gefängnis, später wurden sie sogar hingerichtet. Jetzt aber war die Verweigerung des Wehrdienstes aus Gewissensgründen im Grundgesetz geregelt, und wir mußten über ein Gesetz zum Zivilen Ersatzdienst beraten. In den Niederlanden haben wir Einsatzplätze der dortigen Kriegsdienstverweigerer besucht und geprüft, was wir von den niederländischen Erfahrungen für uns übernehmen konnten, aber auch, was in der Bundesrepublik nicht übernommen werden konnte.

Im Frühjahr 1959 schied ich auf eigenen Wunsch aus meiner beruflichen Tätigkeit in der Industriegewerkschaft Metall aus. Es war nicht möglich, neben dem Mandat auch noch eine berufliche Tätigkeit auszuüben. Die IG Metall schlug mir zwar vor, mein Arbeitsverhältnis aufrechtzuerhalten. Man wollte mein Gehalt halbieren und dafür einen jungen Assistenten einstellen, der einen Teil meiner Arbeit übernehmen sollte. Aber ich war für klare Verhältnisse. Meine Anstellung wurde im beiderseitigen Einvernehmen beendet. Ich verzichtete auch auf einen Rückfahrschein. Ich wollte unabhängig sein. So wurde ich Berufspolitiker.

Der IG Metall habe ich viel zu verdanken. Durch meine Arbeit in der Gewerkschaft habe ich das Arbeitsleben aus eigener Erfahrung kennengelernt und eine gute Ausbildung, insbesondere im Arbeitsrecht, erfahren. Und ich habe Kollegialität in guten und in schlechten Tagen erleben dürfen.

Im Vergleich zu 1949 hat sich die Zusammensetzung des Deutschen Bundestages entscheidend verändert. Lag der Anteil der Abgeordneten mit Hochschulausbildung im ersten Bundestag noch bei 43 Prozent, so liegt dieser Anteil heute bei 70 bis 80 Prozent. In der 10. Legislaturperiode hatten in der SPD-Fraktion 90 Prozent der Abgeordneten eine Hochschulausbildung.

Auch der Anteil der Beamten und Angestellten im öffentlichen Dienst hat unter den Abgeordneten immer mehr zugenommen. Heute sind nahezu 40 Prozent der Mitglieder des Deutschen Bundestages Beamte oder Angestellte im öffentlichen Dienst. Besonders hoch ist der Anteil der Pädagogen. Aber das gilt für die Landtage in noch stärkerem Maße.

Der Anteil der Arbeiterinnen und Arbeiter unter den Mitgliedern des Bundestages ist überaus gering. Man muß jedoch mit diesen Statistiken sehr vorsichtig sein. Unter den Abgeordneten hatten einige auch als Arbeiter an der Werkbank gestanden, bevor sie eine Hochschule besuchten oder Gewerkschaftssekretäre wurden. Trotzdem ist der Deutsche Bundestag kein Spiegelbild unserer Gesellschaft. Das betrifft nicht nur das Mißverhältnis zwischen Männern und Frauen, sondern auch den Bildungsweg und den Beruf. Wir dürfen uns daher nicht wundern, wenn das Parlament in immer stärkerem Maße von einem großen Teil der Menschen in unserem Lande nur als eine weitere Behörde betrachtet wird. Es ist Aufgabe der Parteien, dafür zu sorgen, daß der Deutsche Bundestag wenigstens annähernd wieder zu einem Spiegelbild unserer Gesellschaft wird. Seit langem ist die Entwicklung aber genau entgegengesetzt. Die SPD ist dabei nach meiner Auffassung besonders gefordert.

Natürlich müssen auch jüngere Menschen in den Bundestag. Aber der Weg von der Hochschule direkt in den Deutschen Bundestag ist der verkehrte Weg. Lebens- und Berufserfahrung sind für die Arbeit im Parlament unverzichtbar. Es ist deshalb nicht im Interesse der Demokratie und des Parlamentarismus, wenn jemand Politologie studiert mit dem erklärten Berufsziel, Abgeordneter zu werden. Die

Tätigkeit der Abgeordneten ist eben keine normale Berufstätigkeit. Sie darf aber vor allem keine Laufbahnfrage sein.

Auf der anderen Seite ist der Abgeordnete kein Auserwählter, sondern ein Gewählter. So muß er sich auch verhalten. Er wird nach seiner Leistung beurteilt. Heute, nach mehr Skandalen als die Demokratie ertragen kann, wird der Abgeordnete noch stärker nach seiner Glaubwürdigkeit beurteilt.

Ich habe oft darüber nachgedacht, ob ich dem Parlament nicht zu lange angehört habe. Mehr als 30 Jahre sind eine sehr lange Zeit. Das sollte bestimmt nicht der Normalfall sein. Andererseits konnte ich einen großen Teil meiner Aufgaben nur deshalb erfüllen, weil ich die Chance hatte, viele Jahre wertvolle Erfahrungen zu sammeln.

Als ich als Bundesgeschäftsführer der SPD zurückgetreten bin, hat man mir eine sehr gut bezahlte Position in der Wirtschaft angeboten. Ich sollte für den Export tätig werden. Natürlich sollte ich dabei meine Erfahrungen und Kontakte nutzen. Ich habe mich nach reiflicher Überlegung entschieden, diese Aufgabe nicht zu übernehmen. Meine Erfahrungen, die ich im Parlament und Regierung gesammelt hatte, wollte ich auch weiter dort verwenden und sie mir nicht versilbern lassen.

Das bringt mich auf die Diätenfrage. Den meisten Bürgerinnen und Bürgern sind die Diäten der Abgeordneten viel zu hoch. Ohne eine Milchmädchenrechnung aufmachen zu wollen, halte ich die heutige Höhe der Diäten und der Unkostenpauschale für angemessen. Die Diäten werden versteuert, und die Parteien besteuern ihre Abgeordneten zusätzlich. In der SPD hat man auf jeden Fall monatlich mehr als 1000 Mark zu zahlen. Vom Kandidaten wird erwartet, daß er einen erheblichen Anteil für die Wahlkampfkosten selbst aufbringt. Er muß in vielen Organisationen und Vereinen seines Wahlkreises Mitglied sein und viele andere Verpflichtungen erfüllen.

Bei der Unkostenpauschale hingegen gibt es meines Erachtens Ungerechtigkeiten. Es wird kein Unterschied zwischen denen gemacht, die in Bonn eine zweite Wohnung unterhalten müssen und denen, die jeden Tag nach Hause fahren können. Als Kölner Abgeordneter habe ich von dieser Regelung sicher profitiert. Aber es gibt auch viele andere Ausgaben. Von der Unkostenpauschale muß der Wagen finanziert werden. Und ich habe mir zum Beispiel eine recht umfangreiche Bibliothek über den Nahen Osten und später auch über Zentralamerika aufbauen müssen.

Daß keine Tagegelder bezahlt werden, halte ich für gut. Fehltage werden nur von der Unkostenpauschale abgezogen. Geärgert habe ich mich jedoch des öfteren, wenn mir Fehltage abgezogen wurden, an denen ich aus wirklich ernstem Anlaß unterwegs war. Es ist schwer einzusehen, daß man Geld verliert, wenn man in der Welt unterwegs ist, um in Not geratenen Landsleuten zu helfen. Aber ich muß auch zugeben, daß ich keine bessere Lösung weiß.

Die Abgeordneten können inzwischen auch in einem festgelegten Rahmen Mitarbeiter beschäftigen. Das ist ein großer Fortschritt. Vor allem in den letzten Jahren hätte ich eine Mitarbeiterin oder einen Mitarbeiter mehr brauchen können. Der Arbeitsanfall war so groß, daß ich nicht alles ordnungsgemäß erledigen konnte.

Entscheidend ist jedoch die Frage, wer die Höhe der Diäten und der Unkostenpauschale festlegt. Der Bundestag muß über den Haushalt entscheiden, und natürlich sind die Diäten Bestandteil des Bundeshaushaltsplanes. Trotzdem halte ich es für ausgesprochen schlecht, daß das Parlament über seine eigenen Diäten entscheidet. Auch für den Bundestagspräsidenten ist das eine schwierige und unangenehme Aufgabe. Ich bin deshalb dafür, daß eine unabhängige Kommission jeweils die entsprechenden Vorschläge macht. Ihr dürften weder aktive noch frühere Mitglieder des Bundestages angehören. Es sollten Persönlichkeiten sein, die in der Öffentlichkeit anerkannt sind.

Parlament, Parteien und Politiker haben in den letzten Jahren stark an Ansehen verloren. Wir Sozialdemokraten hatten besonders unter dem Skandal um die Neue Heimat zu leiden. Die verschiedenen Spendenaffären, der Skandal um die Diäten in Hessen, der groteske Streit um die Besteuerung des Flugbenzins, bei dem Abgeordnete der CDU/CSU und der FDP wie Statisten gezwungen wurden, gegen ihre Überzeugung abzustimmen, vor allem aber die Barschel-Affäre haben ihre Spuren hinterlassen.

Politiker sind nicht besser als andere Menschen. Die große Chance der parlamentarischen Demokratie liegt darin, daß Fehler, Skandale und Schwächen nicht unter den Teppich gekehrt werden können. Allerdings ist dabei die unabhängige und kritische Presse unverzichtbar. Denn natürlich hat die Politik bei weitem nicht alle Skandale selbst aufgedeckt. Sehr oft haben erst Presseberichte dazu geführt, daß Mißstände bekannt wurden. Selbstverständlich habe auch ich mich im Laufe der Jahre mehr als einmal über den »Spiegel« geärgert, aber er erfüllt auch in unserer Demokratie eine unverzichtbare Aufgabe.

Für die Aufdeckung und Bereinigung von Mißständen und Skandalen hat der Deutsche Bundestag das Instrument des Untersuchungsausschusses geschaffen. Ich habe zweimal einem solchen Ausschuß angehört: in der Steiner-Affäre und als es um die Aufklärung der Lieferung von U-Boot-Unterlagen an die Südafrikanische Republik ging. Trotz aller Kritik messe ich den Untersuchungsausschüssen einen hohen Wert bei. Die Tatsache, daß alle Parteien vertreten sind, trägt dazu bei, daß bei den meist unterschiedlichen Interessenlagen alle Probleme auf den Tisch kommen. Der Untersuchungsausschuß, der im Landtag von Schleswig-Holstein den Barschel-Skandal aufarbeitete, hat das Ansehen dieser Ausschüsse sehr gefördert. Im Interesse der Erleichterung von Untersuchungen, die einer starken parlamentarischen Kontrolle und damit insgesamt der parlamentarischen Demokratie dienen, müssen die Rechte der Untersuchungsausschüsse allgemein und die der Minderheiten im besonderen ausgebaut werden.

Verlorenes Vertrauen kann nur durch Ehrlichkeit zurückgewonnen werden. Eine andere Möglichkeit gibt es nicht. Auch wir Parlamentarier müssen wissen, daß das Ansehen der parlamentarischen Demokratie, ja die Stabilität unserer Demokratie in erster Linie von unserem eigenen Verhalten abhängt. Wir können unserer Aufgabe nur gerecht werden, wenn wir allen Anfechtungen, die natürlich immer wieder auf uns zukommen, widerstehen.

Wir müssen auch darüber nachdenken, welche Reformen notwendig sind, um das Parlament den Menschen unseres Landes nahezubringen. Es gibt viele verdienstvolle Kolleginnen und Kollegen, die sich mit diesen Fragen beschäftigen. Bei einer Rückschau auf die Geschichte der Bundesrepublik ist unschwer erkennbar, daß in den früheren Jahren der Bundesrepublik sehr viel dramatischere Auseinandersetzungen im Bundestag geführt wurden als heute. Die Bevölkerung nahm auch in weit stärkerem Maße daran Anteil. Gewiß waren damals sehr viele und sehr grundsätzliche Diskussionen über den künftigen Weg der Bundesrepublik Deutschland zu führen. Aber müssen nicht auch heute in bezug auf die Zukunft der Menschheit differenzierte Auseinandersetzungen geführt und sehr grundsätzliche Entscheidungen gefällt werden? Ich meine, ja. Vielleicht bin ich in meinem Urteil ungerecht. Aber viele Debatten im Parlament wirken heute auf mich zu routiniert. Sie bewegen die Menschen nicht. Es ist alles glatter geworden. Trotzdem ist der Deutsche Bundestag für mich nach wie vor das Herz der Bundesrepublik Deutschland.

Und er ist so gut und so schlecht wie seine Fraktionen. Der Bundestag besteht ja auch in einem weit stärkerem Maße aus Fraktionen und ihren Mitgliedern als aus den einzelnen Abgeordneten. Natürlich kann das Verhältnis zwischen Koalition und Opposition nur funktionieren, wenn die Fraktionen sich um eine einheitliche Auffassung ihrer Abgeordneten bemühen. Aber das komplizierte System von Fraktionen und Vorstand, Arbeitskreisen, Arbeitsgruppen und vielen anderen Gremien führt nicht nur zum Funktionieren dieses Systems, sondern auch zur Mechanisierung. Auf der Strecke bleiben dabei die Abgeordneten mit einer abweichenden Meinung. Die Fraktionen des Deutschen Bundestages könnten viel für das Ansehen des Parlamentes und das Interesse der Wählerinnen und Wähler an seiner Arbeit tun, wenn in weit stärkerem Maße als bisher auch die zu Wort kämen, die nicht die Mehrheitsmeinung vertreten. Es gibt sie in allen Fraktionen.

Die Teilnahme der Abgeordneten an Plenarsitzungen des Bundestages sagt nichts über den Fleiß der Abgeordneten aus. Ich verstehe das Befremden der Menschen, wenn sie in der Tagesschau bei vergleichsweise wichtigen Debatten den gähnend leeren Plenarsaal sehen. Trotzdem sind die Abgeordneten zum überwältigenden Teil sehr viel fleißiger, als ihre Anwesenheit im Plenum zu dokumentieren scheint: Jede Woche Vorstandssitzung, Arbeitsgruppe, Arbeitskreis, Fraktionssitzung, Ausschußsitzung, Plenarsitzung, Fragestunde, Aktuelle Stunde, Besprechungen mit Abgeordneten anderer Fraktionen, oft Besuchergruppen mit Diskussionen und viele andere Termine, die man wahrnehmen muß. Ich hatte jede Woche unverzichtbare Termine mit Botschaftern aus anderen Ländern. Dann kommen die Termine im Wahlkreis. Mein Problem bestand jedenfalls viel öfter darin, daß ich mich aus Zeitmangel nicht in einem notwendigen Maß auf die Sitzungen vorbereiten konnte. Das führt dann zu Oberflächlichkeit und beeinträchtigt sicher die Qualität unserer Arbeit.

Es gibt keinen Abgeordneten des Deutschen Bundestages mehr,

der über alle Sachgebiete Bescheid wissen kann. Ich habe mir sehr konkrete Kenntnisse über den Nahen Osten, aber auch über Zentralamerika erarbeiten können und müssen. Ich konnte dann aber nicht auch über die letzte Novelle zum Lastenausgleich Bescheid wissen. Doch mit Recht wird vom Abgeordneten verlangt, daß er die aktuellen politischen Probleme kennt und dazu eine Meinung hat.

Die entscheidende Arbeit des Deutschen Bundestages spielt sich in seinen Ausschüssen ab. Einer der größten Schwächen des Bundestages ist, daß hier die Öffentlichkeit nicht zugelassen ist. Natürlich kann der Wunsch nach Öffentlichkeit nicht für die Geheimausschüsse, den Auswärtigen Ausschuß und den Verteidigungsausschuß gelten, obwohl auch hier mehr Öffentlichkeit möglich ist. Das Argument, die Abgeordneten würden dann in erster Linie für die Medien reden, überzeugt mich nicht. Was sie an Wichtigem in den Ausschußsitzungen gesagt haben, teilen die Abgeordneten den Medien in Pressekonferenzen, Presseerklärungen oder Hintergrundgesprächen ohnehin mit. Die Herstellung der Öffentlichkeit für die Ausschußsitzungen ist nach meiner Meinung unverzichtbar. Im übrigen würden die Medien dann feststellen, daß Abgeordnete, die in den Plenardebatten kaum zu Wort kommen, in den Ausschüssen viele wichtige Beiträge liefern.

Von 1961 bis 1965 habe ich auch dem Europäischen Parlament angehört. Zu dieser Zeit wurden die Mitglieder des Europäischen Parlaments nicht direkt gewählt, sondern von den nationalen Parlamenten bestimmt. Ich war immer ein engagierter Europäer. Aber 1965 habe ich meine Fraktion gebeten, mich von dieser Aufgabe zu entlasten. Es war unmöglich, die Aufgaben in Bonn und in Straßburg zu erfüllen. Oft war ich gerade dann nicht in Bonn, wenn meine Fraktion mich dringend gebraucht hätte, zumal sich damals nicht eben viele Abgeordnete in der Entwicklungspolitik engagierten. Außerdem war es für mich unerträglich, fleißig an Resolutionen und Stellungnahmen zu arbeiten, die in den meisten Fällen ohne jeden Einfluß auf die Politik blieben, da das europäische Parlament ohne Kompetenzen war. Letztendlich bedeutet Politik, Entscheidungen fällen. Nicht entscheiden zu dürfen, macht einem wirklichen Politiker die Politik unerträglich. Ich bestreite dabei gar nicht, daß mir das Ausscheiden aus dem Europäischen Parlament nicht ganz leicht gefallen ist. Der Kontakt und die Zusammenarbeit mit den Parlamentariern aus den

Als Leiter einer SPD-Delegation bei dem tunesischen Staatspräsidenten Habib Bourgiba, mitte: H.-E. Dingels (1965).

Gespräche mit einer Delegation der Befreiungsbewegung von Mosambik (Frelimo), mitte: Vizepräsident Marcellino dos Santos (heute Präsident des Parlaments), links Karsten Voigt (1973).

anderen EG-Ländern war überaus wertvoll. Es gab auch einen materiellen Aspekt, der mir das Ausscheiden nicht so einfach gemacht hat. Die Entschädigung für die Bundestagsabgeordneten war vor der großen Reform noch sehr gering. Es gab keine Altersversorgung. Ich bin seinerzeit mit der Zahlung meiner freiwilligen Beiträge für die Rentenversicherung in Rückstand geraten. Die Tätigkeit im Europäischen Parlament war für die damaligen Verhältnisse gut dotiert. Dennoch habe ich mich für die Politik in Bonn entschieden.

Heute wird das Europäische Parlament direkt gewählt. Aber die Frage der Kompetenzen des heutigen Europäischen Parlaments ist noch keineswegs befriedigend geregelt. Dieses Parlament braucht seine vollen Kompetenzen. Die Mitglieder des Deutschen Bundestages müssen allerdings wissen, daß sie Befugnisse an das Europäische Parlament abgeben müssen. Wenn Europa wirklich eine Einheit werden soll, dann braucht das Europäische Parlament Kompetenzen, die in etwa denen des Bundestages vergleichbar sind.

Lehrzeit in Afrika

Als ich 1957 in den Deutschen Bundestag gewählt wurde, dauerte der Krieg in Algerien bereits drei Jahre. Tunesien und Marokko waren schon unabhängig. Im Jahre 1957 erreichte Ghana unter Kwame N'krumah seine Unabhängigkeit. 1958 folgte in einem sehr schmerzlichen Prozeß Guinea unter Sekou Touré. Das Jahr 1960 wurde das Jahr Afrikas. Allein 16 afrikanische Länder wurden in diesem Jahr unabhängige Staaten. Es waren in erster Linie ehemals französische Kolonien. Die britischen folgten bald nach. In den portugiesischen Kolonien ging der Krieg jedoch weiter. Hier brachte erst der Demokratisierungsprozeß im Mutterland Portugal den Durchbruch zur Unabhängigkeit. Weiterhin ungelöst blieb das Problem Südafrika.

Meine politische Arbeit begann in einer Zeit dieses Umbruchs in Afrika. Die Vorgänge auf diesem Kontinent lehrten mich, wie eine vernünftige Politik gegenüber der Dritten Welt zu gestalten war. Hier habe ich Erfahrungen gesammelt. Da unsere Kolonialzeit mit dem Ersten Weltkrieg endete, besaßen wir ja selbst keine Afrikaerfahrungen. Ich bin immer wieder auf Spuren der deutschen Kolonialpolitik gestoßen. Anlaß, stolz auf diese Periode zu sein, haben wir nicht. Im Gegenteil. Jedenfalls waren die Jahre von 1957 bis zum Beginn der 60er Jahre meine afrikanische Lehrzeit. Und es war unendlich viel zu lernen. Als Bundesminister für wirtschaftliche Zusammenarbeit konnte ich meine Erfahrungen dann noch erweitern.

Ich lernte die sehr unterschiedliche Kolonialpolitik der Franzosen, der Briten, der Belgier und der Portugiesen kennen, konnte beobachten, wie die Franzosen ihre Kolonien verhältnismäßig wohlvorbereitet in die Unabhängigkeit entließen und auch gute Kontakte zu diesen Ländern aufrechterhielten. Die Engländer verfuhren in ähnlicher Weise. Die Belgier und Portugiesen aber entließen ihre Kolonien völlig unvorbereitet. In dieser Zeit hatte der Ost-West-Konflikt auch Auswirkungen auf Afrika. Die Sowjets sahen eine Chance, in Afrika Fuß zu fassen. Sie waren in den ersten Jahren nicht ohne Erfolg. Auch China demonstrierte sehr schnell seine Interessen an Afrika.

Die Afrikapolitik der Bundesrepublik Deutschland orientierte sich nicht an der Situation in den afrikanischen Ländern, sondern in erster Linie an den vermeintlichen Interessen Bonns. Zu jedem Land, das unabhängig wurde, nahmen wir zwar diplomatische Beziehungen auf, aber in erster Linie nicht wegen guter Beziehungen zu einem neuen und unabhängigen Staat, sondern primär, um das Fußfassen der DDR dort zu verhindern. In dieser Zeit galt für die offizielle deutsche Außenpolitik die Hallsteindoktrin, die besagte, daß kein Land zur DDR Beziehungen aufnehmen dürfte, wenn es Wert auf Entwicklungshilfe und diplomatische Beziehungen zur Bundesrepublik lege.

Natürlich versuchte die DDR, die veränderte Situation in Afrika zu nutzen, um auf diesem Kontinent politische Anerkennung zu finden. Die Bundesregierung bemühte sich, dies mit einer generösen Entwicklungspolitik zu verhindern. Eine schlimme Sache, wenn man in erster Linie nicht um der Menschen willen hilft, sondern um das wahrzunehmen, was man als seine eigenen nationalen Interessen betrachtet. Diese Politik führte in der Großen Koalition von 1966 bis 1969 zu ernsten Spannungen, aber auch zu ersten Veränderungen. Von der sozialliberalen Koalition wurde der Hallsteindoktrin nach 1969 endgültig der Garaus gemacht. Heute gibt es in vielen afrikanischen Ländern ein friedliches, manchmal sogar ein freundliches Nebeneinander der beiden deutschen Botschaften.

Nicht immer hatten wir in diesen Jahren geeignete Botschafter für alle Länder zur Verfügung. Die fehlenden Afrikaerfahrungen machten sich auch hier bemerkbar. Einige Botschafter und deren Angehörige sahen ihre Hauptaufgabe darin, die Afrikaner zu erziehen. Ich erinnere mich noch heute an die Frau eines unserer Botschafter, die mir erzählte, daß sie ihren Beitrag für die Entwicklung des Landes leiste, indem sie ihre »Boys« erziehe. Manche Botschafter fühlten sich entsprechend der damaligen Politik dazu verpflichtet, den Afrikanern zu erklären, daß die Bundesrepublik Deutschland der gute Staat und die DDR etwas sehr Böses sei. Viele Afrikaner wußten damit nichts anzufangen. So erzählte mir ein ghanaischer Häuptling voller Stolz, daß er natürlich nur für Westdeutschland sei, denn er sei ja auch der Häuptling von West-Ghana. Aber er beschwerte sich über die Bundesregierung, die ein deutsches Buch, das für die Entwicklung seines Landes von großer Bedeutung sei, nicht in seine Sprache übersetzen würde. Als ich nachfragte, stellte sich heraus, daß er Hitlers »Mein Kampf« meinte.

Die politische Unabhängigkeit bedeutete keinesfalls die volle Unabhängigkeit. Die wirtschaftliche Abhängigkeit von den früheren Kolonien blieb sehr groß und ist es zum großen Teil auch heute noch. Nach der Unabhängigkeit des Senegal bat mich der Präsident dieses Landes, ich möge mich doch für die Lieferung von Traktoren im Rahmen der deutschen Entwicklungshilfe verwenden. Vom Wirtschaftsreferenten der französischen Botschaft wurde mir daraufhin mitgeteilt, solange er in diesem Lande tätig sei, werde es keine deutschen Traktoren im Senegal geben. Ähnliches habe ich nach der Unabhängigkeit in Ghana erlebt. Ein englischer Experte wollte mir klarmachen, daß ich in diesem Lande eigentlich gar nichts zu suchen habe, denn auch das unabhängige Ghana bleibe eindeutig britisches Einflußgebiet. Nicht immer sind die qualifiziertesten Vertreter der Kolonialmächte in den ehemaligen Kolonien zurückgeblieben.

Nachdem die afrikanischen Staaten ihre Unabhängigkeit erlangt hatten, wurde viel über die Korruption in diesen Ländern gesprochen. Es gab und es gibt diese Korruption, aber die Europäer haben auch viel zu ihrer Einführung, Ausbreitung und Vervollkommnung beigetragen. Lange Zeit konnten deutsche Unternehmen die für Bestechungen veranschlagten Summen sogar von der Steuer absetzen. Manches Negative in Afrika ist keine afrikanische Erfindung, sondern ist von Europäern während der Kolonialzeit oder auch erst nach der Unabhängigkeit aus Europa nach Afrika exportiert worden.

Meine ersten Erfahrungen sammelte ich in Afrika, als noch die erste Generation von Präsidenten nach der Unabhängigkeit regierte: Habib Bourgiba in Tunesien, Leopold Séder Senghor im Senegal, Sekou Touré in Guinea, Kwame N'kruhma in Ghana, Julius Nyerere in Tansania und Houphonet Boigny an der Elfenbeinküste, um nur einige Beispiele zu nennen. Ich habe sie alle kennengelernt. Einige sind verstorben, andere sind abgewählt oder durch Putsche abgelöst worden. In manchen Ländern hat es eine regelrechte Inflation von Präsidenten gegeben. Nur Houphonet Boigny regiert immer noch an der Elfenbeinküste. Er ist nun der dienstälteste Präsident Afrikas.

Als junger Abgeordneter wollte ich meine Erfahrungen in möglichst allen afrikanischen Ländern machen, deshalb tauschte ich ein Flugticket 1. Klasse, das der Deutsche Bundestag bewilligt hatte, in ein Touristenticket um, damit ich mit der Preisdifferenz den Flug in weitere afrikanische Länder finanzieren konnte.

Bei einer dieser Reisen hatte ich mich körperlich übernommen. Jedenfalls erlitt ich in Accra in Ghana einen Kreislaufzusammenbruch. Der sehr afrikaerfahrene Botschafter der Bundesrepublik brachte mich im Schlafzimmer seiner Residenz unter. Da ich mit dem damaligen Verteidigungsminister von Ghana gut befreundet war, stellte er für mich eine afrikanische Krankenschwester aus dem Militärlazarett ab. Ich sollte vor allen Dingen viel schlafen. Immer wenn ich einzuschlafen versuchte, verließ die Krankenschwester den Raum und wartete vor der Tür. Einmal aber kam sie sehr aufgeregt wieder herein und teilte mir mit, daß mich eine Dame zu sprechen wünsche. Sie wolle sie aber nicht hereinlassen, denn die sei nicht ganz richtig im Kopf. Ich fragte sie, ob es sich um eine afrikanische oder um eine europäische Dame handle. Sie sagte, die Frau stamme aus Deutschland. Warum sie denn meine, daß diese Frau nicht ganz richtig im Kopf sei? Sie antwortete: »Sie sagt, sie sei Flugkapitän.« Ich bat sie, die Dame hereinzuführen. Es war Hanna Reitsch, die bekannte Fliegerin. Sie betrieb in Ghana in sehr engem Kontakt zu Kwame N'kruhma eine Segelfliegerschule, hatte von meiner Krankheit gehört und wollte fragen, ob sie mir helfen könne.

In Togo war ich zum ersten Mal, als Sylvanus Olympio noch Präsident war. Ich reiste in einer Delegation, in der auch die anderen Parteien vertreten waren. Auf dem Flugplatz nahm mich unser Botschafter auf die Seite und fragte mich, ob ich einen Bundestagsabgeordneten Fink aus der CDU/CSU-Fraktion kennen würde. Er verfüge leider über kein Bundestagshandbuch. Der Abgeordnete sei ohne jede Anmeldung aus Bonn mit einem Taxi aus Lagos in Nigeria in Togo eingetroffen, sei vor der Residenz vorgefahren und habe unserem Botschafter gesagt: »Ich bin der Abgeordnete Fink. Ich will das Land kennenlernen. Machen Sie mal ein Programm für mich.« Der Botschafter war verständlicherweise verunsichert. Ich bestätigte ihm, daß es den Abgeordneten Fink gäbe und er sich gern dem für uns vorbereiteten Programm anschließen könne.

Am Tag unserer Ankunft wurde Togos Nationalfeiertag gefeiert. Wir gingen zu dem großen Empfang und überbrachten dem damaligen Präsidenten unsere Glückwünsche. Es war heiß und schwül. Gegen 23.00 Uhr verließ ich mit den anderen das Hotel Benin. Ich wollte mich im Meer noch ein wenig abkühlen. Es war sehr dunkel, als ich hinausschwamm, nur der alte Leuchtturm aus der deutschen Kolonialzeit sandte in regelmäßigen Abständen einen Lichtstrahl aus. Die anderen Kollegen waren am Ufer geblieben. Als ich schon ziemlich weit hinausgeschwommen war, riefen sie nach mir. Ich schwamm zurück und hörte, daß Fink verschwunden sei. Er war nach mir ebenfalls ins Wasser gegangen, ohne daß ich in der Dunkelheit etwas davon bemerkt hatte. Wir suchten fieberhaft nach ihm und bemühten uns um Helfer. Aber die Afrikaner fürchteten sich. Nur der israelische Hoteldirektor half uns. Aber wir konnten Fink nicht finden. Am nächsten Tag wurde er am Strand angeschwemmt: ertrunken. Vielleicht hat aber auch ein Herzleiden den Tod herbeigeführt. Das Baden und Schwimmen im Meer wurde von vielen Ortsansässigen gerade an dieser Stelle als gefährlich angesehen.

Ich erinnerte mich an mein Gespräch mit Fink vom Vorabend. Er war offensichtlich ein wohlhabender Mann und hatte erzählt, daß er diese Reise völlig privat finanziert habe, da ihn seine Fraktion nicht einmal nach Bad Godesberg schicken würde. Die Polizei fand in seinem Gepäck noch einen großen Bargeldbetrag. Bei unserem Gespräch hatte er mich gebeten, ihm nach unserer Rückkehr nach Bonn im Entwicklungsausschuß behilflich zu sein.

Der Botschafter verständigte die Familie und den Bundestag. Die Familie war davon überzeugt, daß er ermordet worden sei. In Afrika wird man eben ermordet. Der Bundestag stellte fest, daß Fink auf einer Privatreise gestorben sei und erklärte sich deshalb für nicht zuständig.

In Lomé fand in der alten deutschen Kirche aus der Kolonialzeit ein Trauergottesdienst statt, an dem der größte Teil der Regierung und des Parlaments teilnahm. Ein deutscher Geistlicher, der in Togo tätig war, hielt die Predigt. Die Familie wollte den Leichnam mit dem Flugzeug nach Deutschland überführen. Aber in Lomé konnte oder wollte keine Fluggesellschaft den Sarg transportieren. So kam ein Volkswagenbus der deutschen Lufthansa aus Lagos in Nigeria, um den Sarg abzuholen. Ich fuhr mit einem geländegängigen Fahrzeug voraus. Wir mußten ja, um nach Lagos zu kommen, durch Benin fahren, das damals noch Dahomé hieß. Die Grenzstation zwischen Togo und Benin heißt Grand Popo. Hier fragten uns die Zollbeamten, was in der großen Kiste in dem Volkswagenbus sei. Ich erläuterte die Situation. Wir mußten noch einmal 100 Meter zurückfahren. Die drei Grenzsoldaten im Busch präsentierten beim Vorbeifahren des toten Kollegen Fink das Gewehr.

Wenige Tage später löste die Familie des Abgeordneten Fink sein Büro in Bonn auf. Sie würdigte mich keines Wortes, obwohl ich meine Reise abgebrochen hatte, um den toten Kollegen zu begleiten.

Nach meiner Zeit als Bundesminister für wirtschaftliche Zusammenarbeit hatte ich noch ein anderes Erlebnis in Togo. Inzwischen war General Eyadema nach einem Militärputsch an die Macht gekommen. Auf seine Bitte war ich nach Lomé gereist, um ihn in einigen für sein Land wichtigen Fragen zu beraten. Auf dem Flugplatz empfingen mich zwei Minister, der Chef des Protokolls und unser Botschafter. Der Protokollchef sagte mir, daß ich am nächsten Tag zu einem Mittagessen mit dem Präsidenten eingeladen sei. Ich sagte unserem Botschafter, daß wir uns dann ja am nächsten Tag beim Präsidenten sehen würden. Aber der Protokollchef nahm mich auf die Seite, um mir mitzuteilen, daß das Essen unter vier Augen stattfinden sollte. Mir war das unangenehm, da ich Staatsoberhäupter stets in Begleitung unseres Botschafters aufsuchte.

Am nächsten Tag fand das Essen dann tatsächlich unter vier Augen statt. Präsident Eyadema teilte mir mit, daß das Verhältnis zwischen

Mit dem togolesischen Staatspräsidenten Gnallingbe Eyadema (vorn), dahinter Frau Gika de Kiff-Wischnewski (1979).

der Bundesrepublik Deutschland und Togo ausgezeichnet sei. Der einzige, der die Beziehungen stören würde, sei der Botschafter. Als ich nach Einzelheiten fragte, erfuhr ich, daß die Beziehung zwischen dem Präsidenten und unserem Botschafter durch dessen kleinkariertes Verhalten irreparabel zerstört war. Ich mußte dem Auswärtigen Amt empfehlen, den Botschafter auszutauschen. So ist es dann geschehen.

Die Bevölkerung von Togo ist auch heute noch besonders deutschfreundlich. Die Bundesrepublik hatte den früheren togolesischen Soldaten in der deutschen Kolonialarmee eine kleine Entschädigung bezahlt, weil einige von ihnen später Probleme mit der französischen Kolonialmacht hatten. Aber es gab noch einen anderen Grund, warum sich Togo außer an Frankreich in ganz besonderem Maße an die Bundesrepublik anlehnte. Nach dem Ersten Weltkrieg wurde die ehemalige deutsche Kolonie zwischen den Siegermächten geteilt. Frankreich erhielt das heutige Togo, und Großbritannien bekam den westlichen Teil, der der damaligen britischen Kolonie Goldküste, dem heutigen Ghana, zugeschlagen wurde. So ist es auch heute noch, nachdem Ghana und Togo ihre Unabhängigkeit erlangt haben. Ghana wurde drei Jahre früher unabhängig als Togo. In dem Ghana zugefallenen Teil der früheren deutschen Kolonie wurde eine Abstimmung durchgeführt, in der die Menschen befragt wurden, ob sie bei der Goldküste, also Ghana, bleiben, oder ob sie zu Togo zurück wollten. Die Menschen entschieden sich zwar für Ghana, weil Ghana vorher unabhängig wurde und sie zunächst einmal die Unabhängigkeit wollten, empfanden die Teilung dann aber doch als unnatürlich. Uns sagten sie: »Ihr seid ein geteiltes Land. Wir sind auch ein geteiltes Land. Wir müssen auch aus diesem Grunde zusammenarbeiten.« In den Jahren danach ist das Verhältnis zwischen Ghana und Togo starken Schwankungen ausgesetzt gewesen.

Eine hübsche Anekdote erzählte Präsident Eyadema über den Marxismus in Afrika. Im Nachbarstaat Benin hatte man den »wissenschaftlichen Sozialismus« eingeführt. Als Eyadema den Präsidenten des Nachbarlandes fragte, was man unter »wissenschaftlichem Sozialismus« zu verstehen habe, antwortete ihm dieser: »Das weiß ich auch nicht. Aber von einem kannst du überzeugt sein: wissenschaftlich ist die Sache.«

Meine Afrikaerfahrung konnte ich später auch in der Regierungsarbeit gut verwenden. Als Präsident Mobuto von Zaïre zwei deutsche Unternehmen »zaïrisierte«, hatte ich die notwendigen Verhandlungen zu führen, um den beiden Unternehmen zu ihrem Recht zu verhelfen. Eines dieser beiden Unternehmen produzierte in Zaïre Schotter und verkaufte ihn auch dort. Präsident Mobuto fragte mich, ob ich überhaupt wisse, was dieser Betrieb herstelle. Ich sagte: »Schotter«. Aber der Präsident Zaïres sah das ganz anders: »Die verkaufen mir meine Steine.«

Für die Präsidenten jener afrikanischen Staaten, die mit der Air-Afrique eine gemeinsame Fluggesellschaft betrieben, wurde ein Essen gegeben, an dem ich als einziger Europäer teilnehmen sollte. Man hatte mir sogar einen Ehrenplatz neben dem berüchtigten Kaiser Bokassa eingeräumt. Mein Referent Kiewitt, der wußte, daß ich nicht daran interessiert war, neben Bokassa zu sitzen, ergriff die Initiative und vertauschte die Tischkarten. Der zuständige Protokollchef war sehr aufgeregt. Aber Kiewitt sagte: »Mein Chef wünscht kein gemeinsames Foto mit dem Kaiser!« Und dabei blieb es auch.

Nach wie vor leiden viele Menschen in Afrika an sehr einseitiger Ernährung und Hunger. In der wirtschaftlichen Entwicklung ist die Lage sehr unterschiedlich. In einer Reihe von Ländern gibt es Fortschritte. Aber es sind auch Rückschritte zu beobachten. Und es gibt Länder, in denen es kaum Entwicklungschancen gibt. Sie sind so arm, daß sie ohne fremde Hilfe nicht lebensfähig sind. Einige afrikanische Länder haben demokratisch gewählte Regierungen und beachten die Menschenrechte, andere werden von Diktatoren beherrscht. Es hat Militärputsche und Kriege gegeben. Zurückgegangen ist inzwischen die Zahl der Analphabeten. Das Bild ist also durchwachsen und das ist auch kein Wunder.

In ganz Schwarzafrika gibt es keine den ethnischen Gegebenheiten entsprechenden Grenzen. Die heutigen Staatsgrenzen wurden von den europäischen Kolonialmächten – auch von den Deutschen – mit dem Lineal gezogen. Sie sagen mehr aus über die damaligen europäischen Verhältnisse als über die Geschichte und die Bedürfnisse der Afrikaner. Völker und Stämme sind durch diese Grenzen gespalten worden, was auch heute noch zu Konflikten führt. Die Wirtschaft war und ist zum großen Teil auch heute noch an der Interessenlage der früheren Kolonialherren orientiert. In manchen Ländern erbringen Monokulturen den einzigen Exporterlös. Sinken die Weltmarktpreise, verelendet die davon abhängige Bevölkerung.

Die meisten Militärs, die durch Putsch an die Macht gelangt sind, haben ihr Handwerk in Europa erlernt. Viele von ihnen haben sogar in den Armeen der früheren Kolonialländer gedient.

Wir Europäer sollten uns nicht aufs hohe Roß setzen, haben doch die germanischen und romanischen Völker nach dem Zusammenbruch des Römischen Weltreichs Jahrhunderte gebraucht, bis sie eine neue Ordnung in Europa geschaffen haben, und auch danach haben die europäischen Staaten und Völker noch jahrhundertelang Kriege gegeneinander geführt. Manche davon waren grausamer, als ich mir das jemals in Afrika vorstellen kann.

Bundesminister für Entwicklungspolitik in der Großen Koalition

Nach dem Scheitern der Regierung Erhard bildeten Christdemokraten und Sozialdemokraten eine gemeinsame Regierung. Für uns Sozialdemokraten war das ein entscheidender Schritt. Am 27. März 1930 war das Kabinett des Sozialdemokraten Heinrich Müller zurückgetreten. Am 1. Dezember 1966 traten wir wieder in eine Regierung ein. In den dazwischenliegenden 36 Jahren hat das deutsche Volk den schlimmsten Abschnitt seiner Geschichte erlebt.

Natürlich hat es in der SPD Auseinandersetzungen und Diskussionen um die Bildung der Großen Koalition gegeben. Es gab Freunde, die grundsätzlich gegen eine Zusammenarbeit mit der CDU/CSU waren. Auch ich hatte gegen die Große Koalition in der Fraktion gestimmt, aber nicht weil ich grundsätzlich gegen eine Zusammenarbeit mit der CDU/CSU war und bin. Aber im Interesse einer stabilen Demokratie habe ich eine starke Opposition immer für notwendig gehalten. Und die FDP erschien mir damals als Opposition viel zu schwach.

Am Tage nach der Fraktionsentscheidung für die Große Koalition rief mich Willy Brandt an, der von Berlin nach Bonn gekommen war, um den sozialdemokratischen Anteil der Regierung zu gestalten und um selbst als Vizekanzler und Außenminister in die Regierung einzutreten. Willy Brandt bat mich, in die Regierung Kiesinger/Brandt einzutreten. Ich wies ihn auf mein Abstimmungsverhalten vom Vortage hin und bat ihn, von meiner Berufung Abstand zu nehmen. Aber er bestand auf meiner Beteiligung. Er konnte mir in diesem Telefongespräch noch nicht sagen, welche Aufgaben ich übernehmen sollte, dachte aber offensichtlich an das Bundesministerium für wirtschaftliche Zusammenarbeit oder die neu zu schaffende Position eines parlamentarischen Staatssekretärs beim Bundesaußenminister. Er erwartete von mir, daß ich meine Bedenken zurückstellte und meinen Anteil an einer möglichst positiven sozialdemokratischen Regierungsarbeit leiste. Damals gehörte ich nicht dem Führungsgremium der SPD an.

Willy Brandt wollte meine bisherigen entwicklungspolitischen Erfahrungen nutzen. Ich hatte mich bereits seit mehreren Jahren intensiv mit der Entwicklungshilfe beschäftigt und war Sprecher meiner Fraktion in dieser Frage. Außerdem hatte ich mich sehr darum bemüht, selbst Erfahrungen in der Dritten Welt zu sammeln. Willy Brandt wollte gewiß auch jenen Teil der Fraktion, der gegen die Große Koalition gestimmt hatte, fest in die Verantwortung einbinden. Zwei Stunden nach diesem Telefongespräch hörte ich dann in den Rundfunknachrichten, daß ich zum Bundesminister für wirtschaftliche Zusammenarbeit berufen werden sollte. Am 1. Dezember 1966 erfolgte dann die offizielle Berufung in dieses Amt. Die Regierungsbildung mußte schnell erfolgen.

Heute beurteile ich die Große Koalition von 1966 bis 1969 durchaus positiv. Sie hat eine Reihe von wichtigen und notwendigen Fragen erfolgreich auf den Weg bringen können. Sie hat auch zu einer Normalisierung des sehr verkrampften Verhältnisses zwischen SPD und CDU/CSU beigetragen. Herbert Wehner war in unserer Partei der Motor der Großen Koalition. Er wollte aus sehr grundsätzlichen Erwägungen die SPD an der Regierung beteiligen. Für ihn war dies der entscheidende Schritt zur Integration der Arbeiterschaft in den demokratischen Staat.

Meine positive Beurteilung des damaligen Regierungsbündnisses ändert nichts an meiner grundsätzlichen Haltung zu Großen Koalitionen. Eine Große Koalition kann es nur in Ausnahmefällen, eigentlich nur in Notsituationen geben. Denn dieses Land braucht immer eine große und starke Opposition. Gibt es sie nicht, machen sich rechts und links sofort Randerscheinungen in der Parteienlandschaft bemerkbar. So war es auch damals. Solche Erscheinungen kann es aber auch bei einer großen Oppositionspartei geben, wenn sie einen wichtigen Teilbereich der Politik nicht ausreichend abdeckt. Ohne eine starke Opposition breitet sich auch die Bürokratie noch stärker aus. Im übrigen kam es vor allem im letzten Jahr der Großen Koalition zu erheblichen Spannungen zwischen den Koalitionsparteien. Jede der beiden großen Parteien bemühte sich um ein eigenes Profil als Ausgangsbasis für die Bundestagswahlen von 1969. Auch der zuerst so angenehme Bundeskanzler Kiesinger versuchte in dieser Zeit, seine Richtlinienkompetenz gegen die SPD zu nutzen, die aber in einer Großen Koalition nur eine begrenzte Bedeutung hat.

Das Ministerium für wirtschaftliche Zusammenarbeit wurde 1961 nach den Bundestagswahlen von der Regierung Adenauer/Mende für Walter Scheel gebildet. Anfangs diente es sicher vor allem der Koalitionsarithmetik, aber in den mehr als 25 Jahren seit seiner Gründung hat es seine Existenzberechtigung, ja seine Notwendigkeit nachgewiesen. Die Entwicklungspolitik muß ein eigenständiger Bereich sein, sie kann nicht zu einem Anhängsel der Außen- oder Wirtschaftspolitik degradiert werden. Das Ministerium ist von Ministern der FDP, der SPD und der CSU geleitet worden. Natürlich bemühten sich die einzelnen Minister sehr unterschiedlich um die Eigenständigkeit der Entwicklungspolitik. CSU-Minister haben sogar erfolgreich versucht, vernünftige Positionen des Außenministeriums gegenüber Ländern der Dritten Welt zu unterlaufen.

Unter der Regierung Adenauer und auch noch während der kurzen Regierung von Erhard wurde unsere Außen- und Entwicklungspolitik, wie schon erwähnt, weitgehend von der Hallsteindoktrin bestimmt. Ein besonders krasses Beispiel war Guinea. Der Botschafter der DDR hatte in Conacry die Ehrenkompanie bereits abgeschritten und Staatspräsident Sekou Touré sein Beglaubigungsschreiben übergeben, als Bonn mit der Androhung, weitere Hilfeleistungen aus der Bundesrepublik sofort einzustellen, den Prozeß der Anerkennung der DDR unterbrach. Natürlich wurde die Bundesrepublik mit dieser Politik auch selbst erpreßbar. Es gibt Beispiele, wo Forderungen im Rahmen der Entwicklungspolitik gestellt wurden, denen die CDU-Regierung nachgekommen ist, weil man ihr angedroht hatte, bei deren Ablehnung die DDR anzuerkennen.

Mit der Großen Koalition endete die Praktizierung der Hallsteindoktrin. Willy Brandt eliminierte sie als Außenminister Schritt für Schritt. Auch Herbert Wehner, jetzt Bundesminister für innerdeutsche Fragen, war natürlich kein Anhänger dieser Doktrin. Und ich habe so schnell wie möglich jene Teile der deutschen Entwicklungspolitik abgeschafft, die nicht in erster Linie der Entwicklung von Ländern in Afrika, Asien und Lateinamerika dienten, sondern der Durchsetzung von vorgeblich eigenen Interessen.

Eine andere wichtige Aufgabe bestand darin, die Menschen im eigenen Lande von der Notwendigkeit der Entwicklungspolitik zu überzeugen, für die damals noch sehr wenig Verständnis vorhanden war. Also habe ich getrommelt. Ich habe Ausstellungen veranstaltet, bin in Betriebsversammlungen gegangen und habe über die Entwicklungshilfe gesprochen, ich ließ sogar eine Schallplatte für die Entwicklungshilfe anfertigen. Ein besonders tüchtiger Mitarbeiter in meinem Ministerium unterstützte mich dabei nach Kräften. Einen großen Anteil daran, daß Entwicklungspolitik heute wesentlich positiver beurteilt wird, als dies damals der Fall war, haben die beiden großen Kirchen. Sie waren mir eine besonders große Hilfe.

Vor allem aber ging es damals darum, unsere Leistung in den Entwicklungsländern zu steigern. Die Haushaltslage war zu jener Zeit ziemlich schwierig. Dennoch ist es gelungen, den Haushaltsansatz für die Entwicklungspolitik in meiner verhältnismäßig kurzen Amtszeit erheblich zu steigern.

Die bisherigen Projekte der Entwicklungshilfe mußten auf ihre Effizienz hin überprüft werden, aber auch daraufhin, ob man sie nach dem Prinzip »Hilfe zur Selbsthilfe« nicht schon vorzeitig an die Partnerländer übergeben konnte, um Gelder für neue Projekte freizumachen. Die Überprüfung der Projekte war aber auch notwendig, um die Ausgabe von Haushaltsmitteln weit von der Bundesrepublik entfernt, irgendwo im Busch, mit den Richtlinien der »Reichshaushaltsordnung« in Einklang zu bringen.

Zu dieser Zeit waren die Mittel für die Kapitalhilfe noch im Haushalt des Wirtschaftsministeriums untergebracht. Natürlich mußte es Aufgabe des Bundesministers für wirtschaftliche Zusammenarbeit sein, diesen wichtigen Betrag in den Haushalt des eigenen Ministeriums zu übernehmen. Wirtschaftsminister Karl Schiller war ein brillanter Mann, aber auch ein Zuständigkeitsfetischist. Ich hatte mit ihm harte Auseinandersetzungen in dieser Frage und habe mein Ziel auch nicht erreichen können. Erst meinem Nachfolger Erhard Eppler ist das gelungen.

Ich konnte in meiner Zeit als Bundesminister für wirtschaftliche Zusammenarbeit einiges bewegen, machte aber natürlich auch Fehler. Auch damals gab es in erheblichem Maße Arbeitslosigkeit, wenn sie auch bei weitem nicht so hoch war wie heute. Deshalb habe ich bei meinen Bitten um Verständnis für die deutsche Entwicklungspolitik die wirtschaftlichen Interessen der Bundesrepublik viel zu stark in den Vordergrund gestellt. Ich glaubte, mit dieser Methode die Menschen leichter gewinnen zu können. Doch dieser Weg war falsch. Heute weiß ich, daß die verantwortlichen Politiker in den reichen Industrieländern ihren Bürgerinnen und Bürgern ehrlich sagen müssen, daß wirkliche Opfer gebracht werden müssen, um diese vielleicht größte Aufgabe zu erfüllen. Heute sind sich verantwortungsbewußte Politiker darüber einig, daß die Lösung von drei Weltproblemen über den weiteren Fortbestand dieser Erde entscheidet.

- Die Schaffung und Erhaltung des Friedens in allen Teilen dieser Erde;
- die Erhaltung und Wiederherstellung von Natur und Umwelt auf dem Lande, im Wasser und in der Luft in allen Regionen dieser Erde;
- der Abbau des nahezu unmenschlichen Gefälles zwischen den reichen Ländern im Norden und den armen Ländern im Süden unserer Welt.

Wir müssen die Menschen in unserem Land mit der Vorstellung vertraut machen, daß unser Lebensstandard, ja unser Leben gefährdet ist, wenn es nicht gelingt, das Gefälle zwischen Nord und Süd abzubauen. Entwicklungspolitik dient der Entwicklung von Ländern der Dritten Welt. Entwicklungspolitik ist weder ein Instrument der Außenpolitik noch ein Vehikel zur Förderung unserer Exporte.

Aber eine langfristig angelegte Entwicklungspolitik, die unsere eigenen Interessen nicht in den Vordergrund stellt, wird sich auch positiv auf unsere außenpolitischen Interessen auswirken und auf längere Sicht auch die wirtschaftliche Zusammenarbeit mit den betreffenden Ländern positiv beeinflussen.

Im Jahr 1968 war ich in Togo, um mit Staatspräsident Eyadema den Hafen von Lomé einzuweihen. Dieser Hafen war zu einem großen Teil von uns finanziert und gebaut worden. Er war für das Land und die ganze Region von größter Bedeutung. Auf dem Rückweg flog ich über Conakry in Guinea. Ich wollte mit Präsident Sekou Touré einige Fragen der weiteren Zusammenarbeit besprechen und im Innern des Landes einige Projekte unserer Entwicklungshilfe besuchen. Für den Flug ins Landesinnere war eine Maschine der Bundeswehr vorgesehen, die sich gerade in Guinea befand, weil Pioniere der Bundeswehr beim Straßenbau, beim Brückenbau und bei anderen nichtmilitärischen Projekten in Guinea tätig waren. Aber schon in Togo war mir mitgeteilt worden, daß das Bundeswehrflugzeug leider nicht zur Verfügung stünde, da es vorzeitig in die Bundesrepublik zurückgerufen werden mußte. Um so überraschter war ich, als ich bei der Landung in Conakry feststellte, daß die Maschine noch auf dem Flugplatz stand. Als ich unserem Botschafter eine entsprechende Frage stellte, antwortete er mir: »Herr Minister, die Maschine hat eine Panne. Das übrige kann ich Ihnen erst in der Botschaft berichten.«

In der Residenz der Botschaft teilte er mir dann mit, daß ein Ehepaar aus der DDR, das in Conakry im Rahmen der DDR-Entwicklungshilfe tätig war, in der Botschaft um Asyl gebeten habe und in die Bundesrepublik ausreisen wolle. Der Vater der Ehefrau lebte in Düsseldorf. Der Botschafter hatte das Problem schon mit dem Außenminister Guineas besprochen, aber dieser hatte die Ausreise des Ehepaars kategorisch abgelehnt. Guinea unterhielt zu jener Zeit enge Beziehungen zu den Ländern des Warschauer Pakts, die es auch wirtschaftlich stark unterstützten. Es konnte sich deshalb eine Brüskierung der DDR nicht leisten. Der Botschafter hatte dann vorsorglich die Bundeswehrmaschine in Conakry mit der Begründung festgehalten, die Maschine habe eine Panne und müsse auf Ersatzteile aus der Bundesrepublik warten. Gewartet hat er natürlich auf mich, in der Hoffnung, daß es mir gelänge, die Ausreise der beiden Deutschen in die Bundesrepublik zu ermöglichen. Eine gewaltsame Ausreise mit der Bundeswehrmaschine war nicht zu verantworten. Da der Außenminister die Ausreise des Ehepaars aber abgelehnt hatte, mußte ich die Angelegenheit in aller Offenheit mit Staatspräsident Sekou Touré besprechen. Ich kannte ihn zum Glück schon mehrere Jahre, also suchte ich ihn am gleichen Abend auf und erklärte ihm den Vorgang unter vier Augen. Ich erzählte ihm, daß die Frau ihren Vater in Düsseldorf wiedersehen wolle und bat ihn um seine Hilfe. Dabei versprach ich ihm, daß niemand jemals etwas über den Vorgang erfahren würde, wenn er mir bei der Lösung dieser schwierigen Frage behilflich sein würde. Sekou Touré ist schon vor mehreren Jahren gestorben, so kann ich den Vorgang heute erzählen.

Er sagte: »Sie haben doch hier in Conakry eine Maschine Ihrer Luftwaffe stehen, die eine Panne hat. Sorgen Sie bitte dafür, daß die Panne noch heute nacht beseitigt wird und die Maschine morgen früh um 6.00 Uhr abfliegen kann.« Auf den Fall des Ehepaars ging er überhaupt nicht ein. Wir haben das Ehepaar am nächsten Morgen in aller Frühe zur Maschine gebracht. Unmittelbar vor dem Abflug kam ein guinesischer Offizier und fragte, ob alles in Ordnung sei und die Insassen alle ordnungsgemäße Papiere hätten. Sekou Touré wollte großzügig sein, aber er wollte mir mit dieser Überprüfung auch beweisen, daß er in seinem Lande alles unter Kontrolle habe. Die Familie bekam übrigens dann noch Schwierigkeiten mit der Bürokratie in der Bundesrepublik. Man wollte wissen, wie denn die Einreise in die Bundesrepublik erfolgt sei. Ich hatte die klare Weisung gegeben, daß darüber keine Auskunft zu erteilen sei. Auch dieses Problem konnte geregelt werden.

Der Vorgang liegt mehr als 20 Jahre zurück. Der damals junge Mann, der mit seiner Frau ausgeflogen wurde, ist heute Professor an einer deutschen Universität. Ich treffe ihn von Zeit zu Zeit.

Im März 1967 unternahm Bundespräsident Dr. Heinrich Lübke eine große Asienreise. Er machte Staatsbesuche in Südkorea, in Malaysia, in Thailand, in Nepal und Afghanistan. Normalerweise hat der Bundesaußenminister den Bundespräsidenten bei offiziellen Staatsbesuchen zu begleiten, aber in diesem Fall bat mich Willy Brandt, diese Aufgabe für ihn zu übernehmen, zumal die zu besuchenden Länder damals noch alle Entwicklungsländer waren.

Ich habe mich darum bemüht, den Bundespräsidenten während der Reise korrekt zu beraten. Er amtierte bereits in der zweiten Periode, die ihm nicht leichtfiel. Aber bis auf den Aufenthalt in Afghanistan ging alles gut. Damals war Afghanistan noch ein Königreich. Als ich den Bundespräsidenten darauf aufmerksam machte, daß die deutsche

Entwicklungshilfe nur etwa 10 Prozent der sowjetischen Hilfe an Afghanistan ausmachte, reagierte Heinrich Lübke verärgert: »Das kann nicht stimmen. Wir machen überall mehr als die Russen.« Ich sagte ihm, daß das sicher generell stimme, für das Königreich Afghanistan aber nicht zuträfe.

Daraufhin verlangte er von mir die Vorlage des vorbereiteten Kommuniqués für den Besuch, das bereits vorher sorgfältig mit der afghanischen Regierung abgestimmt worden war. Heinrich Lübke las den Kommuniqué-Entwurf und teilte mir mit, daß er mit dem Inhalt nicht einverstanden sei. Auf meine Frage nach seinen konkreten Änderungswünschen sagte er mir, daß er folgenden Satz im Text haben wolle: »Das Volk von Afghanistan werde seinen Dank für die deutsche Hilfe durch seine Haltung in der deutschen Frage zum Ausdruck bringen.« Natürlich war mir sofort klar, daß ein solcher Satz, der die einseitige Parteinahme Afghanistans im deutsch-deutschen Konflikt forderte, nicht in dem Kommuniqué stehen konnte. Ich erläuterte dem Bundespräsidenten noch einmal die Lage, erinnerte ihn an die lange gemeinsame Grenze Afghanistans zur Sowjetunion und verwies ihn auch darauf, daß Afghanistan keine diplomatischen Beziehungen zur DDR unterhalte. Aber er ließ sich nicht überzeugen. Unsere Auseinandersetzung wurde härter. Ich mußte ihn schließlich darauf aufmerksam machen, daß die Abfassung und Abstimmung des Kommuniqués eine Angelegenheit sei, für die die Bundesregierung zuständig und verantwortlich sei. Außerdem entspreche der von ihm gewünschte Satz auch nicht der Politik der Regierung. Aber er ließ nicht locker. Er werde mir schon beweisen, wie man das mache. Bei der Grundsteinlegung zum Neubau der Nedjat-Oberrealschule in Kabul nahm er den Entwurf des Textes an sich, ging mit dem Dolmetscher des Auswärtigen Amtes zum damaligen afghanischen Ministerpräsidenten und verlangte von ihm die Aufnahme des von ihm gewünschten Satzes.

Glücklicherweise verfügt das Auswärtige Amt über ausgezeichnete Dolmetscher. Sie beherrschen nicht nur die Sprache, in die sie übersetzen müssen, hervorragend, sondern sind auch mit der jeweiligen politischen Materie gut vertraut. Unser Dolmetscher bemühte sich also redlich die Wünsche des Bundespräsidenten bei seiner Übersetzung erheblich abzumildern. Aber Heinrich Lübke gab nicht nach. Voller Verzweiflung kam der Dolmetscher zu mir, um mich über den peinlichen Vorgang zu informieren. Dies alles spielte sich im Freien ab. Der Ministerpräsident von Afghanistan sah sich völlig konsterniert und hilfesuchend nach mir um. Mir blieb in dieser Lage nichts anderes übrig, als den Dolmetscher zu bitten, dem Bundespräsidenten sofort in deutsch von mir zu übermitteln: »Herr Bundespräsident, wenn Sie Ihr von der Bundesregierung nicht gedecktes Verlangen fortsetzen, werde ich mit der nächsten fahrplanmäßigen Maschine Afghanistan verlassen.« Erst jetzt stellte Heinrich Lübke seine Bemühungen ein.

Beim Rückflug kam es zwischen dem Bundespräsidenten und mir zu einer längeren und ernsten Diskussion. Er meinte, daß ihm eine solche Drohung in seiner langen Praxis noch nie vorgekommen sei. Ich mußte ihm erneut darlegen, daß der von ihm gewünschte Satz nicht mit der Politik der Bundesregierung übereinstimme. Frau Lübke versuchte, in dieser Diskussion für mich Partei zu ergreifen.

Zwei Tage nach unserer Rückkehr bekam ich vom Bundespräsidenten einen langen handgeschriebenen Brief, in dem er sich für sein Verhalten entschuldigte. Ihm fiel die zweite Amtszeit eben doch schon sehr schwer. Er hatte seine Grundsätze, die er mit äußerster Sturheit vertreten konnte, aber er sah auch ein, wenn ihm ein Fehler unterlaufen war. Ich glaube, daß ihm seine Frau dabei sehr geholfen hat. Er war mir gegenüber nicht nachtragend, ganz im Gegenteil. Er hat mich noch oft um meinen Rat gefragt.

Als ich das Bundesministerium für wirtschaftliche Zusammenarbeit übernahm, bekam der Staat Israel von uns eine jährliche Kapitalhilfe von 160 Millionen Mark. Israel war schon zu dieser Zeit ein recht entwickeltes Land. Und ich mußte zuerst an die ärmsten Länder der Welt denken. Wenn Israel mit 3 Millionen Einwohnern 160 Millionen Mark erhielt, welchen Betrag mußte man dann eigentlich für Indien aufbringen mit damals 760 Millionen Einwohnern?

Also beschloß ich, den Betrag von 160 Millionen Mark jährlich um 20 Millionen Mark zu reduzieren, um ihn bei etwa 60 bis 80 Millionen einpendeln zu lassen. Die anderen Minister, die über die Kapitalhilfe mitzuentscheiden hatten – Außenminister Willy Brandt, Wirtschaftsminister Karl Schiller und Finanzminister Franz Josef Strauß – teilten meine Meinung. Der Betrag wurde auf 140 Millionen Mark

Der Bundesminister für wirtschaftliche Zusammenarbeit beantwortet im Bundestag eine große Anfrage der CDU/CSU und SPD zur Entwicklungshilfepolitik der Bundesregierung (1967).

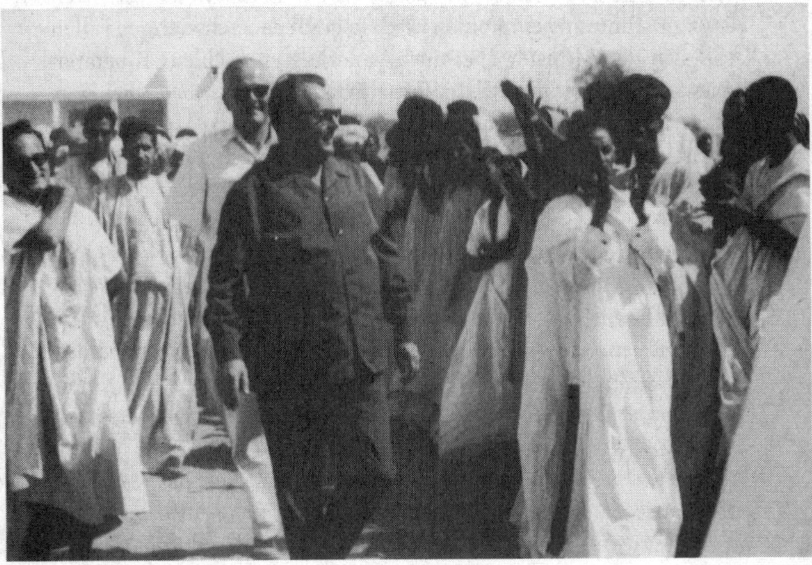

Besuch in Mauretanien anläßlich der Grundsteinlegung für eine Druckerei.

herabgesetzt, auch über die nächste Reduzierung auf 120 Millionen Mark waren sich die vier zuständigen Bundesminister einig. Dann erhielten alle vier Minister eine Einladung zu einem Gespräch mit Bundeskanzler Kiesinger. Der Bundeskanzler teilte uns mit, daß diese Herabsetzung nicht realisiert werden könne. Die deutsche Vergangenheit hatte uns wieder einmal eingeholt.

Ich hatte mich immer zur Wiedergutmachung an Israel bekannt und sie sogar gefördert. Aber Wiedergutmachung ist eine Sache, Entwicklungshilfe eine ganz andere.

Ein Bundesminister trägt die volle Verantwortung für sein Ressort, auch für Fehler, zu deren Ursachen er nicht beigetragen hat. Aber er ist auch voll verantwortlich für Kabinettsentscheidungen außerhalb seines Ressorts. Die Minister neigen in immer stärkerem Maße dazu, zwar ihre Ressortaufgaben sehr ernst zu nehmen, sich aber nicht im notwendigen Maß mit anderen Kabinettsentscheidungen zu befassen.

Der Minister hat einen Kabinettsreferenten, der ihm eine Stellungnahme zu den Vorlagen der anderen Ministerien vorlegt, die er mit den Mitarbeitern des jeweils zuständigen Ministeriums erarbeitet hat. So ist es denn kein Wunder, wenn in den weitaus meisten Fällen Zustimmung empfohlen wird. In besonders schwierigen Fällen muß sich der Minister aber auch von anderen Fachleuten beraten lassen. Es fehlt ihm nach meinen Erfahrungen einfach die Zeit, sich um die Entscheidungen in den anderen Ressorts zu kümmern. Das ist ein großer Fehler, denn das Kabinett ist nicht eine Ansammlung von Ressortministern, sondern Verfassungsorgan insgesamt.

Viele wichtige Entscheidungen werden in schwierigen Koalitionsverhandlungen vorbereitet. Sie kommen dann auf den Kabinettstisch und sollen auch dementsprechend entschieden werden. Natürlich bin ich mir über die Wichtigkeit solcher Koalitionsverhandlungen und Absprachen im klaren, aber es gibt nun einmal kein Koalitionsgremium, das den Verfassungsauftrag des Kabinetts ersetzen kann.

Ministerien neigen heute in immer stärkerem Maße dazu, auch zu administrieren. Vor allen Dingen, wenn es um neue Aufgaben geht, ist das Bedürfnis sehr groß, auch die Administration dafür zu übernehmen. Aufgabe des Ministeriums ist es aber, in einem – manchmal sehr umfangreichen – Bereich die notwendigen Entscheidungen vorzubereiten. Es muß dem Minister auch bei der Entscheidungsfindung in solchen Fragen behilflich sein, die sein Ressort nicht betreffen. Verwaltungsmaßnahmen sollten soweit wie möglich aus den Ministerien ausgegliedert werden. Sie behindern sie nur bei einer ihrer wichtigsten Aufgaben: dem Vorausdenken. Und dieses Vorausdenken der Regierungen ist in der Bundesrepublik nach wie vor unterentwickelt. Dafür müssen auch Außenstehende, Universitäten und wissenschaftliche Institute in Anspruch genommen werden. Natürlich können aktuelle Ereignisse die Resultate des Vorausdenkens über den Haufen werfen. Helmut Schmidt zum Beispiel hat nicht ahnen können, daß ihn die Explosion der Erdölpreise und die Bekämpfung des Terrorismus über lange Zeit so stark beanspruchen würden. Gerade in solchen Zeiten muß es ein funktionierendes Krisenmanagement geben, um das unverzichtbare Vorausdenken auch dann nicht zu behindern.

Noch eine wichtige Erfahrung habe ich gemacht: eine Regierung muß eine stabile Mehrheit im Parlament haben. Es reicht aber nicht aus, wenn Kanzler und Minister die Abgeordneten im Plenum oder in den Ausschüssen informieren. Die notwendige Auseinandersetzung zwischen Regierung und Opposition kann erheblich versachlicht werden, wenn in regelmäßigen Abständen auch die zuständigen Abgeordneten der Opposition informiert werden. Erfährt nämlich ein Mitglied der Opposition neue Absichten der Regierung erst aus der Presse, dann setzt er eine Presseerklärung dagegen, die auch entsprechend ausfallen wird. In einer parlamentarischen Demokratie ist die Information von entscheidender Bedeutung. Sie kann gewährt werden, ohne die für unsere parlamentarische Demokratie lebenswichtigen unterschiedlichen Aufgaben von Regierung und Opposition zu verwischen.

Die heutige Bundesregierung beschäftigt neben den Bundesministern so viele Staatsminister und parlamentarische Staatssekretäre wie keine Regierung seit Gründung der Bundesrepublik. Ihr sollte es also nicht schwerfallen, diese Aufgabe zu lösen.

Die Aufgaben als Bundesminister für wirtschaftliche Zusammenarbeit haben mir viel Freude bereitet. Ich habe sie sehr gern erfüllt.

Dennoch schied ich am 2. Oktober 1968 aus der Bundesregierung aus.

Meine Partei hatte mich zu ihrem ersten Bundesgeschäftsführer berufen. Neue Aufgaben waren zu erfüllen.

Wer Vorschläge macht, muß selbst die Konsequenzen ziehen: Bundesgeschäftsführer

Durch die Große Koalition von 1966 bis 1968 geriet die SPD in erhebliche Schwierigkeiten. Die Diskussion um die Notstandsgesetzgebung führte zu harten Auseinandersetzungen innerhalb der Partei. Das Jahr 1968 war der Höhepunkt der studentischen Unruhen, aber nicht nur Studenten gingen auf die Straße.

Die Stimmung in unserer Partei war denkbar schlecht. Am 28. April 1968 erlitt die SPD eine verheerende Niederlage. Gegenüber der letzten Landtagswahl in Baden-Württemberg verlor sie 8,3 Prozent und kam gerade noch auf 29 Prozent der Stimmen. Wir waren zwar in der Regierung, aber die Partei befand sich zu großen Teilen in Lethargie oder gar in Opposition zur Großen Koalition. Alle führenden Leute der Partei waren in erster Linie mit der Regierungsarbeit beschäftigt.

Ich spürte, daß die Partei diese Situation nicht mehr lange würde ertragen können. Damals gehörte ich noch nicht den zentralen Führungsgremien der Partei an, aber als Vorsitzender der Kölner Partei hatte ich fast täglich Gelegenheit, die Stimmung an der Basis der Partei kennenzulernen. In dieser Situation machte ich mir Gedanken über die Parteiarbeit und schrieb einen umfangreichen Brief an Willy Brandt:

Lieber Willy,
da ich während der nächsten Tage nicht in der Bundesrepublik bin, möchte ich Dir vor der nächsten Klausursitzung des Präsidiums einige Gedanken zur Situation unserer Partei mitteilen. Von diesem Schreiben habe ich niemanden eine Abschrift zur Verfügung gestellt.

Aus der augenblicklichen Situation der Partei müssen unverzüglich einige organisatorische und personelle Konsequenzen gezogen werden. Die Partei braucht in der Baracke einen verantwortlichen Politiker, der

a) nicht mit einem Ministeramt belastet ist,
b) seine Aufgabe ausschließlich darin sieht, die Interessen der Partei wahrzunehmen,
c) die Möglichkeit haben muß, gegebenenfalls andere Auffassungen als unsere Regierungsmitglieder zu vertreten.

Ich halte es für zwingend notwendig, daß dieser Mann das besondere Vertrauen des Vorsitzenden der Partei besitzt. Gleichzeitig sollte man bedenken, daß er aber nur dann effektiv arbeiten kann, wenn er besondere Vollmachten erhält.

In der Partei ist spürbar, daß sowohl das persönliche wie auch das sachliche Verhältnis der Parteispitze untereinander nicht so ist, wie es im Interesse der Partei sein sollte. Ich halte es für geradezu unerträglich, wenn sich insbesondere Mitglieder des Präsidiums zur Großen Koalition in sehr negativer Weise äußern. Was soll dann von der Mitgliedschaft erwartet werden?

Nach der letzten Parteivorstandssitzung ist durch die Presseerklärung der Eindruck entstanden, als würde der Parteivorstand seine Hauptaufgabe darin sehen, gegen die Linken in der Partei vorzugehen. Ich bin mit Dir der Auffassung, daß bestimmte extreme Vorstellungen in unserer Partei keinen Platz haben. Man muß aber wissen, daß insbesondere mit der Großen Koalition ein sehr hoher Prozentsatz der Mitgliedschaft der Partei nicht einverstanden ist.

Ein großangelegtes Vorgehen gegen die Linken in der Partei mag nach draußen von einigen Leuten begrüßt werden, innerhalb der Partei aber dürfte dies die Situation eher verschärfen. Die von Dir geübte Toleranz sollte auch die Grundlage für unsere Arbeit innerhalb der Partei sein. Wir sollten uns bemühen, die verschiedenen Strömungen und ihre Ursachen differenzierter zu beurteilen, als dies teilweise geschieht. Damit will ich nicht die Leute schützen, die ihre Aufgabe in erster Linie darin sehen, der Partei zu schaden.

Die Öffentlichkeitsarbeit der Partei ist noch nie so schlecht gewesen wie jetzt. Ich weiß nicht, wer die Verantwortung für die Plakate und Parolen trägt, die im Wahlkampf in Baden-Württemberg verwandt worden sind, aber sie waren einfach unmöglich.

Du wirst nicht bestreiten können, daß der »Vorwärts« die langweiligste politische Wochenzeitschrift ist, die man sich überhaupt vorstellen kann, und die deshalb auch keinerlei politischen Einfluß, nicht einmal auf die Meinungsbildung in der SPD nehmen kann. Im übrigen muß man auch den Eindruck gewinnen, daß z. B. im »Vorwärts« die CDU bewußt geschont wird, während Organe der CDU/CSU, wie z. B. der »Bayern-Kurier« und die »Entscheidung« eine ihrer wesentlichsten Aufgaben darin sehen, die SPD und insbesondere Dich anzugreifen.

Ich habe auch erhebliche Zweifel, ob das BPA seine Funktion voll erfüllt. Warum wurde nicht schon längst ein leicht verständliches Aufklärungsblatt über die Notstandsgesetzgebung an alle Haushalte verschickt?

Und nun ein paar Bemerkungen zur Politik der Partei. Die traditionellen Wähler der SPD sind die sogenannten kleinen Leute. Ihnen hat die SPD bisher in der Großen Koalition nichts bieten können. Der wirtschaftliche Aufschwung ist ein viel zu komplizierter Sachverhalt, als daß er direkt als sozialdemokratische Initiative verstanden werden könnte. Aber auch das wurde noch nicht einmal als Leistung der SPD genügend herausgestellt. Von entscheidender Bedeutung scheint mir, daß so schnell wie möglich einige Zeichen sozialdemokratischer Politik gesetzt werden. Ich halte es z. B. als einen Schritt in diese Richtung, wenn die SPD-Bundestagsfraktion einen Gesetzentwurf über einen 4-Wochen-Mindesturlaub einbrächte. Ich darf daran erinnern, daß vor nicht allzu langer Zeit ein solches Gesetz einstimmig in der französischen Nationalversammlung verabschiedet worden ist. Was für die französische Wirtschaft im harten EWG-Wettbewerb möglich ist, sollte auch für die deutsche Wirtschaft nicht unmöglich sein. Auch die Frage der Volksversicherung sollte noch in dieser Legislaturperiode aufgegriffen werden. Die Ablehnung derartiger sozialdemokratischer Initiativen von der CDU kann für den Wahlkampf 1969 nur günstige Voraussetzungen schaffen. Ich würde auch die Zeit für gekommen halten, einen Antrag einzubringen, um die alte Kilometerpauschale von DM 0,50 wiederherzustellen. Solche Überlegungen soll es im Wirtschaftsministerium für den Spätherbst bereits geben, falls die Situation der Automobilindustrie dies für zweckmäßig erscheinen läßt. Ich glaube, wir sollten dieses Problem in erster Linie aus der Sicht der vielen Autofahrer sehen.

Karl Schiller hat unbestritten Hervorragendes in der Regierung geleistet. Aber seine Sprache wird von vielen unserer Wähler nicht verstanden. Er muß klar sagen, daß in der Tat dem kleinen Mann Lasten aufgebürdet wurden, um mit den Schwierigkeiten der Vergangenheit fertig zu werden, daß man jetzt aber, da sich eine positive Entwicklung abzeichnet, etwas für die einkommenschwächeren Bevölkerungsschichten tun werde.

Die SPD kann bei der nächsten Wahl nur günstig abschneiden, wenn sie die Sympathie des größten Teils der Intellektuellen wieder zurückgewinnt. Der Stil unserer parlamentarischen Arbeit könnte wesentlich dazu beitragen. Warum tritt die SPD nicht dafür ein, daß mit Ausnahme des Auswärtigen Ausschusses und des Verteidigungsausschusses alle anderen Ausschüsse öffentlich tagen?

Unser Verhältnis zur Jugend ist besonders gestört; die Ankündigung von Gesprächen allein führt uns nicht weiter. Das Wahlalter sollte auf sozialdemokratische Initiative hin sofort auf 18 Jahre heruntergesetzt werden. Außerdem sollten die sozialdemokratischen Kultusminister die Initiatoren einer konsequenten, aber auch schnellen Hochschulreform sein.

Ich hielt es auch für wichtig, daß von unserer Seite Initiativen zu einer Verwaltungsreform kämen. Ich habe nach anderthalb Jahren Amtszeit die Erfahrung gemacht, daß die Organisation unseres Staates nicht mehr geeignet ist, die Aufgaben des letzten Drittels dieses Jahrhunderts zu bewältigen. Das gilt besonders für die ausgesprochenen Zukunftsaufgaben, wie Bildungsplanung, Raumordnung, Förderung der Wissenschaft und Forschung, der Wirtschaftspolitik, aber auch der Entwicklungspolitik; alles Aufgaben, die eine unternehmerische Arbeitsweise und managementähnliche Organisationsformen voraussetzen. Eine Personalpolitik der SPD innerhalb der Bundesregierung existiert praktisch nicht. In den letzten Jahren vor Bildung der Großen Koalition sind nicht einmal Versuche eines planmäßigen Aufbaues guter Nachwuchskräfte gemacht worden. Danach ist es auch nicht viel besser geworden. Ich halte es für unbedingt erforderlich und auch im Interesse einer Durchsetzung unserer Politik in der Exekutive für unabweisbar, daß in der »Baracke« jemand verantwortlich mit diesen Fragen befaßt wird. Wichtig erscheint mir auch, daß führende Bundesbeamte, die unserer Partei angehören, sich regelmäßig treffen, um nachzudenken, was sie aus ihrer Ressortarbeit für die Partei aktivieren können.

Was die Haltung der Partei in der Bundespräsidentenfrage angeht, so habe ich diese nicht immer verstehen können. Nachdem die CDU die Diskussion um die vorzeitige Ablösung des Bundespräsidenten begonnen hat, hat die SPD versucht zu bremsen. Dies ist mir völlig unverständlich. Ich glaube, daß die Partei jetzt sehr schnell einen eigenen Kandidaten für die Bundespräsidentenwahl 1969 herausstellen sollte.

Die Unterschiede zwischen der progressiven SPD und der konservativen CDU müssen für die nächste Zeit sehr viel deutlicher herausgearbeitet werden. Wo die CDU bremst, muß dies von der SPD in der Öffentlichkeit schonungslos herausgestellt werden. Eine Politik des begrenzten Konflikts ist unumgänglich.

Lieber Willy, es lag mir daran Dir meine sehr persönliche Meinung mitzuteilen. Darf ich zum Schluß noch sagen, daß ich in meiner jetzigen Aufgabe, aber auch in jeder anderen noch mehr Arbeit und Aufgaben übernehmen würde, um Dir und der Partei behilflich zu sein, über die augenblicklichen Schwierigkeiten hinwegzukommen.

Mit freundlichen Grüßen
Dein

Hans-Jürgen

Willy Brandt sagte mir danach, daß er den Brief aufmerksam gelesen habe und das meiste für richtig und vernünftig halte. Allerdings sollte ich dann auch die Aufgabe eines Bundesgeschäftsführers übernehmen. Die SPD kannte bis dahin weder das Amt eines Bundesgeschäftsführers noch das eines Generalsekretärs. Als ich den Brief an Willy Brandt schrieb, hatte ich nicht an mich gedacht. Mir machte das Amt des Bundesministers für wirtschaftliche Zusammenarbeit viel Freude. Nun führte mein Brief dazu, daß durch den Parteivorstand ein Bundesgeschäftsführer gewählt werden sollte.

Und ich war gefordert. Ich hatte in dem Brief selbst geschrieben, daß jemand von den sozialdemokratischen Kabinettsmitgliedern bereit sein müsse, diese Aufgabe zu übernehmen. Das bedeutete für mich auch, das Ministeramt aufzugeben. Fortan sollte ich mich in dieser schwierigen Situation also ganz der Parteiarbeit widmen. Wer Briefe schreibt und Vorschläge macht, der muß auch deren Konsequenzen auf sich nehmen. Ich gab Willy Brandt meine Zusage.

Umzug in die »Baracke«.

Am 31. März 1968 wurde ich vom Parteivorstand zum ersten Bundesgeschäftsführer der SPD gewählt. Ich bat mir eine kurze Zeit aus, um in meinem Ministeramt noch eine Reihe von wichtigen Anliegen auf den Weg zu bringen. Dazu gehörte vor allem das Gesetz über die Entwicklungshelfer. In einem Gespräch mit Willy Brandt nannte ich drei mögliche Nachfolger für den Bundesminister für wirtschaftliche Zusammenarbeit: Hans Jürgen Junghans, Holger Börner und Erhard Eppler. Erhard Eppler wurde mein Nachfolger. Am 2. Oktober 1968 schied ich aus meinem Amt aus.

Welche Aufgaben standen mir bevor?

- Ich mußte mich darum bemühen, die Stimmung in der Partei wesentlich zu verbessern.
- Die Leistungen der sozialdemokratischen Minister in der Bundesregierung mußten deutlicher herausgestellt werden.
- Die Partei mußte auf die Bundestagswahlen 1969 vorbereitet werden.
- Für das letzte Jahr vor der Bundestagswahl mußten die Konfliktfelder mit der CDU/CSU deutlich herausgearbeitet werden.
- Außerdem war organisatorisch einiges zu verbessern.

Ich selbst war damals schon davon überzeugt, daß die Große Koalition nach der Bundestagswahl von 1969 nicht fortgesetzt werden durfte. Es traten bereits deutlich negative Zeichen auf, dazu gehörte auch das Erstarken der rechtsradikalen NPD. Ich dachte nach 1969 an eine Koalition mit der FDP. Zunächst aber war die vordringlichste Aufgabe, die Partei aus ihrem Tief herauszubringen.

Kurze Zeit nach meinem Amtsantritt baten Willy Brandt und ich den Chef des Infratest-Instituts, uns aufgrund seiner Umfragen und Untersuchungen ein freimütiges Urteil über die Lage unserer Partei zu liefern. Sein Vortrag wirkte deprimierend. Er sah keine Möglichkeit, daß wir uns bis zu den Bundestagswahlen wieder erholen würden und vertrat die Auffassung, daß wir 1969 aus der Regierung herausgewählt würden. Keine der Anstrengungen, die wir jetzt noch unternehmen würden, könne dies verhindern. Willy Brandt war sehr niedergeschlagen. Ich nicht weniger. Aber ich wollte meine Arbeit als Bundesgeschäftsführer nicht mit Resignation beginnen. Also sagte ich zu Willy Brandt: »Wir werden den Mann anschmieren. Wir werden solch große Anstrengungen unternehmen, daß wir es 1969 doch noch schaffen.«

Noch während der kurzen Zeit, in der ich beide Ämter ausübte, lud ich die Bezirksgeschäftsführer der Partei nach Karlsruhe zu einer Sitzung ein. Die Bezirksgeschäftsführer der SPD hatten damals eine viel größere Bedeutung als heute. Aber diese Zusammenkunft hat mir auch viel Ärger eingebracht.

Die Große Koalition wollte das Wahlrecht ändern, um die Mehrheitswahl einzuführen. Ich war gegen eine solche Änderung, aus grundsätzlichen, aber auch aus taktischen Gründen:

- Das personifizierte Verhältniswahlrecht hatte sich bewährt.
- Die Einführung des Mehrheitswahlrechtes würde die politischen Strukturen völlig verändern.
- Die Veränderung des Wahlrechts würde die SPD noch stärker zu einer Großstadtpartei und die CDU/CSU noch deutlicher zur Partei des flachen Landes werden lassen.
- Aus großen Teilen unseres Landes würde kein Vertreter der SPD in den Bundestag gewählt werden.
- Die SPD konnte unmöglich ein Gesetz mitbeschließen, das der FDP die Wahl ins Parlament verwehrte und gleichzeitig mit ihr nach den Wahlen 1969 eine Koalition eingehen wollen.

Mit diesen Argumenten überzeugte ich die Bezirksgeschäftsführer, daß die SPD die Koalitionsvereinbarung über die Einführung des Mehrheitswahlrechts nicht weiter verfolgen solle. Da darüber letztlich ein Parteitag zu entscheiden hatte, war dieses Gespräch mit den Bezirksgeschäftsführern äußerst wichtig. Der Parteitag durfte nach meiner Auffassung einen solchen Beschluß nicht fassen. Der weitaus größte Teil der Geschäftsführer schloß sich meiner Auffassung an.

Über diese Zusammenkunft in Karlsruhe hatte ich weder Willy Brandt noch Herbert Wehner informiert. Sie waren als Mitglieder der Bundesregierung ja auch an den Koalitionsbeschluß gebunden. Natürlich hat Herbert Wehner sehr bald von diesem Treffen gehört und sich bei Willy Brandt sehr nachdrücklich über meinen Alleingang beschwert. Daraufhin legte ich Willy Brandt meine Argumente dar und schloß: »Wenn du 1969 gar nicht Kanzler werden willst, dann hätte ich eigentlich auch mein Ministeramt nicht aufgeben müssen.«

Aber ich war nicht der einzige in der SPD, der gegen die Änderung des Wahlrechts war. Herbert Wehner, der immer ein sehr feines Gespür für bestimmte Entwicklungen hatte, legte nun Wert darauf, die Absage an die Wahlrechtsänderung auf dem Parteitag selbst vorzunehmen. Damit war ein wichtiges Hindernis auf dem Weg zu einer sozialliberalen Koalition aus der Welt geschaffen.

In dieser Frage habe ich auch bis heute meine Meinung nicht geändert. Ich halte unser Wahlrecht für gut und sehe auch heute keinen Anlaß für eine Änderung.

Vor Beginn der harten Wahlkampfphase 1969 war noch eine andere wichtige Entscheidung zu treffen. Die Zeit Heinrich Lübkes als Bundespräsident ging zu Ende. Der Bundespräsident war neu zu wählen. Die Sozialdemokraten stellten Dr. Gustav Heinemann als ihren Kandidaten auf. Der Kandidat der CDU/CSU war Dr. Gerhard Schröder. Bei dieser Wahl mußte sich zeigen, ob die Voraussetzungen für eine sozialliberale Koalition nach der Bundestagswahl von 1969 gegeben waren. Es kam also darauf an, die FDP für die Wahl von Gustav Heinemann zu gewinnen. Ich hatte meine Kontakte zur FDP in den letzten Monaten schon erheblich ausgebaut. Aber natürlich nicht nur ich allein.

Noch in der Nacht vom 4. zum 5. März 1969 habe ich mich im Hotel Kempinski in Berlin darum bemüht, die letzten FDP-Delegierten von der Wahl Heinemanns zu überzeugen. Es war eine leicht alkoholisierte Diskussion in der Bar. Ich war nur teilweise erfolgreich. Der frühere Bundesfinanzminister Dahlgrün erklärte mir, daß er Dr. Heinemann wegen Herbert Wehner nicht wählen könne. Dahlgrün kandidierte in Hamburg in Herbert Wehners Wahlkreis für den Bundestag. Dort konnte er natürlich kein Bein auf die Erde kriegen.

Es war wohl die dramatischste Wahl eines Bundespräsidenten: Drei Wahlgänge, das bedeutete, unter großer Spannung viele Stunden warten. Ich mußte mithelfen, die Schäflein zusammenzuhalten. Ein älterer Fraktionskollege wollte aus gesundheitlichen Gründen vor dem dritten Wahlgang gehen. Ich ließ ihn durch einen Arzt versorgen. Mein Kollege Kurt Gscheidle war in der Nacht zuvor am Stuttgarter Platz in Berlin in einer etwas anrüchigen Kneipe »verunglückt«. Er mußte im Krankenwagen angefahren werden.

Am 5. März 1969 wählte die 5. Bundesversammlung in West-Berlin im 3. Wahlgang Bundesjustizminister Dr. Gustav Heinemann mit den Stimmen von SPD und FDP zum Bundespräsidenten. Er erhielt 512 Stimmen, der damalige Bundesverteidigungsminister Dr. Gerhard Schröder 506 Stimmen. 5 Delegierte enthielten sich der Stimme.

Dieser 5. März 1969 war in der kurzen Geschichte der Bundesrepublik Deutschland ein sehr bedeutungsvoller Tag. Der Sozialdemokrat Gustav Heinemann war zum Bundespräsidenten gewählt worden. Der erste sozialdemokratische Präsident war Friedrich Ebert in der Weimarer Republik gewesen. Gustav Heinemann war ein großartiger Präsident, ein Bürgerpräsident. Er hat viel dazu beigetragen, junge Menschen wieder mit dem Staat zu versöhnen. Aber er hat auch das Ansehen unseres Landes im Ausland in hervorragender Weise gefördert.

Der. 5. März 1969 war eine weitere Voraussetzung für eine sozialliberale Koalition. Nach der Ablehnung des Mehrheitswahlrechtes durch die SPD war dies der zweite entscheidende Schritt für eine neue Koalition.

Der Ausgang der Präsidentenwahl hat natürlich das Klima der Großen Koalition entscheidend verschlechtert. Als ich den mir sonst wohlgesonnenen Bundeskanzler Dr. Kiesinger traf, sagte er zu mir: »Na, Sie bezahlter Miesmacher.« Ich bat ihn um die Erweiterung »schlecht bezahlter Miesmacher«.

Nun galt es, die Bundestagswahlen von 1969 vorzubereiten. Zuerst einmal mußten die finanziellen Voraussetzungen für den Wahlkampf geschaffen werden. Der sehr tüchtige und erfahrene Alfred Nau besaß bei all seinen guten Eigenschaften eine, die heute der Grundlage entbehrt: Er ließ sich nicht gern in die Karten schauen. Ich aber verlangte einen eigenen Haushalt für die Führung des für die SPD so wichtigen Bundestagswahlkampfs 1969, für den ich schließlich auch die Verantwortung zu tragen hatte. Dieser Haushalt wurde beschlossen und hat unser beiderseitiges Verhältnis wohl nicht unberührt gelassen. Außerdem brachte das neugeschaffene Amt des Bundesgeschäftsführers für Alfred Nau eine veränderte Situation. Vorher war der Schatzmeister »Alleinherrscher« in der »Baracke« gewesen, wie wir das damalige Parteihaus liebevoll nannten. Andererseits ist ein gewisses Spannungsverhältnis zwischen Schatzmeister und Bundesgeschäftsführer durchaus normal, denn der eine soll das Geld zusammenhalten und der andere möglichst viele Aktivitäten entwickeln, die natürlich alle Geld kosten.

Wir erarbeiteten ein Wahlprogramm für 1969 mit dem Titel: »Regierungsprogramm: Erfolg, Stabilität, Reformen.« Professor Alex Möller hat dabei eine besondere Rolle gespielt. Er war in einer künftigen sozialliberalen Koalition als Finanzminister vorgesehen. Diese Aufgabe war ihm übertragen worden, weil das sehr reformfreudige Programm natürlich auch finanzierbar sein mußte.

Am besten bringt die damalige Lage meine Stellungnahme vom 29. Mai 1969 für Willy Brandt, Helmut Schmidt, Herbert Wehner und Alfred Nau zum Ausdruck, die im Anhang wiedergegeben ist.[2]

Dem Gremium für die Führung des Wahlkampfes gehörten Willy Brandt, Herbert Wehner, Helmut Schmidt, Karl Schiller, Alfred Nau und ich als Bundesgeschäftsführer an. Die Zusammenarbeit mit diesen starken, aber auch sehr unterschiedlichen Persönlichkeiten war für mich nicht immer einfach.

Einen Vorgang habe ich genau in Erinnerung. Wir gaben für die Ferienzeit eine Illustrierte als Wahlkampfmittel in Auftrag. Da alle durchgeführten Untersuchungen ergaben, daß zu dieser Zeit Willy Brandt und Karl Schiller im Vordergrund des Interesses standen, habe ich dies auch bei der Ferienillustrierten entsprechend berücksichtigt. Als ich Willy Brandt den Entwurf zeigte, fand er ihn zwar sehr gut, meinte jedoch, daß ich damit sicher noch Probleme beim Wahlausschuß bekommen würde. Ich antwortete ihm: »Damit habe ich gerechnet und die Illustrierte bereits in Druck gegeben. Es kann nichts mehr geändert werden. Ich nehme das auf meine Kappe.« Diese Ferienillustrierte wurde sowohl von der Partei als auch von den Wählerinnen und Wählern sehr positiv aufgenommen, deshalb hörte die Kritik im Wahlausschuß sehr bald auf.

Im übrigen haben wir in diesem Wahlkampf die Sachinformation absolut in den Vordergrund gestellt. Wir haben auf jede Diffamierung des politischen Gegners verzichtet. Immerhin waren wir mit der CDU/CSU noch in einer Koalition und mit der FDP strebten wir eine Koalition an. Damals habe ich für alle Zeiten gelernt, daß eine korrekte Sachinformation sich immer bezahlt macht und daß man für

Diffamierungen des politischen Gegners die Rechnung meist selbst bezahlen muß.

Ich glaube, die Partei hat 1969 einen sehr guten Wahlkampf geführt. Es war sicher der modernste in der bisherigen Geschichte der SPD. Viele Künstler, aber auch Wissenschaftler standen uns damals in einer Wählerinitiative zur Seite. Es war uns gelungen, die bedrückte Stimmung in der Partei zu überwinden. Die Mitglieder waren wohl auch froh, daß sie nun trotz der Großen Koalition gegen die CDU/CSU antreten durften.

Am 28. September 1969 erzielte die Sozialdemokratische Partei Deutschlands das bisher beste Ergebnis ihrer Geschichte. Ihr Stimmenanteil betrug 42,7 Prozent. Bei den Erststimmen erreichte sie einen Stimmenanteil von 44,0 Prozent. Von den 518 Abgeordneten des Deutschen Bundestags stellte die SPD nun 237, also 20 Abgeordnete mehr als nach der Bundestagswahl von 1965. Außerdem hatte die Partei gegenüber 1965 33 Direktmandate hinzugewonnen und mit 127 Direktmandaten mehr Wahlkreise direkt errungen als die CDU (87) und die CSU (34) zusammen. Ein großartiges Ergebnis! Ich war glücklich.

Die Nacht vom 28. zum 29. September werde ich nie vergessen. In der »Baracke« wurde natürlich gejubelt. Aber meine Aufgabe war nun, so schnell wie möglich Kontakt zur FDP aufzunehmen. Ihre Opposition während der Zeit der Großen Koalition war nicht honoriert worden. Sie erhielt nur 5,8 Prozent nach 9,5 Prozent bei den Bundestagswahlen von 1965. Willy Brandt hatte sofort nach dem Wahlergebnis ein Telefongespräch mit Walter Scheel, dem Vorsitzenden der FDP, geführt und ihm mitgeteilt, daß wir bereit seien, eine gemeinsame Regierung zu bilden. Ich rief in der FDP-Zentrale und der FDP-Bundestagsfraktion an. Aber nach diesem Wahlergebnis meldete sich dort niemand. Also machte ich mich auf den Weg. In der Bundestagsfraktion traf ich Wolfgang Mischnik. Er war sehr niedergeschlagen. Ich versuchte, ihn aufzurichten und sagte ihm, daß wir nun schnell an die Arbeit gehen müßten, um eine gemeinsame Regierung zu bilden. In dieser Nacht trafen wir uns noch mit mehreren FDP-Kollegen im Haus Alex Möllers, das in der Nähe des Bundestages lag. Hier gab es die ersten ernsthaften Kontakte in dieser Nacht. Wir wußten zwar, daß CDU/CSU nach wie vor mit 46,1 Prozent und 250 Mandaten die stärkste Fraktion bildeten, aber SPD und

FDP hatten zusammen 48,2 Prozent und 268 Mandate. Das war knapp, aber es reichte zum Regieren. Wir waren uns in dieser Nacht darüber einig, daß wir die Regierungsbildung so bald wie möglich vornehmen sollten und benannten sehr schnell eine Verhandlungsdelegation. Ihr gehörten von seiten der SPD Willy Brandt, Helmut Schmidt, Herbert Wehner, Karl Schiller, Alex Möller, Heinz Kühn und ich an. Heinz Kühn, der zu dieser Zeit Ministerpräsident in Nordrhein-Westfalen war, hat bei dieser Koalitionsbildung eine besonders wichtige Rolle gespielt. Gleiches gilt aber auch für seinen Innenminister Willy Weyer von der FDP. Die Koalitionsverhandlungen begannen unmittelbar nach der Wahl. Sie verliefen ohne Schwierigkeiten.

Schon am 2. Oktober 1969 war in allen wesentlichen Fragen der Regierungsbildung Übereinstimmung erzielt worden. Meine Aufzeichnungen über diese Koalitionsverhandlungen finden sich im Anhang.[3]

Am 28. Oktober 1969, also genau einen Monat nach der Bundestagswahl, konnte der zum Bundeskanzler gewählte Willy Brandt seine Regierungserklärung abgeben. Die Regierung wurde gestrafft, aber das System der Parlamentarischen Staatssekretäre ausgebaut. Mehr Demokratie, Reformen und das Bemühen um eine Normalisierung unserer Beziehungen zu den östlichen Nachbarn standen im Vordergrund der Regierungsbildung. Sie zeichnete sich aber auch durch ihre Sprache aus. Obwohl viel von Kontinuität die Rede war, hatte sich der Stil verändert. Es war ein Neubeginn. Auch die Politik war anders. Nach der Zeit der Selbstblockade in den letzten Monaten der Großen Koalition machte sich jetzt Aufbruchstimmung breit.

Vor allem in der Partei war die Stimmung ausgezeichnet. Nach diesem Wahlergebnis war nach 40 Jahren wieder ein Sozialdemokrat zum Kanzler gewählt worden. Die Partei gewann an Selbstbewußtsein und damit auch an Mitgliedern.

Aber es hat während der Koalitionsverhandlungen auch Probleme unter den führenden Sozialdemokraten gegeben. Willy Brandt wollte Horst Ehmke zum Chef des Kanzleramtes machen, und da dieser bereits Bundesminister war – er hatte Gustav Heinemann nach dessen Wahl zum Bundespräsidenten als Justizminister abgelöst –, sollte er diese Aufgabe als Bundesminister für besondere Aufgaben wahrnehmen. Doch die anderen sozialdemokratischen Bundesminister wollten im Bundeskanzleramt keinen Superminister haben. So mußten Helmut Schmidt und ich mit Horst Ehmke eine gesonderte Vereinbarung treffen, in der enthalten war, wofür der Bundesminister für besondere Aufgaben und Chef des Kanzleramtes *nicht* zuständig war. Vor allem Karl Schiller, der nicht nur ein ausgezeichneter Wirtschaftsminister, sondern – wie schon erwähnt – auch ein Kompetenzenfetischist war, legte großen Wert auf eine genaue Abgrenzung.

Vom 18. bis 20. November 1971 führte die SPD in Bonn-Bad Godesberg einen außerordentlichen Parteitag durch. Um das vorgesehene Pensum bewältigen zu können, mußte er am 17. und 18. Dezember 1971 fortgesetzt werden. Dieser Parteitag war für mich von entscheidender Bedeutung. Er hatte unter anderem den Auftrag, die Parteiorganisation zu reformieren und zu stärken. Als Bundesgeschäftsführer hatte ich die Schwachstellen der Organisation genauer kennengelernt. Der Parteitag entschied auch über eine Reihe von wichtigen Veränderungen, die mir aber nicht weit genug gingen. Einer der wesentlichsten Beschlüsse war für mich die Herausgabe einer Monatszeitschrift für alle Mitglieder. Mindestens einmal im Monat mußten wir alle Mitglieder erreichen. Das war um so wichtiger, als die aktive Teilnahme am Parteileben in den Ortsvereinen rückläufig war. Das Fernsehen hatte das politische Leben in allen Parteien wesentlich verändert. Ich hatte lange an diesem Projekt einer Mitgliederzeitung gearbeitet. Eine Nullnummer des Magazins mit dem Titel »Politik«, die ich für eine ausgezeichnete Grundlage hielt, stieß auf den erbitterten Widerstand Herbert Wehners, der nach wie vor in allen organisatorischen Fragen ein entscheidendes Wort mitzureden hatte.

Aber der außerordentliche Parteitag beschäftigte sich auch mit einem Problem, das mich persönlich betraf. Ich wollte erreichen, daß der Bundesgeschäftsführer in die Satzung der Partei aufgenommen wurde, und daß er direkt auf dem Parteitag gewählt wurde. In einer Zeit, in der der Vorsitzende der Partei das Amt des Bundeskanzlers innehat, muß der Bundesgeschäftsführer der Partei besonders viel Verantwortung tragen und auch Entscheidungen fällen. Nach meinem Demokratieverständnis mußte eine Person, die eine Position mit soviel Einfluß ausübt, auf einem Parteitag von den Delegierten gewählt werden. Natürlich wollte ich damit auch die Position des

Auf dem außerordentlichen Parteitag in Bonn mit dem damaligen Verteidigungsminister Helmut Schmidt (1971).

Bundesgeschäftsführers stärken, nicht zuletzt gegenüber dem Schatzmeister, der ja vom Parteitag gewählt wurde.

Die Direktwahl durch den Parteitag war nur durch eine Satzungsänderung erreichbar und dafür war wiederum eine Zweidrittelmehrheit der Delegierten auf dem Parteitag erforderlich. Ich mußte damit rechnen, daß diese nicht zustande käme; der Schatzmeister war auf jeden Fall dagegen. Aber auch die regionalen Geschäftsführer der Partei standen meinem Vorschlag kritisch gegenüber. Sie fürchteten, daß dann bald auch alle anderen Geschäftsführer der Partei auf Landes-, Bezirks- und Unterbezirksebene direkt von entsprechenden Parteitagen gewählt werden sollten. Das aber war zu keiner Zeit meine Absicht.

Nach reiflicher Überlegung war ich zu dem Entschluß gelangt, mein Amt als Bundesgeschäftsführer zur Verfügung zu stellen, falls der Parteitag sich meinem Vorschlag nicht anschließen würde. Ich fürchtete, und wie ich auch heute noch glaube, zu Recht, daß mit einer negativen Entscheidung des Parteitages das Amt des Bundesgeschäftsführers in unverantwortlicher Weise abgewertet würde.

Willy Brandt hatte ich das auch gesagt. In der Nacht vor der Abstimmung hatten wir eine lange Aussprache. Er versuchte, mich von einem möglichen Rücktritt abzuhalten und verwies vor allem darauf, daß niemand anderer dieses Amt anstrebe. Er könne sich auch vorstellen, daß ein nächster Parteitag die Frage der Wahl schon weit positiver sehen würde. Aber ich blieb bei meiner Meinung. Es war das erste Mal, daß Willy Brandt mich einen »sturen Ostpreußen« nannte.

Am nächsten Tag fand die Abstimmung statt: 165 Delegierte stimmten für meinen Vorschlag, 122 stimmten dagegen. Damit war die notwendige Zweidrittelmehrheit nicht erreicht. Ich gab vor dem Parteitag folgende Erklärung ab:

»Liebe Genossinnen und Genossen!
Nach § 13 der Geschäftsordnung möchte ich folgende Erklärung abgeben.

Der Parteitag hat in der Frage der Direktwahl des Bundesgeschäftsführers durch den Parteitag eine Entscheidung gefällt, die ich respektiere. Meine persönlichen Erfahrungen in den drei Jahren und meine Vorstellungen von der innerparteilichen Demokratie lassen mich jedoch zu einer anderen Meinung kommen. Wer nahezu täglich für die Partei politische Verhandlungen zu führen und politische Erklärungen abzugeben hat, sollte nach meiner Ansicht von den Delegierten des Parteitages direkt gewählt werden. Da die Meinung des Parteitages und meine persönliche Meinung in dieser Frage nicht übereinstimmen, bitte ich sehr herzlich um Verständnis dafür, daß ich daraus die notwendigen Konsequenzen ziehe.

Ich gebe heute die Aufgabe als Bundesgeschäftsführer der Partei, für die ich im Mai 1968 gewählt wurde und die ich im Oktober 1968 übernommen habe, an den Parteivorstand zurück. Ich darf den Parteivorstand darum bitten, so schnell wie möglich einen neuen Bundesgeschäftsführer zu berufen.

Ich werde meine ganze Kraft darauf verwenden, ihm bei seiner Einarbeitung und bei den bereits begonnenen Vorbereitungen für die Bundestagswahl 1973 behilflich zu sein.

Als Mitglied des Parteivorstandes werde ich mithelfen, die Voraussetzungen für den Wahlsieg 1973 zu schaffen. Ich bin ganz sicher, daß die Aussichten dafür überaus günstig sind.

Ich bin bereit, meinen Sitz im Präsidium zur Verfügung zu stellen. Ich möchte mich bei all den vielen bedanken, mit denen ich eine gute Zusammenarbeit während dieser drei Jahre haben durfte. Dieses gilt für den Parteivorstand, dieses gilt in ganz besonderem Maße für den Parteivorsitzenden, für die Freunde in den Bezirken und die Mitarbeiter im Erich-Ollenhauer-Haus.

Ich bitte heute um Nachsicht für die Fehler, die selbstverständlich auch ich während dieser Zeit gemacht habe.

In meinem politischen Wirken waren diese drei Jahre eine bedeutungsvolle Zeit, wahrscheinlich bedeutungsvoller als die Jahre, die ich dem Kabinett als Bundesminister für die SPD habe angehören dürfen. Diese drei Jahre werden mir in guter Erinnerung bleiben. Ich darf mich sehr herzlich bedanken.«

Ich war sehr bewegt an diesem Tag. Schließlich hatte ich die Aufgaben des Bundesgeschäftsführers gern erfüllt. Aber ich sah keine andere Möglichkeit. Als ich an diesem Abend nach Hause kam, habe ich mich von meiner Frau erst einmal trösten lassen. Diese Entscheidung war mir wahrhaftig nicht leichtgefallen. Ich habe lange daran gekaut.

Zunächst habe ich die Geschäfte der Partei weitergeführt, da ein neuer Bundesgeschäftsführer erst gefunden werden mußte, um dann vom Parteivorstand gewählt zu werden. Mein Nachfolger wurde Holger Börner. Das war eine gute Wahl, die ich voll mitgetragen habe. Außerdem wurde Holger Börner nun zum zweitenmal mein Nachfolger. Das erstemal war er mir in das Amt des Bundesvorsitzenden der Jungsozialisten nachgefolgt. Die Amtsübergabe verlief also reibungslos und in aller Freundschaft.

Ich war nach wie vor Mitglied des Parteivorstandes der SPD und der Partei wegen ihrer Entscheidung nicht böse. Ich habe ihr auch nach meinem Rücktritt meine volle Kraft zur Verfügung gestellt, konnte mich aber jetzt wieder stärker meiner internationalen Arbeit in der Partei zuwenden und vor allen Dingen auch meinem Bundestagsmandat.

In programmatischen Fragen bin ich der Partei sicher nur in beschränktem Maße behilflich gewesen. Ich war in der Politik immer ein Pragmatiker, auch als Bundesgeschäftsführer. Für die programmatischen Aufgaben hat es aber der Partei nie an geeigneten Persönlichkeiten gemangelt.

Wenn ich heute über meine Zeit als Bundesgeschäftsführer Bilanz ziehe, komme ich zu folgendem Ergebnis:

Wir haben aus einer schlechten Ausgangsbasis in der Großen Koalition bei den Bundestagswahlen von 1969 hervorragend abgeschnitten. Willy Brandt wurde Bundeskanzler.

Wir haben die Parteiorganisation erheblich stärken können. In dieser Zeit gewann die Partei mehr als 115 000 neue Mitglieder. 400 Ortsvereine konnten neu gegründet werden.

Wir haben die Partei gegen alle Versuche von Kommunisten abgesichert, im Rahmen der neuen Ostpolitik widernatürliche Bündnisse in der Bundesrepublik zu schließen.

All das war nicht mein Verdienst, aber ich habe an verantwortlicher Stelle mitgewirkt, diese Ziele zu erreichen. Fehler habe ich natürlich auch gemacht: mein größter war sicher, daß ich die Bedeutung der außerparlamentarischen Opposition in dieser Zeit nicht in einem notwendigen Maße erkannte. Ich hätte damals weit stärker das Gespräch suchen müssen und habe mich zu sehr von der Tagesarbeit auffressen lassen und dadurch zu wenig Zeit zum Nachdenken gehabt.

17 Jahre hat es gedauert, bis 1988 der Parteitag in Münster die

Direktwahl der Bundesgeschäftsführer mit großer Mehrheit beschloß. Meine Kollegin Anke Fuchs wurde die erste direkt vom Parteitag gewählte Bundesgeschäftsführerin.

Manche Veränderungen brauchen eben ihre Zeit.

Sondierungen in Osteuropa

Die Ostpolitik Willy Brandts gehört zu den bleibenden Leistungen dieses Bundeskanzlers. Obwohl ich der Regierung Brandt/Scheel nicht angehörte, war ich nicht nur ein engagierter Anhänger dieser Politik, sondern habe mich auch bemüht, sie im Rahmen meiner Möglichkeiten voranzubringen. Adenauer hatte die Aussöhnung mit dem Westen erreicht, unsere Aufgabe war es nun, die Beziehungen zu den Staaten des Ostblocks zu normalisieren und einen Beitrag zur Aussöhnung mit den Menschen dort zu leisten. Anfang der 60er Jahre hatten wir nur diplomatische Beziehungen zur Sowjetunion, die Adenauer noch unter wesentlicher Mithilfe von Carlo Schmid aufgenommen hatte. Mit den anderen Staaten des Ostblocks hatten wir lediglich Handelsvertretungen ausgetauscht. Bis 1966 orientierte sich die Bundesregierung an der sogenannten Hallsteindoktrin, die weder dem Frieden noch der Aussöhnung mit unseren Nachbarn im Osten diente. Sie war auch gegen unsere eigenen Interessen gerichtet.

In der ersten Hälfte der 60er Jahre lud ich vor allem polnische Politiker nach Köln zu Vortragsveranstaltungen ein und bemühte mich um Kontakte zur Botschaft der UdSSR und zu den Handelsvertretungen der anderen Ostblockstaaten.

Im Sommer 1966 beschlossen Partei und Fraktion, sich genauer im Osten umzuschauen und Kontakte herzustellen. Helmut Schmidt fuhr mit seiner Frau im Wagen über Prag und Warschau nach Moskau. Einige Tage später fuhr ich zusammen mit meiner Frau mit dem Auto über Prag und Warschau nach Budapest.

Die Reise war nicht einfach. Da wir die DDR ausgespart hatten, mußten wir mit erheblichem Widerstand von seiten der SED rechnen. Wir haben dann später auch erfahren, daß die DDR die von uns besuchten Länder gebeten hat, von unserer Reise möglichst wenig Aufhebens zu machen.

In Prag wurde ich sehr korrekt, aber auf sehr niedrigem Niveau empfangen. Einer meiner alten algerischen Freunde vertrat in Prag sein Land als Botschafter. Er verschaffte mir zusätzliche Kontakte und stellte mir auch den Dienstwagen des algerischen Botschafters zur Verfügung. Manchen meiner tschechischen Gesprächspartner hat das sehr überrascht.

Wir besuchten auch Lidice. Dieses Dorf war 1942 von Gestapo und SS als Vergeltungsmaßnahme für die Ermordung des SS-Führers Heydrich dem Erdboden gleichgemacht worden. 190 Männer über 16 Jahre alt wurden erschossen, 195 Frauen kamen ins Konzentrationslager Ravensbrück, in dem 52 von ihnen umkamen. 98 Kinder wurden in Lagern der SS untergebracht, wo sie »eingedeutscht« werden sollten. Das Dorf Lidice war wieder aufgebaut worden und wurde zum Mahnmal für die brutale Unmenschlichkeit der Nazidiktatur. Frauen, die den Terror überlebt hatten, berichteten mir von ihrem Leidensweg. Ich wußte, daß der Weg der Aussöhnung schwer sein würde.

Wir fuhren weiter nach Polen. Besonders in Breslau oder Wroclaw, wie es jetzt heißt, führte ich gute Gespräche. In einem kleinen Dorf im früheren Oberschlesien traf ich im Dorfgasthaus auf deutsch sprechende Bergarbeiter. Als ich mit ihnen ins Gespräch kam und sie fragte, ob sie sich als Deutsche oder als Polen betrachteten, antworteten sie diplomatisch: »Wir sind Hiesige.« In Warschau wurde ich dann betont freundlich empfangen. Polnische Parlamentskollegen begrüßten mich mit Blick auf meinen Namen »als das einzige polnische Mitglied des Deutschen Bundestages«. Aber mit den Spitzen von Staat und Partei konnte ich keinen Kontakt herstellen.

Wir fuhren auch nach Auschwitz. Dieses Denkmal des Grauens der nazistischen Gewaltherrschaft bewegte mich tief. Solche Stätten muß man aufsuchen, damit der schlimmste Abschnitt der deutschen Geschichte nicht in Vergessenheit gerät. Hier wird einem auch bewußt, warum eine wirkliche Aussöhnung mit dem polnischen Volk so schwer ist.

Die ungarische Handelsmission hatte ihren stellvertretenden Leiter nach Budapest gesandt, um mir bei meinen Kontaktbemühungen behilflich zu sein. Hier, in Budapest, lernte ich sehr bald, wie berechtigt das ungarische Sprichwort war: »Wir sind die lustigste Baracke in unserem Lager.« Wir genossen die freundliche Aufnahme, aber die Spitzen von Staat und Partei bekam ich auch hier nicht zu sehen.

Nach unseren Reisen nahmen Helmut Schmidt und ich eine genaue Analyse unserer Erkenntnisse vor. Ich flog nach Berlin, um Willy Brandt zu informieren, der damals noch Regierender Bürgermeister der Stadt war.

Die Sowjetunion hatte sich Helmut Schmidt gegenüber nicht an die Empfehlung der SED gehalten, die Besuche »möglichst niedrig zu hängen«. Als die Polen dies bemerkten, bemühten sie sich sehr, die betont kühle Aufnahme Helmut Schmidts an mir wiedergutzumachen. Es war völlig klar, daß die von uns besuchten Staaten sehr daran interessiert waren, ihre Beziehungen zur Bundesrepublik zu verbessern. Dies galt auch für die Beziehungen zur SPD. Ebenso klar war jedoch, daß eine Normalisierung und Verbesserung der Beziehungen nicht an der DDR vorbeigehen konnte. Das stand für mich jedenfalls schon damals fest.

Obwohl ich alle anderen Staaten des Warschauer Paktes mehrmals besucht habe, beschäftigte ich mich dann aber besonders intensiv mit Polen und Ungarn und der Entwicklung unserer Beziehungen zu diesen beiden Ländern. Ich war dreimal in meiner Geburtsstadt Allenstein, die heute Olsztyn heißt. Ich habe nie zu denen gehört, die »die Gebiete unter polnischer Verwaltung« zurückforderten. Wir Deutsche hatten Polen überfallen, zerstört und viele Polen ermordet. Hitler hatte den Pakt mit Stalin geschlossen, der Polen wieder einmal teilte. In Allenstein konnte ich selbst beobachten, wie groß die Zahl der Flüchtlinge war, die aus diesen an die Sowjetunion abgetretenen Gebieten gekommen waren. Eine erneute Völkerwanderung kann es nicht geben. Kein Verständnis brachte ich allerdings für die Versuche auf, historisch nachzuweisen, daß die verlorenen deutschen Ostgebiete schon immer polnisch gewesen waren.

Die Polen mußten von allen besetzten Ländern unter der Naziherrschaft am meisten leiden. Gegenüber diesem Land hatten wir besondere Verpflichtungen. Vor und während der Vertragsverhandlungen mit Polen habe ich mich um eine Verbesserung des Klimas bemüht. Im Jahre 1970 war ich als Bundesgeschäftsführer der Partei in Polen. Ich reiste mit meinem Freund Eugen Selbmann, dem fähigsten wissenschaftlichen Mitarbeiter der SPD-Fraktion jener Jahre in außenpolitischen Fragen. Mein wichtigster Gesprächspartner war damals Zenon Kliszko. Er war der Stellvertreter Gomulkas, des ersten Mannes der Vereinigten Polnischen Arbeiterpartei. Das Gespräch mit ihm war gut. Ich sah Chancen, noch in diesem Jahr zu einer Vereinbarung mit Polen zu kommen. Aber ich wußte auch, daß ein Abkommen mit Polen nur der erste Schritt in einem langen und schwierigen Prozeß der Aussöhnung sein könnte. Zenon Kliszko schenkte mir sein Buch, das er über den Warschauer Aufstand von 1944 geschrieben und in dem er eine besonders aktive Rolle gespielt hatte. Als Widmung schrieb er mir in dieses Buch: »Für Hans-Jürgen Wischnewski, damit er sich nicht fürchtet, den steinigen Weg zu gehen, der in dem Prozeß der Aussöhnung zwischen der Bundesrepublik Deutschland und der Volksrepublik Polen noch gegangen werden muß.« Als er mir das Buch schenkte, erzählte er, daß er den Text dieser Widmung dem Politbüro vorgelegt habe. Einige Mitglieder hätten gemeint, der Text sei zu freundlich. Er habe ihnen geantwortet: »Entweder haben wir nun Vertrauen oder nicht.« Er habe Vertrauen. Der Vorgang zeigt, wie kompliziert das deutsch-polnische Verhältnis damals war und auch heute noch ist. Dieses tiefe Mißtrauen gab es keineswegs nur bei den polnischen Kommunisten, sondern auch im polnischen Bürgertum. Dort macht man das nazistische Deutschland auch dafür verantwortlich, daß Polen heute kommunistisch ist. Am 7. Dezember 1970 konnten Willy Brandt und Walter Scheel dann in Polen den »Vertrag über die Grundlagen zur Normalisierung der gegenseitigen Beziehungen« unterzeichnen. An diesem Tag bekam ich von Willy Brandt ein Telegramm mit folgendem Inhalt: »Lieber Freund, am Tag dieses bedeutungsvollen Vertragsabschlusses erinnere ich mich dankbar Deiner wichtigen Vorarbeit. Herr Kliszko läßt Deine Grüße herzlich erwidern. Dein Willy Brandt.«

Der Vertrag war nun abgeschlossen, mußte jetzt aber noch vom Deutschen Bundestag ratifiziert werden. Von der CDU/CSU war keine Unterstützung zu erwarten. Sie bekämpfte unsere Ostpolitik erbittert. Aber auch in der damaligen sozialliberalen Koalition waren nicht alle mit diesem Vertrag einverstanden. Einige FDP-Abgeordnete waren schon 1969 zur CDU/CSU übergetreten. Und nun wollte offensichtlich auch der SPD-Abgeordnete Herbert Hupka dem Vertrag nicht zustimmen.

Im Sommer 1971 traf ich mich mit ihm an meinem Urlaubsort im Schwarzwald. Ich hatte ein recht gutes Verhältnis zu Hupka und wollte ihn für die Ratifizierung der Verträge von Moskau und Warschau gewinnen.

Wir sprachen lange miteinander, und Herbert Hupka erklärte sich bereit, dem Vertrag mit Warschau zuzustimmen, wenn ihm die Polen einen Besuch in Schlesien ermöglichten. Ich bat also den Leiter der polnischen Handelsvertretung um Unterstützung, wußte aber, daß es den Polen nicht leichtfallen würde, Hupka einreisen zu lassen, da dieser die Vorstellungen der Vertriebenenverbände sehr konsequent vertrat. Jetzt aber ging es darum, die Ratifizierung der Verträge zu erreichen. Dafür mußten auch die Polen Verständnis haben.

Meine Bitte, Herbert Hupka den Besuch Schlesiens zu erlauben, wurde im Politbüro der Vereinigten Polnischen Arbeiterpartei behandelt. Trotz der Bedeutung dieser Angelegenheit konnte sich das Politbüro in Warschau nicht zu einer Reisegenehmigung für Herbert Hupka durchringen. Die Mitglieder des Politbüros bezweifelten nicht meine gute Absicht, jede Stimme für die Ratifizierung des Warschauer Vertrages zu gewinnen – aber Herbert Hupka als Besucher in Schlesien war für sie unvorstellbar. Hupka hat daraufhin die SPD verlassen und ging zur CDU. Unsere Ostpolitik führte naturgemäß zu erheblichen Differenzen mit den Vertriebenenverbänden.

Trotzdem wurde am 17. Mai 1972 der Moskauer Vertrag mit 248 Stimmen bei 10 Gegenstimmen und 238 Enthaltungen und der Warschauer Vertrag mit 248 Stimmen bei 17 Gegenstimmen und 231 Enthaltungen ratifiziert. CDU/CSU hatten sich weitgehend der Stimme enthalten.

Am 27. April 1972 scheiterte ein konstruktives Mißtrauensvotum der CDU/CSU gegen Bundeskanzler Willy Brandt an nur zwei Stimmen. Der Mißtrauensantrag gegen Willy Brandt hat damals in unserem Land zu erheblichen Unruhen geführt. So war es absolut richtig, 1972 vorzeitige Neuwahlen durchzuführen. Diese brachten der SPD das bisher beste Wahlergebnis in ihrer Geschichte. Sie wurde stärkste Partei. Annemarie Renger wurde Präsidentin des Deutschen Bundestages. Die Ostpolitik der Regierung Brandt/Scheel war von den Wählern mit großer Mehrheit bestätigt worden.

Ich hatte in diesen Jahren ein sehr freundschaftliches Verhältnis zum Leiter der polnischen Handelsmission und späteren Botschafter Piatkowski. Er lebte seit nahezu zehn Jahren in der Bundesrepublik. Sein Sohn hat in Köln Abitur gemacht und auch sein Studium begonnen. Nach seiner Pensionierung habe ich die Familie Piatkowski in Warschau besucht.

Mir lag stets daran, auch Politiker anderer Parteien für den schwierigen Weg der Aussöhnung mit Polen zu gewinnen. So habe ich in der Residenz der polnischen Botschaft in Köln ein Gespräch zwischen Franz Josef Strauß und dem polnischen Botschafter zustande gebracht, an dem ich auch selbst teilgenommen habe. Es führte leider zu keinem positiven Ergebnis, da sich Franz Josef Strauß in erster Linie darum bemühte, den polnischen Botschafter in eine antisowjetische Richtung zu drängen. Später hat Franz Josef Strauß bewiesen, daß auch er dazulernen konnte.

In dieser Zeit bekam ich verhältnismäßig viele anonyme Schmäh- und Drohbriefe, in denen ich als Vaterlandsverräter beschimpft wurde. Viele Formulierungen stammten aus der Sprache der Nazis: (»Geh hin, wo du hergekommen bist, oder wir werden dich liquidieren!«) Aber die Wähler hatten bei den Bundestagswahlen von 1972 dem Rechtsradikalismus eine klare Absage erteilt und die Ostpolitik ausdrücklich bestätigt.

Mein Engagement für die deutsch-polnische Aussöhnung, mein Verständnis für Polen, ja meine Liebe zu diesem Land und seinen Menschen konnten mich jedoch nicht davon abhalten, dann ein deutliches Wort zu sagen, wenn ich es für notwendig hielt. Im Dezember 1981 wurde in Polen der Ausnahmezustand ausgerufen. Der Deutsche Bundestag verabschiedete eine gemeinsame Entschließung von CDU/CSU, SPD und FDP, zu deren Verfassern ich gehörte. In dieser Entschließung vom 18. Dezember 1981 heißt es unter anderem:

»Der Deutsche Bundestag verfolgt mit wachsender Besorgnis die Entwicklung in und um Polen und er bekundet in diesem schicksalhaften Augenblick seine Solidarität mit dem leidgeprüften polnischen Volk und seinem Ringen um Menschenwürde, Rechtsstaatlichkeit und Demokratie.

Entgegen dem grundsätzlichen Bekenntnis General Jaruzelskis zum polnischen Reformkurs werden derzeit in Wirklichkeit die Führer der jungen Arbeiter- und Bauern-Gewerkschaften, der Wissenschaftler und Studenten zu Tausenden verhaftet. Der freie Ausdruck des Volkswillens wird unterdrückt, Gewalt wird angewendet.

Der Deutsche Bundestag appelliert an alle Bürger unseres Landes, an die Gewerkschaften und Parteien, an die Kirchen, an die karitativen und humanitären Organisationen, an die Jugend, gerade jetzt dem notleidenden polnischen Volk jene mitmenschliche und moralische Solidarität zu bekunden und jene materielle Hilfe gegen Hunger, Not und Kälte zu leisten, die dieses Nachbarvolk heute so dringend braucht und verdient.

Der Deutsche Bundestag fordert die Bundesregierung auf, staatliche Wirtschaftshilfe an die Volksrepublik Polen so lange offenzulassen und auch im Rahmen der Europäischen Gemeinschaft darauf hinzuwirken, wie die Unterdrückungsmaßnahmen des derzeitigen Regimes gegen das polnische Volk anhalten.«

Polen hat gerade in der letzten Zeit erhebliche Fortschritte in Richtung auf eine liberale Entwicklung gemacht. In keinem anderen Land des Ostblocks, mit Ausnahme von Ungarn, besitzt die Opposition soviel Spielraum wie in Polen.

Die Aussöhnung mit dem polnischen Volk ist für die zukünftige Entwicklung und Gestaltung Europas von großer Bedeutung. Seit 1970 sind wir nicht entscheidend vorangekommen. Aber es reicht nicht aus, die wirtschaftlichen und politischen Reformen in Polen zu beklatschen, wohlgesetzte Artikel über diese Entwicklung zu schreiben oder freundliche Reden zu halten. Polen braucht gerade jetzt nicht nur ideelle, sondern auch unsere materielle Unterstützung. Jede Mark, die wir hier ausgeben, dient dem Frieden in Europa mehr als die Finanzierung des Jäger 90.

Ich habe erhebliche Zweifel, ob die heute Regierenden den Mut und die Kraft für die notwendigen Entscheidungen haben. Mit dem Wiederaufkommen der Rechtsradikalen im Frühjahr 1989 ist der Mut noch geringer geworden.

Mit gleicher Intensität war ich um den Ausbau der deutsch-ungarischen Beziehungen bemüht. Die Menschen in Ungarn waren mir besonders sympathisch. Nach Budapest bin ich mitunter auch gereist, weil es mir einfach Freude bereitet hat.

Der ungarische Reformkommunismus war anders als der Kommunismus in den anderen Ländern des Warschauer Paktes. Die deutsche Minderheit wurde hier auch wesentlich besser behandelt als in den anderen Ostblockstaaten. Aber Ungarn erkaufte sich damals seine Freiheit zu gewissen inneren Reformen durch eine absolute außenpolitische Loyalität zur Sowjetunion. Der für die internationale Politik

Mit dem ungarischen KP-Chef Janos Kadar (1982).

zuständige Sekretär des Zentralkomitees erklärte mir, Ungarn würde als letzter Staat des Warschauer Pakts diplomatische Beziehungen zur Bundesrepublik aufnehmen. Und so geschah es dann auch. Die Beziehungen waren aber auch vorher schon recht gut. Ich mußte damals oft zwischen Bonn und Budapest hin- und herreisen. Da das möglichst unauffällig geschehen sollte, reiste ich zum Beispiel als Briefmarkensammler zu einer großen internationalen philatelistischen Ausstellung in Budapest. Mitunter flog ich auch von Berlin-Schöneberg aus nach Budapest. Unmittelbar vor der Aufnahme der diplomatischen Beziehungen mußte ich noch einmal nach Ungarn, um einen schwierigen humanitären Fall zu regeln. Damals erzählte man mir, man suche schon nach einem geeigneten Botschafter. Ohne mich natürlich einmischen zu wollen, ließ ich durchblicken, daß mir der damalige Leiter der ungarischen Handelsmission in Köln auch ein geeigneter Botschafter seines Landes zu sein schiene. Er wurde Botschafter. Als dann später Janos Kadar Bonn besuchte, sagte er zu Bundeskanzler Schmidt: »Früher haben wir unsere Beziehungen weitgehend über Herrn Wischnewski abgewickelt. Heute haben wir Botschafter. Schlechter ist die Sache dadurch auch nicht geworden.«

Als ich nach 1977 mit meiner Frau einen mehr privaten Besuch in Ungarn machte, rief ein Bürger der DDR, der am Plattensee Urlaub machte, die Botschaft der Bundesrepublik an und teilte mit, er habe einige der Terroristen am Plattensee gesehen. Der Botschaft blieb nichts anderes übrig, als die ungarischen Sicherheitsbehörden zu informieren. Damit war es mit dem ruhigen Aufenthalt zu Ende. Ich wurde Tag und Nacht bewacht. Als wir in die Pußta fuhren, flog ein Hubschrauber über dem Auto. Der Sicherheitschef beruhigte mich: »Herr Wischnewski, es ist möglich, daß Sie umgebracht werden. Aber nicht bei uns.«

Heute steht Ungarn, was Reformen angeht, an der Spitze der Staaten des Warschauer Paktes. Der mir so gut vertraute Janos Kadar ist nicht mehr im Amt. Für die neuen Reformen hat wohl seine Einsicht nicht mehr ausgereicht. Ich wünsche den Ungarn auf ihrem Weg viel Erfolg.

Mit der CSSR war alles sehr viel schwieriger. Für den von Alexander Dubcek repräsentierten Kurs gab es in der Bundesrepublik und besonders in der SPD viel Sympathie. Ich schrieb damals als Bundesminister für wirtschaftliche Zusammenarbeit einen Artikel für die deutschsprachige Zeitung in der CSSR, in dem ich eine Zusammenarbeit in der Entwicklungspolitik anbot. Um so schlimmer war für uns der Einmarsch der Truppen des Warschauer Paktes im Jahre 1968 und die Niederwerfung des Reformkommunismus. Dies war auch für unsere Ostpolitik ein schwerer Rückschlag.

Ich war damals schon Bundesgeschäftsführer der Sozialdemokratischen Partei, gehörte aber als Bundesminister noch dem Kabinett an. Am Tag der Intervention, dem 21. August 1968, wurden wir zu sehr früher Stunde zu einer Sitzung bei Bundeskanzler Kiesinger zusammengerufen. Die Bundesregierung verurteilte die Intervention eindeutig. Aber sie erklärte auch, daß sie ihre Bemühungen um eine europäische Friedensordnung fortsetzen würde.

Als Bundesgeschäftsführer der Partei entwarf ich einen Spendenaufruf, den ich zusammen mit Professor Eschenburg und dem Vorsitzenden des DGB, Ludwig Rosenberg, unterschrieb. Wir veranstalteten eine große Kundgebung in Dortmund, auf der ich zusammen mit Günter Grass und Pavel Kohut auftrat.

In den Tagen der Intervention befand sich auf Einladung der Friedrich-Ebert-Stiftung eine Delegation von Journalisten aus der CSSR in Bonn. Sie wollten so schnell wie möglich nach Wien, wo sich die größte Zahl der Flüchtlinge aus der CSSR aufhielt. Aber es gab Schwierigkeiten mit den erforderlichen österreichischen Visa. Ich mußte mich in Wien sehr deutlich einschalten. Aber die Journalisten hatten noch ein anderes Anliegen. Sie erzählten mir, daß die Sowjets dafür gesorgt hätten, daß Radio Prag, das nach wie vor den Reformkurs verbreitete, im größten Teil des Landes nicht mehr zu hören sei und baten um technische Hilfe. Ich besprach die Angelegenheit mit Bundeskanzler Kiesinger und Außenminister Brandt. Teile des Rundfunkbataillons der Bundeswehr wurden in den Bayerischen Wald verlegt. Dort nahmen sie die Sendungen von Radio Prag auf und verbreiteten sie mit ihren technischen Möglichkeiten in voller Lautstärke. Natürlich war völlig klar, daß nur der Originalton übertragen wurde und keinerlei Kommentierung von unserer Seite stattfand.

Jahre später ging einer der Journalisten in die CSSR zurück und erzählte die Geschichte. Daraufhin wurde ich in der Presse als Handlanger der Konterrevolution attackiert. Mich hat das nicht gestört.

Rumänien nahm im Gegensatz zu allen anderen Staaten des Warschauer Paktes schon während der Großen Koalition im Jahre 1967 diplomatische Beziehungen zur Bundesrepublik auf. Am 31. Mai 1967 kam der sehr sympathische rumänische Außenminister Corneliu Manescu nach Bonn und vereinbarte mit Außenminister Brandt den Botschafteraustausch. Später ist Manescu bei seinem Staats- und Parteichef in Ungnade gefallen. Die Aufnahme diplomatischer Beziehungen und das Bemühen um eine eigenständige Außenpolitik brachte Rumänien in der Bundesrepublik und in der westlichen Welt viel Sympathien ein, zumal die Gefahr bestand, daß Rumänien wegen seiner eigenmächtigen Außenpolitik mit einer sowjetischen Okkupation rechnen mußte. Später wollte sich Rumänien übrigens die frühe Aufnahme diplomatischer Beziehungen immer wieder bezahlen lassen. Ich war damals und auch später öfters in Bukarest und bin dabei auch dem rumänischen Staats- und Regierungschef Nicolae Ceausescu mehrmals begegnet. Geschätzt habe ich ihn zu keiner Zeit. Als er im Juni 1973 zu einem Staatsbesuch in Bonn war, erhielt auch sein Sohn, der ihn begleitete, ein Geschenk. Es wurde jedoch als zu geringwertig zurückgewiesen. Dies ist typisch für die Mentalität Ceausescus. Rumänien war damals ein Hätschelkind der westlichen Welt. Inzwischen hat Ceausescu diesen Kredit durch seine Politik verspielt und sein Land heruntergewirtschaftet. Er herrscht wie ein absolutistischer Monarch, behandelt die Minderheiten in seinem Land so schlecht, daß auch das Verhältnis zu Ungarn auf das Schwerste belastet ist und verhindert alle Reformen. Rumänien gehört heute zu den Ländern mit dem geringsten Ansehen – das Verdienst eines unkontrollierten Mannes.

Ich war und bin ein engagierter Vertreter einer Politik der Normalisierung, der Aussöhnung, ja der Freundschaft mit unseren östlichen Nachbarn über alle ideologischen Grenzen hinweg. Ich habe diese Politik nicht nur akzeptiert, sondern sie im Rahmen meiner Möglichkeiten auch unterstützt. Aber ich war immer für klare Verhältnisse und nicht bereit, etwas unter den Teppich zu kehren. Unsere Nachbarn im Osten respektieren eine solche Haltung durchaus. Gerade wenn man eine Politik der Aussöhnung betreibt, braucht man eine klare Haltung, zumal damals die Breschnew-Doktrin und nicht Glasnost und Perestroika verbindlich war.

Aus dem gleichen Grund war ich als Bundesgeschäftsführer der Partei immer für eine klare Abgrenzung zu den Kommunisten und deren Sympathisanten in der Bundesrepublik, die sich verständlicherweise an die Ostpolitik anhängen und sich mit der SPD verbrüdern wollten. Aber gerade im Interesse der Ostpolitik mußte dies verhindert werden. In der Partei hat dies damals zu erheblichen Debatten geführt, aber die Entscheidungen der SPD blieben eindeutig. Heute befindet sich die Deutsche Kommunistische Partei infolge der Entwicklung in der Sowjetunion in einer tiefen Krise.

Die Beziehungen der Bundesrepublik Deutschland zur Sowjetunion waren immer von elementarer Bedeutung, und zwar auch für Berlin, für unser Verhältnis zur DDR und für den Frieden in Europa insgesamt. Mir war klar, daß der Zweite Weltkrieg, den die Menschen in der Sowjetunion den »Großen Vaterländischen Krieg« nennen, nicht nur die Kriegsgeneration, sondern auch die Generationen danach in ihrem Denken stark beeinflußt hat. Letztendlich hat die Wahnsinnspolitik Hitlers die Sowjetunion zu einer Weltmacht gemacht. Wir mußten auch in schwierigen Situationen zumindest um ein normales Verhältnis zur Sowjetunion bemüht sein. Zwar durfte an unserer Loyalität zum atlantischen Bündnispartner kein Zweifel aufkommen, aber unser Verhältnis zu Moskau durfte auch nicht in Washington entschieden werden. Wir mußten uns über alle ideologischen Grenzen hinweg um ein gutes Verhältnis zur Sowjetunion bemühen.

Als ich 1957 in den Bundestag gewählt wurde, war Stalin schon vier Jahre tot. Chruschtschows Abrechnung mit Stalin hat uns alle beeindruckt und hoffen lassen, aber schon im Oktober 1964 wurde Chruschtschow von Breschnew abgelöst. Er starb 1982. Also hatten wir es während unserer Regierungszeit von 1966 bis 1982 im wesentlichen mit der Politik Breschnews zu tun.

Ich habe an mehreren Begegnungen und Gesprächen mit Breschnew teilgenommen. Meine Erinnerung an ihn ist zwiespältig. Einmal ist da jener Breschnew, mit dem wir das Moskauer Abkommen abschließen konnten und der seinen Beitrag leistete, damit das Abkommen über Berlin zustande kam. Beide Vereinbarungen sind wichtige Bausteine der Entspannungspolitik. Breschnew hat auch zu dem Abkommen über die Begrenzung der strategischen atomaren Waffen mit den Vereinigten Staaten beigetragen. Und schließlich gab es während seiner Amtszeit die Initiativen für die wichtige Konferenz über Sicherheit und Zusammenarbeit in Europa.

Aber es war auch Breschnew, in dessen Verantwortung die Besetzung der Tschechoslowakei im Jahre 1968 fiel und der für den Einmarsch in Afghanistan im Jahre 1979 verantwortlich war. Während seiner Amtszeit hat der Einfluß der Militärs und die Rüstung in der Sowjetunion erheblich zugenommen, während die gesamtwirtschaftliche Entwicklung stagnierte.

Ich habe Leonid Breschnew als angenehmen und interessanten Gesprächspartner erlebt. Er verstand es, Menschen für sich zu gewinnen. Aber ich konnte auch seinen gesundheitlichen Niedergang beobachten.

1981 machte Willy Brandt als Parteivorsitzender einen Besuch in Moskau. Egon Bahr und ich begleiteten ihn. Wir wußten, daß Breschnew krank war. Am Tage des Gesprächs mit dem ersten Mann der Sowjetunion mußten wir aber feststellen, daß der Gesundheitszustand von Breschnew noch sehr viel schlechter war, als wir angenommen hatten. Er begrüßte Willy Brandt sehr herzlich. Nur mit größter Mühe verlas er dann zu Beginn des Gesprächs eine lange Erklärung. Neben ihm saß Gromyko, der ihm alle Antworten auf unsere Fragen ins Ohr flüsterte. Breschnew machte einen sehr hilflosen Eindruck. Da das Gespräch am Vormittag etwas länger als drei Stunden gedauert hatte, baten uns unsere sowjetischen Gastgeber zweimal, das Abendessen, das Breschnew zu Ehren Willy Brandts gab, zeitlich zu verschieben. Breschnew hatte sich von den Anstrengungen des Vormittags noch nicht erholt.

Auch die Tischrede konnte er nur unter größten Anstrengungen verlesen. Unter unseren Tellern lag die deutsche Übersetzung dieser Rede. Ich fand in ihr einen Satz, den wir so nicht akzeptieren konnten. Während Breschnew die Rede verlas, sagte ich zu seinem Mitarbeiter: »Diesen Satz akzeptieren wir nicht.« Seine Antwort: »Dann wird er eben gestrichen.« Breschnew hat den fraglichen Satz noch verlesen, aber ohne Rücksprache mit ihm wurde er in der veröffentlichten Fassung nicht berücksichtigt. Ich hatte nicht den Eindruck, daß Breschnew noch in der Lage war, sein Land zu regieren. Aber ich kann auch nicht sagen, wer es zu dieser Zeit wirklich regiert hat.

Bei einem Besuch von Hans-Jochen Vogel erlebte ich dann seinen

Nachfolger Andropow. Er beherrschte die Materie und brauchte keine Papiere zu verlesen. Der kranke Tschernenko war dann wieder ein Rückschritt für die Sowjetunion.

Gorbatschow habe ich nie persönlich kennengelernt. Aber ich werde die Antwort nicht vergessen, die mir ein sowjetischer Diplomat gab, als ich nach den Ursachen der Reformbemühungen fragte und wissen wollte, ob die Zeit reif wäre, weil der richtige Mann gekommen sei, oder die Zeit reif war und der richtige Mann dazukam. Die Antwort war sehr ehrlich: »Wir haben in unserem Lande eine Analyse der Situation gemacht. Wir kamen zu dem Ergebnis, daß wir ein mittelmäßiges Land mit einer großen Militärmacht waren. Die Reformen waren unverzichtbar.«

Noch kann Gorbatschow keine Erfolge in der Wirtschaft verzeichnen. Wir sollten ihm im Rahmen unserer Möglichkeiten aber nicht nur unsere Sympathie für seinen Weg bekunden, sondern auch helfen, wo es angebracht und möglich ist.

Während meiner Zeit als Staatsminister beim Bundeskanzler war ich für unsere Beziehungen zum anderen deutschen Staat verantwortlich. Natürlich war die große Linie dieser Politik durch Regierungserklärungen, Kabinettsentscheidungen und Koalitionsvereinbarungen festgelegt. Aber es gab für mich noch genügend Spielraum. Ich war auf sehr pragmatische Weise daran interessiert, das Verhältnis zum andern deutschen Staat zu verbessern. Der Grundlagenvertrag mit der DDR bot dafür die Voraussetzungen. Ich bemühte mich auch nicht ohne Erfolg um ein gutes persönliches Verhältnis zu den beiden Leitern der ständigen Vertretung der DDR in Bonn, Michael Kohl und Ewald Moldt.

Insgesamt entwickelten sich die Beziehungen positiv, aber es gab auch Rückschläge. So fuhr ich nach Ost-Berlin, um mich bei Hermann Axen für die Rücknahme der zunehmenden Kontrollen auf den Transitautobahnen einzusetzen. Bei dieser Gelegenheit erlebte ich, wie unterschiedlich das Denken und Handeln der besondere Verantwortung tragenden Politiker in beiden deutschen Staaten war. Von mir wurde als Gegenleistung erwartet, daß sich die Bundesregierung dafür einsetze, daß die Zeitungen in der Bundesrepublik positiver über die DDR berichteten. Meine Antwort war eindeutig: Wir können unsere Zeitungen in ihrer Berichterstattung nicht beeinflussen.

Und wir wollen dies auch nicht. Wir wollen keine Zeitung, die so langweilig ist wie das »Neue Deutschland«.

Als Staatsminister beim Bundeskanzler war ich auch für unsere Ständige Vertretung in der DDR zuständig. Zuerst war Günter Gaus der Leiter dieser Vertretung. Ich habe dann sehr bald seinen Stellvertreter, Dr. Hans-Otto Bräutigam, ins Kanzleramt geholt, weil mir daran lag, daß der für die Beziehungen zur DDR im Kanzleramt zuständige höchste Beamte über eigene Erfahrungen in der Zusammenarbeit mit der DDR verfügte. Außerdem ist Bräutigam ein überaus tüchtiger Beamter.

Mit Günter Gaus war die Zusammenarbeit nicht immer ganz einfach. Gaus war ein erfahrener und hochbegabter Journalist. Eigentlich war er das Gegenteil eines beamteten Staatssekretärs. Er wollte sich die notwendigen Weisungen nur selbst geben. Und natürlich ist ein langjähriger Journalist besonders publizitätsfreudig. Nach einem Beitrag von Günter Gaus im »Spiegel« mußte ich länger als eine Stunde im Bundestag die Angriffe der Opposition gegen ihn abwehren.

Natürlich war Günter Gaus mit der Materie hervorragend vertraut und hatte auch eigene Ideen. Aber diese Ideen wollte er gern selbst in der Öffentlichkeit vertreten. Ihm paßte der manchmal langwierige Entscheidungsprozeß in der Regierung nicht. Als Politiker im Parlament wäre Gaus sicher sehr viel geeigneter gewesen.

Sein Nachfolger wurde Klaus Bölling, der langjährige und hervorragende Sprecher der Bundesregierung. Mit ihm hat der damalige Staatsminister Huonker zusammengearbeitet. Als Klaus Bölling im Frühjahr 1982 wieder als Regierungssprecher nach Bonn zurückkehrte, wurde Dr. Hans-Otto Bräutigam als Staatssekretär sein Nachfolger in der Leitung der Ständigen Vertretung.

Bräutigam hatte einen völlig anderen Arbeitsstil als Günter Gaus. Hochintelligent, effizient, aber sehr geräuschlos. Er kam mit großen Erfahrungen aus dem Auswärtigen Dienst, kannte den Entscheidungsprozeß der Regierung sehr genau und wußte, wie man ihn ohne öffentlichen Lärm beeinflussen konnte. Er hat seine schwierige Aufgabe als Vertreter in der DDR hervorragend erfüllt. Ich habe ihm viel zu danken. Die Regierung Kohl/Genscher hat gut daran getan, ihn nach dem Regierungswechsel 1982 in seinem Amt zu belassen. Heute vertritt er die Interessen der Bundesrepublik Deutschland bei den Vereinten Nationen.

Der Telefonkontakt zwischen dem Kanzleramt und der Ständigen Vertretung in Ost-Berlin spielt natürlich eine ganz besondere Rolle. Vieles muß sehr schnell erledigt werden und dafür gab es drei Möglichkeiten: die Nutzung der offenen Telefonleitung, den Gebrauch des Zerhackers bei Telefongesprächen und die Aufforderung an den Gesprächspartner, sofort nach West-Berlin zu fahren, um von dort aus zurückzurufen. Die offene Leitung habe ich immer dann benutzt, wenn ich den Inhalt eines Gesprächs auch der Gegenseite zukommen lassen wollte. Das hat gut funktioniert. An das Telefongespräch mit dem Zerhacker habe ich mich nie gewöhnen können. Den dritten Weg über West-Berlin habe ich nur selten in Anspruch genommen.

Während meiner Amtszeit regte ich an, eine direkte Telefonleitung zwischen dem Bundeskanzler und dem Vorsitzenden des Staatsrats der DDR einzurichten. Diese Leitung wurde auch genutzt. Zwischen den ersten Männern der beiden deutschen Staaten mit der schwierigen Grenze, mit Transitstraßen und Luftkorridoren und vielen anderen Problemen muß es jederzeit die Möglichkeit geben, sofort Kontakt aufzunehmen.

Um die Beziehungen zwischen den beiden deutschen Staaten so gut wie möglich zu gestalten, habe ich mich bemüht, notwendige finanzielle Transferleistungen an die DDR aus der öffentlichen Auseinandersetzung in der Bundesrepublik möglichst herauszuhalten. Deshalb habe ich den Oppositionsführer Kohl vertraulich und rechtzeitig informiert, was damals von ganz besonderer Bedeutung war, da die Opposition die finanziellen Leistungen an die DDR, ganz gleich aus welchem Anlaß sie gewährt wurden oder gewährt werden mußten, erheblich bekämpfte.

In dieser Frage hat es die Regierung Kohl/Genscher viel leichter. Die SPD trägt heute in dieser Frage auch unpopuläre Entscheidungen mit, wenn sie im Interesse der verbesserten Beziehungen zwischen den beiden deutschen Staaten und im Interesse der Menschen liegen.

Noch im Jahr 1982 war ich intensiv damit beschäftigt, eine deutsch-deutsche Bank einzurichten, d. h. eine Bank, die von beiden deutschenStaaten getragen würde. Eine solche Bank hätte es erlaubt, daß wir auf manchen öffentlichen Lärm hätten verzichten können. Sie hätte die gutnachbarschaftliche Zusammenarbeit gefördert und wäre auch im Interesse der Menschen in der DDR gewesen. Niemand soll glauben, daß die Beziehungen zwischen den beiden deutschen

Staaten sich dauerhaft verbessern, wenn die Kluft im Lebensstandart zwischen den Menschen in diesen beiden Staaten größer wird. Leider war die Idee der gemeinsamen Bank 1982 nicht mehr realisierbar. Nach dem Regierungswechsel ist die Regierung der DDR nicht mehr auf dieses Thema zurückgekommen. Besonders gut und eng habe ich mit dem Rechtsanwalt Professor Dr. jur. h.c. Wolfgang Vogel aus der DDR zusammengearbeitet. Zwar hatte er in humanitären Fragen in erster Linie mit dem innerdeutschen Ministerium zu tun, aber er war mir immer ein guter Ratgeber. Ein Gespräch mit ihm half uns oft, die Beurteilung eines Problems durch die andere Seite besser einzuschätzen. Von besonderem Wert war für uns sein kurzer Draht zu Erich Honecker. Er hat gerade in diesem Bereich im Interesse beider deutscher Staaten wertvolle Dienste geleistet und nicht nur in schwierigen humanitären Fällen geholfen oder beim Austausch von Spionen vermittelt. In meinen Augen war er auch – bei voller Loyalität zu seinem Staat – ein Patriot im besten Sinne des Wortes. An die Zusammenarbeit mit ihm denke ich besonders gern zurück.

Natürlich mußte die SPD ihre Ostpolitik auch nach dem Ausscheiden aus der Bundesregierung weiterentwickeln. Dabei spielten Fragen der Rüstungskontrolle, Rüstungsbegrenzung und Abrüstung eine besondere Rolle. Deshalb wurden mit einigen kommunistischen Parteien der Staaten des Warschauer Paktes Arbeitsgruppen gegründet. Ich halte solche Diskussionsgruppen für wertvoll, wenn man feststellen will, wo der jeweilige andere steht, wo es Übereinstimmung gibt und wo nicht. Aber ich halte nichts von gemeinsamen Papieren und habe meiner Partei und Fraktion meine hier abweichende Haltung stets offen gesagt. Die Partner, die solche gemeinsamen Papiere verfassen, sind zu unterschiedlich. Die einen befinden sich in einem demokratischen Staat in der Opposition, die anderen haben die Macht in ihrem staatlichen System. Die einen müssen sich stets dem demokratischen Wettbewerb stellen und wollen das auch, weil gerade das zu den unveräußerlichen Prinzipien unserer Gesellschaft und unseres demokratischen Staates gehört. Die anderen haben mit diesem demokratischen Wettbewerb nichts im Sinn. Ein Sozialdemokrat muß ein nichtdemokratisches System immer in Frage stellen, sonst ist er kein Sozialdemokrat mehr. Dabei will ich den kommunistischen Systemen die Reformfähigkeit überhaupt nicht absprechen. Ich hoffe, daß wir bald eine von der Bevölkerung gewählte Opposition in einigen Parlamenten kommunistischer Staaten erleben können. Ich bestreite auch nicht, daß bei diesen Gesprächen zwischen so unterschiedlichen Parteien wertvolle Ideen entwickelt und praktische Vorschläge erarbeitet worden sind. Wenn sie aber in gemeinsamen Papieren dokumentiert werden, wird die jetzige Bundesregierung sie nicht akzeptieren, weil sie nicht von ihr kommen und weil sie sie leichtfertig als Nebenaußenpolitik abtun kann. Im Ziel sind wir Sozialdemokraten uns völlig einig: Wir wollen bessere Beziehungen zu unseren östlichen Nachbarn auf allen Gebieten. Wir wollen wirkliche Abrüstung. Wir wollen gemeinsame Sicherheit. Aber die Parteiabkommen sind meiner Meinung nach nicht der richtige Weg, um diese Ziele zu fördern.

Wenn ich heute eine Bilanz unserer Ostpolitik ziehe, dann komme ich zu folgendem Ergebnis:

Es ist das historische Verdienst der SPD und ihrer Führung, insbesondere Willy Brandts, daß im Interesse des Friedens in Europa die Normalisierung der Beziehungen zu unseren östlichen Nachbarn gegen den erbitterten Widerstand der CDU/CSU und anderer Gruppen, aber mit Unterstützung der FDP, durchgesetzt werden konnte. Mit Ausnahme von Rumänien sind die Beziehungen zu allen Staaten auch besser geworden. Ein Prozeß der Normalisierung in Europa hat begonnen. Noch sind nicht alle Ziele erreicht. Aber die Voraussetzungen für weitere positive Entwicklungen sind gegeben.

Es ist ein großes Glück für unser Land, daß die einmal so umkämpfte Politik heute von der überwältigenden Mehrheit der Menschen in unserem Land getragen wird. CDU/CSU haben sich als Regierungspartei bald den Realitäten angepaßt.

Bei unseren östlichen Nachbarn gibt es positive Entwicklungen. Das Tempo der Reformen ist in den einzelnen Staaten des Ostblocks sehr unterschiedlich. Bei einigen bewegt sich wenig oder gar nichts. Aber wir erleben eine Zeit, in der die Sowjetunion und ihre Verbündeten nicht mehr in erster Linie nach der militärischen Stärke beurteilt werden, sondern nach ihrer Bereitschaft und Fähigkeit zu Reformen. Bei vielen Menschen im Westen ist an die Stelle der Angst heute die Neugier getreten.

Und die deutsche Einheit? Ihr können wir nur näherkommen, je mehr Frieden und Normalität es für alle in Europa geben wird. Im übrigen ist die deutsche Frage offen, offen wie es die Geschichte insgesamt ist.

Von der ersten bayerischen Briefmarke bis zur Gedenkmarke zu Lenins Geburtstag: Briefmarken als Geschichtsunterricht

Jeder Mensch braucht meiner Meinung nach etwas, das ihm Freude bereitet und das nichts mit seiner täglichen Arbeit und seiner Pflicht zu tun hat. Das gilt für alle Menschen, aber für Politiker in ganz besonderem Maße. Politiker, die nur in der Politik aufgehen, sind entweder zu bedauern oder aber sogar gefährlich.

Mein Hobby ist die Philatelie. Sie hat mich mein langes politisches Leben begleitet und macht mir auch heute immer wieder Freude.

Als ich acht Jahre alt war, hat mein Vater das Interesse am Briefmarkensammeln in mir geweckt. Bei seinen Überlegungen stand sicher das pädagogische Moment im Vordergrund. Er wollte wohl, daß ich wenigstens auf diese Weise die Welt kennenlernte und durch das Sammeln von Briefmarken mit der Geographie vertraut werde. In jenen Jahren war es noch möglich, die Marken aller Länder der Erde zu sammeln.

Wir mußten zu Hause sehr sparsam leben, aber das Briefmarkensammeln kostete uns wenig Geld. Der Vater war Zollbeamter in Berlin. Gelegentlich überließen ihm diejenigen, deren Paket aus dem Ausland er abfertigen mußte, die Briefmarken, mit denen das Paket frankiert war.

Für mich war das immer ein großes Erlebnis, wenn Vater Briefmarken aus »fernen Ländern« mitbrachte. Dann wurde der Schulatlas aufgeschlagen und das Land gesucht. Manchmal konnte mir mein Vater auch etwas über dieses Land erzählen.

Gelegentlich erfaßte mich eine große Sehnsucht nach diesen Ländern. Wenn mir heute das Herumreisen in der Welt mal zuviel wird, dann denke ich manchmal an jene Tage zurück.

Während ich zum Arbeitsdienst und zum Militär eingezogen war, sammelte mein Vater die Marken für mich weiter. Aber im Krieg hatte ich mir das Rauchen angewöhnt und nach meiner Heimkehr habe ich meine schöne Schülersammlung dann leider in amerikanische Zigaretten eingetauscht. Viele Amerikaner, die als Besatzungssoldaten in Deutschland stationiert waren, wollten Briefmarkensammlungen mit möglichst vielen Hitlermarken als Souvenir mit nach Hause nehmen. Später habe ich diesen Tausch sehr bereut.

In den ersten sehr schweren Nachkriegsjahren hatte ich dann andere Sorgen und auch kein Geld. Erst zu Beginn der 50er Jahre habe ich in Köln wieder mit dem Briefmarkensammeln begonnen.

Für mich hat die Philatelie aus mehreren Gründen einen hohen Wert:

- Wenn das Sammeln von Briefmarken nicht zur krankhaften Leidenschaft wird, macht es viel Freude. Ich habe nicht selten meine Sammlung hervorgeholt, wenn ich mitunter völlig verärgert aus Bonn nach Hause kam. Beim Einordnen der Marken habe ich sehr schnell mein inneres Gleichgewicht wiedergewonnen.
- Die Philatelie zwingt den Sammler zu einer gewissen Ordnung, aber zu einer Ordnung, die Spaß macht.
- Anhand der Philatelie lernt man sehr schnell die Probleme der Wertsteigerung, aber auch der Wertminderung kennen. Man kann auch lernen, daß solche Entwicklungen mit der gesamtwirtschaftlichen Situation zu tun haben.
- Inzwischen gibt es mehr als 150 Staaten auf der Erde. Von manchen Ländern erfährt man möglicherweise erst durch ihre Briefmarken. Aber diese Marken wecken auch Neugier auf diese Länder, und man möchte mehr über sie wissen.
- Mit der Philatelie lernt man die Geschichte des eigenen Landes kennen, aber auch die Geschichte der anderen Länder, deren Briefmarken man sammelt.
- Und schließlich lernt man mit der Philatelie auch viele angenehme, interessante und kluge Menschen kennen, im eigenen Land wie im Ausland. Die Philatelisten sind eine große internationale Familie.

All dies hat mich vor allem in den letzten Jahren dazu veranlaßt, im Rahmen meiner bescheidenen Möglichkeiten die Jugendphilatelie zu fördern. Ich möchte das weitergeben, was ich von meinem Vater gelernt habe.

Eigentlich ist es schade, daß die Philatelie an unseren Schulen fast keine Rolle spielt. Die Briefmarken wären für bestimmte Zeitab-

Mit dem Kölner Oberbürgermeister Norbert Burger auf der »Philatelia 85« in den Kölner Messehallen.

schnitte unserer Geschichte ein hervorragender Anschauungsunterricht.

Die deutschen Briefmarken sind ein getreues Spiegelbild unserer Geschichte. Deshalb ist eine Briefmarkensammlung mit deutschen Marken auch eine Art Geschichtsunterricht. Die erste Briefmarke ist bei uns 1849 in Bayern herausgegeben worden. 16 deutsche Staaten hatten bald danach ihre eigenen Briefmarken. Nachdem 1871 das Deutsche Reich gegründet worden war, gab es mit Ausnahme von Bayern und Württemberg nur noch dessen Marken. Für Bayern war die Beibehaltung der eigenen Briefmarken sogar eine der Bedingungen für den Eintritt in das Deutsche Reich. Es legte also schon immer Wert darauf, etwas Besonderes zu sein.

An den Briefmarken kann man auch ablesen, daß das Deutsche Reich eine beachtliche Kolonialmacht war. Die Auseinandersetzungen um die Unabhängigkeit der in den deutschen Kolonien lebenden Afrikaner und Südseebewohner ist uns nur deshalb erspart geblieben, weil wir diese Kolonien schon im Ersten Weltkrieg verloren haben.

Der Erste Weltkrieg hat in den Ausgaben für die besetzten Gebiete seine Spuren in der Philatelie hinterlassen. Anläßlich des Zusammentritts der deutschen Nationalversammlung in Weimar wurde nach 1918 die erste Briefmarke der Weimarer Republik herausgegeben, und 1949 erschienen anläßlich des ersten Zuammentritts des Deutschen Bundestages die ersten Briefmarken der Bundesrepublik Deutschland.

An nichts ist die Inflation von 1922/23 deutlicher ablesbar als an den Briefmarken jener Zeit. Der höchste Inflationswert für eine Marke betrug damals 50 Milliarden Mark.

Die Tatsache, daß sich während der Weimarer Republik die Präsidenten Friedrich Ebert und v. Hindenburg eine Serie teilen mußten, sagt auch etwas aus über die politische Situation in jener Zeit.

Das Naziregime begann 1933 philatelistisch ganz harmlos mit Friedrich dem Großen. Es endete 1945 mit Marken, die den Volkssturm, die SA und SS verherrlichten. Dazwischen liegen die Ausgaben für die von Deutschland überfallenen und besetzten Staaten und Gebiete, aber auch jene Marken, die deutschen Soldaten galten, die in Afrika kämpften und starben. Auch für die Konzentrationslager gab es eigene Marken. Wieder ist die Briefmarke ein getreues Spiegelbild unserer Geschichte. Dabei ist besonders interessant, daß bis zur Olympiade 1936 keine Briefmarke mit dem Bild Hitlers erschien. Danach gab es sie am laufenden Band.

Seit dem 8. Mai 1945 gab es keine Deutsche Reichspost mehr. Die Städte und Gemeinden schufen sich notgedrungen eigene Marken oder überdruckten die Marken der NS-Zeit. Aber bald gaben die Besatzungsmächte in den vier Besatzungszonen ihre eigenen Marken heraus. Sie wurden zum Teil auch in den Ländern der Besatzungsmächte gedruckt.

Nach der Gründung der Bundesrepublik Deutschland und der Deutschen Demokratischen Republik brauchte der »Deutschlandsammler« gleich drei Alben für seine Sammlung: für die Bundesrepublik, für West-Berlin und für die DDR. Auch hier spiegelt sich wieder unsere Geschichte. Ob es jemals wieder ein einheitliches Album für den »Deutschlandsammler« geben wird? Der Briefmarkensammler Wischnewski wird ein einziges Deutschlandalbum aber wohl nicht mehr besitzen.

Äußerst interessant ist eine Briefmarkensammlung mit Marken, die die beiden deutschen Staaten aus gleichem Anlaß herausgegeben haben. Sie erinnern an die gemeinsame Geschichte und Kultur.

Natürlich ist mir für die Philatelie nie viel Zeit geblieben. Aber wenn es sich einigermaßen verantworten ließ, habe ich Ausstellungen im In- und Ausland besucht, Schirmherrschaften übernommen und auch Preise gestiftet.

Meine Fraktion hat meine Bitte erfüllt, mich in den Kunstbeirat der Deutschen Bundespost zu berufen. In diesem Beirat werden aus einer Reihe von Entwürfen die ausgewählt, die dem Bundespostminister zum endgültigen Druck empfohlen werden. Diese Arbeit macht mir sehr viel Freude. Ich muß zugeben, daß ich bei meinen Entscheidungen sehr stark an die Interessen der Philatelisten denke. Aber für mich ist die Briefmarke überall in der Welt auch ein Aushängeschild der Bundesrepublik Deutschland. Deshalb war ich auch empört, daß die Deutsche Bundespost im Gegensatz zu vielen anderen Ländern anläßlich der 40. Wiederkehr des Kriegsendes von 1945 keine Sondermarken herausgegeben hat. Ist das wirklich nur ein Versehen, oder gibt es Leute, die verhindern wollen, daß wir uns an die Schrekken der Vergangenheit erinnern?

Meine Sammlung ist nicht besonders wertvoll, aber sie enthält doch einige Besonderheiten. Ich sammle postalische Dokumente der deutschen Geschichte, aber auch Briefmarken mit den Motiven von historischen Persönlichkeiten: Kennedy, Adenauer, de Gaulle, Churchill und auch Lenin.

Als Willy Brandt Kanzler war, hatten Horst Ehmke, damals Chef des Bundeskanzleramtes, und ich, damals Bundesgeschäftsführer meiner Partei, ein Gespräch mit dem seinerzeitigen sowjetischen Botschafter Zarapkin. Am Ende des Gesprächs trug uns der Botschafter noch ein Anliegen seiner Regierung vor: Am 22. April 1970 werde die hundertste Wiederkehr von Lenins Geburtstag gefeiert. Die sowjetische Regierung bitte deshalb alle Regierungen der Erde, aus diesem Anlaß eine Sonderbriefmarke herauszugeben. Ehmke sagte aus reiner Höflichkeit, daß die Bundesregierung dieses Anliegen prüfen werde. Ich fragte den Botschafter, ob er wisse, was Lenin über meine Partei gesagt habe. Als er dies verneinte, erwiderte ich: »Lenin hat gesagt, man müsse die Sozialdemokratie unterstützen wie der Strick den Gehängten. Damit ist die Prüfung der Herausgabe einer Leninmarke abgeschlossen. In der Bundesrepublik wird es keine geben.« Der Botschafter fragte Horst Ehmke, wer in diesem Fall zu entscheiden habe, die Regierung oder die Partei. Statt Ehmke antwortete ich: »Natürlich die Regierung, Herr Botschafter. Aber in diesem speziellen Fall ist das bei uns ausnahmsweise so geregelt wie bei Ihnen alles geregelt ist.«

Damit war die Angelegenheit erledigt. Zarapkin ist nie mehr auf diese Frage zurückgekommen. Deutliche Antworten zur rechten Zeit können sehr hilfreich sein.

Später habe ich dann genau beobachtet, welche Länder Sondermarken zu Lenins hundertstem Geburtstag herausgegeben haben. Es waren natürlich nicht nur die Länder des Warschauer Paktes. Eine Meisterleistung vollbrachte Finnland. Es gab keine Briefmarke mit dem Konterfei Lenins heraus, dafür aber eine Sondermarke anläßlich eines Kolloquiums, das die UNESCO zum 100. Geburtstag in Helsinki durchführte.

Auch für die Politik kann man viel aus der Philatelie lernen.

Ben Wisch

Mit Algerien fing alles an

Das Bemühen um internationale Kontakte und Zusammenarbeit war in den Jahren nach dem Zweiten Weltkrieg wegen des tiefen Mißtrauens bei unseren europäischen Nachbarn nicht einfach. Nach allem, was geschehen war, konnte ich das gut verstehen. Aber ich wollte einen Beitrag leisten, um vor allem die jungen Menschen unseres Landes aus der internationalen Isolation herauszuführen.

Meine Arbeit bei den Jungsozialisten und in der gewerkschaftlichen Jugendarbeit bot mir dazu viele Möglichkeiten. Ich habe sehr viel dabei gelernt und bin für diese Zeit besonders dankbar. So konnte ich zu Beginn der fünfziger Jahre eine Kooperation der Gewerkschaftsjugend aus Köln, Lüttich und Maastricht aufbauen. Das war damals bereits etwas Außerordentliches. Später, als ich schon Bundestagsabgeordneter war, fuhr ich an den Wahlsonntagen, nachdem ich meine Stimme abgegeben hatte, nach Maastricht, um mich vor Ort an den Beginn meiner internationalen Arbeit zu erinnern. Ich wollte ein guter Internationalist sein, wohl wissend, daß nur der einer sein kann, der sein eigenes Volk liebt, seine Probleme und Interessen kennt und auch dafür eintritt.

Ernst wurde die internationale Zusammenarbeit dann mit Algerien. Hier mußte ich mich voll engagieren. Dabei war mir von Anfang an bewußt, daß dies mit viel Ärger und Schwierigkeinen verbunden sein würde.

1957, als ich schon verantwortliche Aufgaben bei den Jungsozialisten, in der SPD und in der IG Metall wahrzunehmen hatte, baten mich Algerier aus der Befreiungsbewegung, sie bei ihrem Kampf um ihre Unabhängigkeit zu unterstützen, diesem erbitterten Kolonialkrieg mit Frankreich, der am 1. November 1954 begonnen hatte. Mir waren diese Leute menschlich äußerst sympathisch, aber ich bat um Bedenkzeit, denn ich wollte noch andere Informationen einholen und ernstlich über diesen Wunsch nachdenken. Zu meinen Überlegungen gehörte, daß man nur dann glaubwürdig für das Selbstbestimmungsrecht des eigenen Volkes eintreten kann, wenn man auch das der anderen Völker ernst nimmt und sich aktiv dafür engagiert. Dieses Selbstbestimmungsrecht war für mich ein unverzichtbarer Bestandteil des Völkerrechts und der internationalen Zusammenarbeit.

Der Eintritt der Bundesrepublik in die Nato hatte mir erhebliche Probleme bereitet, konnte ein Bündnis, das für die Freiheit eintrat, nach meiner Auffassung doch wohl keine Mitglieder haben, die die Freiheit und das Selbstbestimmungsrecht anderer Völker unterdrückten.

Ich war damals 35 Jahre alt und mich bewegten seinerzeit wohl ähnliche Gedanken wie jene jungen Menschen, die Jahre später wegen des Vietnamkrieges gegen die Politik der USA demonstrierten.

Obwohl damals klar war, daß das Zeitalter des Kolonialismus zu Ende ging, wußte ich auch, daß mein Engagement zwangsläufig zu Schwierigkeiten mit unserem französischen Nachbarn führen würde. Ich liebte Frankreich, die Zusammenarbeit mit diesem Land war für mich immer eine Lebensfrage unseres Landes und Europas. Hilfreich waren für mich damals jene hervorragenden Persönlichkeiten in Frankreich, die gegen den Algerienkrieg und für die Selbständigkeit dieses Landes eingetreten sind. Sie waren mir Vorbild. Meine eigenen französischen Parteifreunde konnten mir dies leider nicht sein. Sie haben während der Zeit ihrer Regierungsverantwortung den Krieg in Algerien mit besonderer Härte geführt.

Aber mich bewegten auch tiefe Zweifel, ob gerade Deutsche mit ihrer schlimmen Vergangenheit, die in einem grausamen Krieg andere Völker unterjocht und einem absurden Rassismus Millionen von Menschen geopfert haben, legitimiert waren, die französische Politik zu verurteilen.

Ich habe für mich eine klare Entscheidung getroffen: für das Selbstbestimmungsrecht, für die Freiheit, gegen den Kolonialismus und gegen Unterdrückung. Ich war bereit, im Rahmen meiner Möglichkeiten meinen Beitrag zu leisten. Dazu gehörte auch, daß ich Ärger und Schwierigkeiten auf mich nahm.

Dabei habe ich nie versäumt, meine algerischen Freunde auf die Notwendigkeit eines Verhandlungsfriedens hinzuweisen, habe aber auch die Freundschaft und Zusammenarbeit mit Franzosen, die so dachten wie ich, in ganz besonderem Maße gepflegt.

Keiner kann solche schwierigen Aufgaben allein lösen. Auch ich habe sie nur in enger Zusammenarbeit mit den Jungsozialisten, mit meiner Partei, mit den Gewerkschaften und mit vielen befreundeten Journalisten bewältigen können. Es war eine hervorragende Zusammenarbeit.

Die Nationale Befreiungsfront (FLN), später die Algerische Exilregierung, unterhielten in Bonn eine Vertretung, die zum Teil in der tunesischen, zum Teil in der marokkanischen Botschaft untergebracht war. Natürlich war diese Vertretung von der Bundesregierung nicht anerkannt. Jede diplomatische Anerkennung hätte zu einem ernsten Konflikt mit Frankreich geführt. Meine Aufgabe bestand darin zu helfen, dieser algerischen Vertretung soviel wie nur irgend möglich an Spielraum für ihre Arbeit zu verschaffen. Die Algerier genossen natürlich auch die Solidarität der arabischen Staaten, die damals schon in Bonn vertreten waren, was den französischen Botschafter allerdings nicht hinderte, laufend gegen diese Vertretung zu protestieren. Sie war auch mehrmals Gegenstand von Verhandlungen zwischen der französischen Regierung und der Bundesregierung auf hoher Ebene. Chef der algerischen Vertretung war Hafid Keramane, der damals den Kriegsnamen Malek trug. Er war auch der erste Botschafter seines Landes in der Bundesrepublik, nachdem Algerien seine Unabhängigkeit erlangt hatte. Später hat er die Interessen seines Landes in Brasilien, im Iran, in Polen und in den Niederlanden vertreten. Uns verbindet noch heute eine tiefe persönliche Freundschaft. Sein Stellvertreter war Mouloud Kassem. Er hatte in der Bundesrepublik studiert, sprach hervorragend Deutsch, war und ist ein großer Kenner der deutschen Philosophie und ein begeisterter Beethovenfreund. Er hatte besonders die Vortragstätigkeit in der Bundesrepublik übernommen. Nach der Unabhängigkeit seines Landes war er unter anderem Minister für religiöse Angelegenheiten. Auch mit ihm bin ich heute noch freundschaftlich verbunden. Ich habe beiden einen großen Teil meiner Kraft gewidmet, ihnen aber auch manchmal sagen müssen, was in der Bundesrepublik nicht machbar ist.

Zusätzlich erschwert wurde die Arbeit der algerischen Vertretung dadurch, daß sich in Köln eine Konkurrenz zur FLN niedergelassen hatte. Diese Organisation, die die Unterstützung französischer Politiker genoß, war zwar letzlich bedeutungslos und an der Führung des Krieges in Algerien nicht beteiligt, aber zwischen den beiden Organisationen kam es immer wieder zu grausamen Auseinandersetzungen. Natürlich war ich nicht daran interessiert, daß diese Rivalitäten in der Bundesrepubllik ausgetragen wurden.

Im Sitzungsraum der Kölner SPD fand die erste Zusammenkunft zwischen dem damaligen Außenminister der algerischen Exilregierung und den Vertretern Algeriens in anderen europäischen Hauptstädten statt. Die deutsche Öffentlichkeit hat von dieser Zusammenkunft nie etwas erfahren. Einige der Teilnehmer wurden nach erlangter Unabhängigkeit Botschafter. Einer, mein Freund Ben Yahia, war später entscheidend an den Friedensverhandlungen mit Frankreich in Evian beteiligt. Später wurde er Außenminister seines Landes. Bei seinem Bemühen, zwischen dem Iran und dem Irak im Golfkrieg zu vermitteln, ist er auf dem Flug von Bagdad nach Teheran umgekommen. Der Hergang ist nie ganz geklärt worden. Für Algerien war es ein großer Verlust.

In Köln habe ich auch ein Büro für die Algerier eingerichtet, das die Aufgabe hatte, die algerischen Flüchtlinge in der Bundesrepublik zu betreuen, vor allem solche, die aus Frankreich zu uns gekommen waren. Den Mietvertrag für dieses Kölner Büro hatte ich unterschrieben, um es durch meine parlamentarische Immunität zu schützen. Die Miete zahlte der Deutsche Gewerkschaftsbund. Der damalige Vorsitzende Willi Richter hat sich auch in der internationalen Gewerkschaftsbewegung sehr für die Unabhängigkeit Algeriens eingesetzt.

Zusammen mit anderen habe ich in Köln auch das Monatsblatt »Freies Algerien« herausgegeben. Mit den Jungsozialisten, der SPD, den Gewerkschaften, Studenten und Persönlichkeiten der beiden Kirchen traten wir öffentlich für die Unabhängigkeit Algeriens ein und sammelten vor allem für humanitäre Projekte Geld. Ich werde nie meinen Besuch in einem algerischen Waisenhaus vergessen, in dem Kinder untergebracht waren, die ihre Eltern im Krieg verloren hatten. Dieses Waisenhaus in einem Vorort von Tunis haben wir finanziell unterstützt.

Die französische Fremdenlegion spielte im Algerienkrieg eine ganz besonders unrühmliche Rolle. In ihr kämpften auch zahlreiche Deutsche. In der Bundesrepublik wurde für die Fremdenlegion ziemlich unverschämt geworben. Damals haben die Jungsozialisten mit Broschüren, Plakaten und mit öffentlichen Veranstaltungen eine große Kampagne gegen die Fremdenlegion durchgeführt. Wir verwiesen auf die illegale Anwerbung von Deutschen, den illegalen Transport über die Grenze, die Zahlung von Kopfgeld und die Anwerbung von Minderjährigen, um junge Menschen vom Eintritt in die Fremdenlegion abzuhalten. Diese Aufklärungskampagne richtete sich aber auch gegen die französische Politik und auch gegen die Bundesregierung, die nach unserer Meinung zu wenig tat, um Frankreich von der Anwerbung Jugendlicher in der Bundesrepublik abzuhalten. Wir drohten der Bundesregierung mit einem Grundsatzprozeß, der aufzeigen sollte, daß es mit unserem Recht, aber auch mit dem Geist des Bündnisses nicht zu vereinbaren sei, wenn ein Verbündeter dem anderen mit illegalen Mitteln Wehrpflichtige abwirbt.

Aber wir waren nicht nur in der Bundesrepublik tätig. In Algerien selbst wurden durch Angehörige der FLN und durch die algerische Befreiungsarmee Flugblätter in deutscher Sprache verbreitet, in denen die in der Fremdenlegion kämpfenden Deutschen zum Überlaufen aufgefordert wurden. Ihnen wurde für diesen Fall die Rückführung über Tunesien oder Marokko in die Bundesrepublik zugesagt. Diese Zusagen wurden auch eingehalten. Ich bin mehrmals in Tunis mit deutschen Legionären zusammengetroffen, die diesen Weg gewählt hatten. Damals habe ich auch Frantz Fanon kennengelernt, den großen Theoretiker der Revolution der Dritten Welt. Er hatte sich den Algeriern für ihren Kampf zur Verfügung gestellt und beschäftigte sich vor allem mit Fragen der psychologischen Kriegführung. Dazu gehörte auch die Aufforderung an die Fremdenlegionäre zum Überlaufen und ihre Rückführung. Frantz Fanon ist noch während des Krieges an Leukämie gestorben. Ich habe ihm damals die Behandlung in einem deutschen Krankenhaus angeboten, er zog jedoch die Behandlung in einem Moskauer Krankenhaus vor.

Zu meinen damaligen Aufgaben gehörte auch der ständige Kontakt mit der algerischen Exilregierung, die ihren Sitz in Tunis hatte. Der Flug nach Tunis war damals noch recht umständlich: es gab noch keine direkte Verbindung von Frankfurt aus. Man mußte mit dem Propellerflugzeug mehrere Male zwischenlanden.

Damals habe ich Ferhat Abbas, den damaligen Präsidenten der algerischen Exilregierung, später auch seinen Nachfolger Ben Khedda kennengelernt. Beide waren von Beruf Apotheker. Ben Bella saß noch in einem französischen Gefängnis. Die Franzosen hatten ein Verkehrsflugzeug gekidnappt, um ihn und andere Algerier gefangenzunehmen. Auch die anderen Mitglieder und Mitarbeiter der Exilregierung lernte ich kennen. Viele von ihnen übernahmen nach der Unabhängigkeit verantwortliche Positionen in ihrem Land. Manchen begegnete ich aber auch in Bonn und Köln. Sie reisten damals mit den Diplomatenpässen befreundeter arabischer Länder.

Einige Erlebnisse aus dieser Zeit werden mir unvergessen bleiben. 1961 sagte mir mein Freund Hafid Keramane, daß man in Paris noch »ein wenig Geld« besitze, für das man in Bonn Verwendung habe. Ich meinte, sie sollten es doch von Paris mitbringen. Hafid Keramane aber wollte, daß dieses Geld auf ein Konto in der Bundesrepublik überwiesen werde. Ich erklärte mich bereit, mit meiner Bank zu sprechen, um ihnen ein entsprechendes Konto einzurichten. Im Laufe des Gesprächs stellte sich dann aber heraus, daß sie das Geld auf mein Konto überweisen wollten. Das schien ihnen der sicherste Weg zu sein. Ich überlegte einen Augenblick und nannte ihnen dann meine Kontonummer. Mehrere Wochen hörte ich von dieser Angelegenheit nichts mehr. Dann wurde ich von meiner Bank angerufen. Der Angestellte wollte wissen, ob ich einen Mann mit einem sehr französisch klingenden Namen kennen würde. Ich dachte, es würde sich um jemanden handeln, der sich um einen Kredit bemüht. Es war nicht das erste und einzige Mal, daß sich Menschen auf mich beriefen, wenn sie einen Kredit in Anspruch nehmen wollten, also antwortete ich wahrheitsgemäß, daß ich keinen solchen Mann kenne und deshalb mit ihm auch nichts zu tun haben wolle. Der Angestellte antwortete: »Der Mann, den Sie nicht kennen und mit dem Sie nichts zu tun haben wollen, hat gerade mehr als 1,8 Millionen DM auf Ihr Konto überwiesen.« In diesem Augenblick fiel mir das Geld meiner algerischen Freunde ein. Ich sagte dem Bankangestellten, mir sei ein Irrtum unterlaufen, selbstverständlich würde ich diesen Mann kennen und hätte schon lange auf dieses Geld gewartet. Das Geld meiner algerischen Freunde durfte nicht gefährdet werden. Im Jahr 1961 waren 1,8 Millionen DM nicht »ein bißchen Geld«, sondern ein sehr großer Betrag.

Anschließend ging ich zu Hafid Keramane und sagte ihm, man

Junge Deutsche, die in Algerien die französische Fremdenlegion verlassen haben, werden von Hans-Jürgen Wischnewski und seinen Freunden in die Heimat zurück gebracht.
Links neben Wischnewski der spätere Oberbürgermeister von Mainz, Jockel Fuchs.

dürfe meine Hilfsbereitschaft auch nicht überstrapazieren. Ein Politiker könne auf diese Weise sehr schnell in ein schiefes Licht geraten. Ich befürchtete auch, daß die Überweisung eines solchen Betrages über die Grenze hinweg an die Öffentlichkeit gelangen würde, zumal eine solche Kontenbewegung überhaupt nicht zu meinem sonstigen Finanzgebaren paßte. Ich war verärgert und sagte meinen Freunden, daß ich darüber auch mit der algerischen Exilregierung in Tunis sprechen müsse.

Vor allem war ich daran interessiert, dieses Geld so schnell wie möglich von meinem Konto herunterzubekommen. Meine Freunde teilten mir mit, daß sie das Geld in bar bräuchten. Als ich dies der Bank mitteilte, erfuhr ich, daß sie dafür einen Tag benötigen würde. Damals gab es keinen höheren Geldschein als den 100-DM-Schein.

Von der Bank erfuhr ich dann außerdem, daß es bei Abbuchungen in einer solchen Höhe üblich sei, die Polizei zu verständigen. Daran waren meine Freunde nun überhaupt nicht interessiert und erklärten, sie würden sich selbst um die notwendigen Sicherheitsmaßnahmen kümmern.

Etwa eine Woche nach der Überweisung aus Paris fuhr ich also mit einem großen Koffer zur Bank, um »mein Geld« abzuholen. In der Nähe der Bank standen Männer mit arabischem Aussehen. Sie verfolgten meinen Weg sehr genau. Ich hätte niemandem empfohlen, zu dicht an meinen Koffer heranzukommen.

Das Geld habe ich am gleichen Tag den algerischen Freunden übergeben. Sie bedankten sich für meine Hilfe und meinten: »Zu dir haben wir eben absolutes Vertrauen«. Von der Bank ließ ich mir noch die Zinsen für die wenigen Tage ausrechnen. Dieses Geld habe ich dann für die Finanzierung einer algerischen Publikation benutzt.

Ich war froh, daß die Angelegenheit erledigt war und es keinen öffentlichen Ärger gegeben hatte. Ich hatte wieder dazugelernt: In einer solchen Situation kann einen das Vertrauen, das Freunde einem entgegenbringen, in große Schwierigkeiten bringen. Wäre der Geldtransfer bekannt und falsch interpretiert worden, hätte dies meine eben begonnene politische Laufbahn rasch beenden können. Aber das Vertrauen, das einem in einer außerordentlichen Situation entgegengebracht wird, muß man auch rechtfertigen. Ich habe mein damaliges Verhalten nicht bereut.

Die algerische Exilregierung bereitete sich schon während des Krieges sehr intensiv auf die Zeit der Unabhängigkeit vor. Das galt besonders für die Ausbildung von jungen Menschen. Man war sich bewußt, daß man eines Tages sehr schnell viele Franzosen durch eigene Landsleute würde ersetzen müssen. Also war man schon während des Krieges an einem Ausbau der akademischen Ausbildung sehr stark interessiert. Hinzu kam, daß viele algerische Studenten, die in Frankreich studiert hatten, wegen des Krieges das Land verließen oder wegen ihres Engagements für die algerische Befreiungsbewegung inhaftiert waren. Deshalb suchte die Exilregierung in der ganzen Welt nach Studienplätzen. Auch in der Bundesrepublik studierte damals eine größere Anzahl von Algeriern.

In der DDR lebten ebenfalls algerische Studenten. Die damalige DDR-Regierung stellte sich im Unabhängigkeitskrieg ganz eindeutig auf die Seite der Algerier. Zu dieser Zeit bestanden zwischen Frankreich und der DDR auch noch keine diplomatischen Beziehungen. Die Algerier kümmerten sich über ihre Exilregierung, ihre Auslandsvertretungen und über ihren Studentenverband um die im Ausland lebenden Studenten.

Eines Tages wurde ich von meinen Freunden mit der Mitteilung konfrontiert, daß die etwa 50 algerischen Studenten, die in der DDR lebten, den anderen deutschen Staat sofort zu verlassen hätten. Ich wurde gebeten, die Studenten in der Bundesrepublik unterzubringen und für Stipendien und Plätze zur Vorbereitung des Studiums Sorge zu tragen. Auf meine Frage nach dem Grund für die plötzliche Abberufung der algerischen Studenten aus der DDR wurde mir mitgeteilt, daß die Studenten, von denen wohl der größte Teil in Leipzig studierte, einer einseitigen politischen Indoktrinierung ausgesetzt würden. Man befürchte, daß in der DDR die Kader für eine zukünftige algerische kommunistische Partei geschaffen werden sollten.

Wenige Tage später standen mehr als 50 algerische Studenten auf dem Bahnhof in Bonn. Man hatte zwar von Seiten der DDR versucht, sie umzustimmen, sie aber dann doch ausreisen lassen. Die politisch Verantwortlichen in der DDR wollten es sich nicht mit einem Algerien verderben, dessen Unabhängigkeit unmittelbar bevorstand.

Ich habe die Stundenten auf dem Bahnhof in Bonn empfangen. Wir mieteten ein ganzes Hotel, um sie erst einmal unterzubringen.

Die damalige Bundesregierung mußte sich zurückhalten, denn natürlich betrachtete Frankreich die Aufnahme der algerischen Studenten, die ganz eindeutig Anhänger der Befreiungsbewegung waren, als einen unfreundlichen Akt.

Den größten Teil der umfangreichen Arbeit leistete der Verband deutscher Studenten (VdS). Er hat die Algerier untergebracht, ihnen Studienplätze besorgt und die notwendigen Stipendien beschafft. Ich habe mich damals in erster Linie um die Finanzierung dieser Maßnahmen gekümmert. Heute muß ich nicht mehr verschweigen, daß auch die Bundesregierung damals behilflich gewesen ist.

Viele dieser Studenten habe ich wiedergetroffen, als Algerien unabhängig geworden war. Sie bekleideten inzwischen verantwortliche Positionen und haben sich an ihre Zeit in der Bundesrepublik gern zurückerinnert.

Zu meinen Aufgaben in den Jahren des algerischen Krieges gehörte auch der ständige Kontakt mit der Bundesregierung, um die Interessen der Algerier zu vertreten. Sie wurden im Auswärtigen Amt nicht empfangen, da dies sofort zu französischen Protesten geführt hätte. Aber auch die meisten der Abgeordneten der Regierungsparteien hielten sich zurück. Für viele waren die Algerier nur Terroristen. Natürlich war die Situation in der Bundesrepublik nicht einfach. Insbesondere das Auswärtige Amt hat sich in dieser Zeit eher durchlaviert, aber einige Beamte haben sich doch sehr bemüht, den Algeriern zu helfen. Ich denke an den damaligen Staatssekretär von Scherpenberg, an Professor Carstens, damals politischer Direktor und Staatssekretär im Auswärtigen Amt, vor allem aber an den damaligen Frankreichreferenten im Außenministerium, Paul Frank, der später Staatssekretär wurde.

Ein Gespräch mit Außenminister Heinrich von Brentano werde ich nie vergessen. Mein Freund Mouloud Kassem hielt sich in Schleswig-Holstein auf, um Vorträge über den Kampf seines Landes für die Unabhängigkeit zu halten. Völlig ahnungslos machte er danach einen kurzen Besuch in Dänemark. Als er in die Bundesrepublik zurückwollte, um nach Bonn in seine Wohnung und an seinen Arbeitsplatz bei der algerischen Vertretung zu fahren, wurde ihm die Einreise verweigert. Der französische Botschafter hatte immer wieder gegen seine Tätigkeit in der Bundesrepublik protestiert. Mouloud Kassem rief mich sofort aus Dänemark an, und ich bemühte mich um seine

Wiedereinreise. Als ich weder auf Referenten-, noch auf Abteilungsleiter-, noch auf Staatssekretärsebene zu einem Ergebnis kam, bat ich Bundesaußenminister Heinrich von Brentano um ein Gespräch. Ich protestierte gegen diese trickreiche und wenig faire Art, Mouloud Kassem aus der Bundesrepublik praktisch hinauszuschmeißen, versicherte ihm aber, daß weder meine algerischen Freunde noch ich in dieser Angelegenheit bisher an die Öffentlichkeit gegangen seien. Wir wollten keine öffentlichen Auseinandersetzungen, sondern eine Lösung. Und diese konnte nur in der legalen Wiedereinreise und der Wiederaufnahme der Tätigkeit von Mouloud Kassem bestehen. Der Akzent lag auf *legal*, weil aus dem Auswärtigen Amt auch sonderbare Vorschläge kamen. So wurde empfohlen, Kassem solle von Kopenhagen nach Ost-Berlin fliegen und dann über West-Berlin in die Bundesrepublik einreisen. Ich habe mich auf solche Vorschläge nicht eingelassen. Außenminister von Brentano konfrontierte mich dann mit einer Angelegenheit, von der ich bis dahin nicht die geringste Ahnung hatte: Algerier, die zur Fédération de France der FLN gehörten, hatten mit Ausländern und wohl auch Bundesbürgern in Münster in Westfalen mit der Produktion von französischem Falschgeld begonnen. Sie wurden erwischt, und es gab später auch einen Prozeß. Die Beteiligten wurden bestraft. Sie verteidigten sich mit der Begründung: Wir befinden uns mit Frankreich in einem Krieg, in dem Frankreich unsere, die algerische, Wirtschaft zerstört, und nun werden wir unsererseits mit diesem Falschgeld ihre Wirtschaft zerstören.

Heinrich von Brentano war über diesen Vorgang empört. In seinem verständlichen Zorn stieß er hervor: »Die Sahara ist so groß, aber ausgerechnet in Münster müssen sie das machen!«

Mouloud Kassem konnte bald wieder in die Bundesrepublik einreisen und seine Arbeit in Bonn bis zu seiner Verhaftung fortsetzen.

Die Franzosen verhandelten schon mit Vertretern der algerischen Exilregierung in Evian, als meine Freunde Hafid Keramane, Mouloud Kassem und ein dritter Algerier – Vertreter der Exilregierung in Bonn also – auf Veranlassung von Generalbundesanwalt Güde verhaftet wurden. Dies war um so unverständlicher, als die drei, wenn auch unter sehr schwierigen Umständen, jahrelang in Bonn gearbeitet hatten. Nun wurden sie, kurz bevor ihr Land unabhängig wurde, plötzlich verhaftet und ihre Wohnungen durchsucht. Das konnte nur jemand veranlaßt haben, der die Interessen der Bundesrepublik völlig außer acht gelassen hatte oder von irgendeiner Seite zu diesem Schritt veranlaßt worden war. Ich bin niemals den Eindruck losgeworden, daß von französischer Seite Einfluß auf die Generalbundesanwaltschaft ausgeübt worden ist. Es gab natürlich Leute in Frankreich, die befürchteten, daß ein unabhängiges Algerien zu gute Beziehungen zur Bundesrepublik entwickeln könnte.

Der zuständige Repräsentant des Generalbundesanwaltes suchte mich unmittelbar nach der Verhaftung auf, um mir den Tatbestand mitzuteilen und mit mir darüber ein Gespräch zu führen. Ich war empört, stellte aber bald fest, daß mein Gesprächspartner ein sehr vernünftiger Mann war, der auch die politischen Zusammenhänge sehr gut verstand. Er hat sich gegenüber meinen algerischen Freunden mehr als korrekt verhalten.

Den drei Algeriern wurde vorgeworfen, von ihren in der Bundesrepublik lebenden Landsleuten Steuern für die Finanzierung des Befreiungskrieges eingetrieben zu haben. Es soll dabei nicht nur das Prinzip der Freiwilligkeit gegolten haben. Möglicherweise war Hafid Keramane in solche Aktivitäten verwickelt, bei Mouloud Kassem hielt ich es für völlig ausgeschlossen, da er mit völlig anderen Aufgaben betraut war. Den dritten Algerier kannte ich nur wenig, über seine Aufgaben wußte ich nichts.

Da man bei der Generalbundesanwaltschaft wahrscheinlich alle Algerier der FLN für gefährliche Terroristen hielt, kam jeder der drei in ein anderes Gefängnis: einer nach Bonn, einer nach Euskirchen und einer nach Düren. Mir wurde großzügig die Besuchserlaubnis für alle drei erteilt, von der ich auch des öfteren Gebrauch machte.

Natürlich suchte ich sofort das Auswärtige Amt auf, um gegen die Verhaftung zu protestieren und wies dabei vor allem auf die absolute Dummheit hin, Algerier zu verhaften, während die Franzosen bereits Friedensverhandlungen mit der Unabhängigkeitsbewegung führten. Auch im Auswärtigen Amt hielt man die Verhaftung für eine böse Panne.

Schließlich habe ich auch Generalbundesanwalt Güde aufgesucht. Aber obwohl ich ihn darauf aufmerksam machte, daß er mit Hafid Keramane möglicherweise den ersten Botschafter eines unabhängigen Algeriens in der Bundesrepublik habe verhaften lassen, war Güde nicht zu überzeugen.

So blieb mir nichts anderes übrig, als hervorragende Anwälte um die Vertretung der Verhafteten zu bitten und gleichzeitig mit den mir zur Verfügung stehenden Mitteln als verhältnismäßig junger Abgeordneter der Opposition Einfluß auf die Regierung zu nehmen. Als Anwälte konnte ich Dr. Gustav Heinemann, den früheren Innenminister Adenauers und damaligen Fraktionskollegen im Bundestag, und Dr. Dieter Posser, später langjähriges Regierungsmitglied in der Landesregierung von Nordrhein-Westfalen, gewinnen. Beide haben entscheidend dazu beigetragen, daß wir die Verhafteten frei bekamen.

Dr. Heinemann und Dr. Posser übernahmen die Vertretung von Hafid Keramane und Mouloud Kassem, der dritte Fall wurde aufgrund der Gegebenheiten abgetrennt. Ich übernahm gewissermaßen die politische Interessenvertretung der beiden. Nach langwierigen und schwierigen Verhandlungen wurde ein Weg zur Lösung des Problems gefunden: Hafid Keramane und Mouloud Kassem reisten beide »freiwillig« nach Österreich aus, wo sie Aufgaben für die Exilregierung wahrzunehmen hatten. Sie fuhren nach ihrer Entlassung aus dem Gefängnis mit dem Wagen des tunesischen und des marokkanischen Botschafters von Bonn nach Wien. Nach der Ausreise wurde den Anwälten der Ausweisungsbescheid für die beiden zugestellt. Dieser Weg war leider notwendig, um das Verfahren einstellen zu können.

Einige Tage später bin ich dann nach Genf gefahren, um der dort anwesenden Delegation der Exilregierung für die Friedensverhandlungen mit Frankreich die Vorgänge in Bonn zu erläutern. Die Empörung über die Verhaftung war groß. Aber die gemeinsamen Anstrengungen zur Freilassung der Verhafteten von Dr. Heinemann, Dr. Posser und mir, aber auch die Mithilfe von einigen Regierungsmitgliedern wurden sehr positiv gewertet. Das führte dazu, daß unter die Angelegenheit ein Schlußstrich gezogen werden konnte.

Neben der Freiheit für meine Freunde ging es damals auch um die Interessen unseres Landes. Ich war immer der Meinung, daß man in solchen Fragen über die parteipolitischen Grenzen hinwegspringen muß, und dies ist ein Beispiel, wie die Opposition in einer äußerst heiklen Frage der Regierung im Interesse unseres Landes helfen konnte und geholfen hat.

Es kam so, wie ich es Generalbundesanwalt Güde gesagt hatte: Das am 5. Juli 1962 unabhängig gewordene Algerien bildete eine Regierung und nahm am 1. Oktober 1962 diplomatische Beziehungen zur Bundesrepublik auf. Hafid Keramane wurde der erste Botschafter seines Landes in der Bundesrepublik Deutschland.

Güde wurde später Bundestagsabgeordneter der CDU/CSU-Fraktion. In dieser Eigenschaft habe ich ihn mit dem algerischen Botschafter Keramane bekannt gemacht. Für Güde war es eine peinliche Begegnung.

Vor seiner offiziellen Ankunft als Botschafter in Bonn kam Hafid Keramane privat zu mir nach Hause. Auch für ihn war es eine außerordentliche Situation: Er hatte in der Bundesrepublik die Algerische Befreiungsbewegung und die Exilregierung vertreten, war inhaftiert und – um das Verfahren gegen ihn einstellen zu könen – auch ausgewiesen worden. Er bat mich um Rat, wie er sich mit diesem Hintergrund bei seiner offiziellen Ankunft verhalten solle. Ich sagte ihm, daß er angesichts der ungewöhnlichen Vergangenheit auch ungewöhnliche Wege bei der Aufnahme seiner diplomatischen Tätigkeit gehen solle. Es läge in unser beider Interesse, daß die Schatten der Vergangenheit die zukünftigen Beziehungen nicht belasteten. Vor allem sollten wir uns darum bemühen, daß die Haft und die anderen unangenehmen Begleitumstände nicht im Vordergrund der Berichterstattung der Medien stünden. Ich empfahl ihm deshalb, gleich bei seiner offiziellen Ankunft auf dem Flughafen als Botschafter eine Erklärung abzugeben, in der er allen danke, die während des Krieges behilflich waren, daß seine Landsleute hier in der Bundesrepublik Gastrecht genießen konnten. Dieses Gastrecht in einer schwierigen Zeit sei eine gute Basis für die Entwicklung der zukünftigen Beziehungen. Jetzt aber schlage man ein neues Kapitel auf. Er wolle sich um gute Beziehungen zwischen Algerien und der Bundesrepublik Deutschland bemühen.

Er bat mich, meinen Vorschlag für die Erklärung aufzuschreiben. Das habe ich natürlich getan und vor allem für das Interesse der Medien an seiner Ankunft gesorgt.

Eine Woche später landete Botschafter Keramane dann offiziell auf dem Kölner Flughafen, was auch bedeutete, daß er offiziell vom Protokollchef des Auswärtigen Amtes auf dem Flugplatz empfangen wurde. Ich hatte die Medien verständigt und fuhr selbstverständlich auch selbst zum Flughafen, um den alten Freund zu empfangen. Der damalige Protokollchef, Botschafter von Holleben, kam aufgeregt auf mich zu und sagte mir, daß es ein ganz unmöglicher Vorgang sei, wenn ein Botschafter, der dem Bundespräsidenten sein Beglaubigungsschreiben noch nicht übergeben habe, eine Erklärung vor den Medien abgebe. Ich antwortete ihm, es sei auch eine ganz außerordentliche Situation, daß wir einen Botschafter, der zu uns kommt, um die Interessen seines Landes zu vertreten, vorher ins Gefängnis gesteckt haben. Außerdem würde ich ihn lange genug kennen und deshalb annehmen, daß seine Erklärung den Beziehungen zwischen beiden Ländern dienlich sein werde.

Als Keramane aus dem Flugzeug gestiegen war, ging er auf die Fernsehkamera zu, holte das Papier mit der Erklärung heraus und verlas sie in deutscher Sprache, was für ihn nicht ganz einfach war. Anschließend kam ein sichtlich erleichterter Protokollchef zu mir und sagte: »Der Mann hat ja eine ganz außerordentlich positive Erklärung abgegeben.«

Hafid Keramane blieb algerischer Botschafter in Bonn bis zum Abbruch der Beziehungen durch Algerien am 14. Mai 1965. Anschließend vertrat er die Interessen seines Landes in Brasilien. Auch von Holleben wurde als Botschafter nach Brasilien versetzt. Die deutsche und die algerische Residenz lagen im damaligen Regierungszentrum von Rio de Janeiro nicht weit auseinander.

Am 11. November 1970 wurde unser Botschafter in Brasilien von Guerilleros gekidnappt. Die Stadtguerilleros boten die Freilassung des deutschen Botschafters gegen die Entlassung politischer Gefangener an. Eine äußerst gefährliche Lage. Im gleichen Jahr war schon Botschafter von Spreti in Guatemala gekidnappt und ermordet worden.

In dieser Situation empfahl ich dem Auswärtigen Amt, sofort mit meinem Freund Hafid Keramane Kontakt aufzunehmen. Ich war davon überzeugt, daß die Algerier uns in dieser Situation helfen könnten und auch dazu bereit wären. So geschah es auch: Algerien nahm die freigelassenen brasilianischen Gefangenen auf. Als die Gruppe in Algier angekommen war, rief mich Mouloud Kassem an, um mich davon zu informieren. Kurze Zeit später wurde unser Botschafter freigelassen.

Persönliche Freundschaften in schwierigen Zeiten bewahren, selbst wenn die offiziellen Beziehungen schlecht oder gar nicht vorhanden sind, ist einer der wichtigsten Aspekte der internationalen Politik. Ich habe mich immer darum bemüht und bin nicht schlecht dabei gefahren und habe dadurch oft unserem Land helfen können. Aber mir war auch immer klar, daß Freundschaft Geben und Nehmen bedeutet.

Natürlich habe ich in diesen Jahren viel Ärger mit unseren französischen Nachbarn gehabt. Aber unter diesen schwierigen Umständen haben sich auch mit vielen Franzosen echte Freundschaften entwikkelt. Ich weiß nicht, wie oft die französischen Botschafter in Bonn gegen meine Aktivitäten im Algerienkonflikt protestiert haben, ich weiß nur, daß sie es sehr oft getan haben. Einmal war ich mit einer Einheit der algerischen Befreiungsarmee von Tunesien aus über die Grenze nach Algerien gegangen, zwar nicht sehr weit, aber ich befand mich auf algerischem Boden. Über meine Erfahrungen und Erkenntnisse habe ich dann anschließend in Bonn eine Pressekonferenz gegeben. Diesen Vorgang nahm die französische Regierung so ernst, daß der französische Botschafter direkt beim damaligen Bundeskanzler Adenauer protestierte: »Ein Mitglied des Deutschen Bundestages ist mit algerischen Terroristen in unser Land eingefallen, Herr Bundeskanzler.« Konrad Adenauer soll geantwortet haben: »Herr Botschafter, das kann ich natürlich überhaupt nicht billigen. Aber Sie sind mit Ihrem Protest bei mir ganz verkehrt, Sie müssen zum Herrn Ollenhauer gehen. Herr Wischnewski ist sozialdemokratischer Bundestagsabgeordneter.«

Die Franzosen ließen mich auch durch ihren Nachrichtendienst überwachen. Unter anderem bedienten sie sich dabei eines Bundesbürgers, der sich mir gegenüber als Journalist ausgab und ohne Entgelt an dem Monatsblättchen »Freies Algerien« mitarbeiten wollte. Da ihn niemand von den Mitgliedern der Bundespressekonferenz kannte, wurde ich sehr schnell skeptisch. Die damalige Souveränität der Bundesrepublik reichte schon aus, um den Mann vor Gericht zu stellen und zu bestrafen.

Als Guy Mollet noch Ministerpräsident war, wandte er sich mehr als einmal an Erich Ollenhauer, um gegen die Jungsozialisten, und insbesondere gegen mich, zu protestieren. Für Ollenhauer war das damals nicht einfach. Er war natürlich an guten Beziehungen zu Frankreich interessiert. Wir waren die Störenfriede. So wurde ich des öfteren in die »Baracke« bestellt, um mit der Parteiführung über diese Frage zu diskutieren. Ich bezog mich dabei stets auf das von der SPD geforderte Selbstbestimmungsrecht und meinte, auch die französischen Sozialisten müßten dies noch lernen. Erich Ollenhauer entgegnete, wir seien natürlich für das Selbstbestimmungsrecht, aber ich möchte mich doch bitte so verhalten, daß sich die Franzosen nicht ständig darüber aufregten. Angesichts der französischen Algerienpolitik sei dies nicht möglich, erwiderte ich. Besonderes Verständnis habe ich damals bei Herbert Wehner gefunden.

Die französischen Behörden verwehrten mir natürlich einen offiziellen Besuch Algeriens. Bei meinem öffentlichen Auftreten in Veranstaltungen für die Unabhängigkeit Algeriens waren sehr oft Beamte der Botschaft oder der zuständigen Konsulate anwesend, die meine Reden mitschrieben, vor allem dann, wenn ich gemeinsam mit Algeriern auftrat.

Als die französischen Behörden erkannten, daß die Unabhängigkeitsbestrebungen in der Bundesrepublik auf wachsendes Verständnis stießen und der Algerienkrieg immer mehr kritisiert wurde, warben sie auch offiziell für ein französisches Algerien. So wurden zum Beispiel sozialdemokratische Bürgermeister und Oberbürgermeister nach Algerien eingeladen. Ich habe nicht gegen diese Einladungen opponiert, riet aber meinen Freunden, bei derartigen Programmen darauf zu bestehen, die wahren Verhältnisse in Algerien kennenzulernen.

Zu meinen eigenen Veranstaltungen schickten mir die französischen Behörden auch gut deutsch sprechende Diskussionsredner. Einmal war es ein Abgeordneter der französischen Nationalversammlung, der mit einem Flugzeug der französischen Luftwaffe eingeflogen wurde. Die Argumentation war teilweise recht primitiv. Dieser Kollege zum Beispiel sagte: »Frankreich tritt für die Freiheit Berlins ein. Wir erwarten von Ihnen, daß Sie für ein französisches Algerien eintreten.« Das konnte kaum überzeugen. Andere behaupteten schlicht, die Leute der algerischen Befreiungsbewegung seien in erster Linie Kommunisten. Sie hielten dieses Argument in jener Zeit des Kalten Krieges in der Bundesrepublik für besonders wirkungsvoll. Kenner der Situation wußten schon damals, daß die französischen Kommunisten in der Frage der algerischen Unabhängigkeit keine ruhmreiche Rolle gespielt haben.

Großen Respekt habe ich jedoch vor der Noblesse der Franzosen nach der Unabhängigkeit Algeriens. Niemand hat mir meine Haltung während der Zeit davor übelgenommen. Ich weiß nicht, ob meine

Landsleute in einer vergleichbaren Situation eine ähnlich großzügige Haltung eingenommen hätten. Ich habe viele freundschaftliche Worte von Franzosen gehört, die während des Krieges auf der anderen Seite standen.

In der Zeit der Großen Koalition (1966 bis 1969) machte ich in meiner Eigenschaft als Bundesminister für wirtschaftliche Zusammenarbeit dem damaligen französischen Außenminister Couve de Murville einen Besuch. Er fragte mich: »Haben Sie immer noch so gute Beziehungen zu Nordafrika?« Als ich das bejahte, meinte er: »Wir sollten das im Interesse unserer beiden Länder nutzen.« Das ist pragmatische, realistische Politik, wie ich sie immer besonders geschätzt habe.

Als wir zu deutsch-französischen Konsultationen in Paris waren, gab es ein Essen zu Ehren des französischen Präsidenten General de Gaulle. Er saß zwischen dem damaligen Bundeskanzler Kiesinger und Außenminister Willy Brandt. Ich saß ihnen gegenüber. Der General klopfte Willy Brandt auf die Schulter und sagte: »Monsieur le Vice-chancelier, moi, je suis trés heureux que vous avez aussi Monsieur Wischinski dans votre délégation.« Ich war ihm bis dahin nie begegnet. Er war also auf mich angesprochen worden und hielt diese freundliche Geste für notwendig. Als wir die Tafel verließen, fragten vor der Tür einige deutsche Journalisten Willy Brandt, was man bei dem Essen besprochen habe. Der antwortete lächelnd: »Der General habe sich in erster Linie für Monsieur Wischinski interessiert.«

Die Franzosen verstehen sehr gut, mit kleinen Gesten Politik zu machen und Schwierigkeiten aus der Vergangenheit zu bereinigen. Hier können wir viel von ihnen lernen.

Die Algerier haben sich ihre Unabhängigkeit in erster Linie selbst erkämpft und erarbeitet. Aber ohne den Mut und den Weitblick General de Gaulles hätte dieser Kampf sicher noch sehr viel länger gedauert und noch mehr Opfer gekostet. Für diesen Mut ist de Gaulle von rechts hart angegriffen worden. Man trachtete ihm sogar nach dem Leben. Ich habe gerade in dieser Zeit hohen Respekt vor ihm gewonnen.

Unmittelbar nachdem Algerien seine Unabhängigkeit erlangt hatte, konnte ich zum ersten Mal dieses Land besuchen. Ich reiste aus Tunis ein, wo ich mich vorher bei der algerischen Exilregierung aufgehalten hatte. Im Flugzeug traf ich auf viele Freunde, unter anderem auch den Innenminister der Exilregierung Ben Tobal. Er zeigte mir sein Land vom Flugzeug aus.

In Algier erlebte ich dann jene Auseinandersetzungen, die unmittelbar nach der Unabhängigkeit begannen. Es war ein Richtungsstreit, aber auch eine Auseinandersetzung zwischen Personen. Diejenigen Politiker, die – wie Ben Bella – aus den französischen Gefängnissen entlassen worden waren, beanspruchten nun die Führung und diejenigen, die mehrere Jahre unter schwierigen Umständen die Exilregierung geführt hatten, wollten die Macht nicht abgeben.

Ich wohnte damals im Hotel Aletti in unmittelbarer Nähe des Hafens von Algier. Dieses Hotel war noch wenige Tage vor Kriegsende das Hauptquartier der französischen Extremisten gewesen, die auch nach den Verhandlungen von Evian das in ihren Augen französische Algerien nicht aufgeben wollten.

Nun kämpften in der Stadt Algerier gegen Algerier. Ich suchte beide Seiten auf, denn ich hatte auf beiden Seiten gute Freunde, aber helfen konnte ich hier nicht.

Ben Bella konnte sich mit seinen Anhängern in vollem Umfang durchsetzen. Nach Abschluß der internen Auseinandersetzungen fand in Algier eine große Kundgebung statt. Ben Bella stand auf dem Balkon der früheren französischen Verwaltung und hielt eine Rede, die die Massen mitriß. Meine Freunde holten mich auf den Balkon, wo ich nun auch Ben Bella kennenlernte. Er bedankte sich sehr herzlich für meine Hilfe auf dem Weg zu Algeriens Unabhängigkeit.

An diesem Tag in Algier war ich sehr glücklich. Mein in der Gesamtentwicklung nur sehr bescheidener Beitrag hatte ein wenig zu Algeriens Unabhängigkeit beigetragen. Ein für mein politisches Leben sehr wichtiger und lehrreicher Abschnitt war abgeschlossen.

In diesen Jahren ist auch der Name »Ben Wisch« entstanden. Willy Brandt hat ihn geprägt. Ich habe mich über diesen Spitznamen nie geärgert, im Gegenteil, ich war ein wenig stolz darauf und habe bald gelernt, daß es für einen Politiker nicht schlecht ist, einen Spitznamen zu haben, vor allem, wenn er sich zum »Markenzeichen« entwickelt.

Scherbenhaufen

Algerien war nun unabhängig und hatte zur Bundesrepublik Deutschland diplomatische Beziehungen aufgenommen. Die Zusammenarbeit zwischen den beiden Ländern entwickelte sich auch recht gut, doch dann kam es zu einer ersten Enttäuschung für die Algerier. Sie wollten möglichst bald aus ihrer Befreiungsarmee in Ausbildung und Ausrüstung eine reguläre Armee machen, und dies sollte nach ihren Vorstellungen in enger Zusammenarbeit mit unserer Bundeswehr geschehen. Einen großen Teil der benötigten Waffen wollten sie deshalb auch in der Bundesrepublik kaufen.

Das war natürlich nicht möglich. Frankreich hätte dies als unfreundlichen Akt, ja als Provokation betrachtet. Das mußte auch ich einsehen, der ich besonders daran interessiert war, daß dem unabhängigen Algerien bei der Lösung seiner Probleme geholfen würde. Kurze Zeit nach Erlangung der Unabhängigkeit hat Algerien allerdings 500 Motorräder für seine Polizei und Militärpolizei in der Bundesrepublik gekauft. Später haben die Algerier ihre Waffen aus der Sowjetunion bezogen, bei der Ausbildung der Truppen und auch in anderen Bereichen mit der Sowjetunion zusammengearbeitet. Dafür ist Algerien in der westlichen Welt sehr kritisiert worden. Daß es sich jedoch vorher vergeblich an die Bundesrepublik gewandt hatte, war schnell vergessen.

Professor Ludwig Erhard war nur von 1963 bis 1966 Bundeskanzler, aber in dieser kurzen Zeit hat er in den deutsch-arabischen Beziehungen einen Scherbenhaufen hinterlassen.

Die Bundesrepublik hat damals heimlich in der Bundeswehr ausgesonderte und in Italien umgerüstete amerikanische Panzer nach Israel geliefert. Wir unterhielten noch keine diplomatischen Beziehungen zu Israel, aber Konrad Adenauer hatte mit Ben Gurion ein umfangreiches Wiedergutmachungsabkommen vereinbart. Die Aufnahme der offiziellen Beziehungen konnte er noch nicht erreichen, dafür war wohl die Zeit noch nicht reif.

Die Bundesregierung wollte sich lange Zeit nicht zu diesen heimlichen Panzerlieferungen bekennen. Als der damalige Präsident des Deutschen Bundestages, Dr. Eugen Gerstenmaier Ägypten besuchte und ein Gespräch mit Präsident Nasser führte, wurde er mit diesem Vorgang konfrontiert. Natürlich hatte der ägyptische Nachrichtendienst längst die entsprechenden Informationen gesammelt und Präsident Nasser zugeleitet. Eugen Gerstenmaier wies die ihm von Präsident Nasser genannten Fakten aus ehrlicher Überzeugung entrüstet zurück, da ihn die Regierung nicht über die Panzerlieferungen informiert hatte. Eine unmögliche Situation! Präsident Nasser fühlte sich nun auch noch belogen, denn für ihn war selbstverständlich, daß der deutsche Parlamentspräsident über solche Vorgänge informiert sei.

Nasser hatte Walter Ulbricht zu einem Besuch nach Ägypten eingeladen und erklärt, daß er die Beziehungen zur DDR »aufstokken« wolle. Im Gegenzug erklärte die Bundesregierung, daß sie zwar keine Waffen mehr nach Israel liefern wolle, aber diplomatische Beziehungen zu diesem Land aufnehmen würde. Der Skandal bestand nicht in der Aufnahme der diplomatischen Beziehungen, sondern darin, daß Ägypten für den Ulbricht-Besuch bestraft werden sollte.

Als Reaktion auf diese unverantwortliche Politik brach nach einem Beschluß der Arabischen Liga der größte Teil der arabischen Staaten die Beziehungen zur Bundesrepublik Deutschland ab. Nun ging es Schlag auf Schlag. Am 12. Mai 1965 brach der Irak die Beziehungen ab, am 13. Mai folgten Ägypten, Jordanien, Saudi-Arabien und Syrien, am 14. Mai 1965 Algerien, die Jemenitische Arabische Republik und der Libanon und am 16. Mai 1965 schließlich der Sudan, obwohl dieser Akt die Einstellung der Entwicklungshilfe zur Folge hatte. Nur das damalige Königreich Libyen, das Königreich Marokko und die Republik Tunesien hielten ihre Beziehungen aufrecht. Die meisten Golfstaaten waren zu diesem Zeitpunkt noch nicht unabhängig. Die Politik der Regierung Erhard hatte zu einer Katastrophe in der deutschen Nahost-Politik geführt. Aber Erhard ist natürlich nicht nur an dieser Politik gescheitert.

Auch mein Freund Hafid Keramane mußte die Bundesrepublik verlassen. Ich war sehr traurig darüber. Vom 14. Mai 1965 bis zum 21. Dezember 1971 bestanden keine diplomatischen Beziehungen mehr zwischen Algerien und der Bundesrepublik, aber natürlich habe ich Algerien immer wieder besucht und meine Freunde und Mitglieder der Regierung getroffen. Die Schweiz hatte in Algerien die Wahrnehmung unserer Interessen übernomen. Der Botschafter war sehr überrascht, daß ich trotzdem überall empfangen wurde. Hier bewährte sich die lange Zusammenarbeit in schwieriger Zeit. Auch mit der deutschen Wirtschaft hat Algerien weiter zusammengearbeitet. Trotzdem war ich daran interessiert, daß unsere Länder bald wieder offizielle Beziehungen aufnahmen.

Im Juli 1967, ich war damals Bundesminister für wirtschaftliche Zusammenarbeit in der Großen Koalition, besuchte mich zu Hause ein Mitglied des Politbüros der FLN. Es war der Chef der algerischen Polizei, der mir mitteilte, daß Algerien trotz der abgebrochenen diplomatischen Beziehungen beim Aufbau der Polizei eng mit der Bundesrepublik Deutschland zusammenarbeiten wolle. Dies sei der Wunsch der gesamten algerischen Führung. Ich mußte ihn darauf hinweisen, daß eine solche Kooperation in dieser Situation natürlich schwierig sei und völlig aus dem Rahmen fallen würde. Aber ich dachte auch daran, daß dies ein erster und entscheidender Schritt zur Wiederaufnahme der diplomatischen Beziehungen sein könnte. Das Thema war jedoch so brisant, daß ich es mit Bundeskanzler Dr. Kiesinger und Außenminister Willy Brandt besprechen mußte, bevor ich dem algerischen Polizeichef eine Zusage machte. In einer solchen Frage mußte in der Koalition Übereinstimmung bestehen. Willy Brandt war selbstverständlich daran interessiert, daß die unter Ludwig Erhard nachhaltig gestörten deutsch-arabischen Beziehungen so bald wie möglich wieder in Ordnung gebracht würden. Bei ihm fand ich Verständnis. Auch Bundeskanzler Dr. Kiesinger sah hier eine Möglichkeit, die Beziehungen zur arabischen Welt wieder zu normalisieren. So haben wir dann ohne diplomatische Beziehungen zu Algerien die Zusammenarbeit auf dem Polizeisektor aufgenommen. 50 junge Algerier kamen in die Bundesrepublik, machten hier am Goethe-Institut einen Sprachkurs, wurden zur Ausbildung auf die Länder verteilt, erhielten aber auch eine Ausbildung bei den zentralen Sicherheitsbehörden. Viele dieser jungen Leute wurden nach ihrer Rückkehr Lehrer an den algerischen Polizeischulen. Natürlich arbeiteten wir auch bei der Ausrüstung der Polizei gut zusammen.

So waren unsere Beziehungen zu Algerien eigentlich recht gut, obwohl sie offiziell nicht existierten.

Die Regierung der Großen Koalition und in noch stärkerem Maße die sozialliberale Regierung unter Willy Brandt bemühten sich, den angerichteten Schaden im Nahen Osten zu beseitigen. Schon am

27. Februar 1967 nahm Jordanien die diplomatischen Beziehungen wieder auf und am 15. Juli 1969 folgte die Jemenitische Arabische Republik.

Als Bundesminister für wirtschaftliche Zusammenarbeit war ich entschlossen, für die Wiederaufnahme der Beziehungen zur arabischen Welt große Anstrengungen zu unternehmen. Unmittelbar nach dem Sechs-Tage-Krieg zwischen Israel und seinen arabischen Nachbarn flog ich im Juni 1967 in einem Sonderflugzeug der Lufthansa nach Jordanien, um dem in Not geratenen Land zunächst demonstrativ mit einer Flugzeugladung Lebensmittel zu helfen. Da der Caritasverband am ehesten in der Lage war, die erforderlichen Lebensmittel zur Verfügung zu stellen, bat ich auch den damaligen Generalsekretär und späteren Präsidenten des Caritasverbandes, Dr. Hüssler, mich zu begleiten. Der Krieg war erst vor wenigen Tagen beendet worden. Die Landebahn des Flugplatzes in Amman war durch Bomben noch stark beschädigt. Die politische Stimmung war für uns ganz schlecht. Zwar waren Regierungsmitglieder auf dem Flugplatz anwesend, aber sie kamen nicht ans Flugzeug, denn sie konnten es nicht wagen, mit mir an einer Lufthansa-Maschine photographiert zu werden. Die völlig einseitige Berichterstattung in einem großen Teil der deutschen und westlichen Presse hatte in der arabischen Welt verheerende Folgen hinterlassen.

Meine jordanischen Gesprächspartner haben unsere demonstrative Geste jedoch gut verstanden. Ich habe während des kurzen Aufenthaltes noch gute Gespräche führen können, und wir haben große Anstrengungen unternommen, um Jordanien bei der Überwindung der Kriegsschäden zu helfen. König Hussein bin ich bei dieser Reise jedoch nicht begegnet.

Im Schwarzen September

Auch als Bundesgeschäftsführer meiner Partei hatte ich meine Kontakte zur arabischen Welt weitergepflegt und konnte jetzt darauf zurückgreifen. Im September 1970 mußte ich mit meinem Freund und Mitarbeiter Hans-Eberhard Dingels, dem internationalen Sekretär der SPD, eine ziemlich gefährliche Reise nach Jordanien unternehmen.

Vom 6. September 1970 an hatten Terroristen der »Volksfront zur

Befreiung Palästinas« innerhalb von 70 Stunden vier Flugzeuge der zivilen Luftfahrt gekidnappt. Drei der Flugzeuge standen auf einem Flugplatz in unmittelbarer Nähe von Amman, das vierte befand sich auf dem Flugplatz in Kairo. Es waren zwar keine deutschen Maschinen betroffen, aber in den Flugzeugen wurden 38 Bundesbürgerinnen und -bürger gefangengehalten. Außerdem ging es um internationale Solidarität und Hilfsbereitschaft.

In dieser Situation hatte mich Willy Brandt gebeten, nach Amman zu fliegen. Zwar sollte ich keine eigenen Verhandlungen führen, aber mit meinen Kontakten das Internationale Rote Kreuz unterstützen. Gedacht war an einen kurzen Aufenthalt.

Gleich beim Aussteigen aus dem Flugzeug in Amman wurde uns die außergewöhnliche Lage bewußt. Der Flugplatz war mit Panzern umstellt. Als wir die Botschaft anriefen und um einen Wagen baten, der uns vom Flugplatz abholen sollte, wurde uns erklärt, dies sei wegen der vielen Sperren, die die Palästinenser in der Stadt errichtet hätten, nicht möglich.

Also bemühten wir uns um ein Taxi. Der Taxifahrer nahm das Zehnfache des sonst üblichen Preises: Gefahrenzulage. Bei der Fahrt durch die Stadt wurden wir mehrmals kontrolliert. Aber zufällig hatte ich auf dem Flugplatz einen arabischen Freund getroffen, der uns half, die Sperren zu passieren. Wir kamen an vielen Maschinengewehrstellungen vorbei. Der Krieg hatte zwar noch nicht begonnen, aber für mich war er geradezu spürbar. Mir war klar, daß ich diesmal einen sehr schwierigen Aufenthalt vor mir hatte.

Wir gingen nicht in das anvisierte Hotel, da es für die als Geiseln festgehaltenen Frauen und Kinder bereitgehalten werden sollte, sondern bezogen in der Botschaft Quartier. Das war unser Glück, wie sich hinterher herausstellte. Der Botschafter war in Deutschland. Er hatte es nicht mehr geschafft, vor Beginn der Auseinandersetzungen nach Amman zurückzukehren und war nun in Bonn im Krisenstab tätig. Aber wir trafen in dem damaligen Geschäftsträger Peter Mende einen ausgezeichneten Beamten, der sich in dieser äußerst schwierigen Lage hervorragend bewährte.

Schon am ersten Abend traf ich mit den Präsidenten des jordanischen und des palästinensischen »Roten Halbmondes« zusammen. Am Tag darauf wurde mir von beiden jede Hilfe in der Geiselfrage zugesagt.

Aber überall spürte ich, daß der Krieg in Amman schon auf der Straße lag. Es war eigentlich nur noch nicht klar, wann er beginnen würde. Für die Befreiung der Geiseln stand nicht viel Zeit zur Verfügung. In meinen Gesprächen mit dem noch amtierenden Ministerpräsidenten Rifai und dem zu Beginn des Krieges berufenen Ministerpräsidenten Tonkane wurde den betroffenen Regierungen dringend empfohlen, direkte Gespräche mit den Vertretern der Palästinensischen Volksfront zu führen. Die Regierung des Königreichs Jordanien verfüge nicht über die Geiseln, ich hätte mich ja selbst davon überzeugen können, wie die Lage in der Stadt sei. Die Palästinenser beherrschten inzwischen den größten Teil der Stadt, ausgenommen den Königspalast, die Regierungsgebäude, die jordanischen Kasernen und den Flugplatz.

In Bern war im dortigen Außenministerium ein internationaler Krisenstab aus Vertretern der Schweiz, Englands, der Vereinigten Staaten, Israels und der Bundesrepublik gebildet worden, der eng mit dem Internationalen Roten Kreuz zusammenarbeitete, das die notwendigen Verhandlungen für die Freilassung der Geiseln führen sollte.

Die ersten Verhandlungen des Roten Kreuzes mit den Vertretern der »Volksfront zur Befreiung Palästinas« scheiterten. Zu meiner Verblüffung verließ die Delegation des Internationalen Roten Kreuzes daraufhin Amman sehr kurzfristig mit einem Sonderflugzeug. Diese Delegation hatte ich aber gerade mit meinen Kontakten unterstützen sollen.

Nun mußte ich mich selbst um die jetzt unverzichtbaren Kontakte zu den Repräsentanten der »Volksfront zur Befreiung Palästinas« kümmern. Durch Vermittlung des Roten Halbmondes kam ein Gespräch im Hotel Jordan-Inter-Continental zustande. Bei meiner Ankunft war das Hotel noch von jordanischen Truppen umstellt. Kurz vor Eintreffen der palästinensischen Vertreter verließen die jordanischen Soldaten das Hotelgelände: Man ging sich aus dem Weg. Aber die Jordanier wollten wohl auch meine Gespräche nicht durch ihre militärische Präsenz stören. Mein Gesprächspartner von der Volksfront war Abu Maher. Im bürgerlichen Leben war er wohl Studienrat. Er vertrat eine sehr eindeutige Position: Da die Verhandlungen mit dem Internationalen Roten Kreuz gescheitert seien, sei man nur noch zu Einzelabsprachen mit den betroffenen Staaten bereit.

Das war eine neue Lage. Unter diesen Umständen mußte ich Hans-Eberhard Dingels bitten, mit dem nächstmöglichen Flugzeug nach Bonn zu fliegen, um Willy Brandt und die Bundesregierung zu informieren. Vor allem mußte die Bundesregierung wissen, daß hier stündlich ein schlimmer Krieg ausbrechen konnte. Das alles läßt sich nicht in Telegrammen berichten, man muß es schildern. Hans-Eberhard Dingels hat Willy Brandt und Walter Scheel, den damaligen Außenminister, ausführlich informiert. Das führte dazu, daß sich die Bundesregierung beim Krisenstab in Bern bemühte, das Vorgehen zu beschleunigen.

Ich weiß auch heute noch nicht, ob die Engländer und Amerikaner in Bern die Situation wegen des bevorstehenden Krieges genauso dramatisch eingeschätzt haben wie ich. Der Schweizer Botschafter in Amman hatte jedenfalls wenig Informationsmöglichkeiten. Eigentlich hatte er seinen Sitz in Beirut, in Amman wohnte er im Hotel, hatte keinerlei Funkverbindung und noch nicht einmal einen Wagen. Wir haben ihm so gut wie möglich geholfen. Die Israelis versuchten ihr Geiselproblem dadurch zu lösen, daß sie in den von ihnen besetzten Gebieten nahezu hundert Palästinenser inhaftierten.

Ich kann nicht behaupten, daß damals die internationale Zusammenarbeit bei der Bekämpfung des Terrorismus gut funktionierte. Jedenfalls habe ich viel lernen können und müssen.

Ich habe mich dann in Amman um ein Gespräch mit Jassir Arafat, dem Chef der PLO, bemüht. Auch dabei war wieder der »Rote Halbmond« hilfreich. Ich traf Arafat in seinem Hauptquartier in Amman. Es war meine erste Begegnung mit ihm. Er war unruhig und nervös, auch er war offensichtlich davon überzeugt, daß eine gefährliche Auseinandersetzung zwischen Jordaniern und Palästinensern unmittelbar bevorstünde.

Arafat teilte mir mit, daß er die Flugzeugentführungen auf das schärfste verurteile. Er habe auch bereits Konsequenzen gezogen. Die »Volksfront für die Befreiung Palästinas« sei aus der PLO ausgeschlossen worden. Außerdem habe er sich um den sicheren Transport der bereits freigelassenen Geiseln nach Amman bemüht. Zu diesem Zeitpunkt hatten die Kidnapper einen Teil der Geiseln, in erster Linie Frauen und Kinder, aus den drei Flugzeugen freigelassen.

Im Verlauf des langen Gesprächs, in dem ich ihn um weitere Hilfe für die noch verbliebenen Geiseln bat, griff Arafat die Bundesrepublik scharf an. Es sei für sein Volk unerträglich, daß die Bundesrepublik Israel mit Krediten unterstütze. Wir könnten nicht dauernd über das Selbstbestimmungsrecht reden und denen, die seinem Volk dieses Recht verweigerten, Kredite gewähren. Er war sehr erregt. Ich erläuterte ihm die Haltung der Bundesrepublik gegenüber der arabischen Welt und im Nahost-Konflikt, auch, daß ich die Entwicklungshilfe an Israel für gerechtfertigt hielt, daß wir aber keine Waffen an Israel liefern würden. Schließlich machte ich ihn darauf aufmerksam, daß auch der größte Teil der deutschen Jugend, die an den Verbrechen des Dritten Reiches nicht beteiligt gewesen sei, große Verantwortung gegenüber Israel empfinde. Arafat antwortete mir sehr verbittert, eine solche Haltung führe dazu, daß die Palästinenser die letzten Opfer des Faschismus seien.

Der größte Teil der arabischen Staaten hatte zu dieser Zeit die Beziehungen zur Bundesrepublik noch nicht wiederaufgenommen. Ohne meinen auch in Amman bekannten algerischen Hintergrund wäre es wohl kaum zu diesen Gesprächen gekommen und ich hätte wohl auch nicht in dem Maße helfen können. Als hilfreich hat sich auch erwiesen, daß die damalige Bundesregierung über unsere Botschaft in Amman den palästinensischen »Roten Halbmond« unterstützt hatte.

Während unseres Gesprächs im Hauptquartier der PLO schlug plötzlich in der Nähe eine Granate ein. Arafat verließ sofort den Raum. Nach seiner Rückkehr teilte er mir mit, daß es sich offensichtlich um einen Irrtum gehandelt habe, aber er müsse sich ständig darum bemühen, Provokationen zu verhindern: Jede Provokation könne sofort zu einer Katastrophe führen.

Am gleichen Tag wurden erste Erfolge meiner Gespräche erkennbar. Ich konnte zweimal mit Dr. Jeschke, einem der beiden noch zurückgehaltenen Deutschen, telefonieren. Außerdem sagte der »Rote Halbmond« für ihn und für die anderen Betroffenen ärztliche und auch andere Hilfe zu.

Ich suchte ein zweites Mal Abu Maher von der Volksfront auf, um ihn zur Freilassung aller Betroffenen zu bewegen. Auch andere Staaten hatten in der Zwischenzeit direkte Kontakte aufgenommen. Ich bot ihm Geld für die Versorgung aller Geiseln an. Er aber entgegnete, daß seine Organisation beschlossen habe, die Geiseln genauso zu versorgen und unterzubringen wie die Fedajin. Ich erhielt aber die

Möglichkeit, den beiden noch festgehaltenen deutschen Geiseln Dr. Peter Jeschke und Horst Jerosch brieflich mitzuteilen, daß ich mich weiter in Amman aufhalte und um ihre Freilassung bemüht sei.

Zwischenzeitlich hatten die Kidnapper alle Geiseln bis auf 55 freigelassen. Auch diese hatten die Flugzeuge verlassen können und wurden in der Stadt in einem Lager der Volksfront festgehalten. Wir teilten dies Bonn mit und wurden gebeten, auch weiterhin um die Freilassung der 55 Geiseln bemüht zu sein, aber auch um die Rückgabe der drei Flugzeuge.

Genau in dem Augenblick, als der Funkspruch eintraf, wurden die drei Maschinen von Vertretern der Volksfront in die Luft gesprengt. Ein kleines verbranntes Stück davon liegt noch heute zur Erinnerung an jene dramatischen Tage auf meinem Schreibtisch.

Am Mittwoch, dem 15. September 1970, aß ich mit dem früheren Ministerpräsidenten Talhuni zu Mittag, einem gebürtigen Palästinenser, der König Hussein treu gedient hatte. Das Essen gewann dadurch an Würze, daß sich rund um das Haus von Talhuni MG-Stellungen der Fedajin befanden. Da wir auf einer verglasten Veranda saßen, hatte ich den Eindruck, daß die MG-Läufe direkt auf unseren Suppentopf gerichtet waren. Talhuni vertraute mir an, daß er unmittelbar nach dem Essen Amman verlassen würde und bot mir an, mit ihm zu fahren, um dem Krieg zu entgehen. Ich erwiderte ihm, daß ich das leider nicht könne, da ich auch weiterhin um die Freilassung der restlichen Geiseln bemüht sei.

Nun wußte ich endgültig Bescheid: Der Krieg würde sehr bald beginnen und sicher mehrere Tage dauern. Deshalb fuhr ich nach dem Essen in den Basar und kaufte mir zehn Garnituren Unterwäsche – ich war ja nur auf einen kurzen Aufenthalt eingerichtet.

Am nächsten Morgen, am Donnerstag, dem 16. September 1970, begann der Krieg um 4.54 Uhr mit Panzerangriffen des jordanischen Heeres auf die Palästinenser.

Ich hatte das Schlafzimmer des abwesenden Botschafterehepaares bezogen. Hier schlug gleich zu Beginn eine 2-cm-Panzergranate im Fensterkreuz ein. Zum Glück war ich gerade im Badezimmer beim Rasieren und bin mit dem Schrecken davongekommen. Aber die beiden folgenden Nächte habe ich vorsichtshalber im Keller geschlafen.

Meine Kontakte endeten mit Beginn des Krieges abrupt. Es wurde sofort eine totale Ausgangssperre verhängt. Auf jeden, der sich außerhalb eines Hauses bewegte, wurde geschossen. Telefon, Strom- und Wasserversorgung fielen innerhalb kürzester Zeit aus. Den Geschäftsträger Mende hinderten Ausgangssperre und Kampfhandlungen, sein Haus zu verlassen. Zum Glück gab es Sprechfunkverkehr. Wegen der gefährlichen Lage war das Personal der Botschaft schon vorher stark verringert worden. Auch die Familienangehörigen waren rechtzeitig ausgeflogen worden.

Im Keller der Botschaft hatte man einen kleinen Vorrat an Lebensmitteln angelegt. Eigentlich waren es nur Konserven mit Nudeln in Tomatensauce, von denen wir uns jeden Tag ernährten. Seitdem sind bei mir Nudeln mit Tomatensauce für alle Zeit von der häuslichen Speisekarte gestrichen.

Der Hausmeister, ein Palästinenser, besaß ein kleines Kofferradio, mit dem er alle Nachrichtensendungen hörte, die sein Gerät empfangen konnte. Für das Funkgerät gab es bald keinen Strom mehr. Es existierte aber ein Notstromaggregat mit einem kleinen Volkswagenmotor im Garten hinter einem Splitterschutz. Der erste Funkspruch, den wir aus Bonn in dieser Lage erhielten, enthielt eine lange Anweisung über die Kostenabrechnung für den Fall der Evakuierung. Ich war wütend. Während rings um uns Menschen starben und wir in einer Falle saßen, wurde in Bonn bürokratische Selbstbefriedigung betrieben. Gerade jetzt hätten die verbliebenen Mitarbeiter der Botschaft motiviert werden müssen.

Der Krieg wurde von beiden Seiten in aller Härte geführt. Auch Panzer und schwere Artillerie wurden eingesetzt. Nachts stiegen wir auf das Dach der Botschaft, weil man sich von hier aus anhand der Brände und des Feuerscheins in etwa ein Bild von der Lage in der Stadt machen konnte. Ich mußte ständig an die Geiseln denken und machte mir Sorgen. Wir wußten nicht, ob sie wenigstens einigermaßen sicher untergebracht waren. Aber zumindest jetzt konnte ich nichts unternehmen.

Dann fiel mir der Funkspruch unseres Botschafters im Bonner Krisenstab ein, der uns seine privaten Vorräte, einschließlich der Alkoholika angeboten hatte. Sie machten einen guten Eindruck. Ich beschloß, ein paar anständige Whiskys zu trinken, war es aber gewohnt, meinen Whisky mit viel Eis und viel Soda zu genießen. Natür-

Die von der »Volksfront zur Befreiung Palästinas«
nach Amman entführten Flugzeuge werden gesprengt.

Kämpfe zwischen der jordanischen Armee und palästinensischen Einheiten.

lich gab es in diesem heißen jordanischen September nach dem Stromausfall auch keinen funktionierenden Eisschrank und damit kein Eis mehr. Der Whisky war warm, und warmen Whisky vertrage ich nicht. Ich moserte also kräftig herum. Der menschlich wie technisch hervorragende Funker wollte mir helfen: »Wenn Sie die Verantwortung übernehmen und mir diesen Funkspruch abzeichnen«, sagte er, »dann mache ich Eis«. Als ich wissen wollte, was denn in dem Funkspruch mitgeteilt werden sollte, antwortete er: »Daß wir wegen der Überlastung des Notstromaggregats von 15.00 Uhr bis 20.00 Uhr abschalten.« Ich war niemals besonders technisch begabt und fragte ihn, was das solle. Er antwortete: »Von 15.00 Uhr bis 20.00 Uhr schalten wir den Eisschrank an das Notstromaggregat und machen Eis.« Ich zeichnete den Funkspruch ab.

Natürlich konnten wir im Bedarfsfall jederzeit den Funkverkehr wiederaufnehmen. Außerdem waren wir noch immer wütend über den bürokratischen Funkspruch aus Bonn. Die Eisproduktion in Amman werde ich so schnell nicht vergessen.

Mehrere Male bekamen wir in der Botschaft Besuch von der jordanischen Armee. Einmal brachten uns die Soldaten, wie jeder anderen Botschaft in Amman, einen Sack Zucker und einen Sack Reis zu unserer Versorgung. Dann kamen sie einige Male, weil in der Nähe der Botschaft immer wieder geschossen wurde, und zwar gezielt. Man kontrollierte das Botschaftsgebäude, weil man dort eine Fedajin-Stellung vermutete. Sie fanden natürlich keine Palästinenser.

Eines Tages aber brachten sie uns zwei Bundesbürger, die sie in den Kriegswirren aufgegriffen hatten. Der inzwischen wieder in die Botschaft zurückgekehrte Peter Mende und ich befragten die beiden nach dem Grund ihres Aufenthaltes und nach ihren Familien. Sie erzählten uns, daß sie für ihre Firma in Jordanien Ersatzteile für Lastwagen verkauften. Als Mende ihnen anbot, ihre Familien und ihre Firma zu verständigen, lehnten sie dies jedoch ab. Wir bohrten nach, da wir spürten, daß mit den beiden etwas nicht in Ordnung war. Der eine gab dann an, er sei Neofaschist und wolle die Palästinenser im Kampf gegen Israel unterstützen. Das habe er natürlich nicht sagen wollen. Ich verwickelte ihn in eine Diskussion über palästinensische Politik und Personen und merkte bald, daß auch diese Angaben nicht stimmten. Schließlich wollte er die Wahrheit sagen: Er sei kein Bürger der Bundesrepublik, sondern Offizier der Nationalen Volksarmee der DDR. In Jordanien habe er die Aufgabe gehabt, die Palästinenser an der Kalaschnikow auszubilden. Aber wir kamen bald dahinter, daß auch dies nicht den Tatsachen entsprach. Inzwischen hatten wir ihre für uns erkennbaren Daten nach Bonn durchgegeben, um sie von den Sicherheitsbehörden überprüfen zu lassen, damit wir die beiden Männer endlich identifizieren konnten. Schließlich mußten wir mit den beiden unter besonders schwierigen Umständen unter einem Dach leben. Und eine Botschaft ist kein Hotel. Hier gibt es Akten, die nicht für jedermanns Augen bestimmt sind. Andererseits waren sie Deutsche, die wir nicht ohne weiteres dem jordanischen Militär übergeben konnten. Also behielten wir sie weiterhin bei uns, aßen aus einem Topf und mußten bei all den anderen Sorgen zusätzlich auch immer noch ein Auge auf sie halten.

Leider traf die Antwort aus Bonn nicht rechtzeitig ein, so habe ich die beiden mitgenommen, als ich einige Tage später Amman verlassen konnte. In Djidda setzte sich einer der beiden Männer ab. Und genau diesen, der uns so viele Geschichten erzählt hatte, wollten die Sicherheitsbehörden bei meiner Ankunft in München verhaften. Er war ein Krimineller, der aus der Strafanstalt in Werl ausgebrochen war. Später ist er dann doch entdeckt und verhaftet worden. Bei dem anderen Mann stellte sich heraus, daß er sich seinen Unterhaltszahlungen entzogen hatte, nach Jordanien gegangen und auf diese Weise in den Krieg hineingeraten war.

Manchmal kann man in der Welt schon sonderbare Landsleute treffen.

Mir aber ließen die letzten Geiseln keine Ruhe. Inzwischen war erkennbar, daß die jordanische Armee bei der Niederschlagung der Palästinenser vorankam. Ich mußte also mit der jordanischen Armee Kontakt aufnehmen, um gegebenenfalls den Geiseln helfen zu können. Dreimal versuchte ich, die Botschaft zu verlassen. In der Nähe befand sich eine jordanische Panzereinheit in einer Kaserne. Bei unserer ersten Ankunft wurden wir von den jordanischen Soldaten besonders freundlich begrüßt. Wir waren nämlich von einer jordanischen Patrouille aufgegriffen worden, und die Soldaten der Panzereinheit hielten uns für Gefangene, die diese Patrouille gemacht hatte. Die Soldaten waren so mit dem Krieg beschäftigt, daß sie wenig

Verständnis dafür aufbrachten, daß sich jemand angesichts der vielen tausend Toten für das Schicksal von 55 Geiseln interessierte.

Bei meinem zweiten Besuch in dieser Kaserne konnte ich wenigstens mit dem früheren Ministerpräsidenten Rifai telefonieren. Inzwischen hatten die Jordanier erhebliche Fortschritte in ihren Auseinandersetzungen mit den Palästinensern gemacht, deshalb wies ich ihn auf die besondere Verantwortung hin, die Jordanien nun für das Schicksal der Geiseln trage.

Das dritte Mal verließ ich die Botschaft, um mit arabischen Botschaftern Kontakt aufzunehmen und sie um Hilfe für die Geiseln zu bitten. Auf dem Rückweg wurde mein Begleiter und ich gezielt von einem Maschinengewehr beschossen. Ich nahm an, daß die Schüsse von der jordanischen Armee stammten, da wir das nach wie vor bestehende Ausgangsverbot mißachtet hatten. Wir liefen um unser Leben und kletterten über eine Mauer, um Schutz vor dem Maschinengewehrfeuer zu finden. Hinter der Mauer wurde die Tür des Hauses geöffnet: »Monsieur Wischnewski, comment allez vous?«, fragte ein Mann. Ich war in der Residenz der tunesischen Botschaft gelandet.

Im Laufe der Zeit wurden alle Geiseln entlassen. Es gab keine Toten. Ein wahres Wunder, wenn man bedenkt, daß die Flugzeugentführung in den Krieg überging. Die Geiseln kamen alle einigermaßen gesund nach Hause.

Mein eigener Heimweg vor Ende des Krieges wurde eine abenteuerliche Fahrt. Mit zwei Wagen der Botschaft fuhren wir von Amman an die Grenze zu Saudi-Arabien in Richtung Tabuk. Mit zwei Wagen deshalb, weil ich noch mehrere Landsleute in Sicherheit bringen wollte. Die Straße endete vor der Grenze in der Wüste. Ein Wagen blieb stecken, und wir mußten ihn zurücklassen. An der Grenze zu Saudi-Arabien wurden wir nach unseren Visa gefragt. Natürlich hatten wir keine, wie hätten wir auch in den Kriegswirren zu einem Visum kommen sollen. Die saudischen Grenzposten waren gegenüber allen Leuten, die jetzt aus Jordanien kamen, sehr mißtrauisch, nahmen uns dann aber trotzdem freundlich auf und bewirteten uns. Diplomatische Beziehungen zu Saudi-Arabien hatten wir damals auch nicht. Ein Brief des Gouverneurs ersetzte schließlich die fehlenden Visa.

In Tabuk habe ich dann zum ersten Mal in meinem Leben alkoholfreies Bier getrunken. Mein Urteil war eindeutig: Dann laß ich's lieber! Da die deutsche Firma Holzmann in Tabuk arbeitete, bekam ich nach langer Zeit wieder ein anständiges Frühstück und konnte ein Bad nehmen.

In diesen aufregenden Tagen in Amman habe ich für künftige Krisensituationen viel gelernt:

- Für die Bekämpfung des Terrorismus ist die internationale Zusammenarbeit von entscheidender Bedeutung. Bei dieser Zusammenarbeit darf es auch keine ideologischen Grenzen geben.
- Wenn, wie in diesem Fall, ein internationaler Krisenstab gebildet wird, muß das Land, das im Gebiet des terroristischen Geschehens über die besten Verbindungen und die notwendigen Kommunikationsmöglichkeiten verfügt, die Federführung übernehmen.
- Botschaften in Krisengebieten müssen ganz besonders ausgestattet sein, um mit Komplikationen fertig zu werden. Das gilt für alle technischen Einrichtungen, besonders für die Kommunikationsmöglichkeiten, aber auch für die Sicherheit, die Unterbringung und die Versorgung der Botschaftsangehörigen.
- Ich habe hohen Respekt vor dem Internationalen Roten Kreuz. Aber 1970 in Amman sind mir doch erhebliche Zweifel gekommen, ob diese Organisation besonders geeignet ist, bei Flugzeugentführungen oder Vergleichbarem Verhandlungen zu führen. Hier sind die Regierungen gefragt.
- Die Regierungen müssen stets über Leute verfügen, die für die Arbeit in Krisenstäben geeignet sind, weil sie die betreffende Region kennen, mit der politischen Situation vor Ort vertraut sind, über das notwendige Verhandlungsgeschick verfügen und weil sie auch in schwierigsten und ausweglosesten Situationen improvisieren können und Ideen haben. Auf solche Aufgaben muß man Mitarbeiter vorbereiten.
- Jede Regierung muß Erkenntnisse und Erfahrungen aus Flugzeugentführungen sammeln, auch aus anderen Ländern, um jederzeit darüber verfügen zu können.
- Jeder Terrorismus hat Ursachen. Es ist notwendig, die Ursachen zu erforschen und zu beseitigen. Oft sind es regionale Konflikte. Dann muß man sich intensiv um die Beilegung dieser Konflikte bemühen.

Im Dezember 1970 besuchte König Hussein Bonn. Da er wußte, daß ich mich unter sehr schwierigen Bedingungen in seinem Land aufgehalten hatte, wollte er mir einen persönlichen Besuch abstatten. Ich wohnte damals in Liblar bei Köln. Kurz vorher rief mich Außenminister Scheel an und bat darum, die Begegnung mit König Hussein aus Sicherheitsgründen in Bonn stattfinden zu lassen. Natürlich war der König unmittelbar nach diesem Krieg ganz besonders gefährdet.

Ich bat Walter Scheel zu prüfen, ob der König nicht mit dem Hubschrauber nach Liblar fliegen könne, da sich die Gemeinde schon auf seinen Besuch vorbereitet habe und der König ja auch selbst ausdrücklich den Wunsch nach einer Begegnung in meinem Hause geäußert habe. Die Überprüfung ergab, daß dies möglich sei. Der Hubschrauber könne auf einem Fußballplatz in der Nähe meines Hauses landen.

Damals war ich Geschäftsführer meiner Partei. Am Besuchstag verließ ich am späten Nachmittag mein Büro. König Hussein sollte um 20.00 Uhr in Bonn abfliegen und hätte dann 20 Minuten später in Liblar sein müssen. Schon als ich im Auto von Bonn nach Hause fuhr, merkte ich, wie sich dichter Nebel über Liblar legte.

Der König war pünktlich abgeflogen, aber er kam nicht in Liblar an. Wir konnten den Hubschrauber zwar hören, aber nicht sehen. Der Pilot fand bei diesem Nebel den Fußballplatz nicht.

Ich war der Meinung, daß der Hubschrauber mit dem König nach Bonn zurückfliegen müsse, aber er kreiste und kreiste. Er wollte landen.

Da kamen die reichlich anwesenden Sicherheitsbeamten auf die Idee, in allen Polizeifahrzeugen Blaulicht einzuschalten und damit einen Wegweiser zum Fußballplatz zu bilden. Auf dem Platz selbst sollten Leuchtkugeln abgeschossen werden. Der Plan wurde sofort in die Tat umgesetzt. Aber der Nebel war so dicht, daß der Pilot weder das Blaulicht noch die Leuchtkugeln sah.

Auf der Straße von Liblar nach Köln hatte es zur gleichen Zeit einen Verkehrsunfall gegeben. Hier stand ein Polizeifahrzeug mit Blaulicht. Und hier war auch ein Loch im Nebel, so daß der Pilot das Blaulicht sehen konnte. Dort, in einer Müllkippe der Stadt Köln, wenige Meter von einer Hochspannungsleitung entfernt, landete der Hubschrauber mit dem jordanischen König. Vom vorgesehenen Landeplatz war es ziemlich weit entfernt, natürlich war hier niemand, um den König zu empfangen, auch niemand von der Sicherungsgruppe Bonn. Die mußte dann ausschwärmen, um den König zu suchen. Einige Minuten später kam Hussein strahlend in meinem Haus an. Er lobte den Piloten wegen seiner ausgezeichneten Flugkünste. Wir hatten ein sehr gutes Gespräch über die Situation im Nahen Osten.

Die Sicherungsgruppe teilte mir mit, daß der König bis 24.00 Uhr in meinem Haus bleiben müsse, da ein Rückflug mit dem Hubschrauber nicht möglich sei und zuerst die Straße nach Bonn abgesichert werden müsse.

Bei späteren Begegnungen hat mich König Hussein immer wieder auf diesen Besuch angesprochen. Auch ich habe ihn nicht vergessen.

Fazit: Normale bürgerliche Häuser sind offensichtlich für königliche Besuche wenig geeignet.

Neuer Anfang

Besonders große Anstrengungen haben wir unternommen, um mit Algerien wieder geregelte diplomatische Beziehungen herzustellen. Wir mußten dabei sehr vertraulich vorgehen, nicht unseretwegen, denn für uns war es erklärtes Ziel unserer Politik, so bald wie möglich wieder diplomatische Beziehungen zu den arabischen Staaten aufzunehmen, sondern der arabischen Staaten wegen, für die dies schon viel schwieriger war. Schließlich gab es einen Beschluß der Arabischen Liga, und die arabischen Staaten waren untereinander recht mißtrauisch, wenn einer zu enge Kontakte zur Bundesrepublik unterhielt.

Mit Zustimmung von Bundeskanzler Kiesinger und Außenminister Brandt verabredete ich geheime Gespräche mit dem damaligen algerischen Außenminister Bouteflika. Sie sollten in New York am Rande der Sitzung der Vereinten Nationen stattfinden. Da die Bundesrepublik zu diesem Zeitpunkt noch nicht Mitglied der Vereinten Nationen war, mußte ein Grund gesucht werden, warum der Bundesminister für wirtschaftliche Zusammenarbeit nach New York reiste. Botschafter von Braun, unser Beobachter bei den Vereinten Nationen, wurde gebeten, einen Vorschlag zu machen. Er riet dringend davon ab, die Sitzung der Vereinten Nationen zum Anlaß zu nehmen und schlug vor, daß ich einer fiktiven Tante in New York einen privaten Besuch abstatten sollte. Mich interessierte ohnehin nur das Gespräch mit dem algerischen Außenminister, deshalb war ich mit diesem Vorschlag einverstanden.

Ich traf Bouteflika in der algerischen Vertretung bei den Vereinten Nationen. Wir haben zwei Tage lang viele Stunden miteinander geredet. Obwohl ich ein großzügiges Angebot für die weitere Entwicklung Algeriens machte, führten die Gespräche zu keinem Ergebnis. Das Klima war trotz meiner guten Beziehung zu Bouteflika teilweise ausgesprochen frostig. Algerien war durchaus an einer Normalisierung der Beziehungen zur Bundesrepublik interessiert, wollte jedoch die Solidarität gegenüber der Arabischen Liga nicht verletzen. Immerhin sind wir uns in diesen Gesprächen etwas nähergekommen, jeder kannte jetzt die Position des anderen.

Wenige Stunden nach meiner Rückkehr aus New York rief mich Botschafter von Braun an und teilte mir mit, in seinem Vorzimmer säße ein Vertreter der Deutschen Presse-Agentur in New York mit einem Telegramm von seiner Redaktion in Hamburg. Ihm sei mitgeteilt worden, Wischnewski habe gar keine Tante in New York und deshalb solle er feststellen, warum sich der Politiker wirklich in New York aufhielte.

Mir war sofort klar, daß ein Bekanntwerden unseres Treffens zu einer zusätzlichen Belastung unserer Beziehungen zu Algerien führen mußte. Also versuchte ich eine entsprechende Veröffentlichung zu verhindern. Ich rief sofort den Chefredakteur der DPA in Hamburg an und bat ihn dringend, auf eine solche Veröffentlichung zu verzichten. Ich sagte ihm, dies läge nicht nur im Interesse der Bundesregierung, sondern vor allem meiner Gesprächspartner in New York. Eine Veröffentlichung würde weitere Gespräche unmöglich machen. Bei seinem nächsten Besuch in Bonn sei ich gerne bereit, ihm in einem vertraulichen Hintergrundgespräch die volle Wahrheit zu sagen. DPA-Chefredakteur Dr. Hans Benirschke ging auf meinen Vorschlag ein. Ich war sehr froh darüber.

Als er mich dann später besuchte und ich ihn korrekt informiert hatte, wollte ich aber doch wissen, wie die DPA zu der Information gekommen sei, daß ich keine Tante in New York habe. Es war ganz einfach: DPA hatte sich damals die Passagierliste der Lufthansa in Frankfurt angeschaut. Daß ein Bundesminister seine Tante besuchen wollte und sich dazu von seinem persönlichen Referenten und dem

Besuch beim algerischen Staatspräsidenten Boumedienne 1972.

Nahost-Referenten des Auswärtigen Amtes begleiten ließ, schien ihnen zu Recht sehr unwahrscheinlich zu sein.

Ich habe aus diesem Vorgang sehr viel gelernt. Obwohl ich noch öfter in geheimen Missionen unterwegs war, hat niemand mehr davon erfahren. Auf Tanten habe ich mich aber nicht mehr eingelassen.

Anfang 1970 erfolgte die nächste wichtige vertrauliche Begegnung mit den Algeriern. Sie fand in Tunis statt und an ihr nahm auch der damalige Bundeskanzler Willy Brandt teil. Ich war Bundesgeschäftsführer meiner Partei.

Die Bundestagswahlen von 1969 führten zur Wahl von Willy Brandt zum Bundeskanzler. Nach einem harten Wahlkampf, der Regierungsbildung und nach Abgabe der Regierungserklärung wollte Willy Brandt mit seiner Familie Urlaub auf der Insel Djerba in Tunesien machen. Er kannte die Insel schon, und ich hatte ihm gerade jetzt einen arabischen Urlaubsort vorgeschlagen. Ich begleitete ihn auch nach Djerba.

Nach dem Urlaub fanden dann zwei Tage lang in Tunis politische Gespräche statt. Im selben Hotel, in dem Willy Brandt und ich wohnten, war auch eine große algerische Regierungsdelegation mit mehreren Ministern untergebracht. Die Algerier sollten ein wichtiges Abkommen mit Tunesien unterzeichnen.

Natürlich habe ich meine algerischen Freunde im Hotel getroffen, aber auch das geschah nur sehr vertraulich. Der damalige tunesische Außenminister Bourgiba jun. war daran interessiert, zur Normalisierung der Beziehungen zwischen uns und den Algeriern beizutragen. Er lud Willy Brandt zu einem Abendessen in sein Haus ein. Die algerische Delegation mit drei Ministern war vorher unbemerkt ins Haus gekommen. Es fand dann ein wirklich gutes Gespräch statt, das meiner Auffassung nach sehr zur Wiederaufnahme der Beziehungen und zur Normalisierung mit der arabischen Welt beigetragen hat.

Wegen des politischen Teils der Reise von Willy Brandt waren eine ganze Reihe deutscher Journalisten nach Tunis gekommen. Zum Abschluß gab Willy Brandt eine Pressekonferenz. Die Journalisten hatten natürlich bemerkt, daß sich im gleichen Hotel auch eine wichtige Regierungsdelegation aus Algerien aufhielt und wollten wissen, ob es auch Gespräche mit den Algeriern gegeben habe, zu denen wir ja nun fast schon fünf Jahre lang keine diplomatischen

Beziehungen mehr unterhielten. Ich hatte Willy Brandt unmittelbar vorher noch einmal dringend gebeten, die Algerier nicht durch zu viel Wahrheit in Schwierigkeiten zu bringen. Willy Brandt antwortete auf die Fragen sehr korrekt: »Zwischen der Bundesregierung und der algerischen Regierung haben hier in Tunis keine Verhandlungen stattgefunden.« Als die Journalisten Willy Brandt durch weitere Fragen in Bedrängnis brachten, sagte er: »Was weiß ich, wen der Bundesgeschäftsführer der SPD hier alles getroffen hat.«

Auch Regierungsmitglieder dürfen nicht die Unwahrheit sagen, aber es kann Situationen geben, wo im Interesse der deutschen Politik eine Notlüge unverzichtbar ist. Dies war hier der Fall.

Im März 1972 besuchte ich den Libanon. Eigentlich wollte ich in erster Linie einer Familie aus meinem Wahlkreis helfen, deren Sohn im Libanon eine Gefängnisstrafe verbüßte. Die Bestrafung war zu Recht erfolgt, aber auch ich war zu der Auffassung gelangt, daß es für den jungen Mann und seinen weiteren Lebensweg besser wäre, in die Familie zurückzukehren.

Natürlich wollte ich die Gelegenheit nutzen, die Aussichten für die Wiederaufnahme der diplomatischen Beziehungen zu erkunden. Ich bat also den Bundeskanzler um ein paar freundliche Zeilen für den libanesischen Staatspräsidenten Suleiman Frangié. Willy Brandt schrieb, daß er die Reise seines Freundes Wischnewski in den Libanon zum Anlaß nehme, ihm seine sehr herzlichen Grüße zu übermitteln.

Mit diesem Brief ging ich zusammen mit unserem Geschäftsträger zum libanesischen Staatspräsidenten. Ich wurde sehr freundlich empfangen, der Präsident las den Brief sofort, und wir vertieften uns in ein Gespräch über die deutsch-libanesischen und deutsch-arabischen Beziehungen. Ich spürte, daß hier die Zeit für die Wiederaufnahme der diplomatischen Beziehungen reif war. Im Laufe des Gesprächs schlug der Präsident vor, noch für den Nachmittag das Kabinett einzuberufen und in dieser Sitzung die sofortige Wiederaufnahme der diplomatischen Beziehungen zur Bundesrepublik zu beschließen. »Dann können Sie schon morgen wieder Ihre Fahne im Libanon aufziehen.«

Diese Schnelligkeit überraschte mich. Ich war zu diesem Zeitpunkt nicht Regierungsmitglied, aber schließlich war es ja die erklärte Politik der Bundesregierung, die baldige Wiederaufnahme der diplomatischen Beziehungen zu erreichen. Auch unser Geschäftsträger vertrat diese Ansicht. So gab es seit dem 30. März 1972 wieder diplomatische Beziehungen zum Libanon, und wir waren wieder einen Schritt weiter.

Nach meiner Rückkehr nach Bonn gab es noch einigen Ärger. Der von mir hochgeschätzte Staatssekretär Paul Frank im Auswärtigen Amt glaubte nicht an den humanitären Anlaß meiner Reise. Er sah wohl in meinem Verhalten einen ungerechtfertigten Eingriff eines Vertreters der Legislative in die hier zuständige Arbeit der Exekutive.

Nach meiner erfolgreichen Mission habe ich dann den jungen Mann im Gefängnis aufgesucht. Die dort herrschenden Zustände veranlaßten mich, seine vorzeitige Freilassung noch intensiver zu betreiben. Bis dahin hat es allerdings noch einige Zeit gedauert.

Beirut war damals eine blühende Stadt. Handel und Wandel florierten, Banken wuchsen aus der Erde, denn einige der arabischen Ölländer erledigten hier ihre Geldgeschäfte. Der Tourismus machte große Fortschritte. Mit unseren Frauen besuchten der Geschäftsträger und ich am Tag der Wiederaufnahme der Beziehungen das Casino de Libanon. Dieses große Theater war für die modernsten Show-Vorstellungen eingerichtet. Ich habe weder vorher noch nachher jemals wieder ein solches Showprogramm gesehen. Es wurde anschließend nach Las Vegas verkauft.

Heute, im zerstörten Beirut, kann man sich das überhaupt nicht mehr vorstellen. Krieg und Bürgerkrieg haben den Tod nach Beirut gebracht. Noch sehe ich kein Ende dieses furchtbaren Elends.

Mit Hans-Eberhard Dingels unternahm ich auch eine Reise in den Sudan, um mit dem damaligen Staatspräsidenten Numeiri und seinem Außenminister über die Wiederaufnahme der Beziehungen zu reden. Die Voraussetzungen schienen mir auch hier günstig zu sein, um die Angelegenheit zumindest in Bewegung zu bringen. Wir wurden wie im Libanon betont freundlich aufgenommen. Präsident Numeiri stand zweimal zu sehr ausführlichen Gesprächen zur Verfügung. Natürlich war auch er an der baldigen Wiederaufnahme der Beziehungen interessiert, zumal damit auch die unterbrochene Entwicklungshilfe fortgesetzt würde.

Für diese Reise nach Khartoum war mir noch ein besonders schwieriges humanitäres Problem als Aufgabe mit auf den Weg gegeben worden. Dort stand ein Deutscher namens Steiner vor Gericht. Er hatte als bezahlter Söldner im Süden des Sudans gegen Numeiri und sein Regime gekämpft. Ihm wurden scheußliche Verbrechen vorgeworfen. Vorher hatte er schon als Söldner im Kongo gekämpft, auch hier wurde nur Schlechtes über ihn berichtet. Noch früher hatte er in der französischen Fremdenlegion gedient. Ein abenteuerlicher Typ. Was ihm jetzt im Sudan vorgeworfen wurde, hätte sicher zu einem Todesurteil geführt.

Natürlich konnte sich die Bundesregierung weder mit der Person Steiners identifizieren, noch viel weniger seine Taten auch nur im geringsten entschuldigen. Aber ich mußte mit Numeiri über Steiner sprechen, um ihn darauf hinzuweisen, daß Steiner Deutscher und in der Bundesrepublik die Todesstrafe abgeschafft worden sei. Wir bäten dringend darum, diese Tatbestände bei dem Urteil zu berücksichtigen. Numeiri war von diesem Thema natürlich nicht begeistert. Das schreckliche Treiben von Steiner hatte in ganz Afrika schlimme Spuren hinterlassen. Er sagte mir, daß er am nächsten Tag einen Vorschlag in der Angelegenheit Steiner machen würde.

Dieser lautete: Steiner wird mit 25 Jahren Freiheitsentzug bestraft. Nach zwei Jahren würde man ihn jedoch aus gesundheitlichen Gründen abschieben. Dann sagte er noch: »Wenn Steiner wieder in Deutschland ist, dann geben Sie ihm Bleistift und Papier und lassen Sie ihn ein Drehbuch schreiben für einen Film über sein Leben. Das wird ein toller Film!«

Die Entlassung Steiners hat sich aufgrund terroristischer Anschläge in Khartoum um etwa ein Jahr verzögert. Aber sonst hat sich Numeiri sehr korrekt an seinen Vorschlag gehalten. Als Steiner wieder in der Bundesrepublik war, hat er die Bundesregierung scharf kritisiert. Sie habe sich angeblich nicht genügend um ihn gekümmert.

Obwohl die Proportionen nicht stimmen, verweist dieser unerfreuliche Vorgang auf ein Problem, mit dem ich immer wieder konfrontiert worden bin: Bundesbürgerinnen und -bürger verstoßen allzuoft gegen Gesetze in anderen Ländern: gegen Devisenvorschriften, gegen das Verbot der Alkoholeinfuhr und vieles andere. Die Betroffenen sind nahezu immer der Auffassung, daß die Bundesregierung, insbesondere die Botschaften, sie aus der Haft herauszuholen haben. Natürlich muß sich die Bundesregierung um inhaftierte

Deutsche kümmern, besonders dann, wenn sie zu Unrecht verhaftet wurden oder gegen sie Vorwürfe erhoben werden, die den Tatsachen nicht entsprechen. Die Botschaften werden in solchen Fällen sicher gern behilflich sein, einen geeigneten Anwalt zu finden. Aber weder die Bundesregierung noch die Botschaften als ihre Organe können sich über Recht und Gesetz in ihren Gastländern hinwegsetzen.

Die Strafanstalten und der Strafvollzug sind in vielen Ländern nicht mit denen bei uns vergleichbar. Aber das müßte eigentlich auch derjenige wissen, der in diesen Ländern gegen Gesetze verstößt.

Ich habe in den vielen Jahren meiner politischen Tätigkeit viele Briefe von Deutschen erhalten, die in anderen Ländern straffällig geworden und inhaftiert worden sind. Der größte Teil bezeichnete sich als unschuldig. Und oft wurde die deutsche Botschaft beschimpft, angeblich zu wenig für die Freilassung getan zu haben. Häufig habe ich helfen können, vor allem dann, wenn sich die Unschuld nachweisen ließ oder wenn man guten Gewissens sagen konnte, daß es sich um einen Vorgang handle, der bei uns nicht strafbar ist. In vielen Fällen habe ich vorzeitige Haftentlassungen oder Begnadigungen erreichen können. Aber oft habe ich mich über die Verantwortungslosigkeit von Landsleuten im Ausland auch sehr geärgert.

Unsere Landsleute müssen sich bei Reisen ins Ausland, in denen sich die Rechtsordnung wesentlich von der unseren unterscheidet, unbedingt mit den dort gültigen Gesetzen vertraut machen und sie beachten. Das gilt auch für Landsleute, die aus beruflichen Gründen reisen. Sie müssen wissen, daß in sehr vielen Ländern nicht die gleiche Liberalität praktiziert wird wie in der Bundesrepublik. Die Botschaften wiederum müssen für Deutsche, die ungerechtfertigt angeklagt und inhaftiert werden, sehr nachdrücklich eintreten. Aber es ist nicht die Hauptaufgabe von Botschaften, Deutsche aus Gefängnissen zu befreien, die gegen Recht und Gesetz des Gastlandes verstoßen haben.

Noch während meiner Zeit als Bundesminister für wirtschaftliche Zusammenarbeit erhielt ich trotz der abgebrochenen diplomatischen Beziehungen eine Einladung nach Ägypten. Der Anlaß war die erfolgreiche Verlagerung der Tempel von Abu Simbel. Der größte Teil der sehr komplizierten Arbeiten war von deutschen Firmen ausgeführt worden. Sie hatten auch die Einladung bewerkstelligt.

Damals war Präsident Nasser noch unumstrittenes Staatsoberhaupt. Ich wurde freundlich empfangen und aufgenommen. Es war deutlich spürbar, daß man den deutschen Bundesminister nicht schlechter, sondern eher besser als die vielen anderen hohen Gäste aus anderen Ländern behandeln wollte. In dieser Zeit spielte die DDR in Ägypten eine ganz besondere Rolle.

Trotzdem war zu erkennen, daß die Zeit für die Wiederaufnahme der diplomatischen Beziehungen noch nicht reif war. Das Klima hatte sich zwar verbessert, aber wir mußten unsere Bemühungen noch intensiver fortsetzen.

Jahre später, nach dem Tod von Präsident Nasser, erhielt ich die Möglichkeit, seinem Nachfolger Anwar el-Sadat einen Besuch abzustatten und mit ihm ein sehr langes und gutes Gespräch über die Normalisierung der Beziehungen zwischen unseren beiden Ländern zu führen. Es war durch einen Repräsentanten der deutschen Wirtschaft in Kairo vermittelt worden.

Von ägyptischer Seite war für dieses Gespräch absolute Vertraulichkeit verlangt worden. Auch der deutsche Geschäftsträger konnte an dem Gespräch weder teilnehmen, noch durfte ich ihn davon informieren. Die Italiener, die zu dieser Zeit unsere Interessen als Schutzmacht in Ägypten wahrnahmen, wußten ebenfalls nichts von meiner Begegnung mit Präsident Sadat. Ich war zu diesem Zeitpunkt nicht Mitglied der Regierung und hatte vor allem internationale Aufgaben in meiner Partei wahrzunehmen. Das Gespräch fand im Privathaus von Präsident Sadat statt und verlief hervorragend. Es war eigentlich von Anfang an ein freundschaftliches Gespräch. Das ausgezeichnete Klima führte offensichtlich zu einer sehr spontanen Meinungsänderung des Präsidenten: Er ließ Fernsehen, Rundfunk und Fotografen kommen und machte das Gespräch öffentlich. Zum Schluß verabschiedete er mich vor seinem Haus mit den deutschen Worten: »Auf Wiedersehen.« Bis zur Aufnahme der Beziehungen hat es dann nicht mehr lange gedauert.

Damals habe ich ihm das Buch überreicht, das mir die israelische Ministerpräsidentin für ihn mitgegeben hatte und über das ich an anderer Stelle noch berichte.

Nach der Unterzeichnung des Abkommens von Camp David am 26. März 1979 durch Präsident Sadat und den israelischen Ministerpräsidenten Begin kam Präsident Sadat anschließend nach Bonn, um Bundeskanzler Schmidt zu informieren.

Dieses Gespräch ist mir noch deutlich in Erinnerung. Von unserer Seite nahmen Helmut Schmidt, Genscher und ich teil. Auf der ägyptischen Seite nur Präsident Sadat. Die übrigen Mitglieder der ägyptischen Delegation, darunter der Ministerpräsident und der Außenminister, machten einen sehr bedrückten Eindruck. Der Außenminister trat wegen des Abkommens von Camp David wenige Tage später zurück.

Im Laufe des Gesprächs fragte ich Präsident Sadat, wie er die Haltung der anderen arabischen Länder zum Abkommen von Camp David einschätze. Sadat war sehr optimistisch. Er sagte: »Mit Ausnahme von Syrien, Libyen und dem Südjemen werden alle anderen das Abkommen akzeptieren. Auch die anderen arabischen Länder müssen anerkennen, daß ich mit diesem Abkommen einen großen Teil des arabischen Territoriums von Israel wieder zurückgewonnen habe.«

Ich konnte den Optimismus Sadats nicht teilen und fragte deshalb: »Wird auch Algerien das Abkommen von Camp David akzeptieren?« Sadat: »Auch Algerien.«

Nach dem Gespräch sagte ich Helmut Schmidt, daß ich aufgrund meiner Informationen und Beurteilung der Lage den Optimismus von Sadat nicht teilen könne. Es werde in der arabischen Familie viel Ärger und Ablehnung geben. Sadat dürfte in erhebliche Schwierigkeiten geraten.

Später habe ich erfahren, daß Sadat vor seinem Besuch in Bonn noch keine Reaktionen aus der arabischen Welt erhalten hatte. Der Staatssekretär, der ihn informieren sollte, war während des Fluges einem Herzinfarkt erlegen.

Leider habe ich mit meiner Einschätzung der arabischen Reaktionen auf Camp David recht behalten, ja, sie war noch schlimmer, als ich befürchtet hatte: Die arabischen Staaten brachen die Beziehungen zu Ägypten ab. Ägypten wurde aus der Arabischen Liga ausgeschlossen, deren Sitz man von Kairo nach Tunis verlegte – eine politische Katastrophe, die auch mit erheblichen wirtschaftlichen Auswirkungen verbunden war. Die größte ägyptische Deviseneinnahme stammte von Geldüberweisungen jener Ägypter, die in den arabischen Ölländern arbeiteten. Sie fielen nun zu einem erheblichen Teil aus. Auch Kredite und finanzielle Hilfen aus arabischen Erdölländern wurden gestrichen. Natürlich haben die westlichen Länder sich bemüht, Ägypten in stärkerem Maße zu helfen, allerdings hat die ägyptische Bürokratie den schnellen Abfluß der zur Verfügung gestellten Gelder sehr erschwert.

Am 6. Oktober 1981 hat Präsident Anwar el-Sadat seinen Mut, mit Israel Frieden zu schließen, mit dem Leben bezahlt. Es war wie so oft in der Geschichte: Wer den Frieden will, ist oft mehr gefährdet als der, der den Krieg fortsetzen möchte.

Sadat hat entscheidend zur Normalisierung der Beziehungen zwischen der arabischen Welt und der Bundesrepublik beigetragen, er hatte den Mut, nach Israel zu gehen und vor der Knesseth zu sprechen und den Vertrag von Camp David zu unterzeichnen, um die im Krieg an Israel verlorenen Gebiete für sein Land zurückzugewinnen und damit aber auch dem Friedensprozeß im Nahen Osten zu dienen.

Sein Tod hat mich sehr betroffen.

Unter den von den religiösen und politischen Fanatikern Ermordeten befand sich auch ein sehr enger persönlicher Freund, dem ich zu großem Dank verpflichtet bin, weil ich ihm viele Kenntnisse über die arabische Welt verdanke. Es war ein schmerzlicher Verlust für mich.

Natürlich waren auch viele andere an einer Normalisierung der Beziehungen zur arabischen Welt beteiligt, vor allem selbstverständlich die offiziellen Vertreter des Auswärtigen Amtes. Aber gerade in der arabischen Welt spielen persönliche Beziehungen und Vertrauen eine besonders große Rolle.

Am 7. August 1974 nahm Syrien als letztes Land die diplomatischen Beziehungen zur Bundesrepublik wieder auf. Auch hier hatte ich mich bemüht, die Entwicklung positiv zu beeinflussen, war aber lange Zeit nicht sehr erfolgreich. Unmittelbar vor Weihnachten 1972 flog ich mit Hans-Eberhard Dingels nach Damaskus. Mein wichtigster Gesprächspartner war der damalige Außenminister und spätere Vizepräsident Chaddam, mit dem mich eine herzliche Freundschaft verband.

Die Syrer waren inzwischen selbst an einer Wiederaufnahme der diplomatischen Beziehungen und damit an der Fortsetzung der Entwicklungshilfe interessiert. Aber sie forderten in Verbindung damit eine gegen Israel gerichtete Erklärung der Bundesregierung. Ich habe das sofort eindeutig zurückgewiesen und sagte Chaddam, daß wir grundsätzlich nicht bereit seien, die Wiederaufnahme diplomatischer

Beziehungen mit einer Erklärung gegen ein anderes Land zu verbinden. Da der Prozeß der Wiederannäherung noch nicht abgeschlossen sei, würde ich vielleicht im nächsten Jahr noch einmal vorbeikommen. Chaddam meinte, das nächste Jahr begänne ja in wenigen Tagen und ich solle doch einfach diese wenigen Tage in Damaskus verbringen. Ich war aber nicht bereit, wie ein Bettler um die Wiederaufnahme der Beziehungen in Damaskus zu bitten und sagte Chaddam, daß ein Deutscher üblicherweise den Heiligen Abend bei seiner Familie verbringe.

Ich nutzte meinen Aufenthalt in Damaskus, um dort noch meine Weihnachtseinkäufe zu erledigen. In einem Bazar wurde mir ein besonders schönes Stück angeboten. Aber mein Geld reichte dafür nicht aus. Ich war zum erstenmal in diesem Laden. Der Inhaber sagte: »Sie sind Ben Wisch. Sie sind hier bekannt. Sie können das Geschenk mitnehmen und selbstverständlich nach Weihnachten die Rechnung von zu Hause aus begleichen.«

Bei meinen vielen Reisen in arabische Länder habe ich die fast sprichwörtliche Gastfreundschaft immer wieder erleben dürfen. Manchmal hat sie mich auch beschämt, da ich wußte, daß wir in der Bundesrepublik dazu nicht fähig sind.

Diese Gastfreundschaft erlebte ich vor allem auch in Tunesien. Hier begannen ja meine Kontakte zu der dort amtierenden algerischen Exilregierung. Tunesien liebte ich vor allem auch wegen seiner großen Liberalität im Gegensatz zu anderen arabischen Ländern. Ich habe dem tunesischen Präsidenten Habib Bourgiba nicht nur großen Respekt, sondern auch Freundschaft entgegengebracht und hatte enge Verbindungen zur ganzen Familie. Aber ich sah auch die Schwierigkeiten und Probleme dieses Landes: ein großer Präsident, der viel für sein Land geleistet hat und der tragischerweise den Zeitpunkt für die Machtübergabe an einen Jüngeren versäumte.

Von den Algeriern wurde ich oft zu den großen Festtagen, die mit der Revolution und der Unabhängigkeit des Landes in Verbindung standen, eingeladen. Man hat Menschen, die dem Land in schwieriger Zeit halfen, nie vergessen.

Aber ich habe auch die großzügige Gastfreundschaft des Königreiches Saudi-Arabien erleben dürfen. Drei Könige lernte ich im

Laufe der Jahre kennen. Und ich konnte die rasante Entwicklung dieses Landes beobachten: von einem Wüstenstaat mit Kamelkarawanen zu einem Staat mit Autobahnen und modernen Industrieanlagen. Riad, die Hauptstadt Saudi-Arabiens, entwickelte sich von einer verschlafenen Wüstenstadt zu einer fast modernen Großstadt mit hervorragenden Krankenhäusern und einer großzügigen und modernen Universität. Doch alle Modernität änderte nichts an der Tatsache, daß Saudi-Arabien auf zwei Grundpfeilern beruht: auf dem Königshaus der Saudis und auf dem Islam.

Besonders herzliche Gastfreundschaft habe ich in den Vereinigten Arabischen Emiraten genossen. Hier war ich mit meiner Frau zu einer Hochzeit eingeladen: Der Sohn des Ministerpräsidenten heiratete die Tochter des Staatspräsidenten. Wir wurden in Köln mit anderen Eingeladenen von einem Sonderflugzeug abgeholt. In Abu Dhabi erlebten wir dann eine glanzvolle Hochzeit, an der auch große Teile der Bevölkerung teilnahmen. Ich habe gelernt, daß eine Hochzeit auch ohne Alkohol sehr schön sein kann. Meiner Frau wurde die große Ehre zuteil, die Braut zu sehen. Uns anderen war dies versagt. Es ist eine andere Welt. Aber ich habe mich in ihr wohl gefühlt, weil ich diese Menschen gern habe.

Gedanken über unsere arabischen Nachbarn

Die deutsch-arabischen Beziehungen sind alt. Sie reichen weit ins Mittelalter zurück. Es wird berichtet, daß schon im 9. Jahrhundert eine Delegation aus Bagdad am Hofe Karls des Großen erschienen sei. Seitdem ist es in nahezu allen Bereichen immer wieder zu Kontakten zwischen Arabern und Deutschen gekommen. Diese vielfältigen historischen Beziehungen gilt es zu nutzen, zumal sie frei sind von kolonialen Reminiszenzen. Heute besteht eine wechselseitige politische und wirtschaftliche Abhängigkeit zwischen Europa und der arabischen Welt. Araber und Europäer sind als Mittelmeeranrainer geographische Nachbarn und damit aufeinander angewiesen.

Ich fühle mich der konstanten und intensiven Pflege unserer Beziehungen zu den arabischen Nachbarn verpflichtet und nehme daher auch stets besonderen Anteil an diesen Entwicklungen – seien sie erfreulich oder auch weniger erfreulich. Es ist eine wichtige Aufgabe deutscher Außenpolitik, der deutschen Öffentlichkeit die Sorgen und Wünsche der arabischen Welt näherzubringen, eine Aufgabe, die über die Zeit des Erdöls hinausreicht. Nicht Karl May und Romantik, nicht das deutsche Afrikakorps und nicht nur Erdöl sind die Basis unserer Beziehungen zu den arabischen Ländern. Das moderne Geflecht unserer gutnachbarlichen Beziehungen ist wesentlich umfassender und feinmaschiger. Es umfaßt partnerschaftliche Zusammenarbeit in Politik, Wirtschaft und Kultur. Die Bundesrepublik unterhält praktisch in allen Staaten der arabischen Welt diplomatische Vertretungen. Vor allem der Nahostkonflikt, aber auch andere Probleme beeinträchtigten die deutsch-arabischen Beziehungen, die 1965 auf ihrem Tiefpunkt angelangt waren. Die Große Koalition, insbesondere aber die sozialliberale Koalition haben sie wieder ins Lot gebracht.

Seitdem haben sie sich positiv entwickelt. In den meisten Fällen können sie heute als gut oder sehr gut bezeichnet werden. Dies gilt für alle Bereiche unserer politischen, wirtschaftlichen und kulturellen Zusammenarbeit. Sie bedürfen allerdings der dauernden und intensiven Pflege, der Gespräche und der Reisediplomatie. Dabei muß man erkennen, daß die arabischen Staaten nicht nur über bilaterale Fragen oder über die besonderen Probleme ihrer Region mit uns sprechen wollen, sondern immer mehr auch über internationale Politik insgesamt. Wir müssen diesem Wunsch Rechnung tragen. Wo Beziehungen zwischen einzelnen Parteien bestehen, müssen auch diese in den Dialog miteinbezogen werden, was erfreulicherweise zum Teil schon praktiziert wird.

Wir müssen überdies Verständnis für die Sorgen unserer arabischen Nachbarn um ihre Sicherheit haben. Wir in Europa haben schließlich selbst das größte Interesse an politischer und wirtschaftlicher Stabilität in den arabischen Ländern. Die Länder um den persisch-arabischen Golf haben eine zentrale Bedeutung für die Energieversorgung der Welt, vor allem des Westens. Eine Unterbrechung der Erdöllieferung aus den arabischen Golfländern hätte katastrophale Folgen für die Weltwirtschaft und damit zugleich für die Sicherheit des Westens. Die politischen Ereignisse der jüngsten Vergangenheit haben diese Region zu einer gefährlichen Konfrontationszone gemacht und die Golfanrainer zu aktiver Sicherheitspolitik herausgefordert. Vor allem die Ereignisse im Iran haben die arabischen Golfstaaten alarmiert. Östliche wie westliche, auf die Golfregionen gemünzte Doktrinen sind dort mit Zurückhaltung aufgenommen worden. Von dort aus gesehen ist auch Afghanistan nicht weit entfernt.

Erst 1988 konnte eine wesentliche Entspannung in dieser Region erreicht werden, als ein Waffenstillstand zwischen dem Iran und dem Irak zustande kam. Die Vereinten Nationen haben sich dabei besondere Verdienste erworben. Und auch in Afghanistan gibt es eine neue Situation; die Sowjetunion hat ihre Truppen zum vereinbarten Termin abgezogen. Aber natürlich müßten auch die USA auf weitere Waffenlieferungen an die verschiedenen islamischen Gruppierungen verzichten, die in den Konflikt verwickelt sind. Die Sowjetunion unternimmt jedenfalls jetzt große Anstrengungen, um das Land zu befrieden. Ich bin eher skeptisch. Als die Vereinbarung zustande kam, saßen nicht alle am Konflikt beteiligten Parteien am Verhandlungstisch. Daß sich die Nichtbeteiligten an die getroffenen Abmachungen halten, spricht gegen alle bisherigen Erfahrungen.

Eines habe ich in meiner langen politischen Arbeit gelernt: Die Bundesrepublik Deutschland darf keine Waffen in den Nahen Osten exportieren, weder an arabische Staaten noch an Israel. Jede andere Politik führt ins Desaster.

Wir befinden uns in einer anderen Situation als vergleichbare Länder. Unsere Geschichte entläßt uns nicht. Gerade für diese Region haben wir sie in unsere Entscheidungen miteinzubeziehen.

Der Konflikt zwischen Israel und seinen Nachbarn beeinflußt auch unsere politischen Beziehungen zu den arabischen Staaten. Die Haltung der Bundesrepublik folgt weitgehend den politischen Entscheidungen der Europäischen Gemeinschaft. Ich teile diese Entscheidungen. Ihre Grundlinien sind in einer Erklärung des Europäischen Rates niedergelegt, die sich auf Resolutionen des Sicherheitsrats der Vereinten Nationen bezieht. Die Bundesregierung ist gemeinsam mit ihren Partnern in der Europäischen Gemeinschaft der Auffassung, daß es an der Zeit ist, zwei weltweit anerkannte Prinzipien auch im Nahen Osten zu realisieren.

Das eine ist das Existenzrecht aller Staaten der nahöstlichen Region, das heißt ihr Recht auf Sicherheit, Souveränität und auf anerkannte gesicherte Grenzen. Dieses Recht gilt für die arabischen Staaten und Israel gleichermaßen.

Das andere Prinzip ist die Gerechtigkeit für alle Völker der Region.

Es erfordert auch die Anerkennung der legitimen Rechte des palästinensischen Volkes, vor allem das Recht auf Ausübung seiner Selbstbestimmung im Rahmen einer einvernehmlichen Verhandlungslösung. Für dieses Recht haben wir uns seit vielen Jahren konsequent eingesetzt.

Wir Deutsche wünschen von Herzen, daß Juden, Muslime und Christen, daß Israelis und Araber in einem gerechten Frieden miteinander zu leben lernen. Der Frieden, den wir den Völkern der Region wünschen, wird auch unser Frieden sein. Über die Methode, zu einer Friedenslösung zu gelangen, kann man verschiedener Auffassung sein. Sie sollte aber keine Frage des Dogmas sein, auch nicht für die PLO. Die Methode des alles oder nichts hat mehr als dreißig Jahre zu keinem Erfolg geführt. Ägypter und Israelis haben inzwischen demonstriert, daß es auch im Nahen Osten möglich ist, schrittweise bessere Beziehungen herzustellen.

Von entscheidender Bedeutung für die deutsche Politik ist, daß wir gegenüber Arabern und Israelis nicht mit zwei Zungen sprechen. Was wir zu den Problemen in dieser Region zu sagen haben, gilt für Araber wie für Israelis. Einen doppelten Boden kann es nicht geben.

Ich habe meine arabischen Freunde immer wieder um Verständnis für unsere Geschichte und ihre Konsequenzen gebeten. Ich erinnere mich an ein Gespräch mit dem libyschen Ministerpräsidenten Jalloud anläßlich seines Besuchs in Bonn. Er fragte mich, warum wir immer noch die Zeit Adolf Hitlers zur Grundlage unserer Politik gegenüber den Juden machen würden. Sie wäre doch längst vorbei. Ich antwortete ihm: »Ich war 1933 zehn Jahre alt und habe deshalb wohl keine persönliche Verantwortung zu tragen. Aber ich muß mich der Geschichte meines Landes aus guten wie aus schlechten Zeiten stellen. Ich kann 1933 nicht aus der deutschen Geschichte aussteigen wie aus einer Straßenbahn und im Jahre 1945 wieder zusteigen, so als wäre nichts geschehen. Hat die Geschichte Ihres Landes erst am 1. September 1979 (dem Tag des Militärputsches und der Machtübernahme durch Ghaddafi) begonnen oder gehört das, was vorher war, auch zu Ihrer Geschichte?«

Ich glaube, er hat mich verstanden.

Natürlich sind auch die wirtschaftlichen Beziehungen zwischen der Bundesrepublik und der arabischen Welt von großer Bedeutung. Wir beziehen einen großen Teil unserer Energie von den arabischen Ländern, sie sind aber auch wichtige Abnehmer unserer Exporte, die für unser Land eine Lebensfrage sind. Ich habe mich auch deshalb niemals gescheut, überall für unsere Exporte einzutreten. Natürlich waren die wirtschaftlichen Beziehungen starken Schwankungen unterworfen. Bei hohem Erdölpreis konnten die Erdölländer bei uns mehr kaufen als bei niedrigem. Jedes Ding hat eben zwei Seiten, auch der Außenhandel. Während unserer Regierungszeit haben wir auch Kredite in Saudi-Arabien aufgenommen. Einige Erdölländer dieser Region haben unsere Entwicklungsprojekte in Ländern finanziert, die über kein Erdöl verfügen.

Oft habe ich mich über Karikaturen in unseren Zeitungen geärgert, die sich über die »Ölscheichs« lustig machten. Viele von uns haben jene Zeit vergessen, in der man diese »Scheichs« mit Almosen für ihr Erdöl abspeiste. Und die Industrieländer, die selbst über Erdöl verfügen, haben ihre Preise immer sehr schnell denen der OPEC-Länder angeglichen. Natürlich haben die arabischen Erdölländer versucht, ihr Erdöl auch als Waffe in der politischen Auseinandersetzung einzusetzen. Aber auch die westlichen Industrieländer haben den Außenhandel bei politischen Differenzen benutzt.

Ich halte den Einsatz des Außenhandels als Waffe in der Politik für ungeeignet und habe mich niemals damit befreunden können. Man kann den Außenhandel nicht auf- und zudrehen wie einen Wasserhahn. Die Erfolge sind auch mäßig. Allerdings gibt es eine eindeutige Ausnahme: Südafrika. Hier sehe auch ich keine andere Möglichkeit, als mit wirtschaftlichem Boykott gegen den ebenso menschenverachtenden wie unchristlichen Rassismus vorzugehen.

Leider wird gerade bei den arabischen Ländern die Bedeutung der kulturellen Zusammenarbeit unterschätzt, besonders im sprachlichen Bereich. Natürlich sprechen viele Araber Englisch oder Französisch, eine ganze Reihe von ihnen auch Deutsch. In unserem Land ist die Bereitschaft, Arabisch zu lernen, jedoch noch sehr unterentwickelt. Es gehört zu meinen Minuspunkten, daß ich in den vielen Jahren meiner Kontakte und Freundschaften zu Arabern die Sprache meiner Freunde nicht gelernt habe. Ich habe mich immer damit entschuldigt, daß ich nicht über die dazu erforderliche Zeit verfüge. Die in der arabischen Welt lebenden Völker gehören zu den ältesten Kulturvölkern der Erde. Wir haben viel von ihnen gelernt.

Der Islam hat sich von Mekka und Medina im heutigen Saudi-

Arabien über weite Teile der Erde ausgebreitet. Heute bekennen sich mehr als 900 Millionen zu dieser Weltreligion. Er ist Staatsreligion in den arabischen Staaten, in denen heute etwa 180 Millionen Moslems leben, in Asien bekennen sich mehr als 400 Millionen zu dieser Religion, und auch in Afrika gibt es eine Anzahl von islamischen Staaten. Gerade dort hat sich diese Religion in den letzten Jahrzehnten stark ausgebreitet. In mehreren Staaten – wie Indien, China und der Sowjetunion – leben starke moslemische Minderheiten. Inzwischen gilt das auch für Europa. In der Bundesrepublik bekennen sich heute mehr als eine Million Menschen zum Islam. Der größte Teil davon kommt aus der Türkei, dem islamischen Teil Jugoslawiens und aus arabischen Staaten.

Die überwiegende Mehrheit der Moslems sind Sunniten, etwa 90 Prozent. Zehn Prozent sind Schiiten. Ihr Zentrum ist der Iran, sie leben aber auch im Irak, im Libanon und auf Bahrein. Fast überall in der arabischen Welt erfolgt derzeit eine starke Reislamisierung. Dazu gehört auch der vehement auftretende Fundamentalismus, der im Iran besonders auffällig in Erscheinung tritt, aber auch unter den Sunniten anzutreffen ist.

Diese Rückbesinnung auf ihre Religion hat mehrere Gründe. Viele Menschen sehen im Islam einen Weg zwischen dem materialistischen Westen und dem Kommunismus, der ohnehin abgelehnt wird, weil er religionsfeindlich ist. Afghanistan hat das noch deutlicher gemacht. Ich habe aber auch moslemische Studenten kennengelernt, die aus Angst vor der Zukunft zu religiösen Fanatikern wurden, weil sie befürchteten, durch ihr Studium ihre Chancen im Leben nicht verbessern zu können. Andere wiederum sind zu Fundamentalisten geworden, weil sie mit der politischen Führung ihres Landes und deren Lebensstil nicht einverstanden waren und auf diese Weise dagegen protestierten. Und schließlich hat manchen imponiert, daß der im Exil lebende Khomeini den Schah zwang, das Land zu verlassen, obwohl dieser die Unterstützung der USA genoß und sein Reichtum und seine Macht nahezu unbezwingbar erschienen.

Ich habe auch bei sehr strenggläubigen Schiiten und Fundamentalisten nie Feindseligkeit gespürt. Man war immer bereit, dem Christen den entsprechenden Respekt entgegenzubringen. Umgekehrt habe auch ich stets großen Respekt vor der islamischen Weltreligion empfunden. Meine Erfahrungen mit dem Islam haben mich zu der

Überlegung geführt, daß wir mehr über diese Religion lernen müssen, extreme Vorgänge nicht verallgemeinern dürfen und dieser Weltreligion den ihr gebührenden Respekt entgegenbringen sollten.

Am 26. September 1988 erschienen in England »Die Satanischen Verse« von Salman Rushdie. Am 14. Februar 1989 verhängte Ayatollah Khomeini das Todesurteil gegen Salman Rushdie und versprach denjenigen, die die Hinrichtung vollzogen, eine Belohnung in Millionenhöhe. Es folgten Bücherverbrennungen, Demonstrationen mit Verwundeten und Toten. Eine Reihe westeuropäischer Staaten beriefen ihre Botschafter aus Teheran zurück. Das Buch von Salman Rushdie enthält Passagen, die auch für gemäßigte Moslems inakzeptabel sind. Auch wir können uns nicht mit einem Text identifizieren, den viele Millionen Moslems als beleidigend empfinden, weil er die zwölf Frauen des Propheten Mohammed mit zwölf Huren in einem Bordell gleichsetzt. Es ist leicht vorstellbar, welche Empörung ein Autor bei den Christen auslöste, wenn er die Jünger Jesu als Homosexuelle oder Maria als Dirne darstellte.

Wenn deshalb der amtierende Minister der Bundesrepublik Norbert Blüm als Mitherausgeber dieses Buches auftreten will oder die Grünen fordern, daß dieses Buch von den Abgeordneten des Deutschen Bundestages offiziell herausgegeben wird, dann beweisen sie damit ihren mangelnden Respekt vor einer anderen Religion und ihre politische Instinktlosigkeit.

Entschieden ablehnen müssen wir jedoch den Mordbefehl des Ayatollah. Wir müssen das Leben von Salman Rushdie schützen und schon aus Gründen der Presse- und Meinungsfreiheit dafür Sorge tragen, daß dieses Buch erscheinen kann.

Die Vorgänge vom Frühjahr 1989 beweisen, wie unverzichtbar der Dialog zwischen den großen Religionsgemeinschaften unserer Zeit ist, insbesondere zwischen Islam und Christen. Der Frieden in der Welt ist nur dann gesichert, wenn die verschiedenen Religionen friedlich miteinander umgehen und sich um Verständigung bemühen.

Die Palästinenser

Auf der Welt leben knapp 4,5 Millionen Palästinenser, davon jetzt etwa 700 000 in Israel, 700 000 auf der von Israel besetzten Westbank, 650 000 im Gazastreifen, eine Million im Königreich Jordanien, etwa 400 000 im Libanon, 250 000 in Syrien, 320 000 in Kuweit, 120 000 im Irak, 40 000 in den Vereinigten Arabischen Emiraten, 20 000 in Katar, 60 000 in Ägypten und etwa 15 000 in Libyen. Außerdem leben in Europa, in den USA, Kanada und in Lateinamerika etwa 430 000, in der Bundesrepublik etwa 70 000 Palästinenser, viele davon in West-Berlin. Niemand kann genau sagen, wie viele Palästinenser es gibt, denn es existiert kein palästinensischer Paß. Die meisten von ihnen haben den Paß ihrer Gastländer oder Flüchtlingsdokumente. Aufgrund ihrer Ausbildung und ihres Könnens bekleiden manche Palästinenser gute Positionen in anderen arabischen Ländern. Viele von ihnen leben jedoch unter ärmlichsten und auch gefährlichen Umständen in Flüchtlingslagern. Die Lager Sabra und Chatilla haben dies der Weltöffentlichkeit deutlich gemacht.

Bevor das Problem der Palästinenser nicht gelöst ist, wird es keinen Frieden im Nahen Osten geben. Der größte Teil der Palästinenser strebt einen palästinensischen Staat an. Da besonders viele von ihnen im Königreich Jordanien leben, sind manche Palästinenser auch mit der Bildung einer Föderation oder Konföderation zwischen dem Königreich Jordanien und einem palästinensischen Staat einverstanden, der aus den jetzt von Israel besetzten Gebieten gebildet werden soll. Auch die Palästinenser, die derzeit in anderen Staaten arbeiten, wollen nicht auf den Paß eines palästinensischen Staates verzichten.

Der weitaus größte Teil von ihnen bekennt sich zur PLO, obwohl sie in vielen Staaten und einem besetzten Gebiet leben. Trotz aller Höhen und Tiefen, Krisen und fast aussichtslosen Situationen im Laufe der Jahre ist Jassir Arafat der anerkannte Führer der Palästinenser geblieben.

Die PLO ist eine Dachorganisation. Die einzelnen Mitgliedsorganisationen der PLO sind in ihrer politischen Zielsetzung und Struktur sehr unterschiedlich. Dies führte immer wieder zu schwierigen und belastenden Auseinandersetzungen.

Unter den Palästinensern findet man Sozialisten, Kommunisten und Konservative, Menschen, die religiös empfinden, und andere, die weniger religiös sind. Die große Mehrheit der Palästinenser bekennt sich zum Islam, aber mehr als 20 Prozent sind Christen. Die einen sind an einer friedlichen politischen Lösung interessiert und arbeiten auch dafür, aber immer wieder glauben kleine radikale Gruppen, ihre Ziele mit Gewalt erreichen zu können. Der Terrorismus hat dem Ansehen der Palästinenser sehr geschadet, aber bis heute noch nicht ein einziges Problem gelöst. Oft ist der Terrorismus der Palästinenser von anderen arabischen Staaten nicht nur gebilligt, sondern sogar gefördert worden. Und sie benutzten sie häufig zur Stärkung ihrer eigenen Position in innerarabischen Querelen.

Die Israelis lassen nicht zu, daß Palästinenser aus den besetzten Gebieten, die sich zur PLO und Arafat bekennen, an den Sitzungen und Kongressen der PLO teilnehmen. Deshalb besteht immer wieder die Gefahr, daß Entscheidungen getroffen werden, die die Lage der Palästinenser nicht im notwendigen Maß berücksichtigen. Darauf habe ich Arafat mehr als einmal hingewiesen.

Mein Bild dieses Mannes wird stark geprägt durch seine aktive Hilfe bei der Befreiung der Geiseln während des »Schwarzen Septembers« in Jordanien und auch durch die hilfreiche Haltung, die die PLO bei der Entführung der »Landshut« einnahm. Jassir Arafats Aufgabe ist schwer. Er muß sich immer wieder darum bemühen, die unterschiedlichen politischen Gruppierungen der Palästinenser zusammmenzuhalten. Dabei schließt er auch Kompromisse, von deren Richtigkeit er selbst nicht immer überzeugt ist. Aber die palästinensische Einheit hat für ihn Vorrang. Die PLO ist Vollmitglied der Arabischen Liga.

Die Gespräche mit Jassir Arafat haben mich überzeugt, daß er wirklich an einer politischen Lösung interessiert ist, aber da der Likud-Block und auch viele Mitglieder der Arbeiterpartei nicht zu Gesprächen mit der PLO bereit sind, ja sogar jeden Kontakt ablehnen, wird die Frage der Gewalt immer wieder eine Rolle spielen.

Ich erinnere mich vor allem eines Gesprächs mit Arafat, in dem er die Haltung der USA als zynisch bezeichnete: Solange die PLO die militärische Option verfolgt habe, sei sie des Terrorismus geziehen worden. Als aber nach dem Abzug der militärischen Einheiten aus Beirut die militärische Option nicht mehr zur Verfügung stand, habe Außenminister Shultz der PLO bedeutet, sie spiele nun bei der Lösung des Nahostproblems keine Rolle mehr, da sie kein Gewicht mehr besitze.

Mit Jassir Arafat 1989 anläßlich der Gespräche in Tunis.

Jassir Arafat wird seinen Weg weitergehen. Auch in seiner Person liegt eine Chance für eine politische Lösung.

Neben Arafat habe ich auch andere führende Palästinenser kennengelernt. Bei Bruno Kreisky traf ich zum erstenmal Dr. Issam Sartawi. Er war Beauftragter Arafats und hatte seinen offiziellen Sitz in Paris. Für Arafat war er vor allem der Verbindungsmann zur Sozialistischen Internationale. Der in den USA ausgebildete Chirurg besuchte mich später in Bonn und in Köln. Er machte mir gegenüber nie einen Hehl daraus, daß er eine Zeitlang glaubte, nur Gewalt und Terror könnten zu einem für die Palästinenser befriedigenden Ergebnis führen. Im Laufe der Zeit sah er jedoch ein, daß dies der falsche Weg ist, und hat sich danach immer wieder darum bemüht, auch andere vom Terrorismus abzubringen.

Sartawi war davon überzeugt, daß nur der direkte Kontakt zu den Israelis zu einem Ergebnis führen werde. Er bemühte sich immer wieder um solche Kontakte und konnte auch erste Erfolge verzeichnen.

Auf dem Kongreß der Sozialistischen Internationale 1983 in Abufeira in Portugal haben Willy Brandt und ich ein letztes Gespräch mit ihm geführt. Er bat bei dieser Gelegenheit darum, daß wir ihm ein Gespräch mit Schimon Peres vermittelten, der damals die Arbeiterpartei in der Opposition führte. Der darauf angesprochene Peres meinte jedoch, er könne ein solches Gespräch nicht führen, auch nicht ein absolut vertrauliches. Als ich Dr. Sartawi davon informierte, war er sehr niedergeschlagen. Wir wohnten in Abufeira im gleichen Hotel und saßen am Abend zusammen an der Bar.

Am nächsten Morgen wurde er in der Halle des Hotels, in dem der Kongreß stattfand, ermordet. Seine Mörder waren Landsleute, radikale Palästinenser, die keine Gespräche mit den Israelis wollten. Es waren Leute, die jede mögliche politische Lösung zu verhindern versuchten. Wieder ein Beispiel dafür, daß Menschen, die sich für den Frieden einsetzen, weit gefährlicher leben als die, die für Mord und Terror plädieren.

Ich habe später seine Familie in Amman besucht. Es war ein schwieriger Besuch.

Israel

Als der Staat Israel im Jahre 1948 gegründet wurde, gab es weder die Bundesrepublik Deutschland noch die DDR. Trotzdem tragen die Deutschen für das Entstehen des Staates Israel eine besondere Verantwortung. Die Politik des Faschismus von 1933 bis 1945 hatte sich, neben vielen anderen Verbrechen, das Ziel gesetzt, die Juden in ganz Europa zu vernichten. Die nazistische Todesmaschinerie hat mehr als fünf Millionen Juden auf grausamste Weise ermordet.

Zwar gab es schon vor dem Faschismus Bestrebungen, einen jüdischen Staat zu gründen. Aber den entscheidenden Ausschlag dazu gaben die Judenverfolgungen in Europa durch die Faschisten. Zumindest ist diese Gründung dadurch stark beschleunigt worden. Deshalb sind wir Deutsche für diesen Staat und seine Existenz in gesicherten Grenzen in besonderer Weise verantwortlich.

Aus diesem Grund habe ich auch stets die von Konrad Adenauer mit Ben Gurion getroffenen Wiedergutmachungsvereinbarungen unterstützt. Dabei war mir freilich immer klar, daß unsere materiellen Leistungen die faschistischen Verbrechen an jüdischen Menschen nicht »wiedergutmachen« konnten.

Heute, mehr als 40 Jahre nach den Verbrechen, sind die Beziehungen zwischen der Bundesrepublik und Israel einigermaßen normal. Aber diese Normalität beruht nur darauf, daß die Israelis die Vergangenheit nicht vergessen werden und wir sie nicht vergessen dürfen. Wir müssen die nach uns Kommenden immer wieder an unsere Geschichte erinnern und dafür sorgen, daß sich die Schrecken der Vergangenheit nicht wiederholen. Unsere Vergangenheit verpflichtet uns auch zu einer aktiven Rolle in den Friedensbemühungen zwischen Israelis und Arabern.

Die offiziellen Repräsentanten des Staates Israel haben lange die Auffassung vertreten, daß wir Deutsche uns wegen unserer Vergangenheit der israelischen Position im Nahostkonflikt anzuschließen hätten. Wenn wir jedoch wegen unserer Vergangenheit Positionen übernehmen, die weder dem Frieden noch der Gerechtigkeit dienen, würden wir lügen, und unser Verhältnis zu Israel darf nicht auf Lügen aufgebaut sein.

Da wir überall in der Welt für das Selbstbestimmungsrecht eintreten, können wir den Nahen Osten davon nicht ausschließen. Obwohl mir diese Auffassung manche Anfeindung einbrachte, bin ich nie davon abgewichen. Man muß solche Anfeindungen ertragen, wenn man von der Richtigkeit seiner Überlegungen überzeugt ist.

Ich habe Israel des öfteren besucht und auch mit Golda Meir, Menachem Begin, Schimon Peres und vielen anderen israelischen Politikern gesprochen. Inzwischen habe ich auch gute persönliche Freunde in Israel, natürlich vor allem in der Arbeiterpartei, der Mapam, in der Gewerkschaftsbewegung und in der israelischen Friedensbewegung. Viele Israelis, wenn auch bei weitem nicht alle, verübeln mir meine engen Kontakte zu arabischen Politikern heute auch nicht mehr.

Eine besonders wichtige Reise nach Israel sollte ich 1973 mit einer SPD-Delegation unternehmen, die Herbert Wehner leitete. Wehner war ein besonders engagierter Freund Israels. Die Reise stand für mich unter einem schlechten Vorzeichen. Ein israelischer Journalist, den ich gut kannte, hatte mir vorgeworfen, mich bei meinen Verhandlungen während des »Schwarzen Septembers« nicht genügend für die israelischen Geiseln eingesetzt zu haben. Diese Vorwürfe waren natürlich völlig ungerechtfertigt. Ich habe mich damals um die Freilassung aller Geiseln bemüht. Aber dieser Journalist wollte bei meiner Ankunft in Tel Aviv eine Demonstration gegen mich organisieren. Einerseits wollte ich Herbert Wehner nicht in diese Angelegenheit hineinziehen, da sie ausschließlich gegen mich gerichtet war, andererseits wollte ich aber auch nicht kneifen.

Herbert Wehner flog aus der Bundesrepublik nach Israel. Ich befand mich zu dieser Zeit in Washington und wollte deshalb mit der El Al direkt von New York nach Tel Aviv fliegen. Dieses Flugzeug würde drei Stunden früher in Israel eintreffen als die Lufthansamaschine mit Herbert Wehner. So glaubte ich, ihn am besten vor etwaigen Unannehmlichkeiten bewahren zu können.

Als ich in New York abgefertigt war und auf den Abflug wartete, kam ein freundlicher israelischer Sicherheitsbeamter auf mich zu und sagte mir, daß mein Gepäck kontrolliert werden müsse. Da ich mit einem Diplomatenpaß reiste, fragte ich ihn, ob diese Gepäckkontrolle denn notwendig sei. Er verwies darauf, daß mein Paß voller arabischer Visa sei. Ich erlaubte ihm, mein Gepäck zu kontrollieren. Der Koffer sei nicht verschlossen, aber ich würde gern in Ruhe meinen Whisky trinken. Nun zögerte er und fragte mich: »Oder sind Sie dieser Ben Wisch?« »Ja«, sagte ich, »gute Freunde nennen mich so.« Auf die Gepäckkontrolle wurde verzichtet.

Als es Zeit für den Abflug der Maschine war, hörte ich aus dem Lautsprecher, daß sich der Abflug wegen technischer Schwierigkeiten verzögere. Das Flugzeug startete schließlich drei Stunden später als vorgesehen. Das waren genau die drei Stunden, die diese Maschine vor der Ankunft Herbert Wehners hätte eintreffen sollen. Nun landeten wir doch zur selben Zeit in Tel Aviv. Ein israelischer Sicherheitsbeamter sagte mir: »Da staunen Sie, daß Sie nun doch zur selben Zeit eingetroffen sind. Wenn wir nicht wollen, daß gegen jemanden demonstriert wird, dann wird auch nicht demonstriert.« Ich begriff, daß man das Flugzeug in New York aus diesem Grunde zurückgehalten hatte.

Zwischen Herbert Wehner und mir gab es wegen des Besuchsprogramms einen Dissenz. Ich wollte nicht, daß die Delegation der SPD die besetzten Gebiete besuchte. Herbert Wehner aber war auf alle Programmvorschläge der israelischen Seite eingegangen. Später habe ich die besetzten Gebiete dann aber doch besucht, denn anders kann man sich über die Situation der dort lebenden Palästinenser nicht informieren.

Von Ministerpräsidentin Golda Meir erhielt ich eine Einladung in ihr Privathaus. Das Haus war voller Blumen, und es war anzunehmen, daß es dafür einen besonderen Anlaß gab, den ich nicht kannte. Als ich die Hausdame nach dem Grund fragte, sagte sie mir, daß Golda Meir heute ihren Geburtstag habe. Ich entschuldigte mich sofort bei Golda Meir, man hätte mich nicht informiert, und ich hätte auch in der Zeitung keinen Hinweis gefunden. Sie antwortete: »Ich weiß selbst, wie alt ich bin. Ich brauche das nicht noch in der Zeitung zu lesen.«

Golda Meir erlebte ich als herbe, politisch unwahrscheinlich kluge, in der Sache zwar harte, sonst aber durchaus liebenswürdige Frau. Wir hatten einen ausführlichen Gedankenaustausch über die Situation im Nahen Osten. Natürlich stimmten wir nicht in allen Fragen überein.

Während unseres Gesprächs erzählte ich ihr, daß ich kurze Zeit später nach Ägypten fliegen würde, um mit Präsident Sadat zu sprechen. Ich fragte sie, ob ich Sadat etwas von ihr übermitteln solle. Sie erzählte, daß man in Israel ein Buch mit Briefen, Gedichten und

Noten von im Nahostkrieg gefallenen Israelis veröffentlicht habe. Dieses Buch solle ich für Sadat von ihr mitnehmen: »Mit vielen Grüßen von Golda Meir. Dies ist ein Buch des Friedens.« Sie wollte es mir am Abend geben, da es in ihrem Büro liege.

Die SPD-Delegation gab an diesem Abend ein Abendessen zu Ehren von Golda Meir und ihren politischen Freunden. Das Essen fand im Hotel King David statt. Golda Meir nahm mich in ihrem Wagen dahin mit. In der Hotelhalle wurde sie von einer Reisegruppe jüdischer Bürgerinnen und Bürger aus New York mit großem Applaus begrüßt. Sie meinte: »Diese Zustimmung würde ich gern hier im Lande haben.«

Während des Essens, sie saß als Ehrengast zwischen Herbert Wehner und mir, fragte ich sie wieder nach dem Buch. Es sei schon unterwegs, sie wolle es aber noch Herbert Wehner zeigen. Als dies dann geschah, stand Herbert Wehner auf, bedankte sich für das Buch, blätterte es durch und steckte es in seine unverzichtbare Aktentasche. Das für Sadat bestimmte Buch war bei Herbert Wehner gelandet. Golda Meir meinte, ich solle es mir doch von ihm zurückgeben lassen, das wollte ich aber nicht, um ihn nicht zu enttäuschen. Da wir am nächsten Tag schon wieder in Bonn waren, konnte ich den israelischen Botschafter in Bonn bitten, mir ein anderes Exemplar dieses Buches zu besorgen. Es war noch genügend Zeit bis zu meiner Begegnung mit Präsident Sadat.

Einige Tage später habe ich Willy Brandt die Geschichte von dem Buch erzählt. Willy Brandt lachte: »Du kannst das Buch von mir haben. Wehner hat es mir mit Grüßen von Golda Meir übermittelt.«

Präsident Sadat hat sein Buch bekommen. Die Ägypter haben es Wort für Wort übersetzt. Der ägyptische Botschafter hat mir auch eine Antwort für Golda Meir übermittelt: »Jawohl, das ist ein Buch des Friedens. Nun laßt uns Taten sehen.« Golda Meir mußte den Frieden mit Ägypten auf der Oppositionsbank erleben.

Golda Meir hat sich lange Zeit entschieden geweigert, deutschen Boden zu betreten. Als in Berlin eine Sitzung der Sozialistischen Internationale stattfand, ist sie dann aber doch von diesem Grundsatz abgewichen. Sie wollte bei der Behandlung des Nahostkonfliktes das Feld nicht Bruno Kreisky allein überlassen.

Mit der Politik von Ministerpräsident Menachem Begin konnte ich verständlicherweise nicht übereinstimmen. Als ich im Sommer 1983 bei einer Reise in den Nahen Osten, die ich mit meinem Kollegen Norbert Gansel unternahm, mit ihm zusammentraf, erzählte ich ihm, daß wir im Rahmen dieser Reise auch mit Jassir Arafat sprechen würden und fragte ihn, ob wir ihm etwas übermitteln sollten. Begin war entrüstet und riet uns, Arafat nicht zu sehen. Wir erwiderten, daß derjenige, der sich ernstlich um den Frieden in dieser Region bemühe, natürlich auch mit Arafat sprechen müsse. Dieses Gespräch fand wenige Tage vor seinem Rücktritt statt. Nach dem Gespräch mit Begin gab ich vor dem Fernsehen die lapidare Erklärung ab: »In allen wichtigen Fragen keine Übereinstimmung.« In einem Punkt hat mich dieses Gespräch aber doch beeindruckt: Trotz der großen politischen Differenzen hat Begin nicht eine Minute auf seine ausgeprägte Höflichkeit verzichtet.

Mit Schimon Peres, den ich als Parteiführer, Außenminister und Ministerpräsidenten kennenlernte, verbindet mich ein ausgesprochen gutes Verhältnis. Natürlich stimmen auch wir nicht in allen Fragen überein, aber er war redlich bemüht, den Nahostkonflikt zu entschärfen. Besonders seine Bemühungen um eine internationale Nahostfriedenskonferenz unter der Schirmherrschaft der fünf ständigen Mitglieder des Weltsicherheitsrates haben wir nachhaltig unterstützt. Schimon Peres hatte schnell erkannt, daß ohne die Sowjetunion eine Friedensregelung in dieser Region nicht möglich ist.

Eine der bedeutendsten jüdischen Persönlichkeiten, die ich kennenlernte, war Nahum Goldman. Er hat sich um den Staat Israel große Verdienste erworben. Mit ihm hatte ich als Staatsminister beim Bundeskanzler die sogenannte Abschlußgeste auszuhandeln, bei der es darum ging, den während des NS-Regimes verfolgten Juden zu helfen, die zwar einen moralischen, aber keinen juristischen Anspruch auf Entschädigung hatten. Das galt besonders für Juden, die bei Ablauf des Anmeldetermins von Ansprüchen noch in den Staaten des Ostblocks lebten. An diesen Verhandlungen nahm auch Werner Nachmann teil, der Vorsitzende des Zentralrats der Juden in der Bundesrepublik Deutschland. Ich war tief betroffen, als ich im Frühjahr 1988 erfuhr, daß ein erheblicher Teil der für die jüdischen Opfer zur Verfügung gestellten Mittel mißbräuchlich verwandt wurden.

Die Gespräche mit Nahum Goldman waren für mich ein großer menschlicher Gewinn. Ich habe diesen Mann sehr verehrt und viel von ihm gelernt. Tragischerweise ist sein Einfluß in Israel in seinen letzten Lebensjahren sehr zurückgegangen. Er war um einen Ausgleich mit den arabischen Nachbarn bemüht, vor allem auch mit den Palästinensern und hat aus seinen Kontakten zu Palästinensern, ja mit Vertretern der PLO, nie einen Hehl gemacht. Aber gerade damit stieß er in Israel auf harte Kritik.

Bei meinem letzten Gespräch mit Nahum Goldman sagte er mir sehr offen, daß ihm die künftige Entwicklung des Staates Israel große Sorgen bereite.

Reise durch den Nahen Osten

Nachdem wir am 1. Oktober 1982 durch den Koalitionswechsel der FDP aus der Regierung ausgeschieden waren, nahm ich zusammen mit meinem Kollegen Norbert Gansel, der mein Nachfolger in der Nahostpolitik werden sollte, noch einmal eine umfangreiche Bestandsaufnahme im Nahen Osten vor.

Wir reisten vom 5. bis 28. August 1983 durch verschiedene Länder des Nahen Ostens. Unser Bericht war eine Momentaufnahme aus dieser Zeit. Vieles ist jedoch auch heute noch gültig im Libanon.

Wir hatten uns vorgenommen, mit dem Wagen durch das Bekaatal von Beirut nach Damaskus zu fahren. Natürlich war das nicht ungefährlich, aber ich glaubte, daß wir uns nur so von der Lage des von Krieg und Bürgerkrieg heimgesuchten Landes wirklich ein Bild machen könnten. Das Bundeskriminalamt machte uns auf die Gefährlichkeit dieses Unternehmens zwar aufmerksam, aber ich wollte mich nicht davon abbringen lassen. Unmittelbar vor Beginn der Reise erhielt ich dann aber ein Fernschreiben vom Präsidenten des Bundeskriminalamtes, in dem er mich darauf hinwies, daß es zwar in erster Linie auf meine Sicherheit ankäme, aber doch auch auf die der uns begleitenden Beamten. Diese wollten wir natürlich nicht gefährden, wir verzichteten deshalb schließlich auf die geplante Autofahrt und entschieden uns für das Flugzeug.

Beirut war 1983 schon sehr stark zerstört. Das schöne Hotel King George, in dem ich mit meiner Frau bei der Wiederaufnahme der diplomatischen Beziehungen zum Libanon eine so angenehme Zeit verbracht hatte, war ein Trümmerhaufen.

In unserer Botschaft waren die Fenster zerbrochen. Kurz vorher hatten ganz in der Nähe Granaten eingeschlagen. Wir suchten auch die Palästinenserlager Sabra und Chatilla auf, in denen vorher mehrere hundert Palästinenser von Angehörigen der christlichen Milizen brutal ermordet worden waren.

Der Botschafter der Bundesrepublik, ein sehr tüchtiger und tapferer Mann, brachte Norbert Gansel und mich zum Flughafen von Beirut. Das Flughafengebäude war mehrere Male beschossen worden. Im VIP-Raum gab es keine Fenster mehr. Als wir abgefertigt waren und auf den Abflug unseres Flugzeuges warteten, beschossen die Milizen der Drusen den Flugplatz erneut mit Granaten. Ein Flugzeug der CSSR durfte in letzter Minute noch starten. Man wollte die Maschine nicht der Gefahr der Zerstörung aussetzen. Dann wurde der Flughafen gesperrt.

Der aufgeregte Protokollchef des Libanon, der zu unserer Verabschiedung gekommen war, rief uns zu: »Meine Herren, wir gehen in den nächsten Raum!« Das war die Toilette.

Uns wurde bald klar, daß durch diesen Beschuß der Flugplatz für längere Zeit geschlossen bleiben würde. So blieb uns dann gar nichts anderes übrig, als doch noch mit dem Wagen durch das Bekaatal nach Damaskus zu fahren. Unser Botschafter hat uns bis an die Grenze begleitet.

Der Weg war für mich überaus lehrreich. Wir erkannten sehr genau, wo sich die Einflußgebiete der Schiiten, der Christen und der syrischen Truppen befanden. Unterwegs hörten wir Schießereien, gelangten aber völlig unbehelligt nach Damaskus. Nur an der syrischen Grenze gab es einige Probleme, denn wir waren dort ja nicht angemeldet.

In Damaskus trafen wir auch mit Walid Jumblatt zusammen, dessen Drusenmilizen den Flugplatz von Beirut beschossen hatten. Ich kritisierte diese und die anderen Schießereien sehr scharf. Er erwiderte: »Wenn wir gewußt hätten, daß Ben Wisch auf dem Flugplatz ist, hätten wir mit der Beschießung auch zwei Stunden später anfangen können.«

Damals kam ich zu der Überzeugung, daß sich eine Reihe von führenden Libanesen leider in gefährlicher Weise an diesen Krieg gewöhnt hatte. Die große Mehrheit der Menschen im Libanon aber muß diesen Bürgerkrieg in seiner ganzen Grausamkeit erdulden.

Seit jener Reise hat sich viel geändert. Die Frage einer internationalen Friedenskonferenz für den Nahen Osten unter der Schirmherrschaft der fünf ständigen Mitglieder des Weltsicherheitsrates – USA, UdSSR, China, Frankreich und England – trat immer mehr in den Vordergrund der Diskussion. Wir bemühten uns, mit den uns zur Verfügung stehenden Mitteln dieses Vorhaben zu unterstützen. Es wurde von der israelischen Arbeiterpartei und von der PLO befürwortet, wobei allerdings zwischen beiden unterschiedliche Auffassungen über die Durchführung einer solchen Konferenz bestanden. Da von den fünf ständigen Mitgliedern des Weltsicherheitsrates zwei keine diplomatischen Beziehungen zu Israel unterhielten, nämlich die Sowjetunion und China, bemühte ich mich um eine Normalisierung der Beziehungen.

Ich war 1986 in Lima auf dem Kongreß der Sozialistischen Internationale zum Vorsitzenden des Mittelostkomitees der Internationalen gewählt worden. Die Hauptaufgabe dieses Komitees bestand darin, mitzuhelfen, die Konflikte in dieser Region einer friedlichen Lösung zuzuführen. Als ich 1987 nach Moskau flog, um die Sowjets als Gäste zu unserer Komiteesitzung einzuladen, machte ich sie darauf aufmerksam, daß sie bei dieser Gelegenheit auch mit Schimon Peres, dem damaligen israelischen Außenminister, zusammentreffen würden. Die Sowjets nahmen die Einladung an. Im Rahmen unseres Komitees kam es 1987 in Rom dann zu einer Begegnung zwischen Sowjets und Israelis. Bei diesem Dialog erwiesen sich die sowjetischen Gäste in der Frage einer internationalen Friedenskonferenz für den Nahen Osten als sehr flexibel. Die neue außenpolitische Linie war deutlich erkennbar. Ein sehr wichtiger Schritt war getan. Wir mußten diesen Weg konsequent weitergehen, um zu erreichen, daß diejenigen miteinander redeten, auf die es bei einer Friedenskonferenz ankam.

Auch die Chinesen konnte unser Komitee zu einem Gespräch über eine internationale Friedenskonferenz mit den Israelis an einen Tisch zusammenbringen. Diesmal tagten wir in Paris.

Nun mußten wir noch mit dem Vorsitzenden der PLO sprechen. Ich flog zu diesem Zweck im Oktober 1987 mit meinem Freund Hans-Eberhard Dingels nach Tunis. Yassir Arafat befürwortete, wie erwartet, die internationale Friedenskonferenz und plädierte für einen Verhandlungsfrieden. Bei all seinen Ausführungen ging er von der Existenz des Staates Israel aus.

Yassir Arafat war aber auch ein guter Gastgeber bei einem Abendessen. Wie ein Familienvater bediente er uns mit palästinensischen Spezialitäten. Der Chef seines Büros sprach ausgezeichnet Deutsch. Er hatte in Bonn studiert.

In Tunis gab es seit wenigen Tagen einen neuen Ministerpräsidenten: Zine el Abidine Ben Ali. Da ich ihn noch nicht kannte, suchte ich ihn auf, um einen persönlichen Eindruck von ihm zu gewinnen. Er hatte vor seiner Amtsübernahme als General in der Armee gedient, und ich sagte ihm, daß man in Europa nicht ohne Sorge sei, wenn ein General zum Ministerpräsidenten berufen werde. Daraufhin erzählte er mir, daß ihn seine Partei nach der Unabhängigkeit Tunesiens beauftragt hatte, in die Armee einzutreten und dort Karriere zu machen. Wir sprachen auch über die Zulassung anderer Parteien, und ich erhielt auf meine Fragen Antworten, die mich nicht nur beruhigten, sondern sogar Hoffnung auf eine liberale Entwicklung zuließen.

Wenige Tage später wurde Präsident Bourgiba abgelöst. Eine Ärztekommission stellte seine Amtsunfähigkeit fest. Sein Nachfolger wurde Zine el Abidine Ben Ali.

Ende 1987 begann in den von Israelis seit 1967 besetzten Gebieten auf der Westbank und im Gazastreifen die »Intifada«, der Aufstand der Palästinenser. Die meist jugendlichen Palästinenser verfügten über keine Waffen. Sie warfen mit Steinen, aber auch mit Molotowcocktails und gingen nicht mehr nach Israel zur Arbeit. Es war ein sehr ungleicher Kampf; die Israelis waren mit modernsten Waffen ausgerüstet. Deshalb mußten die Palästinenser auch ein Vielfaches an Opfern bringen wie die Israelis.

Im Jahre 1988 überschlugen sich die Ereignisse. Der Nahostkonflikt rückte wieder in den Mittelpunkt der Weltpolitik. König Hussein von Jordanien verzichtete zugunsten der PLO auf alle Ansprüche im Westjordanland. Damit wurde die vor allem von der israelischen Arbeiterpartei unter Schimon Peres angestrebte jordanische Option gegenstandslos. Die Palästinenser waren nun auch formal keine jordanischen Staatsbürger mehr. Sie forderten ihren eigenen Staat.

Am 1. November wählte Israel ein neues Parlament. Das Wahlergebnis, das zu einer erneuten Koalition zwischen Arbeiterpartei und Likud-Block führte, gab keinen Anlaß zu Hoffnungen auf eine Lösung des Palästinenserproblems.

Aber im November 1988 fand auch die Sitzung des palästinensischen Nationalrats in Algier statt, auf der sich die PLO mit großer Mehrheit für Friedensverhandlungen aussprach.

In diesen Tagen war ich in Kairo auf einer interafrikanischen Parteienkonferenz. Dabei führte ich auch Gespräche mit Präsident Mubarak und Mitgliedern seiner Regierung. Der Kontakt mit der ägyptischen Regierung war mir besonders wichtig, da Ägypten das einzige arabische Land war, das in Camp David Frieden mit Israel geschlossen hatte. Natürlich sprach ich in Kairo auch mit Vertretern der PLO. Der palästinensische Nationalrat hatte den palästinensischen Staat ausgerufen, sich in Algier aber auch zu den UNO-Resolutionen bekannt, was praktisch die Anerkennung des Staates Israel durch die PLO bedeutete.

Yassir Arafat begann eine große diplomatische Offensive für das Selbstbestimmungsrecht seines Volkes. Er wollte auch vor der Vollversammlung der Vereinten Nationen in New York sprechen. Die Regierung der USA verweigerte ihm jedoch die Einreise in die USA, eine Maßnahme, für die außer in Israel niemand Verständnis zeigte. Die Vollversammlung der Vereinten Nationen wurde nach Genf verlegt, und Yassir Arafat konnte dort seine Rede halten. Schon wenige Tage später nahm die Regierung der USA den Dialog mit der PLO in Tunis auf. An Widersprüchen gegenüber der Dritten Welt ist die Politik der Vereinigten Staaten nicht gerade arm.

Für den 28. November hatte ich die Kommission der Sozialistischen Internationale für den Nahen Osten nach Bonn eingeladen. Ich setzte zwei Punkte auf die Tagesordnung: einen Bericht über die Situation in Israel nach den Wahlen, den die Vertreter der beiden Mitgliedsparteien aus Israel geben sollten, und einen Bericht über die Lage nach der Sitzung des palästinensischen Nationalrats in Algier, den ein Mitglied des palästinensischen Nationalrats vortrug. Für letzteren hatte ich den Vertreter der PLO in der Bundesrepublik Deutschland, Abdalla Frangi, eingeladen, der auch dem Nationalrat angehört. Die Vertreter Israels und die Vertreter der PLO saßen an einem Tisch, gaben ihre Berichte ab und gingen sehr korrekt miteinander um. Es war das erste Mal, daß dies in der Sozialistischen Internationale möglich war. Ich war einen wesentlichen Schritt weitergekommen.

Am 6. und 7. Dezember 1988 tagte in Paris der Rat der Sozialistischen Internationale. Ich hatte einen Resolutionsentwurf über den Nahen Osten vorzulegen. Mit einigen Anstrengungen gelang es, eine gemeinsame Resolution zu verabschieden. Auch beide israelischen Parteien stimmten zu. Aber es war auch klar, daß der unverzichtbare Weg der Annäherung zwischen Israel und der PLO noch weit und schwer sein würde. Meine Aufgabe mußte in erster Linie darin bestehen, Kontakte zwischen der israelischen Arbeiterpartei und der PLO herzustellen. Ich mußte mich auf neue und große Anstrengungen vorbereiten. Für 1989 wurde eine »factfinding-mission« geplant, die Israel, seine arabischen Nachbarn und natürlich auch die PLO umfassen sollte. Außerdem wurde ein Hearing für diejenigen vorbereitet, die an einer internationalen Friedenskonferenz für den Nahen Osten teilnehmen sollten.

Vom 23. Februar bis zum 18. März 1989 leitete ich dann die Mission der Sozialistischen Internationale in den Nahen Osten. Der Kurzbericht ist im Anhang wiedergegeben. Wir sprachen mit dem tunesischen Präsidenten und seiner Regierung, mit der Arabischen Liga, vor allem aber mit dem Vorsitzenden der PLO, Yassir Arafat, und anderen Repräsentanten dieser Organisation. Wir führten in Jordanien Gespräche mit dem Kronprinzen und Mitgliedern der Regierung und in Syrien mit der dortigen Führung. Von Amman fuhren wir über die Allenbybrücke in die von Israel besetzten Gebiete und nach Israel. Dort sprachen wir sowohl mit führenden Vertretern des Staates Israel als auch mit Repräsentanten der palästinensischen Bevölkerung in den von Israel besetzten Gebieten.

Für mich begann die Reise mit einer bitteren politischen und auch menschlichen Enttäuschung. Ich hatte die internationalen Sekretäre der beiden israelischen Mitgliedsparteien in der Sozialistischen Internationale zur Teilnahme an den Gesprächen mit Yassir Arafat eingeladen. Alles war vorbereitet: Yassir Arafat hatte zugestimmt, die tunesische Regierung die Zustimmung zur Einreise der beiden Israelis erteilt, meine beiden israelischen Freunde hatten die Zustimmung ihrer Parteiführung erhalten. Beide waren schon nach Bonn gekommen, um mit mir gemeinsam nach Tunis zu reisen. Wenige Stunden vor der Abreise wurden sie jedoch von ihren Parteiführungen zurückgerufen. Eine große Chance war vertan.

Trotzdem war die Nahostpolitik wieder in Bewegung geraten. Mein Fazit aus der Reise in den Nahen Osten lautete:

Yassir Arafat und die PLO bemühen sich ernsthaft um eine friedliche Lösung des Nahostkonflikts. Sie haben den Staat Israel praktisch anerkannt. Man ist bereit, über die Sicherheit Israels zu reden und Lösungen zu finden. Arafats Konzept sieht die Gründung eines palästinensischen Staates vor, basiert also auf der Zweistaatentheorie.

Arafat kann seine Friedensbereitschaft aber nicht unbegrenzte Zeit aufrechterhalten. Innerhalb wie außerhalb der PLO opponieren Gruppen gegen seine Friedensinitiative. Sie werden von bestimmten arabischen Staaten unterstützt. Fest steht jedoch, daß eine Lösung des Nahostkonfliktes ohne die PLO nicht möglich ist. Aber Arafat braucht ein positives Echo aus Israel.

In Israel gibt es nach wie vor sehr unterschiedliche Auffassungen über eine Lösung des Konfliktes. In der israelischen Arbeiterpartei, aber auch in anderen Gruppen der israelischen Gesellschaft nimmt die Zahl derjenigen zu, die Verhandlungen mit der PLO für unausweichlich halten. Aber die Haltung des Likud-Blockes hat sich nicht verändert. Hier spricht man zwar auch von Verhandlungen, aber man will sich die Verhandlungspartner selbst aussuchen und zeigt wenig Neigung, sich aus den besetzten Gebieten zurückzuziehen.

Wenn die jetzt bestehenden Chancen für den Frieden in dieser Region nicht vertan werden sollen, stehen die beiden großen Regierungsparteien vor der Aufgabe, die Menschen in ihrem Land auf die notwendigen direkten Kontakte mit der PLO vorzubereiten.

In den besetzten Gebieten ist die Situation gefährlich und für die Menschen unerträglich. Sie ist aber auch schwierig für die jungen israelischen Soldaten. Die »Intifada« hat das Selbstbewußtsein der Palästinenser gestärkt. Der Aufstand ist mit militärischen Mitteln nicht niederzuschlagen. Er wird erst aufhören, wenn ein deutliches Zeichen für den Beginn des Friedensprozesses gesetzt wird. Die überwältigende Mehrheit der Menschen in den besetzten Gebieten bekennt sich zur PLO.

Die Zeit für den Frieden im Nahen Osten ist reif. Die Chancen dafür waren auch nie größer als heute. Eine internationale Friedenskonferenz für den Nahen Osten ist notwendiger denn je. Heute ist in diesem Bereich auch eine Zusammenarbeit zwischen den Vereinigten Staaten und der Sowjetunion möglich. Aber ohne direkte Gespräche zwischen Israel und der PLO wird es keine Ergebnisse geben.[4]

Die sozialliberale Koalition

Staatsminister im Auswärtigen Amt

Am 6. Mai 1974 trat Willy Brandt wegen der Spionageaffäre Guilleaume zurück. Helmut Schmidt wurde zum Bundeskanzler gewählt.

In seiner Regierungserklärung vom 17. Mai 1974 hieß es:

»Wir sind uns der Leistung bewußt, die Willy Brandt für unser Land erbracht hat. Was Brandt getan hat, um der Bundesrepublik eine geachtete und zugleich eine beachtete Stellung zu verschaffen, war ein hervorragender Dienst an unserem Volk, auf den sich die deutsche Politik fürderhin stützen kann.

Wir danken ihm für die schöpferische Kraft, mit der er unser Land auf einen neuen Kurs innerer Reform gebracht hat.

Die Reformpolitik seiner Regierung hat in einem knappen halben Jahrzehnt mehr an gesellschaftlichem Fortschritt gebracht als je vorher eine andere Regierung in einem gleichen Zeitraum.

Die Ostpolitik und die Deutschlandpolitik seiner Regierung war mutig und sie war erfolgreich. Wie die ›New York Times‹ es geschrieben hat: Er hat der Welt geholfen, einen großen Schritt auf den Frieden hin zu machen.

Wir sind Willy Brandt dankbar. Wir wissen, daß wir weiterhin seinen Rat brauchen und daß wir auf seinen Rat zählen können.«

Helmut Schmidt forderte mich auf, als Parlamentarischer Staatssekretär in das Auswärtige Amt einzutreten. Da der bisherige Außenminister Walter Scheel zum Bundespräsidenten gewählt worden war, übernahm der bisherige Innenminister Hans-Dietrich Genscher das Auswärtige Amt. Helmut Schmidt hatte mir gesagt: »Du gehst als unser Mann ins Auswärtige Amt.«

Da ich schon einmal Bundesminister war, wurde eine neue Regelung getroffen: Die Parlamentarischen Staatssekretäre im Auswärtigen Amt erhielten das Recht, den Titel Staatsminister zu tragen. Ich halte diesen Titel auch für sinnvoll, denn es ist ein Unterschied, ob bei internationalen Verhandlungen ein Staatsminister oder ein Parlamentarischer Staatssekretär erscheint. Materiell ist das ohne jede Bedeutung, Staatsminister und Parlamentarische Staatssekretäre erhalten das gleiche Gehalt.

Als engagierter Außenpolitiker bin ich gern ins Außenministerium gegangen und es hat mich nicht gestört, kein eigenes Ressort zu leiten. Außerdem gab es eine klare Abgrenzung der Kompetenzen. Ich war insbesondere verantwortlich für die Politik gegenüber der Europäischen Gemeinschaft. Der für diesen Bereich zuständige Staatsminister nahm an allen Kabinettssitzungen teil, denn der Punkt »Europäische Gemeinschaft« stand auf jeder Tagesordnung. Die für die EG zuständigen Beamten waren mir direkt unterstellt. Es waren fähige, sachkundige und fleißige Beamte, mit denen mir die Zusammenarbeit viel Freude gemacht hat. Hinzu kam, daß ich mit Außenminister Genscher außerordentlich gut zusammenarbeiten konnte.

Als Staatsminister im Auswärtigen Amt war ich auch Vorsitzender des Staatssekretärsausschusses für Europafragen. Dieses Gremium hatte die Entscheidungen der Bundesregierung für Europa vorzubereiten oder direkt zu treffen, und es sollte die unterschiedlichen Interessen der einzelnen Ministerien in der Europapolitik koordinieren.

Nach meiner Auffassung ist das Auswärtige Amt das qualifizierteste Ministerium der Bundesregierung. In dieses Ministerium bewerben sich keine Anwärter, die nur »Laufbahnbeamte« werden wollen, sondern sehr bewußt diejenigen, die besonders an internationaler Politik interessiert sind und die wissen, daß sie einen sehr großen Teil ihrer Dienstzeit im Ausland verbringen müssen und das auch wollen. Die meisten haben eine besonders qualifizierte Ausbildung. Trotzdem haben die Bewerbungen im auswärtigen Dienst eher abgenommen, was auch damit zusammenhängt, daß die Ehefrauen von Diplomaten wegen der ständigen Versetzung ihrer Männer keine Möglichkeit zu einer eigenen Berufsausübung haben.

Das Bild, das in der Öffentlichkeit vom Leben unserer Diplomaten entsteht, entspricht weitgehend nicht den Gegebenheiten. Das Wesen unserer Diplomatie wird nicht geprägt von Diplomaten, die auf Partys Gläser schwenken, sondern oft von harten Verhandlungen, vom Erarbeiten von Analysen, von Einfühlungsvermögen in andere

Völker, von dem Bemühen, die Interessen unseres Landes in der Welt zu vertreten. Deutsche Auslandsvertretungen gibt es in den schwierigsten klimatischen Zonen dieser Welt. Und es gibt Botschaften in gefährlichen Krisengebieten. Daß die Selbstmordrate im auswärtigen Dienst besonders hoch ist, hat auch seine Ursache in den Besonderheiten dieses Dienstes.

Mancher Bundesbürger, der die Residenz eines Botschafters kennenlernt, ärgert sich über den angeblichen Luxus. Die Residenz dient jedoch nicht in erster Linie als Wohnung des Botschafters, sondern soll vielmehr die Bundesrepublik Deutschland in einem anderen Land angemessen repräsentieren. Außerdem ist es durchaus möglich, daß ein Botschafter in einem kleinen Land bei seiner Rückversetzung nach Bonn als Hilfsreferent Dienst tun muß.

Die Tatsache, daß ich in diesem Ministerium besonders engagierte Beamte getroffen habe, darf nicht darüber hinwegtäuschen, daß es auch hier personelle Schwachstellen gibt. Während meiner Zeit als Staatsminister im Auswärtigen Amt habe ich die Abberufung von zwei Botschaftern empfehlen müssen.

Meine Zuständigkeit für die Europäische Gemeinschaft war ganz in meinem Sinne. Das Europäische Parlament kannte ich bereits aus meiner Abgeordnetenzeit. Am Tisch des Ministerrats traf ich nun auch manche meiner alten Parlamentskollegen wieder.

Natürlich hat Außenminister Genscher die wichtigsten europäischen Termine selbst wahrgenommen. Aber eine ganze Reihe von Aufgaben wurden voll in meine Verantwortung gelegt. Das gilt hauptsächlich für die Verhandlungen zwischen der Europäischen Gemeinschaft und den damals 46 Staaten Afrikas, der Karibik und des Pazifiks (AKP), die zum Abkommen von Lomé führten. Bei diesen Verhandlungen habe ich eine sehr aktive Rolle gespielt und das Abkommen dann auch am 28. Februar 1975 für die Bundesrepublik unterzeichnet. Es war und ist in seinen Fortsetzungen auch heute noch das bedeutendste Abkommen zwischen Industrie- und Entwicklungsländern im Rahmen der Entwicklungspolitik und sah damals für fünf Jahre eine Finanzhilfe für die wirtschaftliche und soziale Entwicklung der 46 Partnerländer von 10,9 Milliarden DM vor, außerdem ein System der Stabilisierung von Ausfuhrerlösen für Länder, deren Wirtschaft von wenigen Grundstoffen abhängig war.

Bei den Verhandlungen, die mit neun Partnern auf der einen und 46 auf der anderen Seite des Tisches verständlicherweise äußerst kompliziert waren, wurden drei Kommissionen gebildet. Für jede dieser Kommissionen gab es zwei Präsidenten, einen aus der EG und einen aus den 46 AKP-Staaten. Europäische Präsidenten wurden der damalige französische Außenminister Jean Sauvaynargues, der damalige Außenminister von Luxemburg Gaston Thoon und ich. Mir wurde die schwierige Aufgabe des Stabilisierungsfonds übertragen. Die Bundesregierung hatte vor den Verhandlungen beschlossen, daß in der Liste der Produkte, deren Preise es zu stabilisieren galt, nur tropische Produkte und in gar keinem Falle Mineralien aufgenommen werden durften. Ich war bei meinen Verhandlungen an diesen Beschluß gebunden.

Mein Co-Präsident bei diesen Verhandlungen war der damalige Industrieminister von Mauretanien. Tropische Produkte gibt es dort nicht, aber Eisen – das weitaus wichtigste, ja fast einzige Exportgut Mauretaniens. Mir war sofort klar, warum man ihn zum Co-Präsidenten gemacht hatte und auch, daß er nicht ohne Eisen auf der Liste nach Hause kommen durfte. Acht der neun Mitglieder der Europäischen Gemeinschaft – also alle bis auf die Bundesrepublik – waren bereit, Eisen in die Liste aufzunehmen. Ich war völlig isoliert, aber gebunden durch den Kabinettsbeschluß. Besonders das Wirtschaftsministerium hatte sich strikt gegen die Aufnahme von Mineralien ausgesprochen und den entsprechenden Kabinettsbeschluß erzielt. Natürlich war mir bewußt, daß das gesamte Abkommen nicht an dieser Frage scheitern durfte. Also mußte ich so vorgehen, daß der Erfolg des Abkommens nicht an der Bundesrepublik vorbeilaufen würde.

Ich bat meinen mauretanischen Kollegen um ein Gespräch unter vier Augen, in dem ich ihm mitteilte, daß ich jetzt noch eine deutliche Rede gegen die Aufnahme von Eisen in die Liste halten würde. Eine solche Rede war notwendig, um den anwesenden Vertretern des Bundeswirtschaftsministeriums zu beweisen, daß ich bis zum letzten Atemzug gegen die Aufnahme von Eisen gekämpft hatte. Ich bat den mauretanischen Kollegen, nur kurz zu antworten. Dann würde ich nachgeben.

So sind wir dann auch vorgegangen. Die Verhandlungen wurden zu einem erfolgreichen Abschluß gebracht und ich zu Hause im

Frei nach dem Apostel Paulus: den Griechen ein Grieche, den Scheichen ein Scheich (1976 in Katar).

Kabinett sehr gelobt. Es war ja auch ein großes und bedeutungsvolles Abkommen. Außerdem war es mir gelungen, den finanziellen Rahmen für die Bundesrepublik in vollem Umfang einzuhalten. Ich war mit dem Verhandlungsergebnis sehr zufrieden und habe mich auch sehr über die Anerkennung gefreut, die mir zuteil wurde.

Aber dann passierte die Panne. Der mauretanische Minister informierte seinen Präsidenten. Der wiederum fand die Handlungsweise der Bundesrepublik so hervorragend, daß er den deutschen Botschafter in Mauretanien einlud, um ihm seinen Dank an die Bundesregierung auszusprechen, und der deutsche Botschafter informierte selbstverständlich korrekt das Auswärtige Amt und machte von seinem Bericht auch gleich einen Durchschlag für das Wirtschaftsministerium, da diese Berichte ja von besonderem Interesse für dieses Ministerium war.

Am nächsten Mittwoch kam Wirtschaftsminister Friderichs verärgert ins Kabinett und machte mir erhebliche Vorwürfe. Ich erklärte ihm meine Lage in Brüssel. Damit war der Ärger dann beseitigt.

In diesen Jahren bin ich oft jede Woche nach Brüssel gefahren. Montag früh hin, in der Nacht von Dienstag zu Mittwoch zurück, um am Mittwoch im Kabinett zu berichten. Aber es war ein wichtiger Zeitabschnitt in meinem politischen Leben. Die Explosion der Erdölpreise erforderten damals viele Aktivitäten. Sie war eine starke Belastung für die Entwicklungsländer, aber auch für die Industrieländer. Hier sind freilich die Fahrverbote für Autos an Sonntagen längst vergessen.

In Paris fand eine Konferenz von Industrie-, Erdöl- und Entwicklungsländern statt, für die die Bundesregierung eigene Vorschläge entwickelt hatte. Mir fiel die Aufgabe zu, diese Vorschläge schon vorher in wichtigen Teilnahmeländern der Dritten Welt zur Diskussion zu stellen. So mußte ich innerhalb kürzester Zeit nach Algerien, Saudi-Arabien, Iran, Indien, Zaire, Brasilien und Venezuela reisen.

Im Iran hatte ich ein makabres Gespräch mit dem Schah. Ich bemühte mich, ihm klarzumachen, daß die Erdölpreisentwicklung nicht nur große Schwierigkeiten für die Entwicklungsländer mit sich brachte, sondern auch von den Europäern auf Dauer nicht zu bewältigen sei. Der Schah antwortete: »Europa wird sowieso untergehen. Es werden nur drei Länder übrigbleiben.« Ich erwiderte, er werde sicher verstehen, daß es für mich von äußerstem Interesse sei zu erfahren, welche drei Länder nach seiner Auffassung übrigbleiben würden. Darauf sagte er: »Nur die Bundesrepublik Deutschland, Österreich und die Schweiz werden Bestand haben. Alles andere wird untergehen.«

Nun wußte ich, daß man ihn nicht mehr ernst nehmen konnte. Die plötzlichen riesigen Erdöl- und Erdgaseinnahmen hatten ihn und andere völlig verblendet. Mit den wachsenden Einnahmen wuchs auch seine Arroganz. Vier Jahre später fegte die Revolution das Schahregime hinweg. Aber schon damals war deutlich zu spüren, daß es so nicht weitergehen würde und könne.

Erst im Jahre 1987 kam ich wieder nach Teheran. Ich hatte ein Gespräch mit dem Parlamentspräsidenten Rafsandjani. Es ging um die Freilassung des im Libanon entführten Dr. Cordes.

In meine Zeit als Staatsminister fielen auch die Fischereiverhandlungen mit Island. Island hatte die Fischereigrenze einseitig ausgedehnt. Davon waren natürlich die europäischen Fischer und besonders die englischen und deutschen betroffen. England entsandte Kriegsschiffe zum Schutz der britischen Fischer in die Region. Es kam zu gefährlichen Auseinandersetzungen auf See. Man sprach von einem Fischereikrieg.

Die Bundesregierung verhandelte mit Island, aber die monatelangen Verhandlungen führten zu keinem Ergebnis. Als ich die Leitung der Verhandlungen übernahm, war die Situation völlig verfahren. Nun sollte ich beweisen, daß ein vernünftiger Interessenausgleich besser als die Entsendung von Kriegsschiffen war. Wie immer mußte ich mich erst einmal in die Interessenlage der anderen Seite hineindenken. Immerhin waren Fische der einzige Reichtum, ja die Existenzgrundlage der Isländer.

Ich flog nicht mit der Bundeswehr nach Island, sondern fuhr mit dem Wagen nach Luxemburg und von dort mit einer isländischen Fluglinie direkt nach Reykjavik. Ich wollte auch durch den Stil das Verhandlungsklima verbessern. Am Vorabend meiner Ankunft war das isländische Kabinett zusammengetreten, um darüber zu beraten, ob ich überhaupt vom Flugplatz abgeholt werden sollte. Damit dürfte das Klima ausreichend charakterisiert sein. Da ich mit ihrer eigenen

Statt Kanonenboote weitere Verhandlungen mit dem isländischen
Außenminister Einar Agustsson in Bonn (1975).

Fluglinie ankam, beschloß man, daß mich ein Beamter am Flugplatz empfangen dürfe.

In den Verhandlungen zeigte ich volles Verständnis für die isländischen Interessen, trug aber auch unsere Interessenlage vor. Dazu hatte ich den Vorsitzenden des deutschen Fischereiverbandes und den zuständigen Gewerkschaftsvertreter mitgenommen.

Wir tranken ein paar Schnäpse zusammen, und nach und nach entwickelte sich ein Klima des Vertrauens. Wir gelangten zu einem Abschluß, der die Interessen Islands, aber auch die der deutschen Fischereiwirtschaft berücksichtigte. Natürlich haben die Interessen eines kleinen Landes, dessen einziger Reichtum der Fisch ist, Vorrang vor denen eines großen Industrielandes.

Das Abkommen galt nur für zwei Jahre, danach war die Europäische Gemeinschaft für diesen Themenbereich zuständig. Die deutsche Fischereiwirtschaft war zufrieden, und wir konnten mit dem sympathischen Volk der Isländer wieder in Freundschaft leben. Seit dieser Zeit habe ich für Island und seine Probleme großes Interesse und auch Verständnis.

Politik ist heute ohne das Fliegen nicht mehr vorstellbar. Vor allem Außenpolitik lebt von den persönlichen Begegnungen mit den Partnern in der Welt. Ich kenne viele Regierungen, deren Vertreter sich darüber beschweren, daß sie nicht oft genug von uns besucht und damit aus ihrer Sicht nicht genügend beachtet werden. Es wäre auch schlecht um den Bundestag bestellt, wenn Abgeordnete, die nicht mit Außenpolitik befaßt sind, keine Chance hätten, Erfahrungen im Ausland zu machen und internationale Politik kennenzulernen, die gerade für unser Land von so entscheidender Bedeutung ist. Aber ich bestreite auch nicht, daß es hier auch höchst überflüssige Reisen gegeben hat und noch gibt.

Ich selbst habe besonders viel fliegen müssen, blieb aber trotzdem oder gerade deshalb, ein typischer »Mußflieger«. Zwar habe ich über meine Flüge nicht Buch geführt, weiß aber, daß ich weit mehr als eine Million Flugkilometer hinter mir habe. Das war nicht immer angenehm. Bei manchem dieser Flüge kam es zu sehr kritischen Situationen, von manchem Unwetter einmal abgesehen.

Als ich die Bundesregierung bei der Beisetzung von Präsident Peron in Argentinien vertrat, platzten nach einer Zwischenlandung in Brasilien kurz vor dem Abheben der Maschine alle Reifen. Unmittelbar vor der Katastrophe gelang es dem argentinischen Piloten, die Maschine zum Halten zu bringen.

Auf dem Höhepunkt des Terrorismus in der Bundesrepublik im Jahre 1977 flog ich mit einer Bundeswehrmaschine nach Algerien. Über Südfrankreich fielen drei von vier Aggregaten aus, und wir mußten notlanden.

Bei einem Flug von Miami nach Zentralamerika sackte die Maschine über der Karibik mehr als 1000 Meter wie ein Stein ab. Dann erst konnte der Pilot sie abfangen. Ein anderes Mal wartete ich in Miami vergeblich auf die Maschine einer zentralamerikanischen Gesellschaft. Sie war beim Start nach Miami abgestürzt.

Beim Landeanflug im Kriegsgebiet im Norden von Nicaragua mußte die Maschine durchstarten, weil der Flugplatz beschossen wurde.

All dies machte das Fliegen nicht immer angenehm, aber ich habe auch viele sehr schöne Flüge in der 1. Klasse der Lufthansa erlebt. Wann immer es ging, bin ich mit dieser Gesellschaft geflogen. Ich habe mich bei ihr immer besonders sicher und gut aufgehoben gefühlt.

Staatsminister beim Bundeskanzler

Unmittelbar nach der Bundestagswahl von 1976 sprach mich am Rande einer Fraktionssitzung Helmut Schmidt an. Er habe den Wunsch, daß ich bei der bevorstehenden Regierungsbildung als sein Parlamentarischer Staatssekretär ins Kanzleramt eintrete, um im engsten Kontakt mit ihm zu arbeiten. Den Titel eines Staatsministers sollte ich weiterhin tragen.

Maria Schlei, die dieses Amt bisher innegehabt hatte, übernahm ein Ressort im Kabinett. Helmut Schmidt wollte diese Angelegenheit vor der Regierungsbildung klären. Willy Brandt und Herbert Wehner teilten seine Auffassung.

Als Staatsminister im Auswärtigen Amt hatte ich mit der Europapolitik ein fest umrissenes Aufgabengebiet und mit Außenminister Genscher verband mich ein persönlich und sachlich sehr gutes Verhältnis, das auch der Koalition insgesamt sehr zugute kam. Das sollte ich nun alles aufgeben, um mit dem »schwierigen« Helmut Schmidt zusammenzuarbeiten. Ich bat ihn um ein baldiges und ausführliches Gespräch, denn ich wollte vorher mit ihm erst einmal die Form und Bedingungen einer solchen Zusammenarbeit abklären.

In diesem Gespräch, das dann bald stattfand, habe ich Helmut Schmidt gesagt, daß sein Angebot für mich natürlich sehr ehrenvoll und eine große Herausforderung sei, aber ich wolle ihn auf drei Aspekte aufmerksam machen:

Erstens sei ich 54 Jahre alt und bereits 19 Jahre Mitglied des Deutschen Bundestages und bereits Bundesminister gewesen. Ich hätte von der Politik also sehr fest umrissene Vorstellungen. Auf keinen Fall sei ich der Typ des Adjutanten. Vielleicht sollte er unter diesen Umständen besser einen jüngeren Kollegen auswählen, der sich leichter anpassen könne.

Zweitens sei ich der Auffassung, daß jeder Bundeskanzler soviel Verantwortung trage und Macht ausübe, daß er im Interesse der Sache andere Auffassungen, auch Kritik, von seinem engsten Mitarbeiter ertragen müsse. Ich wüßte nicht, ob er das auch so sähe.

Und drittens müsse ich ihm mitteilen, daß meine Familienverhältnisse zur Zeit sehr ungeordnet seien. Ich sei noch nicht geschieden, lebte aber bereits seit längerem mit der Frau, die ich heiraten wolle, in einer Lebensgemeinschaft.

Seine Antwort war sehr eindeutig: Er suche keinen Adjutanten, sondern einen gestandenen Politiker; er könne durchaus andere Auffassungen akzeptieren und Kritik müsse der Bundeskanzler immer ertragen. Von seinem engsten Mitarbeiter sei sie sogar unverzichtbar. In bezug auf meine persönlichen Verhältnisse fragte er mich, wieviel Zeit ich brauchen würde, um die familiären Angelegenheiten zu ordnen.

Ich sagte, etwa ein Jahr. Er hat sich übrigens fast auf den Tag genau nach einem Jahr nach dem Stand der Dinge erkundigt. Ich mußte ihm sagen, daß ich noch einige Monate brauchen würde. Im Mai 1978 hat er dann an unserer Hochzeit teilgenommen.

Das Gespräch verlief so, daß ich noch am gleichen Tag meine Zustimmung zur Berufung zum Staatsminister beim Bundeskanzler gegeben habe.

Genscher war gegen diese Berufung. Er meinte, ich müsse ein eigenes Ressort haben und solle nicht ins Kanzleramt gehen. Offensichtlich befürchtete er, daß ich meine guten internationalen Beziehungen im Kanzleramt nutzen würde, und es dadurch zu einer wesentlichen Verschiebung der außenpolitischen Gewichtung zwischen Kanzleramt und Außenministerium kommen könnte. Ich habe meine außenpolitischen Erfahrungen und internationalen Beziehungen im Kanzleramt dann auch in vollem Umfang genutzt. Die Koalition hat das jedoch zu keiner Zeit gestört.

Am 21. Dezember 1976 wurde ich von Bundesaußenminister Genscher im Auswärtigen Amt verabschiedet. Er sagte bei dieser Gelegenheit:

»Europapolitik, das hieß für Sie stets Politik *für* Europa. Ihnen war keine Sitzung in Brüssel zu lang, keine Frage zu mühsam, wenn es darum ging, die Einigung des freien Europas in zäher Arbeit Schritt für Schritt voranzubringen. Es gab in diesen Jahren keinen Fortschritt Europas, an dem Sie, Herr Wischnewski, nicht mitgestaltend beteiligt gewesen wären.«

Auch als Staatsminister beim Bundeskanzler galt für mich de facto das Gesetz für Parlamentarische Staatssekretäre. Der Staatsminister beim Bundeskanzler hat den Bundeskanzler bei der Erfüllung seiner Aufgaben zu unterstützen. Der Text im Gesetz ist eindeutig:

»(1) Mitgliedern der Bundesregierung können Parlamentarische Staatssekretäre beigegeben werden; sie müssen Mitglieder des Deutschen Bundestages sein.
(2) Die Parlamentarischen Staatssekretäre unterstützen die Mitglieder der Bundesregierung, denen sie beigegeben sind, bei der Erfüllung ihrer Regierungsaufgaben.
(3) Die Parlamentarischen Staatssekretäre stehen nach Maßgabe dieses Gesetzes zum Bund in einem öffentlich-rechtlichen Amtsverhältnis.«

Das bedeutet, daß der Bundeskanzler immer dann durch den Staatsminister entlastet werden kann, wenn er selbst das wünscht. Für das Parlament war das von besonderer Bedeutung: Die Teilnahme an Sitzungen des Fraktionsvorstandes und der Fraktion gehörte zu den selbstverständlichen Aufgaben eines Staatsministers. Allerdings hatte Helmut Schmidt als ehemaliger Fraktionschef ein besonders enges Verhältnis zu den sozialdemokratischen Abgeordneten und hat die Interessen seiner Regierung dort so oft wie möglich selbst vertreten. Aber die Wahrnehmung der Interessen der Bundesregierung im Ältestenrat des Deutschen Bundestages oblag ausschließlich dem Staatsminister beim Bundeskanzler. Hier wird unter anderem das Arbeitsprogramm festgelegt und vor allem dafür Sorge getragen, daß die Vorlagen der Regierung zum richtigen Zeitpunkt auf die Tagesordnung des Parlaments gesetzt werden.

In der Fragestunde des Bundestages mußte ich die Fragen der Abgeordneten, die den Bundeskanzler betrafen, beantworten. Das war nicht immer ganz einfach, denn natürlich ist auch Helmut Schmidt mal ein Fehler unterlaufen, der der Opposition Anlaß gab, im Bundestag entsprechende Fragen zu stellen. Oft waren es auch völlig unsinnige Fragen, aber sie mußten beantwortet werden. Wenn er die erforderliche Zeit hatte, beobachtete Helmut Schmidt die Beantwortung der Fragen, die ihn betrafen, im Parlamentsfernsehen in seinem Büro im Kanzleramt. Oft habe ich von ihm nach einer schwierigen Fragestunde ein anerkennendes und freundschaftliches Wort gehört. Helmut Schmidt konnte seine Dankbarkeit gegenüber jemanden, der sich in einer schwierigen Situation für ihn geschlagen hatte, deutlich zum Ausdruck bringen.

Fragestunden konnten auch manchmal sehr langweilig sein, vor allem wenn ausgesprochen dumme Fragen zu beantworten waren. Die Kanzlerfeste von Helmut Schmidt gaben vielen Menschen in unserem Lande die Möglichkeit, die Bonner Politiker hautnah kennenzulernen. Am 5. Oktober 1978 mußte ich die Frage eines CSU-Kollegen beantworten. Er wollte wissen, wieviel Spenden aus der Wirtschaft für das letzte Kanzlerfest aufgebracht worden seien.

Ich antwortete:

»Sie fragen mich nun, wer daran beteiligt war. Das deutsche Bäckerhandwerk war mit einer Brotauswahl beteiligt,

(Heiterkeit bei der SPD)

das deutsche Fleischerhandwerk mit einem Wurst- und Schinkenbuffet, der deutsche Hotel- und Gaststättenverband mit einer Suppenküche.

(Heiterkeit bei der SPD)

Diese Suppenküche wurde von Jungköchen und Jungkellnern ausgeführt. Es gab damit eine hervorragende Möglichkeit, gleich werbend für diesen Beruf einzutreten.

(Beifall bei der SPD)

Da Sie nach der CMA gefragt haben, sage ich noch einmal: nicht in diesem Jahr, aber im Jahre 1973 war die CMA werbend mit Milchgetränken vertreten, im Jahre 1974 mit einer Salatbar.

(Heiterkeit bei der SPD)

Im Jahre 1976 mit einem Beitrag unter dem Motto »Bau nicht ab – bau auf mit Milch«.

(Heiterkeit bei der SPD)

Im Jahre 1977 gab es eine Repräsentation deutscher Buttersorten. Auch nach ernsthafter Prüfung haben wir gegen alle diese Vorstellungen keinerlei Einwendungen.

(Heiterkeit bei der SPD).«

Viele Abgeordnete der CDU/CSU waren sauer auf ihren Kollegen: Er hatte mit seiner Frage der Regierung die Möglichkeit gegeben, für unser Handwerk und unsere Landwirtschaft einzutreten.

Der Vizepräsident Richard Stücklen leitete die Sitzung. Er setzte noch einen drauf: »Ich hätte an und für sich eine Zusatzfrage erwartet, warum nicht auch noch der Brauer-Bund hier werbend in Erscheinung getreten ist.«

Der Heiterkeitserfolg war eindeutig.

Wenige Wochen später habe ich den fragestellenden Kollegen der CSU bei einem Fest der Bayern in ihrer Landesvertretung wiedergetroffen. Bei diesem Fest war ein sehr großer Teil der Speisen und Getränke von der bayerischen Wirtschaft gestiftet worden. Ich sagte dem CSU-Kollegen, daß ich nun in München meine Parteifreunde im bayerischen Landtag anrufen müsse, damit sie eine ähnliche Frage wie er stellten. Er hatte dazugelernt: »Rufen Sie ruhig an. Die sollen genauso auf die Schnauze fallen wie ich.«

Das darf nicht darüber hinwegtäuschen, daß die Fragestunde ein sehr ernst zu nehmendes und unverzichtbares Instrument in der parlamentarischen Demokratie ist.

Der Staatsminister beim Bundeskanzler hatte in jeder Kabinettssitzung über den ersten Punkt der Tagesordnung zu berichten: Bundestag und Bundesrat. Hier ging es um die politischen Fragen der Zusammenarbeit zwischen Parlament und Regierung und um ein gutes Verhältnis zum Parlament. Ich habe mich oft über Bundesminister geärgert, die schon nach kurzer Regierungszugehörigkeit über die Kollegen lästerten, die »nur« Abgeordnete waren. Geärgert habe ich mich aber auch über Bundesminister, die nicht rechtzeitig zu dem von ihnen zu vertretenden Tagesordnungspunkt im Plenum des Deutschen Bundestages waren. Auf meine Veranlassung wurde während der Plenarsitzungen ein Beamter beauftragt, dafür zu sorgen, daß die Regierung zu jeder Zeit ordnunsgemäß auf der Regierungsbank vertreten war. Die Regierung hat dem Parlament den notwendigen Respekt entgegenzubringen.

Helmut Schmidt hat wichtige Reden besonders sorgfältig vorbereitet. Auch hier hatte ich mitzuarbeiten. Vorher kam es oft zu umfangreichen und kritischen Diskussionen. Der Bundeskanzler konnte dabei durchaus Widerspruch ertragen, ja, er hat ihn geradezu herausgefordert. Mein Ehrgeiz bestand allerdings auch darin, wichtige Regierungserklärungen, die vor dem Bundestag abzugeben waren, noch am Abend zuvor dem Oppositionsführer zur Verfügung zu stellen. In den meisten Fällen war das aber leider nicht möglich, weil Helmut Schmidt in der Nacht vor Abgabe der Regierungserklärung noch einmal selbst Hand an den Redetext legte. So war es kein böser Wille, wenn der Oppositionsführer den Redetext erst unmittelbar vor Abgabe der Regierungserklärung erhielt. Der langgediente Parlamentarier Helmut Schmidt brachte dem Bundestag auch selbst den notwendigen Respekt entgegen, mit einer Ausnahme: Er war nicht bereit, diesen Respekt auch auf den Oppositionsführer Helmut Kohl auszudehnen. Das hatte bestimmt nichts mit der Partei Helmut Kohls zu tun, denn Helmut Schmidt hatte viele und gute Kontakte zu CDU-Abgeordneten, viele von ihnen schätzte er wegen ihrer Qualifikation und Sachkenntnis außerordentlich hoch. Hier gab es bei Helmut Schmidt einfach eine persönliche Animosität. Er hielt Dr. Helmut Kohl nicht für den angemessenen Oppositionsführer im Deutschen Bundestag. Insbesondere das Lachen des Oppositionsführers, auch bei völlig ungeeigneten Gelegenheiten, war ihm unerträglich. Heute meine ich zu wissen, daß dieses Lachen für Helmut Kohl eine Art

Schutzfunktion hatte. Da die notwendigen Gespräche zwischen Bundeskanzler und Oppositionsführer nicht stattfanden, bin ich in ziemlich regelmäßigen Zeitabständen zu Dr. Kohl gegangen, um ihn über wichtige Vorgänge, insbesondere in unseren Beziehungen zur DDR, zu informieren. Er war ein durchaus angenehmer und freundlicher Gesprächspartner. Und als der israelische Ministerpräsident Menachem Begin Bundeskanzler Schmidt ebenso polemisch wie ungerechtfertigt angriff, wies Helmut Kohl im Bundestag diese Angriffe zurück und verteidigte den Bundeskanzler. Helmut Schmidt saß auf der Regierungsbank und ging nach der Rede von Kohl auf die Bänke der CDU/CSU zu. Wir meinten alle, er würde sich nun beim Oppositionsführer bedanken. Aber kurz vor der Oppositionsbank drehte er ab und ging zu seiner eigenen Fraktion. Am nächsten Tag habe ich Helmut Kohl angerufen und ihm im Auftrag von Helmut Schmidt gedankt. Helmut Kohl hat später erzählt, ich hätte das sicher aus eigener Initiative und ohne Wissen Helmut Schmidts getan. Aber der Kanzler hatte mich tatsächlich beauftragt.

Meine Arbeit als Staatsminister beim Bundeskanzler vollzog sich vor allem in den Sitzungswochen des Parlaments in sehr strengem Rahmen:

Montag bis Freitag:	Morgens die sogenannte »Morgenandacht«. Hier besprachen die führenden Leute des Kanzleramtes und des Presse- und Informationsamtes der Bundesregierung die jeweils aktuellen Probleme, tauschten Informationen aus und bereiteten auch Entscheidungen für den Bundeskanzler vor.
Dienstag:	Vormittags Teilnahme an den Fraktionsgremien, die sich mit den Beziehungen zur DDR beschäftigten. Mittags Koalitionsgespräche. Nachmittags Fraktionssitzung.
Mittwoch:	Morgens Kabinettssitzung, die häufig auch am Nachmittag fortgesetzt wurde.
Donnerstag:	Mittags Sitzung des Ältestenrates des Bundestages.

Beantwortung der Fragen im Bundestag, die den Bundeskanzler, das Kanzleramt und unsere ständige Vertretung in der DDR betrafen.

Außerdem tagte jede Woche das sogenannte »Kleeblatt« aus Bundeskanzler, Chef des Kanzleramtes, Chef des Presse- und Informationsamtes der Bundesregierung und Staatsminister beim Bundeskanzler. Das Protokoll führte der Chef des Kanzlerbüros. Hier wurde sehr offen geredet. Der Bundeskanzler äußerte gegebenenfalls seinen Unwillen über unsere Arbeit, aber auch er wurde kritisiert. In der Regel wurden im »Kleeblatt« praktische Fragen behandelt, aber es war natürlich unvermeidlich, daß man immer wieder auf sehr grundsätzliche Fragen stieß. Zu keiner Zeit jedoch wurde aus dem »Kleeblatt« ein Küchenkabinett. Dafür hatte Helmut Schmidt zu großen Respekt vor der verfassungsmäßigen Ordnung unseres Staates.

An einen Vorgang im »Kleeblatt« erinnere ich mich heute noch mit gewissem Schmunzeln. Helmut Schmidt hatte von Breschnew anläßlich eines Besuches in der Sowjetunion ein besonders geländegängiges Fahrzeug als Staatsgeschenk erhalten. Er teilte uns mit, daß er dieses Fahrzeug seinen Sicherheitsbeamten für den Transport auf dem großen Gelände des Kanzleramtes zur Verfügung stellen wolle. Manfred Schüler, damals Chef des Kanzleramtes, Klaus Bölling, der Sprecher der Bundesregierung, und ich erhoben Einspruch. Wir fanden es sinnvoller, wenn dieses Fahrzeug einer sozialen Einrichtung zugute kam. Aber offensichtlich hatte Helmut Schmidt seinen Sicherheitsbeamten schon eine Zusage gemacht. Wir konnten uns diesmal nicht durchsetzen, aber beim nächsten »Kleeblatt« klappte es. Helmut Schmidt sah ein, daß unser Vorschlag der bessere war. Er war durchaus lernfähig, aber auch wir mußten unsere Lernfähigkeit viele Male beweisen.

Uns verband in diesem »Kleeblatt« auch persönliche Freundschaft. Helmut Schmidt redete Manfred Schüler und Klaus Bölling mit ihren Vornamen, aber per »Sie« an, ich war Ben Wisch. Staatssekretär Manfred Schüler war der effiziente und geräuschlose Leiter des Kanzleramtes. Diese effiziente Geräuschlosigkeit in schwierigen Lagen hat mich stark beeindruckt. Klaus Bölling, der ebenso souveräne wie menschliche Sprecher der Bundesregierung, bestand seine schwerste Bewährungsprobe im Herbst 1977 in hervorragender Weise. 1982, also gegen Ende der sozialliberalen Koalition, waren wir beide allerdings nicht immer einer Auffassung.

Meistens haben wir bei den Sitzungen des »Kleeblatts« aus Zeitersparnis im Büro von Helmut Schmidt zusammen gegessen. Diese Essen waren sehr bescheiden, oft sogar spartanisch. Linsensuppe wurde von Helmut Schmidt besonders geschätzt.

Natürlich hatte ich auch an bestimmten Sitzungen des Bundestages teilzunehmen, auch an den Sitzungen des Bundessicherheitsrates. Ich war für unsere Ständige Vertretung in Ost-Berlin verantwortlich und auch Hauptgesprächspartner für den Leiter der Ständigen Vertretung der DDR in Bonn. Das war zuerst Michael Kohl und später Ewald Moldt. Außerdem wurden mir von Helmut Schmidt eine Vielzahl von Sonderaufgaben übertragen. An den Wochenenden hatte ich dann an Veranstaltungen der Partei teilzunehmen, aber auch auf anderen Veranstaltungen die Politik der Regierung zu vertreten, erläutern und oft auch zu verteidigen. Der Arbeitsanfall war nur unter größten Anstrengungen zu bewältigen. Trotzdem ist es mir nie zuviel geworden.

Die Zeit bei Helmut Schmidt im Kanzleramt war wohl die interessanteste und schönste Zeit in meiner langen politischen Arbeit überhaupt. Wenn Arbeit befriedigt, wenn sie Spaß macht und man die Ergebnisse selbst erleben kann, dann kann man auch größte Anstrengungen ertragen. Und man kann dann auch kreative Leistungen erbringen. Ich jedenfalls habe gern für Helmut Schmidt gearbeitet. Auch wenn wir nicht einer Auffassung waren, hatten wir zu jeder Zeit Vertrauen zueinander. Aus diesem Vertrauensverhältnis ist Freundschaft geworden, die über den Tag hinaus gehalten hat. Dazu hat viel beigetragen, daß Helmut Schmidt viel mehr Menschlichkeit, Freundschaft und auch Verständnis für menschliche Schwächen aufbringen konnte, als das eher harte Image des Kanzlers vermuten ließ. Mir ist diese Zeit unvergeßlich.

Vom Staatsminister beim Bundeskanzler wurde auch ein besonderes Gespür verlangt, wenn menschliche Probleme innerhalb der Koalition oder auch innerhalb der eigenen Partei entstanden waren. Wenn hier nicht für schnelle Abhilfe gesorgt wurde, drohte die Gefahr gefährlicher Schwelbrände.

Die menschlichen Beziehungen zwischen Helmut Schmidt und

Vor der Berliner Behörde des Bundesbeauftragten.

Sondierungsgespräche über eine neue Verhandlungsrunde mit der DDR,
links Michael Kohl, der ständige Vertreter der DDR in Bonn.

Hans-Dietrich Genscher waren nie besonders ausgeprägt, die sachliche, politische Zusammenarbeit dagegen sehr korrekt. In einer Kabinettssitzung war es zu einem harten Disput zwischen Schmidt und Genscher gekommen. Ich fand, daß Helmut Schmidt in der Sache recht hatte, aber seine Form unangemessen war. Genscher bat mich während der Sitzung hinaus, um mir zu sagen, daß er dies nicht hinnehmen könne. Ich sagte ihm, daß ich zwar in der Sache dem Kanzler zustimme, die Form aber ebenfalls für unangemessen hielte und dies in Ordnung bringen würde. So war es dann auch. Wenn Helmut Schmidt ein Mitglied des Kabinetts durch übermäßige Schärfe verärgert hatte, dann sagte ich ihm, daß da noch jemand seine Wunden lecke: »Ruf ihn bitte an.« Helmut Schmidt hat das immer getan. Das hat sehr geholfen, »den Laden zusammenzuhalten«.

Der Bundeskanzler haßte Zuspätkommen von Bundesministern auf Kabinettssitzungen. Mildernde Umstände konnte eigentlich nur Landwirtschaftsminister Josef Ertl erwarten, den er auch während der Kabinettssitzung fast liebevoll Josef nannte. Zu Schmidts häufigen Redewendungen gehörte der Satz: »Das Kabinett ist kein Diskussionsclub, sondern Verfassungsorgan.« An einem Mittwoch wurde uns kurzfristig mitgeteilt, daß die Kabinettssitzung am Nachmittag fortgesetzt würde. Ein Bundesminister der SPD, der für den Nachmittag eine unaufschiebbare Verpflichtung übernommen hatte, bat mich um meinen Rat, da er wußte, wie Helmut Schmidt reagieren würde, wenn ein Bundesminister seine Kabinettsverpflichtungen nicht wahrnahm. Er fragte, ob er am Nachmittag seinen Staatssekretär schicken solle. Ich meinte, da er einen wichtigen Grund für seine Abwesenheit hätte, brauche er niemanden als Vertreter zu schicken. Ich würde die Angelegenheit schon regeln.

Am nächsten Morgen rief er mich an und fragte, ob sein Fehlen Folgen gehabt habe. Ich konnte ihn beruhigen. »Wie hast du das nur geregelt?« Ich antwortete: »Ich habe in der Mittagspause einen Stuhl vom Kabinettstisch wegnehmen lassen.« So ließ sich mit einer mechanischen Manipulation überflüssiger Ärger vermeiden.

Natürlich muß der Staatsminister beim Bundeskanzler den Kanzler auch bei Terminen entlasten. Und wer wollte Helmut Schmidt nicht alles sprechen! Besonders schwierig war dies bei Besuchern aus dem Ausland. Sie wünschten zumindest ein gemeinsames Foto. Bei offiziellen Besuchen von Präsidenten und Regierungschefs gibt es natürlich genau festgelegte Regeln. Aber auch viele nichtoffizielle und andere wichtige Besucher wollen den Kanzler sehen. Hier mußte er entlastet werden. Eines Tages kam der Präsident von Togo zu einem privaten Besuch. Natürlich wollte er den Kanzler sehen. Wir haben das elegant geregelt: Der mir seit langer Zeit gut und freundschaftlich bekannte Staatspräsident Eyadema besuchte mich, und der Bundeskanzler kam im Laufe meines Gesprächs für einige Minuten dazu. Für den Präsidenten von Togo war es schon schwer zu verstehen, daß der Bundeskanzler ins Büro seines Mitarbeiters kam, aber noch schwieriger wurde es für ihn, als Schmidt sagte: »Sie sind bei ihm sowieso besser aufgehoben. Alles, was er Ihnen sagt, hat meine volle Billigung.« Der Kanzler hatte viel Zeit gespart, der Präsident hatte den Kanzler gesehen, erhielt natürlich das gemeinsame Foto, und allen war geholfen.

Während Schmidts Kanzlerzeit fand in der Druckindustrie ein Streik statt, der zur Aussperrung führte. Es gab keine Zeitungen in der Bundesrepublik. Obwohl bereits ein Vermittler tätig war, sollte ich mich auf Wunsch des Bundeskanzlers in den schwierigen Prozeß einschalten. Ich lud beide Parteien samt Vermittler nach Bonn ein. Wir haben drei Tage sehr hart verhandelt und sind zu einem Ergebnis gekommen. In der Bundesrepublik gab es wieder Zeitungen. Ich erhielt einen neuen Spitznamen: Ben Tarif.

Auch in den sehr schwierigen Tarifkonflikt in der Stahlindustrie mußte ich mich einschalten, um einen schweren Arbeitskonflikt zu vermeiden. Ich habe die beiden Verhandlungsführer nochmals zusammengeführt und es ist uns gelungen, den Konflikt beizulegen.

Es kommt in der Politik sehr darauf an, Konflikte rechtzeitig ohne öffentlichen Lärm zu lösen. Wenn man auf den Ruhm des Erfolgs verzichtet, kann man mitunter auch für die Gesellschaft gefährliche Konflikte beilegen oder zumindest erheblich entschärfen. Natürlich gilt das auch für internationale Probleme und Konflikte. Ich glaube, daß ich in solchen Situationen eine gute Nase hatte und mir der Bundeskanzler deshalb solche Aufgaben gern überlassen hat. So ist wohl auch der Name vom »Feuerwehrmann« Helmut Schmidts entstanden. Ich habe ihn immer als eine besondere Auszeichnung betrachtet.

Im Laufe meiner langen politischen Arbeit habe ich viele Auszeichnungen und Ehrungen erfahren, deutsche wie auch aus anderen Ländern. Besonders gefreut habe ich mich aber darüber, daß mich die Freiwillige Feuerwehr von Stommeln bei Köln nach den Vorgängen im Herbst 1977 zum »Feuerwehrmann der Nation« ernannt hat. Sie kürte jedes Jahr eine Persönlichkeit aus Politik und Wirtschaft zum Ehrenbrandmeister.

Natürlich war ich nicht immer so erfolgreich. An einen Vorgang erinnere ich mich ganz besonders, weil er sich sehr eindeutig in Zahlen niedergeschlagen hat. Ein angesehenes deutsches Unternehmen war bei seinen wirtschaftlichen Aktivitäten in Algerien in Schwierigkeiten geraten. Da kurze Zeit vorher schon ein anderes Unternehmen in Algerien die gleichen Probleme hatte, kamen der algerischen Regierung, in deren Land erhebliche Teile der Wirtschaft staatlich organisiert sind, große Zweifel, ob die Zusammenarbeit mit der privaten deutschen Wirtschaft unter diesen Umständen sinnvoll sei. Die Beziehungen zwischen der Bundesrepublik und Algerien waren einer ziemlichen Belastung ausgesetzt, weil die Algerier nur schwer verstehen konnten, daß die Bundesregierung mit solchen Firmenzusammenbrüchen nichts zu tun hatte. Da die Schwierigkeiten zum erheblichen Teil auf mangelnde Auslandserfahrung zurückzuführen waren, stand nach meiner Auffassung das Ansehen der deutschen Wirtschaft im Ausland generell auf dem Spiel. Ich schaltete mich also in diesem Fall ein und nach Überprüfung durch erstklassige und loyale Wirtschaftsfachleute wurden auf meine Empfehlungen 50 Millionen DM zur Verfügung gestellt, um den Zusammenbruch des Unternehmens zu verhindern. Die 50 Millionen DM sind verlorengegangen.

Feuerwehrmann sollte ich auch in Berlin spielen, als im Frühjahr 1977 der Berliner Senat unter seinem Regierenden Bürgermeister Klaus Schütz in eine Krise geriet. Klaus Schütz stünde unmittelbar vor seinem Rücktritt, sagte Helmut Schmidt, und ich solle alles stehen und liegen lassen und mich sofort um diese Angelegenheit kümmern. Zu dieser Zeit war in Bonn nach wie vor Willy Brandt am besten über die Berliner Verhältnisse informiert, ganz abgesehen davon, daß er mit dem Regierenden Bürgermeister Klaus Schütz auch persönlich sehr befreundet war. Ich ging sofort zu ihm. Brandt wußte auch genau Bescheid: Klaus Schütz war am Tag zuvor bei ihm gewe-

Vor dem Gespräch mit den Ministerpräsidenten der Länder
über Fragen der inneren Sicherheit (1977).

sen und hatte ihm seinen unmittelbar bevorstehenden Rücktritt angekündigt. Auch Willy Brandt war der Meinung, daß man die Krise in Berlin so schnell wie möglich überwinden müsse und er schon einen Kandidaten im Auge habe. Als ich ihn nach dem Namen seines Kandidaten für das Amt des Regierenden Bürgermeisters in Berlin fragte, antwortete er: »Du bist der Kandidat.« Ich war völlig überrascht. Auf der einen Seite war dies ein sehr ehrenvolles Amt und eine besonders wichtige und verantwortungsvolle Aufgabe, auf der anderen Seite war ich erst kurze Zeit bei Helmut Schmidt und konnte ihn jetzt schlecht im Stich lassen. Außerdem hätte ich dann eine Wochenendehe führen müssen, weil meine Frau ihre berufliche Aufgabe in Köln hatte, und ich wollte meine Ehe nicht erneut einem Risiko aussetzen.

Ich fragte Willy Brandt, warum er denn gerade auf mich gekommen sei. Er meinte: »Sie brauchen einen erfahrenen Politiker. Aber jemanden, der mit der Berliner Vergangenheit nichts zu tun hat, jemanden, der den Duft der großen, weiten Welt wieder nach Berlin bringt. Und sie brauchen jemanden, der ihre Sprache spricht und der in einer Betriebsversammlung bei Borsig reden kann, ohne daß mehrere Referenten seine Rede ausgearbeitet haben.«

Ich informierte Helmut Schmidt über die Vorstellungen von Willy Brandt. Er war von diesem Vorschlag nicht begeistert, wußte aber, daß man nicht ständig darauf verweisen konnte, daß Berlin wie der eigene Augapfel gehütet werden müsse, sich aber andererseits in einer Krisensituation weigere, seinen engsten politischen Mitarbeiter für die wichtigste Aufgabe in Berlin zur Verfügung zu stellen. Helmut Schmidt und ich gaben Willy Brandt also unsere Zustimmung.

Als ich die Angelegenheit schweren Herzens mit meiner Frau besprach, sagte sie: »Dicker, wenn das eine so wichtige politische Verpflichtung ist, dann werden wir auch einen Weg finden, daß unser Zusammenleben das überstehen kann.«

Die Berliner SPD hat mir die Entscheidung abgenommen. Sie wollten keine Import-, sondern eine Berliner Lösung. Dietrich Stobbe wurde Regierender Bürgermeister von Berlin. Mir fiel ein Stein vom Herzen.

Hier war es von Vorteil, daß ich einer der wenigen war, die ein gutes Verhältnis zu Willy Brandt *und* Helmut Schmidt hatten. Es ist ja ein offenes Geheimnis, daß das Verhältnis zwischen den beiden selten ohne eine gewisse Belastung war. Beide sind sehr starke Persönlichkeiten, die durch sehr unterschiedliche Charaktere geprägt worden sind. Die Lebenswege beider waren bis zum Eintritt in die deutsche Politik sehr verschieden verlaufen. Der junge Willy Brandt verließ 1933 Deutschland, um den Kampf gegen den Nazismus von Skandinavien aus fortzusetzen. Der junge Helmut Schmidt wurde zum Kriegsdienst eingezogen und kehrte als Reserveoffizier zurück. Die Biographien der beiden sind auch ein Spiegelbild unserer Geschichte jener Zeit. Das Zusammenführen dieser so unterschiedlichen Lebenswege in der SPD nach 1945 war ein ganz besonderes Verdienst von Kurt Schumacher, dem ersten Vorsitzenden der Partei nach ihrer Wiedergründung im Jahre 1945. Später waren Willy Brandt und Helmut Schmidt ein ausgesprochener Glücksfall für unser Land. Die Ostpolitik, die endlich eine Normalisierung unserer Beziehungen zu den östlichen Nachbarn einleitete, konnte in der praktizierten Form wohl nur von Willy Brandt betrieben werden. Dagegen war die Überwindung der durch die Explosion der Erdölpreise entstandenen Wirtschaftskrise und die Behauptung gegenüber der Herausforderung des Terrorismus im Jahre 1977 wohl nur von Helmut Schmidt zu erreichen.

Als Willy Brandt 1974 als Bundeskanzler zurückgetreten ist, blieb er Vorsitzender der Partei. Helmut Schmidt hat dieses Amt auch nicht angestrebt. Erst nach seiner Kanzlerzeit hat er darüber nachgedacht, ob beide Ämter nicht in einer Hand sein müßten. Von 1974 bis 1982 war jedenfalls Helmut Schmidt Bundeskanzler, während Willy Brandt die Partei bis 1987 führte. Vor allem seit 1976 habe ich viele Gespräche mit beiden geführt und dazu beigetragen, daß mancher Konflikt erst gar nicht aufkam. Aber solche Bemühungen machen zwei so unterschiedliche Menschen und Politiker nicht gleicher. Manchmal habe ich sehr darunter gelitten.

Ich glaube, daß der Kanzler Helmut Schmidt die Arbeit des Parteivorsitzenden Willy Brandt oft nicht richtig, das heißt zu negativ beurteilt hat. Es entsprach dem Charakter Willy Brandts, die Partei sich entwickeln zu lassen und nicht zuviel regulierend einzugreifen. Und es entspricht dem Wesen der SPD, daß sie über Jahre hinweg nicht nur eine Kompanie zur Verteidigung einer Koalitionsregierung unter sozialdemokratischer Führung sein will und kann. Es entsprach aber nicht sozialdemokratischer Solidarität und Haltung, wie Willy Brandt auf dem Parteitag in Köln am 18. und 19. November 1983 Helmut Schmidt behandelt hat. Nachdem der Parteitag mit überwältigender Mehrheit die früheren Nachrüstungsbeschlüsse verworfen hatte, gab Willy Brandt in sehr versöhnlicher und herzlicher Art Hans Apel, Hans Matthöfer und mir die Hand, aber nicht Helmut Schmidt. Hier kam das zum Ausbruch, was sich zwischen den beiden Männern angestaut hatte.

Heute ist der Abstand zwischen diesen beiden Persönlichkeiten geringer geworden. Beide sind darum bemüht, ihrer Partei zu helfen. Jeder aus seiner Sicht und nach seiner Art. Beide sind nicht in den Fehler verfallen, daß sie nach ihrem Ausscheiden aus großer Verantwortung alles besser wissen als ihre Nachfolger.

Für die Partei, aber auch für unser Land, waren und sind beide unverzichtbar.

Das schwerste Jahr in der Geschichte der Bundesrepublik Deutschland: Mogadischu

Als mich Helmut Schmidt nach der Bundestagswahl von 1976 gebeten hatte, das Amt des Staatsministers beim Bundeskanzler zu übernehmen, in dem ich vor allem für die Beziehungen der Regierung zum Bundestag und zur DDR zuständig sein sollte, konnte ich nicht ahnen, daß ich mich im Verlauf des Jahres 1977 mit ganz anderen Aufgaben würde beschäftigen müssen.

Mit der gewaltsamen Befreiung des wegen politisch motivierter Brandstiftung verurteilten Andreas Baader am 14. Mai 1970 wurde eine Reihe terroristischer Gewaltakte eingeleitet, die auch nach der Verhaftung der führenden Köpfe der »Roten-Armee-Fraktion« Andreas Baader, Gudrun Ensslin, Ulrike Meinhof, Holger Meins und Jan-Carl Raspe im Juni 1975 nicht endeten.

- Am 10. November 1974 wurde der Berliner Kammergerichtspräsident Günter von Drenkmann von einem Kommando der »Bewegung 2. Juni« ermordet.
- Am 27. Februar 1975 entführte ein Kommando der »Bewegung 2. Juni« den Landesvorsitzenden der Berliner CDU, Peter Lorenz. Er wurde gegen sechs inhaftierte Terroristen ausgetauscht.

- Am 24. April 1975 besetzten sechs Terroristen – Mitglieder des »Sozialistischen Patientenkollektivs« und Sympathisanten der RAF – die deutsche Botschaft in Stockholm und nahmen Geiseln. Zwei Geiseln und ein Terrorist wurden erschossen, ein zweiter Terrorist erlag in Stammheim seinen Brandverletzungen.

Im Jahre 1977 erreichte der Terrorismus in der Bundesrepublik seinen Höhepunkt. Die Demokratie in der Bundesrepublik hatte ihre bisher schwerste Bewährungsprobe zu bestehen.

- Am 7. April wurde Generalbundesanwalt Siegfried Buback und zwei seiner Begleiter in Karlsruhe von der RAF ermordet.
- Am 30. Juli 1977 ermordeten Terroristen der RAF den Vorstandssprecher der Dresdner Bank, Jürgen Ponto.
- Am 5. September 1977 wurde der Präsident des Bundesverbandes der Deutschen Industrie und der Bundesvereinigung der deutschen Arbeitgeber, Hanns Martin Schleyer, entführt und seine vier Begleiter ermordet.
- Am 13. Oktober 1977 wurde die Lufthansamaschine »Landshut« mit 86 Passagieren und fünf Besatzungsmitgliedern auf dem Flug von Mallorca nach Frankfurt von arabischen Terroristen im Auftrag der RAF entführt.
- Am 16. Oktober ermordeten die Entführer Flugkapitän Jürgen Schumann in Aden.
- Am 19. Oktober wurde der von den Terroristen ermordete Hanns Martin Schleyer in Mühlhausen in Frankreich aufgefunden.

Die politisch Verantwortlichen wurden von zwei Seiten kritisiert: Die einen behaupteten, wir würden den liberalen Rechtsstaat zerstören, die anderen meinten, dieser »Nachtwächterstaat« wäre nicht in der Lage, die Bürger vor dem Terrorismus zu schützen. Auch mit größerem Abstand zu den damaligen Ereignissen halte ich die 1977 getroffenen Entscheidungen im Prinzip nach wie vor für richtig. In manchen Dingen hat es wohl Übertreibungen gegeben, und manchmal hätte uns, trotz der gefährlichen Situation, ein wenig mehr Gelassenheit durchaus gutgetan. Von entscheidender Bedeutung ist jedoch, daß in einer aktuellen Krisensituation keine Gesetze im Hauruckverfahren verabschiedet werden dürfen. Solche Gesetze muß man in ruhigeren Zeiten beschließen, um in einer Zeit der Staatskrise nicht in Bedrängnis zu geraten.

Nach der Entführung von Hanns Martin Schleyer machte Helmut Schmidt das Kanzleramt zum Entscheidungs- und Arbeitszentrum. Er leitete den kleinen und den großen Krisenstab.
Dem kleinen Krisenstab gehörten an:

Bundeskanzler Helmut Schmidt,
Bundesaußenminister Genscher,
Bundesinnenminister Maihofer,
Bundesjustizminister Vogel,
die Staatssekretäre Fröhlich, van Well und Ruhnau,
Generalbundesanwalt Rebmann,
der Präsident des Bundeskriminalamtes Herold,
der für die Bekämpfung des Terrorismus zuständige Abteilungsleiter und spätere Vizepräsident Böden,
der Chef des Kanzleramtes Manfred Schüler,
der Regierungssprecher Klaus Bölling
und ich.

Zum großen Krisenstab gehörten die Vorsitzenden der im Bundestag vertretenen Parteien, die Fraktionsvorsitzenden und die Ministerpräsidenten der betroffenen Länder.

Helmut Schmidt war daran interessiert, bei allen wichtigen Entscheidungen möglichst viel Übereinstimmung der tragenden politischen Kräfte unseres Landes zu erreichen. Das ist auch weitgehend gelungen.

Im kleinen Krisenstab gab es eine sehr klare Aufgabenverteilung. Mir fielen dabei unter anderem folgende Aufgaben zu:

- Zusammen mit Staatssekretär Ruhnau Überlegungen über »undenkbare« Lösungsmöglichkeiten anzustellen. Mein Mitarbeiter Peter Kiewitt hat nicht nur bei dieser Gelegenheit gute Dienste geleistet.
- Mit dem Stellvertreter von Dr. Schleyer – von Brauchitsch – einen Plan zu besprechen, der zusätzliche, parallele Anstrengungen der deutschen Wirtschaft für die Freilassung von Dr. Schleyer vorsah.
- Die Reisen zu unternehmen, um unseren Sicherheitsorganen die notwendige Zeit zu verschaffen, damit sie den Platz aufspüren konnten, an dem die RAF Hanns Martin Schleyer gefangen hielt, um ihn dann befreien zu können.

Für die Arbeit des Krisenstabs wurde ein System entwickelt, das bei allen Besprechungen eingehalten wurde. Dieses System arbeitete nach folgendem Raster:

1. Bericht zur Lage
   a) Ergebnisse von Fahndungen und Ermittlungen
   b) Kräftelage bei den Sicherheitsorganen
   c) Justizlage
   d) Auswärtige lage
   e) Medienlage
   f) Stand des Nachrichtenaustausches mit den Entführern
2. Beurteilung der Lage
3. Entscheidungen
4. Vereinbarungen über die Unterrichtung solcher Persönlichkeiten, die an den jeweiligen Lagebesprechungen nicht beteiligt waren.

Dieses System hat sich außerordentlich bewährt. Im Krisenstab wurden auch unsere Mitteilungen an die Entführer erarbeitet. Hier hat sich der damalige Präsident des Bundeskriminalamtes Dr. Horst Herold als besonders intensiver und kluger Formulierer erwiesen.

Der Krisenstab tagte mehrmals am Tage, oft bis spät in die Nacht. Häufig lohnte es sich nicht mehr für mich, nach Hause zu fahren.

Schon zu einem sehr frühen Zeitpunkt habe ich im Auftrag des Bundeskanzlers von Brauchitsch aufgesucht. Diese Begegnung fand in seiner Wohnung statt. Ich habe ihm mitgeteilt, daß die staatlichen Organe alles in ihrer Kraft Stehende tun würden, um Hanns Martin Schleyer zu befreien. Keine Möglichkeit sollte ausgelassen werden, um dieses Ziel zu erreichen. Ich signalisierte Herrn von Brauchitsch, daß wir Verständnis dafür hätten, wenn die deutsche Wirtschaft unabhängig von der Bundesregierung versuchen würde, durch finanzielle Leistungen die Freilassung ihres obersten Repräsentanten zu erreichen. Herr von Brauchitsch fragte mich, ob die Bundesregierung die entstehenden Kosten übernehmen würde. Das verneinte ich ausdrücklich. Es wäre schon wegen des Gebots der Gleichbehandlung nicht möglich gewesen. Wir hatten an unserer Stockholmer Botschaft Menschen verloren, weil wir eine Regelung durch Zugeständnisse an die Terroristen verweigert hatten. Die nächste Frage des Herrn von Brauchitsch lautete, ob man die aufzubringenden Summen für die Freilassung von Hanns Martin Schleyer von der Steuer absetzen könne. Ich sagte ihm zu, dies durch das Finanzministerium prüfen zu lassen.

Beide Fragen des Herrn von Brauchitsch haben mich doch einigermaßen erschüttert. Allerdings muß ich zugestehen, daß von Brauchitsch sofort nach unserem Gespräch nach Genf flog, mit dem Anwalt Payot verhandelte und auch im weiteren Verlauf unserer Anstrengungen um die Befreiung von Hanns Martin Schleyer eine sehr positive Rolle gespielt hat.

Ich bin oft gefragt worden, warum wir einen Rechtsanwalt wie den umstrittenen Herrn Payot aus Genf in Anspruch genommen haben. Diese Frage ist einfach zu beantworten: In der ersten Information, die wir von den Terroristen erhielten, war dem Namen der Titel »Generalsekretär der internationalen Föderation für Menschenrechte bei der UNO« beigefügt. Was es auch immer mit diesem Titel auf sich hatte: die Bundesregierung brauchte eine Verbindung zu den Terroristen und mußte annehmen, was sich anbot. Sie hatte gar keine andere Wahl.

Bei meinem Auftrag, auch über »undenkbare« Methoden zur Befreiung von Hanns Martin Schleyer nachzudenken, habe ich eine Überlegung angestellt, die ich zunächst für durchaus denkbar hielt, die aber nicht die Zustimmung von Helmut Schmidt gefunden hat. Ich war der Auffassung, daß es möglich sein müsse, die elf Gefangenen, die mit der Geiselnahme Hanns Martin Schleyers freigepreßt werden sollten, vorübergehend freizulassen, sie aber nach der Freilassung von Schleyer wieder in Gewahrsam zu nehmen. Das wäre natürlich nur möglich gewesen, wenn sich ein anderes Land bereit erklärt hätte, dieses Spiel in vollem Umfang mitzuspielen. Ich hatte dabei an Togo gedacht. Wahrscheinlich hätten wir dort das notwendige Verständnis für ein solches Vorhaben gefunden. Und es wäre sicher möglich gewesen, deutsche Sicherheitskräfte als Touristen getarnt in das Land zu bringen, damit sie gemeinsam mit den Sicherheitskräften Togos die Überwachung der Terroristen übernahmen und sie später verhafteten. Die Frage, ob die freizupressenden Terroristen mit Togo als Ausreiseland einverstanden gewesen wären, hätte natürlich vorher geprüft werden müssen. Aber in Helmut Schmidts Augen war der Plan viel zu kompliziert. Vor allen Dingen fürchtete er, daß die Nachricht von der Freilassung der elf Gefangenen zu einer nie wiedergutzumachenden Vertrauenskrise in unsere Demokratie führen würde. Heute meine ich, daß er recht hatte, meinen Vorschlag nicht zu akzeptieren.

Eine Woche nach der Entführung Hanns Martin Schleyers waren wir trotz intensiver Arbeit rund um die Uhr noch nicht wesentlich weitergekommen. Immerhin hatten wir inzwischen ständigen Kontakt zu den Entführern, und in der Zwischenzeit waren drei Ultimaten bereits verstrichen. Von entscheidender Bedeutung war jetzt, Zeit zu gewinnen, damit unsere Sicherheitsorgane das Versteck finden konnten, in dem Hanns Martin Schleyer gefangengehalten wurde. Dieses Bemühen um Zeitgewinn sollte mich in den nächsten Tagen und Wochen sehr intensiv beschäftigen.

Von den elf Gefangenen, die freigepreßt werden sollten, waren sechs bereits zu lebenslangen Freiheitsstrafen verurteilt worden. Gegen alle sechs Urteile war zu diesem Zeitpunkt Revision eingelegt worden, so daß die Urteile noch nicht rechtskräftig waren. Die anderen fünf waren zu langen Freiheitsstrafen verurteilt. In einer Erklärung vom 12. September 1977 hatten die Entführer mitgeteilt: »Die möglichen Zielländer können der Bundesregierung nur von den Gefangenen selbst genannt werden.«

Am 13. September 1977 wurde den elf Gefangenen ein Fragebogen vorgelegt. Sie wurden gefragt, ob sie bereit wären, sich ausfliegen zu lassen und welches Flugziel sie nennen könnten.

Die erste Frage haben nahezu alle mit »ja« beantwortet. Die zweite Frage hat Baader für alle beantwortet. Er nannte die Länder: Algerien, Libyen, Irak, Südjemen und Vietnam.

Zwischen dem 14. und dem 29. September habe ich daraufhin drei Flüge mit der Bundesluftwaffe in diese fünf Länder unternommen. Die dabei geführten Verhandlungen dienten ausschließlich dazu, Zeit zu gewinnen. Dabei war vom ersten Tag an klar, daß sich die Bundesregierung nicht würde erpressen lassen.

Am 14. September 1977 trat ich morgens um 8.00 Uhr mit meinem Mitarbeiter Kiewitt den Flug nach Algerien und Libyen an. Über Südfrankreich veränderten sich plötzlich die Fluggeräusche sehr stark. Außerdem verloren wir schnell an Höhe. Kurze Zeit später verließ der Pilot, ein Oberstleutnant, das Cockpit, setzte seine Uniformmütze auf, prüfte noch einmal, ob sie auch wirklich gerade saß, grüßte dann und sagte: »Herr Staatsminister, ich melde: Die Maschine befindet sich in Notlage.« Ich fragte ihn, was das in unserem konkreten Fall bedeuten würde. Er antwortete: »Wir sind darum bemüht, einen Flugplatz zu erreichen.«

Diese ruhige und nicht ängstliche Reaktion des Piloten hat mir großen Respekt eingeflößt. In schwierigen Situationen habe ich oft an ihn gedacht.

Obwohl drei von vier Aggregaten ausgefallen waren, sind wir sicher auf einem französischen Militärflughafen in Südfrankreich gelandet. Ich habe in Bonn ein neues Flugzeug angefordert, und nach einer guten Mahlzeit im Kasino der französischen Luftwaffe sind wir dann weiter nach Algier geflogen. Hier kamen wir natürlich viel später als vorgesehen an. Mein treuer Freund Mouloud Kassem erwartete mich am Flugplatz und brachte mich direkt zu Präsident Boumedienne. Unser Gespräch war sehr viel schwieriger, als ich erwartet hatte. Boumedienne war bereit, der Bundesregierung behilflich zu sein. Ich aber bat ihn um eine Erklärung, wonach er nicht bereit sei, die Terroristen aufzunehmen. Er hatte vor einigen Wochen Hanns Martin Schleyer nach Algerien eingeladen und wurde nun mißtrauisch, weil er befürchtete, die Bundesregierung suche einen Verantwortlichen für den möglichen Tod Dr. Schleyers. Obwohl ich Boumedienne erklärte, daß der Bundeskanzler selbst die volle Verantwortung übernehme und es uns nur darum ginge, Zeit zu gewinnen, war dem Präsidenten nicht wohl in seiner Haut. Aber da er mich seit vielen Jahren als einen guten Freund seines Landes kannte, stimmte er unserer Bitte schließlich zu: Algerien verweigerte die Aufnahme der Terroristen.

Von Algier flog ich direkt nach Tripolis, um mit der libyschen Regierung zu sprechen. Mein Gesprächspartner in Tripolis war der damalige Innenminister Belgassem. Seine Bereitschaft zur Zusammenarbeit war außerordentlich groß. Er erklärte mir, daß Libyen nicht bereit sei, die Terroristen aufzunehmen.

Am Mittwoch, dem 14. September 1977, um 8.00 Uhr war ich losgeflogen, am Donnerstag, dem 15. September 1977, um 15.00 Uhr war ich wieder zurück. In der Zwischenzeit hatte ich eine Notlandung, den Wechsel des Flugzeugs in Südfrankreich, ein schwieriges Gespräch mit Präsident Boumedienne, ein Gespräch mit dem libyschen Innenminister hinter mir und für die Sache Schleyers etwas mehr Zeit gewonnen.

Am 17. September 1977 um 17.00 Uhr mußte ich erneut ins Flugzeug steigen, um nach Bagdad und Aden zu fliegen. Unterwegs erfuhren wir, daß wir für den Flug nach Bagdad keine Überfluggenehmigung von Syrien erhielten. Wir mußten deshalb in Kreta zwischenlanden. Peter Kiewitt rief den syrischen Botschafter in Bonn an. Er war sehr hilfsbereit. Wir konnten bald unseren Flug nach Bagdad fortsetzen. Aber in Bagdad fand gerade ein Staatsbesuch statt. Wir konnnten nur den stellvertretenden Außenminister sprechen. Ich spürte sehr bald, daß seine Kooperationsbereitschaft nicht besonders ausgeprägt war und bat darum, uns die Antwort in zwei Tagen über die Bonner Botschaft zukommen zu lassen. Wir haben niemals eine Antwort erhalten. Später haben wir auch feststellen können, daß die Flugtickets der Flugzeugentführer in Bagdad gekauft worden waren. Heute sind die Voraussetzungen für eine Kooperation mit diesem Land weit besser.

Von Bagdad flogen wir mit der Bundeswehrmaschine weiter nach Aden in die Volksrepublik Jemen. Inzwischen war unser Pilot an einer Fischvergiftung schwer erkrankt. Er schwebte in Lebensgefahr und brauchte sofort ärztliche Hilfe. Da sich in Aden nur eine Nebenstelle der bundesdeutschen Botschaft in Sanaa befand, rief ich den Botschafter der DDR in Aden an und bat ihn um Hilfe. Von der DDR war mir bekannt, daß sie vor allem im Bereich der innneren Sicherheit wichtige Aufgaben in Aden wahrnahm. Auch Ärzte aus der DDR waren in der Volksrepublik Jemen tätig. Die erbetene ärztliche Hilfe kam innerhalb kürzester Zeit. Der Arzt bestätigte, daß der Pilot lebensgefährlich erkrankt war. Er könne in den nächsten Tagen kein Flugzeug steuern, ja, er sei nicht einmal transportfähig. Dann besorgte er uns in kürzester Zeit Medikamente. Er hat sich um unseren kranken Piloten viel Mühe gegeben. Später habe ich mich beim Leiter der Ständigen Vertretung der DDR in Bonn für diese Hilfe bedankt. In dieser brisanten Lage, weit entfernt von beiden deutschen Staaten, sind wir doch sehr normal miteinander umgegangen. Dieser Normalität und der Hilfsbereitschaft der DDR verdankt unser Pilot sein Leben.

Wir setzten uns mit Bonn in Verbindung, um die Regierung über die neue Situation zu informieren, und baten sie um eine neue Besatzung. Als dann später zwei Bundeswehrmaschinen in Aden auf dem Flugplatz standen, wurden vor allem die Sowjets unruhig.

Meine Gespräche führte ich mit dem Außenminister des Landes. Er erinnerte mich daran, daß sein Land auf ausdrückliche Bitte der Bundesregierung die Terroristen aufgenommen hatte, die mit Pastor Albertz ausgeflogen waren und deren Freilassung die Voraussetzung für die Befreiung von Peter Lorenz aus Berlin gewesen war. Nachdem man die Terroristen auf unsere eindringliche Bitte aufgenommen habe, sei der Jemen in übelster Weise als Terroristennest beschimpft worden. Diesmal sei man auf gar keinen Fall mehr bereit, jemanden aufzunehmen, auch wenn wir versuchen würden, die Jemeniten zu zwingen, würden sie ihre Meinung nach den jüngsten Erfahrungen nicht ändern.

Ich hatte Verständnis für die Argumente des Außenministers und war trotzdem zufrieden.

Er wurde später in seinem Land zum Tode verurteilt und hingerichtet, da ihm geheime Kontakte zu Saudi-Arabien nachgesagt wurden. Dies galt damals als Spionage und Verrat an der Revolution.

Am 20. September um 8.00 Uhr morgens war ich wieder in Bonn.

Zum dritten Flug startete ich am 25. September 1977 um 22.45 Uhr in Köln-Bonn. Dieser sollte mich nach Vietnam führen, dem fünften Land, das Andreas Baader genannt hatte. Ich flog wieder mit einem Transportflugzeug der Bundesluftwaffe, aber diesmal mit einer Boeing 707 und drei Besatzungen. Unser erstes Ziel war Anchorage in Alaska, um nicht zu viele Probleme mit den Überfluggenehmigungen zu haben. Dort wurde uns mitgeteilt, daß wir, jedenfalls bis zu diesem Zeitpunkt, keine Einfluggenehmigung für Vietnam erhalten hatten. Ich war sehr enttäuscht, denn ich hatte vorher alles sehr genau mit dem damaligen Botschafter Vietnams in Bonn besprochen. Er hatte mir die volle Unterstützung seines Landes zugesagt.

So flogen wir zuerst auf die Insel Guam. Von dem amerikanischen Stützpunkt auf dieser Insel aus starteten während des Vietnamkrieges die Flugzeuge, die Vietnam bombardierten. Ich wußte, wie wichtig es bei einem schwierigen Auftrag ist, von wo aus man ein Land anfliegt. Aber es gab keine andere Möglichkeit.

Als wir in Guam landeten, waren wir etwas überrascht, daß die Maschine eines mit den USA verbündeten Landes in der äußersten Ecke des sehr großen Flugplatzes plaziert wurde. Außerdem kamen mehrere Jeeps mit bewaffneten US-Soldaten auf die Maschine zugefahren. Ich wurde von den zwei Chiefs des Flughafens, zwei Obersten, freundlich empfangen. Man habe auch Quartier für uns, wisse aber nicht, wo man die Terroristen unterbringen solle. Das Mißverständnis klärte sich bald auf: Die beiden Obersten hatten geglaubt, wir hätten die freigepreßten Terroristen bereits an Bord der Maschine, um sie in Vietnam abzusetzen. Unsere Verbündeten waren sehr froh, als sich dies als Irrtum herausstellte. Am nächsten Tag bekamen wir von den Vietnamesen die Einfluggenehmigung nach Vietnam, aber nicht in die Hauptstadt Hanoi, sondern nach Saigon, das inzwischen Ho-Chi-Minh-Stadt hieß. Der Empfang war freundlich, ich bekam den üblichen Blumengruß zum Empfang, außerdem wurde uns ein Mercedes zur Verfügung gestellt. Auf meine Bitte, so bald wie möglich nach Hanoi fliegen zu können, teilte man mir mit, dies alles werde man im Hotel besprechen.

Nach unserer Ankunft im Hotel Majestic, das im Vietnamkrieg Berühmtheit erlangt hatte, war zunächst im früheren Außenministerium von Saigon eine Begegnung mit dem Bürgermeister vorgesehen. Er war in der Revolutionsregierung des Vietcong stellvertretender Außenminister gewesen. Als ich ihm mein Anliegen vorgetragen hatte, versprach er, sich noch an diesem Abend mit seiner Regierung in Hanoi in Verbindung zu setzen. Er würde mir die Antwort morgen früh ins Hotel bringen. Ich brauche mich keineswegs selbst nach Hanoi zu bemühen. Anschließend wurden wir von ihm zu einem sehr guten vietnamesischen Abendessen eingeladen. Die Antwort lag am anderen Morgen vor: Die Regierung von Hanoi sei bereit, der Bundesregierung in dieser schwierigen Situation behilflich zu sein. Sie sei nicht bereit, Terroristen aufzunehmen, »auch wenn welche dabei sein sollten, die früher schon einmal für uns demonstriert haben«.

Mit dieser Nachricht in der Tasche überlegte ich, auf welchem Weg ich zurückfliegen sollte. Eigentlich wollte ich nicht noch einmal über Alaska fliegen, sondern in Abu Dhabi in den Emiraten zwischenlanden. Aber dann traf ein Telegramm des Bundeskanzlers ein, das mich aufforderte, unmittelbar, und zwar wieder über Alaska, zurückzufliegen. Der Flug von Saigon nach Köln-Bonn, mit Zwischenlandung in Anchorage, war wohl einer der längsten Bundeswehrflüge überhaupt. Die Bundesluftwaffe hat sich jedenfalls in jenen bewegten Tagen hervorragend bewährt.

Am 29. September 1977 um 3.00 Uhr morgens landeten wir in Köln-Bonn. Ich glaubte, dies sei mein letzter Flug in Verbindung mit der Schleyer-Entführung gewesen. Daß mir ein viel dramatischerer noch bevorstand, konnte ich nicht wissen.

Am gleichen Tag um 10.00 Uhr nahm ich wieder an der kleinen Lage beim Bundeskanzler teil. Der damalige Staatssekretär im Auswärtigen Amt van Well sagte mir: »Sie sind aufgeschrieben worden.« Ich antwortete, davon hätte ich nichts bemerkt, ich würde im Auto immer sofort lesen. Darauf sagte er: »Nicht im Auto, im Flugzeug wurden Sie aufgeschrieben.« Die Piloten der Bundesluftwaffe hatten wegen der großen Entfernungen sehr knapp kalkulieren müssen. Dabei hat die Maschine japanisches Lufthoheitsgebiet gestreift. Die Japaner ließen sofort zwei Jagdflugzeuge starten, die sich unser Flugzeug notierten. Der japanische Botschafter war schon im Außenministerium, um zu protestieren. Erst als er hörte, um welche Mission es sich gehandelt hatte, verzichtete er.

An diesem Tag stimmte der Deutsche Bundestag mit 371 und 21 Berliner Stimmen, bei vier Nein-Stimmen und 17 Enthaltungen dem Kontaktsperregesetz zu. Das Gesetz trat bereits am 2. Oktober 1977 in Kraft. Es wurden sofort in 91 Fällen Kontaktsperren angeordnet. Wenn wir verhindern wollten, daß sich die Terroristen über unser Vorgehen informierten, waren diese Kontaktsperren unverzichtbar. Aber auch ich hatte bei diesem Schnellverfahren in der Gesetzgebung Bedenken.

Zu den vielen Mitteilungen, die den Entführern Hanns Martin Schleyers über den Rechtsanwalt Payot in Genf gemacht wurden, gehörte auch folgende Information vom 30. September 1977:

»Staatsminister Wischnewski ist am Donnerstag, dem 29. 09. 1977, 3.00 Uhr zurückgekehrt. Die Regierung der Volksrepublik Vietnam lehnt die Aufnahme der Gefangenen ab. Auch Algerien hat nunmehr erklärt, daß es nicht zum Aufnahmeland von Terroristen werden wolle.«

Am 27. September 1977 nannte Jan-Carl Raspe vier weitere Zielländer:

»Für den Fall, daß die Bundesrepublik wirklich den Austausch versucht und vorausgesetzt, die bereits genannten Länder – Algerien,

Libyen, Vietnam, Irak, Südjemen – lehnen eine Aufnahme ab, nennen wir noch eine Reihe weiterer Länder
– Angola
– Mozambique
– Guinea-Bissau
– Äthiopien.
27. 09. 77 Raspe.«

Es ist allerdings zweifelhaft, ob Raspe in dieser Frage wirklich für alle gesprochen hat, die freigepreßt werden sollten.

Am 1. Oktober 1977 meldeten sich die Entführer mit der Erklärung:

»Betreffend die Zielländer weiß das Kommando, daß die BRD in einem Punkt lügt. Das Kommando weiß sicher, daß mindestens ein Land sich bereit erklärt hat, die Gefangenen aufzunehmen. Darüber hinaus weiß es, daß die BRD in den Verhandlungen auf die Zielländer Druck ausübt.«

Tatsache ist, daß wir in keinem Fall Druck ausgeübt haben, noch hätten ausüben können. Wir haben lediglich darum gebeten, uns in einer schwierigen Lage behilflich zu sein.

Als Frau Ensslin im Stammheimer Gefängnis um ein Gespräch mit Staatssekretär Schüler oder mit mir bat, entschied Helmut Schmidt, daß dieses Gespräch von einem Beamten zu führen sei. Mehrere Gefangene drohten in diesen Tagen damit, Selbstmord zu begehen. Ich bezweifle, ob diese Drohungen von den zuständigen Justizstellen mit dem notwendigen Ernst behandelt worden sind.

Der Krisenstab bemühte sich über den Anwalt Payot immer wieder um einen Dialog mit den Entführern. An Tagen, an denen solche Kontakte nicht zustande kamen, war die Arbeit im Krisenstab besonders deprimierend. Sie sorgten für zusätzliche Ungewißheit über das Schicksal Dr. Schleyers.

Am 8. Oktober 1977 übermittelten die Entführer einen umfangreichen Brief von Hanns Martin Schleyer. Darin kommt die verzweifelte Lage des Entführten in bestimmten Passagen zum Ausdruck, er läßt aber auch die Federführung der Entführer erkennen. In diesem Brief heißt es unter anderem:

»Das Vorgehen der Japaner, das mir im einzelnen bekannt ist, beweist die Richtigkeit der Behauptung meiner Entführer, daß es Länder gibt, die aufnahmebereit sind. Natürlich werden diese Länder über einen nur humanitär zu begründenden und aus der jeweiligen Situation zu entscheidenden Akt keinen Staatsvertrag abschließen, auch nicht, wenn ein deutscher Staatsminister kommt, dem ich ernsthafte Absichten damit nicht absprechen möchte.«

Der Hinweis auf die Japaner bezog sich auf eine zeitlich parallel verlaufene Flugzeugentführung, bei der die japanische Regierung den Erpressern nachgegeben und Algerien die neun Freigepreßten auf japanischen Wunsch aufgenommen hatte. Dieser Vorgang hat unsere Lage nicht gerade erleichtert.

Später habe ich über meine drei Flugreisen in die fünf Länder, die die Freizupressenden aufnehmen sollten, viel nachgedacht. Es hat mich sehr belastet, daß ich damals auch Dr. Schleyer täuschen mußte. Ich erinnerte mich immer wieder an jenen Abend im Hotel Kempinski in Berlin, als wir beide an der Bar saßen. Er sagte damals zu mir: »Es hat sich etwas sehr Wesentliches in unserem Land verändert. Wenn die Demokratie in unserem Land noch einmal in Gefahr gerät, dann werden Heinz Oskar Vetter und ich auf derselben Seite der Barrikade stehen.«

Nach mehr als fünf Wochen gelangten die Entführer zu der zutreffenden Auffassung, daß die Bundesregierung mit der Entführung von Hanns Martin Schleyer nicht zu erpressen war. Am Donnerstag, dem 13. Oktober 1977, gegen 14.30 Uhr erhielt die Bundesregierung erste Informationen über die Routenabweichung der Lufthansa-Boeing 737 »Landshut«, die sich mit 86 Passagieren und fünf Besatzungsmitgliedern an Bord auf dem Flug von Mallorca nach Frankfurt befand. Das Flugzeug landete um 15.45 Uhr auf dem römischen Flughafen Fiumicino. Nun bestand auch nicht mehr der geringste Zweifel, daß es sich um eine Flugzeugentführung handelte.

Damit begann ein weiterer brutaler Erpressungsversuch gegenüber der Bundesregierung, von dem nun weitere 91 Menschen betroffen waren.

Es war die größte Herausforderung der Bundesrepublik Deutschland seit ihrem Bestehen.

In den ersten Stunden des Freitag wurde das Ultimatum der Flugzeugentführer übermittelt. Es hatte folgenden Wortlaut:

»Ultimatum an den Kanzler der Bundesrepublik Deutschland. Hiermit teilen wir Ihnen mit, daß die Passagiere und Besatzung der Lufthansamaschine 737, Flugnummer LH 181, von Palma nach Frankfurt (M) unter unserer vollständigen Kontrolle und Verantwortung stehen. Das Leben der Passagiere und der Besatzung und das Leben von Dr. Hanns Martin Schleyer hängen davon ab, daß Sie die folgenden Forderungen erfüllen:

1. Freilassung der folgenden Genossen der RAF aus westdeutschen Gefängnissen:
   Andreas Baader, Gudrun Ensslin, Jan-Carl Raspe, Verena Becker, Werner Hoppe, Karl Heinz Dellwo, Hanna Krabbe, Bernd Rössner, Ingrid Schubert, Irmgard Möller, Günter Sonnenberg.
   Jede Person soll DM 100 000 mitbekommen.
2. Freilassung der folgenden palästinensischen Genossen der F. L. P. aus dem Gefängnis in Istanbul
   – Mahdi
   – Hussein.
3. Die Zahlung von 15 Millionen US-Dollar gemäß beigefügten Anweisungen.
4. Vereinbaren Sie mit einem der folgenden Länder die Aufnahme der Genossen, die freigelassen wurden:
   Demokratische Republik Vietnam, Republik Somalia, Demokratische Volksrepublik Jemen.
5. Die deutschen Gefangenen sollen in einem von Ihnen gestellten Flugzeug zu ihrem Zielort gebracht werden. Sie sollen über Istanbul fliegen und die zwei aus dem dortigen Gefängnis entlassenen palästinensischen Genossen aufnehmen. Die türkische Regierung ist über unsere Forderungen gut informiert. Alle Gefangenen sollen ihr Ziel bis Sonntag, 16. Oktober 1977, 8.00 Uhr GMT, erreichen. Das Geld soll innerhalb des gleichen Zeitraums gemäß beigefügten Anweisungen übergeben werden.
6. Wenn nicht alle Gefangenen entlassen werden und ihr Ziel erreichen und das Geld nicht gemäß den Anweisungen innerhalb der angegebenen Zeit übergeben wird, werden Hanns Martin Schleyer und alle Passagiere sowie die Besatzung der Lufthansamaschine 737, Flug LH 181, augenblicklich getötet.
7. Wenn Sie unsere Anweisungen erfüllen, werden alle freigelassen.

8. Wir werden keine Verbindung mehr mit Ihnen aufnehmen. Dies ist unsere letzte Kontaktaufnahme mit Ihnen. Sie sind für jeglichen Irrtum oder Fehler bei der Freilassung der o.g. Gefangenen oder bei der Übergabe des angegebenen Lösegeldes gemäß den Anweisungen verantwortlich zu machen.
9. Jeder Verzögerungs- oder Täuschungsversuch Ihrerseits bedeutet den augenblicklichen Ablauf des Ultimatums und die Exekution von Hanns Martin Schleyer, den Passagieren und der Besatzung des Flugzeuges.

13. Oktober 1977,
Organisation für den Kampf gegen den Weltimperialismus.«

Anschließend übermittelten die Entführer Dr. Schleyers ihr Ultimatum. Es beweist eindeutig, daß die Schleyer-Entführer und die Flugzeugentführer das gleiche Ziel hatten und zusammenarbeiteten.

Dieses Ultimatum hatte folgenden Wortlaut:

»13. Oktober 1977.
Wir haben Helmut Schmidt jetzt genug Zeit gelassen, um sich in seiner Entscheidung zu winden, zwischen der amerikanischen Strategie der Vernichtung von Befreiungsbewegungen in Westeuropa und der Dritten Welt und dem Interesse der Bundesregierung, den zur Zeit wichtigsten Wirtschaftsmagnaten, eben für diese imperialistische Strategie nichts zu opfern. Das Ultimatum der Operation Kofre Kaddum des Kommandos Martyr Halimeh und das Ultimatum des Kommandos Siegfried Hausner der RAF sind identisch. Das Ultimatum läuft am Sonntag, dem 16. Oktober 1977, um 8.00 Uhr Greenwich ab. Wenn bis zu diesem Zeitpunkt die elf geforderten Gefangenen ihr Ziel nicht erreicht haben, wird Hanns Martin Schleyer erschossen. Nach 40 Tagen Gefangenschaft von Schleyer wird es eine Verlängerung des Ultimatums nicht mehr geben. Ebenso keine weiteren Kontaktaufnahmen. Jegliche Verzögerung bedeutet den Tod Schleyers. Um eine zeitliche Komplikation zu vermeiden, ist es nicht notwendig, daß Pastor Niemöller und Rechtsanwalt Payot die Gefangenen begleiten. Die Bestätigung der Ankunft der Gefangenen erhalten wir auch ohne die Bestätigung von Begleitpersonen. Nachdem wir die Bestätigung erhalten haben, wird Schleyer innerhalb von 48 Stunden freigelassen.

Freiheit durch bewaffneten antiimperialistischen Kampf,
Kommando Siegfried Hausner
Rote Armee Fraktion.«

Am selben Tag wurde auch eine weitere Erklärung der Operation Kofre Kaddum veröffentlicht, die im Anhang wiedergegeben wird.[5]

Diese Texte sprechen für sich. Sie bedürfen keiner Erläuterung, aber man muß sie kennen, wenn man die Vorgänge in diesen Jahren verstehen will. Sie beweisen, mit welch brutalen, teils auch pathologischen und zumindest falsch informierten Gegnern wir es zu tun hatten.

In der Zwischenzeit war die »Landshut« nach Larnaca auf Zypern weitergeflogen, wo nicht nur unsere Botschaft, die Regierung von Zypern, sondern vor allem auch der Vertreter der PLO versuchten, die Entführer zum Aufgeben zu bewegen.

Doch der Flug ging weiter. In Beirut, Damaskus, Amman und Kuwait wurde dem Flugzeug die Landung verweigert. Es konnte erst in Bahrein landen, um dann nach Dubai in den Vereinigten Arabischen Emiraten weiterzufliegen. Hier wurde die Landung erzwungen.

An jenem Freitag, dem 14. Oktober 1977, tagte der kleine Krisenstab, das Kabinett und der große politische Beraterkreis nahezu pausenlos. Die Beratungen waren nicht einfach. An diesem Tage waren schwerwiegende Entscheidungen zu treffen.

Wir mußten nach wie vor das Leben Hanns Martin Schleyers zu retten versuchen. Und wir mußten die 91 Menschen in der »Landshut« befreien.

Aber die Bundesregierung durfte sich auch nicht erpressen lassen. Gefangene, denen der Mord an 13 Menschen und Mordversuche an weiteren 43 Menschen zur Last gelegt wurden, durfte sie nicht freilassen.

Aufgrund weitreichender Überlegungen gelangten alle Beteiligten übereinstimmend zu der Entscheidung, daß alles, was möglich war, unternommen werden sollte, um die Geiseln zu retten. Dazu gehörte die Ausschöpfung aller Verhandlungsmöglichkeiten, aber gegebenenfalls auch eine polizeiliche Befreiungsaktion. Das Kabinett faßte darüber einen förmlichen Beschluß. Eine Freilassung der Gefangenen wurde nicht erwogen.

Ich wurde während der Beratungen immer unruhiger und schrieb Helmut Schmidt einen Zettel mit folgendem Text: »Sollte ein Flug nicht schon *technisch* vorbereitet werden?«

Der Bundeskanzler antwortete mit Kanzlergrün: »Ja, für Dich.« Damit erhielt ich den »Marschbefehl« für die wohl schwierigste Mission in meinem Leben.

Ich verließ dann den großen Krisenstab, um in meinem Büro die notwendigen Weisungen zur Vorbereitung des Fluges zu geben. Vor allen Dingen wollte ich zehn Millionen DM mitnehmen. Vielleicht eröffnete sich doch noch eine Möglichkeit, die Geiseln freizukaufen. Denn das Risiko eines gewaltsamen Vorgehens war mir bewußt. Wann immer dies zu vermeiden war, mußte es vermieden werden.

An einem Freitagnachmittag in Bonn zehn Millionen DM zu bekommen ist auch in Ausnahmesituationen nicht so einfach. Der pflichtgetreue Staatssekretär im Finanzministerium fragte nach dem Kabinettsbeschluß. Den gab es nicht. Aber vertrauensvolle Zusammenarbeit führte dann doch zu einem Ergebnis.

Als Helmut Schmidt mich verabschiedete, sagte er, noch niemals habe jemand so viele Vollmachten für einen Auftrag erhalten wie ich. Meine Mission war ausdrücklich vom großen Krisenstab und damit von den Vertretern aller Parteien des Deutschen Bundestages gebilligt worden.

Mit dem Hubschrauber des Bundesgrenzschutzes flogen wir nach Frankfurt. Hier verabschiedete uns der frühere Chefpilot der Lufthansa und damaliges Vorstandsmitglied Utter. Er hatte eine Lufthansamaschine für unsere Aufgabe entsprechend vorbereitet. Zu dem kleinen Stab, der mit mir flog, gehörten unter anderem der damalige Leiter der Abteilung für Terroristenbekämpfung im Bundeskriminalamt, Gerhard Böden, der damalige Chefpilot der Deutschen Lufthansa, Martin Gaebel, der Psychologe Wolfgang Salewski, mein Mitarbeiter Peter Kiewitt, aber auch Vertreter der zuständigen Ministerien und mein alter Freund Dr. Herbert Reichard, der damals für den Nahen und Mittleren Osten verantwortliche Abteilungsleiter der Deutschen Welle, der sich in dieser Region besonders gut auskannte, und nicht zu vergessen schließlich der arabische Dolmetscher des Auswärtigen Amtes, Ghazi Twal.

Um 23.35 Uhr landete unsere Maschine in Dubai. Sofort wurde

eine Standleitung nach Bonn hergestellt, um in ständigem Kontakt mit dem Bundeskanzler stehen zu können.

Im Tower des Flugplatzes von Dubai begann dann die hervorragende Zusammenarbeit mit dem Verteidigungsminister der Vereinigten Arabischen Emirate, Sheik Mohammed Bin Rashid. Er führte die Gespräche mit den Flugzeugentführern in der gemeinsamen Muttersprache und stimmte das Vorgehen korrekt mit mir ab. Mitgewirkt hat auch der damalige deutsche Botschafter in Abu Dhabi und der hervorragend Arabisch sprechende Diplomat des auswärtigen Dienstes, Norbert Montfort.

Eine Analyse der Situation vor Ort brachte mich sehr schnell zu der Überzeugung, daß es zwingend notwendig war, die beiden Entführungsfälle Schleyer und »Landshut« voneinander zu trennen. Über das Verfahren im Fall der »Landshut« konnte nur nach der jeweiligen Situation vor Ort entschieden werden. Der Geiselfall Schleyer mußte in Bonn entsprechend den Kontakten mit den Entführern verfolgt werden. Der große Krisenstab faßte am Samstag, dem 15. Oktober 1977, einen entsprechenden Beschluß. Er entschied gleichzeitig, daß notfalls auch auf eine gewaltsame Befreiung der Geiseln hingearbeitet werden solle. Was sich in den nächsten Tagen im Fall Schleyer in der Bundesrepublik abspielte, habe ich nicht persönlich miterlebt.

Die »Landshut« konnte in Dubai ver- und entsorgt werden. Diese Aufgabe übernahmen als Flugplatzarbeiter verkleidete Nachrichtenoffiziere der Vereinigten Arabischen Emirate. Sie teilten uns anschließend im Tower ihre Erkenntnisse über die Situation im Flugzeug mit.

In der Zwischenzeit waren weitere Sicherheitsexperten aus der Bundesrepublik in Dubai eingetroffen, unter ihnen auch der Kommandeur der GSG 9, Ulrich Wegner. Es gab ernsthafte Vorbereitungen der Sicherheitskräfte aus den Vereinigten Arabischen Emiraten, die »Landshut« zu stürmen und die Geiseln zu befreien. Beim Versuch, diesen Männern die Kenntnisse der GSG 9 zu vermitteln, zeigte sich jedoch sehr bald, daß die Zeit dafür in gar keinem Fall ausreichen würde. Also mußten wir uns darum bemühen, die GSG 9 direkt zum Sturm des Flugzeugs und zur Befreiung der Geiseln einsetzen zu können. Natürlich war dies nur mit Zustimmung der politischen Führung des Landes, insbesondere seines Präsidenten Sheik Zayed

Bin Sultan Al Nahayan, möglich. Ich war der Überzeugung, die Erlaubnis für den Einsatz unserer Polizei von Verteidigungsminister Sheik Mohammed Bin Rashid erhalten zu können, zumal er sich selbst davon überzeugt hatte, daß der Ausbildungsstand unserer GSG 9 nicht so schnell auf eine andere Truppe übertragbar war.

Bei den vielen Versuchen, die Terroristen zur Freilassung der Geiseln zu bewegen, habe ich mich auch selbst als Geisel angeboten. Die Terroristen sollten zuerst die Hälfte der Geiseln freilassen, dann würde ich in das entführte Flugzeug kommen und danach sollte die andere Hälfte der Geiseln freigelassen werden. Der Dolmetscher Ghazi Twal hat das Angebot korrekt übersetzt. Jahre später sagte er mir, daß ihm dabei fast das Herz stillgestanden sei, denn er war sich darüber im klaren, daß er mich der sprachlichen Verständigung wegen hätte begleiten müssen. Die Terroristen sind auch auf diesen Vorschlag nicht eingegangen. Sie wollten den »Vertreter des imperialistischen, faschistischen Deutschlands«, wie sie mich anredeten, nicht gegen die Geiseln austauschen.

Sie lehnten auch alle anderen Bemühungen um Kompromisse ab, wie die Freilassung von Kindern und Frauen oder den Austausch der Geiseln durch andere Personen. Aber bei aller Brutalität war auch deutlich spürbar, daß sich bei ihnen Ermüdungserscheinungen bemerkbar machten. Leider hatten wir aber zu keiner Zeit genaue Kenntnisse über die Situation im Flugzeug. Wir haben deshalb ernsthaft überlegt, bei der Versorgung mit Lebensmitteln auch Kleinstmikrophone in das Flugzeug mit einzuschleusen.

Die Situation spitzte sich von Stunde zu Stunde weiter zu. Nachts wurde von den Entführern auf Lufthansamitarbeiter geschossen, als sie sich im Interesse der Passagiere darum bemühten, einen Generator an die Maschine anzuschließen. Erst am nächsten Tag konnte die Stromversorgung sichergestellt werden und damit auch die Klimaanlage wieder in Betrieb genommen werden.

Nachdem ich länger als 50 Stunden ohne Schlaf war, mußte ich wenigstens ein bis zwei Stunden schlafen, um weiterhin aktionsfähig zu sein. Unsere Gastgeber brachten mich zu diesem Zweck in das mir schon von meinem ersten Aufenthalt her bekannte Gästehaus von Dubai. Aber bereits nach 20 Minuten erschien ein aufgeregter Offizier der Vereinigten Arabischen Emirate, der mich sofort abholen sollte, weil die Flugzeugentführer nun damit drohten, alle fünf Minuten eine Geisel zu erschießen. Wir rasten zurück zum Flugplatz. Inzwischen hatten die Entführer verlangt, das Flugzeug aufzutanken. Im Fall unserer Weigerung drohten sie, den Flugkapitän und zwei weitere Passagiere zu erschießen, danach alle fünf Minuten einen weiteren Passagier. Es war eindeutig, daß sie den Flugplatz von Dubai verlassen wollten.

Helmut Schmidt hatte sich in der Zwischenzeit darum bemüht, durch Telegramme, vor allem aber durch ein sehr langes persönliches Telefongespräch mit dem Staatsoberhaupt der Vereinigten Arabischen Emirate, Sheik Zayed Bin Sultan Al Nahayan, den Einsatz der GSG 9 zu erreichen. Der Staatschef sollte die notwendigen Entscheidungen treffen, um den Abflug der »Landshut« zu verhindern. Der Bundeskanzler hatte auch andere Regierungschefs um Hilfe gebeten.

Die Haltung der Entführer wurde immer drohender. Sie verwiesen darauf, daß sie uns für die Erfüllung ihres Ultimatums 60 Stunden gelassen hatten und verlangten erneut den sofortigen Abflug. Im Falle unserer Weigerung drohten sie, alle fünf Minuten einen Passagier zu erschießen.

Unter diesen dramatischen Umständen gab Sheik Zayed seine Zustimmung zum Abflug. Helmut Schmidt war darüber sehr enttäuscht.

Ich konnte die Haltung des Staatspräsidenten besser verstehen. Die »Landshut« befand sich seit über 40 Stunden in Dubai. Die Passagiere waren versorgt worden. Trotz der ständigen Drohungen war bis dahin niemand erschossen worden.

Daß Präsident Sheik Zayed Bin Sultan Al Nahayan, ein eher konservativer arabischer Staatspräsident, in dessen Land viele Palästinenser lebten, keine deutsche Sicherheitsspezialisten auf Araber schießen lassen wollte, mußten wir akzeptieren. Wir müssen auch in Zukunft tolerieren, daß jeder verantwortliche Politiker Entscheidungen nur aus der Interessenlage seines eigenen Landes heraus fällt. Das mindert in keiner Weise die großen Anstrengungen, die der Verteidigungsminister der Vereinigten Arabischen Emirate unternahm. Der Bundespräsident hat ihn dafür später mit dem Bundesverdienstkreuz ausgezeichnet.

Am Sonntag, dem 16. Oktober 1977, um 12.19 Uhr verließ die »Landshut« Dubai. Zu unser aller Überraschung flog sie in Richtung des Sultanats Oman und wollte offensichtlich auf der Insel Massira landen. Aber der Flugplatz wurde für eine Landung gesperrt. Anschließend flog die Maschine nach Aden. Aber auch hier war der Flugplatz gesperrt worden, da Aden mit der Flugzeugentführung nichts zu tun haben wollte. Die »Landshut« landete trotzdem um 15.55 Uhr neben der Rollbahn auf einer Sandpiste.

Ich startete um 16.21 Uhr in Dubai, um so schnell wie möglich nach Aden zu kommen. Die Regierung von Südjemen hatte jedoch wegen der erzwungenen Landung der »Landshut« den gesamten Luftraum über ihrem Staatsgebiet sperren lassen. Wir kreisten mehrere Stunden an der Grenze von Südjemen. Über Funk baten wir Bonn, die Sowjetunion und die DDR anzusprechen, damit sie auf die jemenitische Regierung einwirkten. Als der Treibstoff zu Ende ging, mußten wir unsere Runden abbrechen und flogen nach Djidda im Königreich Saudi-Arabien. Hier erklärten wir den saudischen Behörden unser Anliegen und baten sie um Unterstützung. Ich führte auch ein Gespräch mit dem Geschäftsträger der Demokratischen Volksrepublik Jemen und bat ihn, sich für unseren Weiterflug nach Aden einzusetzen. Dabei bot ich an, notfalls auch mit einem kleineren Flugzeug nach Aden zu fliegen.

Wir übernachteten in der Residenz unserer Botschaft, wo sofort wieder eine Standleitung nach Bonn eingerichtet wurde. Inzwischen hatte sich Helmut Schmidt auch direkt an König Chalid von Saudi-Arabien gewandt und um Unterstützung gebeten. Auch Franz Josef Strauß, der sich zu diesem Zeitpunkt in Saudi-Arabien aufhielt, setzte sich für uns ein.

Während wir in Djidda festsaßen, wurde der Flugkapitän der »Landshut«, Jürgen Schumann, von den Entführern erschossen. Offensichtlich wollte er außerhalb des Flugzeugs eine Inspektion vornehmen, da die Maschine durch die erzwungene Landung auf der Sandpiste erhebliche Schäden am Fahrgestell erlitten hatte, das deshalb nicht mehr eingezogen werden konnte.

Die Erschießung von Kapitän Schumann zeigte deutlich die Brutalität, zu der die Entführer fähig waren. Besonders schockierend war diese Erkenntnis für die Passagiere in der »Landshut«.

Die Bundesregierung, die Deutsche Lufthansa und vor allem auch die Witwe des ermordeten Jürgen Schumann haben sich intensiv darum bemüht zu erfahren, was die Entführer zu diesem brutalen Mord veranlaßt hatte. Doch alle Anstrengungen, später in Aden Informationen zu erhalten, haben zu keinem Ergebnis geführt. Auch die befreiten Passagiere konnten uns nicht weiterhelfen.

Wie ich Jürgen Schumann über Sprechfunk in Dubai kennengelernt habe und nach allem, was ich von den befreiten Passagieren gehört habe, hat er sich mit Mut und Umsicht darum bemüht, die Lage der Passagiere zu erleichtern und uns außerhalb des Flugzeugs zu informieren. Er hat diese mutige Haltung mit dem Leben bezahlen müssen.

Jürgen Schumann war seit dem 5. September, dem Tag der Entführung von Hanns Martin Schleyer, nun das fünfte Todesopfer. Vor ihm starben der Fahrer Heinz Marcisz und die Polizeibeamten Reinhold Brändle, Roland Pieler und Helmut Ulmer. Und noch immer befanden sich 90 Kinder, Frauen und Männer in den Händen von menschenverachtenden Entführern, die zu allem bereit waren.

Um 2.02 Uhr am Montag, dem 17. Oktober 1977, flog die »Landshut« in Aden ab. Sie landete um 4.34 Uhr in Mogadischu. Die Regierung von Somalia informierte die deutsche Botschaft in Mogadischu, daß der Flugkapitän ermordet worden war. Der tote Jürgen Schumann war von Aden nach Mogadischu mitgeflogen. Sein Leichnam wurde dort über die Notrutsche aus der Maschine befördert. Die Somalis teilten auch mit, daß das Ultimatum der Entführer bis 15.00 Uhr verlängert wurde.

Wir starteten an diesem Montag um 7.09 Uhr mit unserer Lufthansamaschine nach Mogadischu. Dabei achteten wir darauf, Somalia nicht über Äthiopien anzufliegen.

In der Zwischenzeit war in Bonn das Kabinett zu einer Sondersitzung zusammengetreten. Es beschloß, daß die Geiseln in Mogadischu im Einvernehmen mit der somalischen Regierung befreit werden sollten. Noch war offen, ob durch somalische Sicherheitskräfte oder durch die GSG 9.

Wir trafen um 11.44 Uhr in Mogadischu ein. Außer mir durfte niemand das Flugzeug verlassen. Spannung und Mißtrauen waren geradezu spürbar.

Ich wurde sofort zum Haus des Präsidenten Siad Barre gefahren.

Dort bemühte ich mich, meine ganze Überzeugungskraft darauf zu verwenden, die Botschaft des Bundeskanzlers zu übermitteln. Dabei erklärte ich, daß wir natürlich bereit wären, mit den Terroristen zu verhandeln. Wir erklärten auch unser Einverständnis, den Terroristen freien Abzug zu gewähren, wenn alle Passagiere und Besatzungsmitglieder freigelassen würden. Ja, wir wären auch bereit, über Geld mit uns reden zu lassen. Das Leben der Flugzeuginsassen stand zu jeder Stunde für uns an erster Stelle. Diese Zusagen fielen uns nach der Ermordung Jürgen Schumanns nicht leicht.

Deshalb sprach ich auch den Einsatz der GSG 9 immer deutlicher an. Sie kreiste zur Zeit in einem anderen Flugzeug der Lufthansa über Djibouti.

Um den Präsidenten davon zu überzeugen, daß wir seine Souveränität respektierten, sagte ich ihm: »Herr Präsident, wenn wir bei dem Einsatz der GSG 9 Gefangene machen, dann sind das natürlich Ihre Gefangenen.« Präsident Siad Barre fragte: »Was, Gefangene wollen Sie auch machen?«

Ich bin auf dieses Thema nicht mehr zurückgekommen.

Bei dieser ersten Begegnung wurde die Erlaubnis zum Einsatz der GSG 9 noch nicht erteilt. Aber ein erheblicher Teil des bestehenden Mißtrauens konnte abgebaut werden. Der Präsident war einverstanden, daß sich die Sicherheitsexperten beider Länder in einem Hotel zu einer gemeinsamen Beratung trafen. Wie der Präsident der Vereinigten Arabischen Emirate zögerte auch Siad Barre, den Einsatz deutscher Polizei gegen Palästinenser auf dem Hoheitsgebiet eines Mitgliedslandes der Arabischen Liga zu gestatten. Jedenfalls war dies keine leichte Entscheidung für ihn.

Jetzt kam es darauf an, die Verhandlungen mit den Terroristen zu beschleunigen und das Bemühen um das Vertrauen des Präsidenten und seiner Mitarbeiter, insbesondere der Mitglieder des Kabinetts, noch zu verstärken. Auch hier erwies sich Helmut Schmidts Telefongespräch mit Siad Barre, aber auch seine Bitten an andere arabische Staatsmänner um Einflußnahme als besonders hilfreich.

Siad Barre gab schließlich seine Zustimmung zum Einsatz der GSG 9, nachdem er sich davon überzeugt hatte, daß die Entführer durch Verhandlungen nicht zu überreden waren, die Geiseln freizugeben. Außerdem hatten sich seine Offiziere inzwischen davon überzeugt, daß die somalischen Sicherheitskräfte nicht in der Lage waren, sich in dieser kurzen Zeit die notwendigen Kenntnisse und Fertigkeiten anzueignen, um selbst den Sturm auf das Flugzeug und die Befreiung der Geiseln vorzunehmen. Dabei war der Kontakt zu den Polizeikräften von Somalia besonders gut, weil sie seit mehreren Jahren technische Hilfe aus der Bundesrepublik erhielten.

Siad Barre gab seine Zustimmung zum Einsatz der GSG 9 wenige Minuten, bevor ein weiteres Ultimatum der Entführer ablief. Auch unsere somalischen Partner wurden jetzt sehr nervös. Ich mußte verhindern, daß ein somalischer Offizier den Befehl zum Einsatz von Panzern gab. Das hätte zu einem furchtbaren Blutbad führen können. Dies waren bis dahin die dramatischsten und gefährlichsten Minuten auf dem Flugplatz von Mogadischu.

Nach der Zusage des Präsidenten mußten wir nun die Männer der GSG 9 so schnell wie möglich nach Mogadischu holen. Sie kreisten immer noch über Djibouti. Gegen 17.30 Uhr, also 19.30 Uhr Ortszeit, landete die Spezialeinheit in Mogadischu. Ich verstehe bis heute nicht, warum die Entführer uns nicht nach diesem Flugzeug gefragt haben. Eine Antwort hatten wir schon vorbereitet.

Dann teilten wir den Entführern mit, daß die Bundesregierung auf ihre Forderung nach Freilassung der Gefangenen in der Bundesrepublik eingehen wolle und die Gefangenen nach Mogadischu gebracht würden. Hier sollte dann der Austausch gegen die Passagiere und die Besatzung der »Landshut« erfolgen. Wir wiesen die Entführer darauf hin, daß die Zusammenführung der Gefangenen in Frankfurt und der Flug von da nach Mogadischu mehrere Stunden in Anspruch nehmen würde. Mit dieser List erreichten wir, daß sich die gefährlich zugespitzte Lage entspannte und wir die notwendige Zeit gewannen, um den Polizeieinsatz sorgfältig vorzubereiten. Vor allem dürfte der angekündigte Austausch auch die Passagiere erleichtert haben, die nun wieder hoffen konnten.

Wir versprachen den Entführern, sie laufend über die Position des Flugzeuges mit den Gefangenen zu unterrichten. Entsprechende Pläne sind sofort ausgearbeitet worden. Der damalige Chefpilot der Deutschen Lufthansa, Martin Gaebel, und seine Mitarbeiter waren mir immer eine große Hilfe, obwohl die nun angestrebte Gewaltlösung nicht ihre Zustimmung finden konnte.

Auch das von mir für notwendig gehaltene Täuschungsmanöver wurde nicht von allen Beteiligten gebilligt. Aber auch heute noch, mit dem entsprechenden Abstand zu den Ereignissen, bin ich der Auffassung, daß wir richtig gehandelt haben. Damit meine ich nicht, daß für den Staat in bezug auf die Wahrheit legerere Maßstäbe gelten als für den einzelnen Bürger. Im Gegenteil: Er ist besonders strengen Maßstäben verpflichtet. Wenn es aber darum geht, das Leben von Menschen in einer äußerst gefährlichen Situation zu retten, darf sich der Staat der Notlüge bedienen.

Wir hatten jetzt viel Arbeit zu erledigen. Ich schickte einige Mitarbeiter mit Peter Kiewitt in ein Hotel, damit sie unabhängig von der Situation auf dem Flugplatz eine Checkliste für alle in Verbindung mit dem Einsatz notwendigen Maßnahmen erstellten. Feuerwehren mußten bereitstehen und natürlich Krankenwagen. Im Krankenhaus mußten Betten freigehalten werden und in dem kleinen Flughafengebäude ein Notlazarett eingerichtet werden. Schließlich waren zusätzliche Ärzte erforderlich. Und das alles in einem sehr armen Entwicklungsland, das außerdem an seiner Grenze zu Äthiopien in einen militärischen Konflikt verwickelt war.

Die Somalis waren jetzt sehr kooperativ. Das Kabinett von Somalia tagte ständig auf dem Flugplatz. Ein somalischer Dolmetscher nahm an unseren Besprechungen teil, um das Kabinett laufend zu informieren. Die vertrauensvolle Zusammenarbeit war jetzt von entscheidender Bedeutung. Die Journalisten waren vom Flugplatz entfernt worden, und somalische Truppen hatten das gesamte Flugplatzgelände umstellt.

Die GSG 9 brauchte einen Platz, der von der entführten Maschine aus nicht eingesehen werden konnte, um unbeobachtet ihre notwendigen Vorbereitungen für den Einsatz treffen zu können. Der Kommandeur Ulrich Wegener schlug vor, das Unternehmen in der Nacht vom 17. zum 18. Oktober um 2.00 Uhr Ortszeit, also 24.00 Uhr unserer Zeit, durchzuführen Die Telefonverbindungen zwischen Mogadischu und Bonn waren sehr schlecht. Die Standleitung brach immer wieder zusammen. Auch die Verständigung war äußerst schlecht. So mußten wir oft wichtige Entscheidungen fällen, ohne uns vorher mit Bonn abstimmen zu können.

Gute Dienste haben uns zwei britische Sicherheitsexperten geleistet. Sie waren nach Dubai mitgekommen, um die guten britischen Kontakte für uns nutzen zu können.

Die entführte Lufthansamaschine »Landshut« auf dem Flughafen von Mogadischu.

Die Männer der GSG 9 mit ihrem Chef Ulrich Wegener.

Sie flogen die Lufthansa-Maschine: Rechts der von den Terroristen ermordete Flugkapitän Jürgen Schumann, links Copilot Jürgen Vitor.

Hans-Jürgen Wischnewski und Bundesinnenminister Werner Maihofer beim Empfang der GSG 9 in Frankfurt.

Um 23.15 Uhr Bonner Ortszeit ging die GSG 9 in Bereitstellung. Vor dem Flugzeug wurde ein Feuer abgebrannt, um die Aufmerksamkeit der Terroristen darauf zu lenken und sie ins Cockpit zu locken. Unmittelbar vor dem Sturm der GSG 9 auf das Flugzeug entzündeten die Briten Spezialgranaten, die einen geradezu mörderischen Krach verbreiteten, der jedem im Flugzeug – leider auch den Geiseln – Angst einflößen mußte.

Ich bin in meinem Leben noch nie in eine vergleichbare Situation geraten. Passagiere und Besatzung der »Landshut« und natürlich auch die Männer der GSG 9 befanden sich bei dem Angriff in höchster Lebensgefahr.

Ich wußte, daß der Bundeskanzler, die Regierung und die Repräsentanten aller Parteien große Verantwortung trugen, aber meine eigene, als politisch Verantwortlicher vor Ort, war besonders groß. Ich war deshalb entschlossen, noch in Mogadischu von meinem Amt als Staatsminister zurückzutreten, wenn ich dem Bundeskanzler eine schlechte Nachricht übermitteln mußte – auch dann, wenn mich keinerlei persönliche Schuld am Mißlingen treffen würde.

Unmittelbar vor dem Sturm auf das Flugzeug suchte ich einen Platz außerhalb des Flughagengebäudes auf, wo mich niemand sehen konnte. Hier habe ich gebetet. Ich habe die Hilfe Gottes erbeten. Nach einigen Wirren und Zweifeln in meinem Leben war mein Glaube stark ausgeprägt. Bei allen sorgfältigen und entscheidungsfreudigen Vorbereitungen, bei aller internationalen Solidarität, vor allen Dingen aber bei allem Mut, aller Umsicht und der hervorragenden Präzision unserer Männer von der GSG 9 blieb ein Rest an Unwägbarkeiten.

Um 2.07 Uhr Ortszeit begann die Aktion, um 2.12 Uhr meldete die Sturmtruppe per Funk an die Einsatzleitung das Codewort für das Ende der Operation. Die dramatische Situation unmittelbar vor, während und nach der Aktion von Mogadischu kommt in der Aufzeichnung des Telefongesprächs zwischen Bundeskanzleramt und Mogadischu via Rom am besten zum Ausdruck. Der Wortlaut ist im Anhang nachzulesen.[6] Dieses Dokument beweist die ungeheuren Schwierigkeiten bei telefonischen Kontakten zwischen Bonn und Mogadischu.

Von den vier Terroristen – zwei Männer und zwei Frauen – waren drei tot, eine Frau schwer verwundet. Sie hatte sich bis zum letzten

Augenblick gewehrt, wild um sich geschossen und auch noch eine Handgranate geworfen. Ich kam nach dem Sturm gerade noch rechtzeitig zum Flugzeug, um klarzumachen, daß auch eine durch schwere Verwundung ausgeschaltete Terroristin Anspruch auf humanitäre Behandlung hat. Ein Angehöriger der GSG 9 war verwundet, aber schon bei unserem Rückflug transportfähig. Auch einige wenige Passagiere waren leicht verletzt. Sie hatten 108 Stunden das Flugzeug nicht verlassen können, 108 Stunden Todesangst hinter sich, hatten den entsetzlichen Krach der Spezialgranaten ertragen müssen und den Sturm auf das Flugzeug erlebt. Einige ältere Passagiere konnten wir nicht sofort mit zurücknehmen. Sie brauchten erst eine Ruhepause im Krankenhaus in Mogadischu.

Die ärztliche Versorgung klappte gut. Wir waren vor allem den italienischen Ärzten sehr dankbar. Die sanitären Einrichtungen waren mangelhaft. Man hat uns dann vor dem Flughafengebäude einen Wasserwagen aufgestellt, wo sich alle notdürftig erfrischen konnten.

Unter den Passagieren traf ich einen alten Bekannten, der aus Ungarn stammte und von dem ich wußte, daß er diesen Flug gebucht hatte. Ein alter Berliner Sozialdemokrat meinte: »Wischnewski, es ist höchste Zeit, daß du gekommen bist. Die Leute im Flugzeug haben fürchterlich auf die Bundesregierung geschimpft.« Er wunderte sich, als ich dafür großes Verständnis äußerte.

Die aktuellen Sorgen der Passagiere waren sehr unterschiedlich. Eine ältere Dame bat mich um einen Lippenstift. Zwei Kinder schienen die gefährliche Situation gut überstanden zu haben.

Ich fuhr dann bald zu Präsident Siad Barre, um mich für die hervorragende Zusammenarbeit zu bedanken. Er legte mir eine Presseerklärung vor, in der es unter anderem hieß, daß somalische Sicherheitskräfte unter Beteiligung einiger »deutscher Experten« die Befreiung vorgenommen hätten. Ich habe das unterschrieben. Ich hätte alles menschenmögliche getan, um ihm behilflich zu sein. Wir konnten nach Hause fliegen, für ihn aber würden die Probleme zurückbleiben. Wir sind gute Freunde geworden, und ich bin ihm noch des öfteren begegnet.

Zum Flugplatz zurückgekehrt, baten wir dann die Passagiere, Platz in einer anderen, inzwischen bereitgestellten Maschine zu nehmen, um nun tatsächlich nach Frankfurt zu fliegen. Die »Landshut« war infolge der Kampfeinwirkungen nicht flugfähig. Sie wurde später repariert und ist noch viele Jahre für die Deutsche Lufthansa geflogen.

Es war verständlich, daß die Entführten nach Stunden ihres grauenhaften Zwangsaufenthaltes in der »Landshut« keine Lust verspürten, schon wieder in ein Flugzeug zu steigen. Aber ich hatte den Somalis versprochen, bis zum Morgengrauen Mogadischu zu verlassen.

Die Passagiere saßen vor dem Flughafengebäude. Vom Meer her wehte ein kühles Lüftchen. Sie wollten nicht einsteigen. Erst als ich ihnen erzählte, daß ich heute noch Fraktionssitzung hätte, stiegen einige ein. Und als ich den übrigen sagte, sie wüßten doch, daß Herbert Wehner sehr streng sei, folgten ihnen auch die anderen. Ich verabschiedete sie dann und bat sie im Namen der Bundesregierung um Verständnis dafür, daß wir nicht schon früher helfen konnten. Menschen, die wissen, daß ihnen ihr Leben noch einmal geschenkt worden ist, sind besonders dankbar. Ich wünschte ihnen eine gute Reise. Um 4.50 Uhr startete das Flugzeug.

Ich flog zusammen mit der GSG 9 in einem anderen Flugzeug fünf Minuten später ab. Das Kabinett von Somalia verabschiedete mich sehr freundlich.

Ich war völlig übermüdet und hätte gern im Flugzeug geschlafen, aber dazu war ich nun wieder viel zu aufgedreht. Liebend gern hätte ich mir jetzt einen hinter die Binde gekippt. Aber das Flugzeug war auf einen Noteinsatz eingerichtet worden und führte keine ausreichenden Alkoholvorräte mit.

Bei der Landung in Frankfurt wurden die Passagiere der »Landshut« empfangen. Einige Minuten des Gedenkens galten dem toten Flugkapitän Jürgen Schumann.

In der Zwischenzeit hatten wir vom Selbstmord Gudrun Ensslins, Andreas Baaders und Jan-Carl Raspes im Gefängnis von Stuttgart-Stammheim gehört. Hier liegt eindeutig ein Versagen der zuständigen Strafvollzugsbehörden vor. Diese drei Häftlinge hatten mehr als einmal auf die Möglichkeit eines Selbstmordes hingewiesen. Außerdem mußte völlig klar sein, daß nach dem Sturm auf die »Landshut« in Mogadischu die Gefahr besonders groß war. Für mich war es deprimierend, daß viele Menschen im Ausland damals dachten, bei diesem Selbstmord hätten staatliche Organe ihre Hände im Spiel gehabt. Manche von ihnen erinnerten sich noch zu gut an die menschenver-

Ankunft der befreiten Geiseln auf dem Frankfurter Flughafen

achtende Willkürherrschaft Hitlers. In der Bundesrepublik wiederum hielten es nicht wenige für völlig normal, daß der Staat bei solchen Verbrechen auch selbst Gewalt anwende.

Viel Respekt brachte ich dem CDU-Oberbürgermeister von Stuttgart, Manfred Rommel, entgegen, der gegen alle Widerstände für eine menschenwürdige Beisetzung der Toten von Stammheim eingetreten ist.

Am Dienstag, dem 18. Oktober 1977, sind wir um 15.20 Uhr auf dem Flugplatz Köln-Bonn gelandet. Ein großer Bahnhof war vorbereitet. Bundesinnenminister Professor Maihofer und andere Mitglieder des Kabinetts empfingen uns. Professor Maihofer umarmte mich und sprach für die Bundesregierung.:

»Wir haben mit Ihnen allen gebangt, als Sie heute nacht kurz nach zwölf in Mogadischu zum Sturm auf das von Terroristen entführte Flugzeug der Lufthansa antraten. Wir haben mit Ihnen und den Mitarbeitern des Einsatzstabes gebangt, lieber Herr Wischnewski, der Sie in erfolgreichen Verhandlungen die politischen Voraussetzungen für ein polizeiliches Eingreifen des Bundesgrenzschutzes in Somalia geschaffen haben, um Passagiere und Besatzung aus ihrer lebensbedrohlichen Lage zu retten.

Und wir haben mit Ihnen gebangt, liebe Männer der Grenzschutzgruppe 9, die Sie nach umsichtigen Erkundungen und Vorbereitungen den Angriff auf das in der Gewalt der Entführer befindliche Flugzeug unternahmen.

Sie haben Ihr Leben gewagt, um anderer Leben zu retten. Ich glaube, in diesen Satz kann man alles zusammenfassen, was Sie getan haben. Sie haben – und das ist bei aller technischen Perfektion, die Sie sich in jahrelanger harter Einübung für solche Aufgaben erworben haben, doch ein kleines Wunder – alle Passagiere und alle noch lebend verbliebenen Mitglieder der Besatzung lebendig und gesund aus der Gewalt der Terroristen befreit.

Solch einen glücklichen Ausgang eines solch schwierigen Unternehmens haben wir uns zwar immer gewünscht, aber wir konnten ihn kaum erhoffen, als wir in der schweren Entscheidung standen, diesen Einsatz zur Rettung der Geiseln unter Abwägung aller Risiken und Chancen zu befehlen.

In nicht mehr als sieben Minuten, vom Aufsprengen der Türen und der Ausschaltung der Entführer an, hatten Sie den Geiseln den Weg in die Freiheit freigekämpft. Vielen Familien haben Sie so mit einem Schlag ihre fast schon verloren gegebenen Angehörigen wiedergegeben.

Dafür danken wir Ihnen allen, die Sie diesen Einsatz geplant und durchgeführt haben, nicht nur im Namen dieser geretteten Menschen. Wir danken Ihnen im Namen des ganzen deutschen Volkes, durch das ein tiefes Aufatmen ging, als heute morgen die ersten Nachrichten über die glückliche Befreiung in unserem Lande einliefen.

Wir haben nicht zuletzt aber auch gebangt bei diesem gefährlichen Einsatz um das Leben jedes einzelnen von Ihnen. Wir waren mit Ihren Angehörigen deshalb überglücklich, als wir gemeldet bekamen, daß es auf seiten der Männer der GSG 9 nur eine einzige Verletzung gegeben hat.

Sie haben mit Ihrer erfolgreichen Rettungsaktion ein, wie ich meine, fortwirkendes Beispiel dafür gegeben, daß die Terroristen am Ende keine Chance haben, wenn zivilisierte Nationen zu ihrer Abwehr zusammenstehen, wie dies Somalia mit uns in schwerer Stunde getan hat.

Somalia hat durch diese Hilfe in Not an Deutschland einen Freund gewonnen, der es in seinen eigenen Nöten niemals vergessen wird.

Wir haben im Kampf gegen den internationalen Terrorismus in Mogadischu ein Exempel der Solidarität erlebt, das uns hoffen läßt, in solchen vereinten Anstrengungen aller Menschen guten Willens diesem Schrecken doch ein Ende zu setzen.

Unser Land empfängt Sie durch mich im Namen des Bundeskanzlers, dessen herzliche Grüße ich hier überbringe, aber auch im Namen der gesamten Bundesregierung und darüber hinaus im Namen all der zahllosen Bundesbürger, die mir in diesen Stunden ihre Grüße an Sie übermittelt haben.

Viele Briefe und Telegramme, die mich erreicht haben, enthalten nur ein einziges Wort: Danke! Besser kann man es nicht sagen, um all das zu fassen, was im Dank unserer Nation in diesem Moment mitschwingt und was wir Ihnen auch in dem schlichten Liede zum Ausdruck bringen wollen, das wir das Lied der Deutschen nennen.

Wir sind stolz auf Sie!«

Als die Nationalhymne gespielt wurde, überwältigten mich die Tränen.

Ich habe mich ihrer nicht geschämt.

Im Hubschrauber flog ich zum Kanzleramt. Am Eingang begegnete ich Helmut Schmidt und dem britischen Ministerpräsidenten James Callaghan. Helmut Schmidt umarmte mich und dankte mir. Auch ihm kamen die Tränen.

Ich ging dann in die Fraktion, die noch tagte, und wurde dort stürmisch begrüßt. Herbert Wehner sagte:

»Die Fraktion grüßt ›Ben Wisch‹.

Die Leute wissen ohnehin, was er geleistet hat, und das ist bewundernswert. Das war eine Reise in unbekannte Länder, mit ziemlich deutlich erkennbaren Gefahren, die er selber in Kauf genommen und vor denen er andere zu behüten übernommen hatte. Und soweit dies mein Recht und meine Pflicht sein kann, dies hier mit meinen schwachen Worten zu rühmen, muß ich herzlich für all das danken.

Nun stellt sich die Frage nach der Rettung des Lebens von Hanns Martin Schleyer mit neuen Komplikationen. Wir können es noch zu tun bekommen mit weiteren grausamen Aktionen. Ich will da sehr vorsichtig sein. Die insgesamt drei Erklärungen, die in diesen Tagen von der Bundesregierung, den Vorsitzenden der Parteien, den Fraktionsvorsitzenden und den Ministerpräsidenten der Bundesländer Baden-Württemberg, Bayern, Hamburg und Nordrhein-Westfalen übereinstimmend zustande gebracht und veröffentlicht worden sind, enthalten und drücken wesentliche Einsichten und Absichten aus, die allerdings keinen Ewigkeitswert beanspruchen werden. Jedoch: An diesen Erklärungen sollten wir nicht vorbeigehen, noch jemanden vorbeigehen lassen. Wir sollten sie der ganzen Partei verständlich machen. Es geht dabei um das ganze Gemeinwesen Bundesrepublik.

Und wir haben gewiß Anlaß, selbst überzeugt dazustehen.«

Ich dankte für den freundlichen Empfang der Fraktion, verwies auf die hervorragende Leistung der GSG 9, dankte den Verantwortlichen in Somalia und stellte klar, daß Helmut Schmidt alle notwendigen Entscheidungen getroffe habe. Dem Finanzminister Hans Apel sagte ich: »Hans, deine zehn Millionen habe ich auch wieder mitgebracht.« Er antwortete: »Von dem Zinsausfall von vier Tagen red'ste gar nicht.« Die Fraktion befand sich zu diesem Zeitpunkt in Hochstimmung.

Am Abend dieses Tages wollten beide Fernsehanstalten lange und ausführliche Interviews mit mir machen. Ich habe mich dem entzogen und bin mit meiner Frau ausgegangen. Nach langer Zeit habe ich mir anständig »einen auf die Lampe gekippt«.

Am nächsten Vormittag veranstalteten Innenminister Werner Maihofer, Herr Utter von der Lufthansa und ich eine gemeinsame Pressekonferenz. Wir berichteten über den Ablauf des Unternehmens Mogadischu.

Am selben Tag, am Mittwoch, dem 19. Oktober 1977, um 16.21 Uhr rief eine Frau das Stuttgarter Büro der dpa an, meldete sich mit den Worten: »Hier RAF« und gab folgende Mitteilung durch:

»Wir haben nach 43 Tagen Hanns Martin Schleyers klägliche und korrupte Existenz beendet. Herr Schmidt, der in seinem Machtkalkül von Anfang an mit Schleyers Tod spekulierte, kann ihn in der Rue Charles Péguy in Mülhausen in einem grünen Audi 100 mit Bad Homburger Kennzeichen abholen. Für unseren Schmerz und unsere Wut über die Massaker von Mogadischu und Stammheim ist sein Tod bedeutungslos. Andreas, Gudrun, Jan, Irmgard und uns überrascht die faschistische Dramaturgie der Imperialisten zur Vernichtung der Befreiungsbewegungen nicht. Wir werden Schmidt und den ihn unterstützenden Imperialismus nie das vergossene Blut vergessen. Der Kampf hat erst begonnen. Freiheit durch bewaffneten antiimperialistischen Kampf.«

An diesem 19. Oktober 1977 wurde um 21.11 Uhr der grüne Audi in Mulhouse geöffnet, in dem der ermordete Dr. Schleyer lag.

Am 5. September 1977 war Hanns Martin Schleyer entführt worden. In den dazwischenliegenden 44 Tagen haben wir vergeblich um sein Leben gekämpft.

Wir haben Entscheidungen fällen müssen, die die Überlebenschancen von Hanns Martin Schleyer eingeschränkt haben. Wir mußten Entscheidungen für die Maßnahmen in Mogadischu treffen, die fast zwangsläufig zur Ermordung von Dr. Schleyer führten.

Bei seiner Beisetzung sagte der damalige Bundespräsident Walter Scheel:

»Hanns Martin Schleyer ist gestorben. Für uns alle, nicht nur für uns Deutsche, ist die Chance erhalten geblieben, die Gefahr des Terrorismus zu bannen. Wir neigen uns vor dem Toten. Wir alle wissen uns in seiner Schuld. Im Namen aller deutscher Bürger bitte ich Sie, die Angehörigen von Hanns Martin Schleyer, um Vergebung.«

Regierungen kommen nicht darum herum, auch bittere Entscheidungen zu fällen. Wir konnten auch die Ermordung von Flugkapitän Jürgen Schumann nicht verhindern. Aber die Bundesregierung hat sich nicht erpressen lassen. Eine Flugzeugentführung wurde nach komplizierten Verhandlungen und gefährlichem Kampf glücklich beendet.

Die demokratischen Kräfte dieses Landes standen in den schweren Tagen, Wochen und Monaten zusammen.

Die Bürgerinnen und Bürger unseres Staates spürten, daß der demokratische Staat trotz der großen Opfer, die er forderte, kein Nachtwächterstaat war. Die internationale Zusammenarbeit hatte sich bewährt. Ein sehr armes Entwicklungsland hatte der wohlhabenden Bundesrepublik Deutschland in ihrer Not geholfen. Der Terrorismus hat in unserem Lande seine schwerste Niederlage hinnehmen müssen.

Aber die Bilanz der Terroristen war aus ihrer Sicht nicht nur negativ. Sie hatten es trotz des Staatsapparats geschafft, zehn Menschen zu ermorden. Sie hatten es geschafft, unser Land in Angst und Schrecken zu versetzen. Und sie hatten es geschafft, daß sich der Kanzler, das Kanzleramt und einige Ressortminister wochen- und monatelang fast ausschließlich mit der Bekämpfung des Terrorismus beschäftigen mußten. Und sie haben das Bild Bonns in jenen Tagen verändert: Panzerwagen und Stacheldraht prägten es lange Zeit. Sie haben das Parlament gezwungen, von heute auf morgen Gesetze zu verabschieden. Aber sie haben ihr obskures Ziel, die Zerstörung des demokratischen Staates, nicht erreicht.

Dieses Jahr war wohl auch das schwierigste Jahr für Helmut Schmidt. Es hat auch ihn verändert, aber auch für jeden erkennbar gemacht, daß es in diesem Land keinen anderen Politiker gab, der in der Lage gewesen wäre, eine so schwere Herausforderung zu bestehen. Sein Verständnis vom demokratischen Staat, sein ständiges Bemühen, für alle wichtigen Entscheidungen eine möglichst breite politische Basis zu schaffen, sein geradezu preußisches Pflichtbewußtsein, seine Entscheidungskraft nach sorgfältiger Abwägung der jeweiligen Umstände und bei Aufrechterhaltung der unverzichtbaren Grundprinzipien, seine Führungskraft, auch nach Wochen und Monaten noch Höchstleistungen zu verlangen und nicht zuletzt sein Mitleiden an den Nöten und Ängsten der betroffenen Menschen und ihrer Angehörigen haben das möglich gemacht. 1977 hat Helmut Schmidt gezeigt, was politische Führung bedeutet, wenn ein demokratischer Staat in eine tiefe Krise gerät. Wir sind uns in diesem Jahr auch menschlich sehr viel näher gekommen. Dabei habe ich oft erlebt, daß hinter der harten Schale des Bundeskanzlers der Mensch Helmut Schmidt mit all seinen Nöten und Zweifeln immer gegenwärtig war. Diese Freundschaft hat sich auch später bewährt.

Natürlich ist auch die Arbeit und Leistung der anderen Regierungsmitglieder und ihrer Mitarbeiter zu würdigen. Das gilt vor allem für den damaligen Innenminister, Professor Werner Maihofer. Er verstand durchaus, daß Helmut Schmidt in dieser Situation die Entscheidungen im Kanzleramt treffen wollte. Der damalige Justizminister Dr. Hans-Jochen Vogel war nicht nur an allen Entscheidungen beteiligt, er hatte in dieser Krise der Bundesrepublik auch einen schwierigen Gesetzgebungsprozeß und ein gerichtliches Verfahren zu bestehen. Und er hatte die Aufgabe übernommen, den Kontakt zur Familie Schleyer zu halten. Er hat den Konflikt zwischen Staatsräson und den Forderungen der Familienangehörigen intensiver durchstehen müssen als jeder andere von uns.

Für mich persönlich war das Jahr 1977 auf meinem langen politischen Weg wohl das bewegendste. Auch mich hat dieses Jahr verändert. Ich habe gelernt, auch unter schwierigen Umständen für den demokratischen Staat zu kämpfen. Dies hat mir auch unter extremen Bedingungen Kraft gegeben, die mir gestellten Aufgaben zu lösen. Manche davon haben die kurzen Nächte noch kürzer gemacht. Ich bin in diesen Wochen sehr viel nachdenklicher geworden. Für meinen Einsatz habe ich sehr viel Lob bekommen. Dies hätte mir zu Kopf steigen können. Lange Zeit war ich auch der Gefahr ausgesetzt, alles durch die Brille der Ereignisse von 1977 zu sehen, auch wenn es

Mit dem somalischen Staatspräsidenten Siad Barre bei dessen Besuch in Bonn im Juni 1978.

Zum »Feuerwehrmann der Nation« in Stommeln ernannt.

eigentlich um was ganz Normales ging. Die Ereignisse dieses Jahres führten dazu, daß man mich in anderen, ähnlich schwierigen Lagen in Anspruch nehmen wollte und auch genommen hat. Dabei wurden meine Möglichkeiten auch überschätzt.

Und nicht zuletzt mußte ich 1977 auch Menschen täuschen, die ich unter normalen Umständen nie hätte täuschen wollen. Ich mußte Härte gegenüber Mitarbeiterinnen und Mitarbeitern an den Tag legen. Ich war an Entscheidungen beteiligt, die zum Tode von Menschen geführt haben.

Ich kann dafür nur um Verzeihung bitten.

Zwei wichtige Dinge sind noch nachzutragen. Die gute Zusammenarbeit mit den Sicherheitskräften war auch darauf zurückzuführen, daß wir in Somalia ein Projekt der Polizeiausbildung und -ausrüstung betrieben haben. Für dieses Projekt sind wir von der CDU/CSU im Deutschen Bundestag in geradezu widerlicher Weise angegriffen worden. Man warf uns vor, die Entwicklung des Kommunismus in Afrika zu unterstützen. Nach der hervorragenden Zusammenarbeit mit den Somalis bei der Befreiung der Geiseln wurden diese Vorwürfe natürlich nicht mehr erhoben. Im Gegenteil: In einer Bundestagsdebatte vom 27. Oktober 1977 hat der damalige Abgeordnete der CSU, Franz Josef Strauß, die Bundesregierung aufgefordert, Waffen an Somalia zu liefern: von einem Extrem ins andere.

Wir sind dieser Aufforderung nicht nachgekommen. Aber wir haben uns bemüht, Somalia bei seiner Entwicklung über das normale Maß hinaus zu helfen. Während unserer Regierungszeit habe ich die zuständigen Ressorts aber immer wieder an unsere Dankesschuld erinnern müssen.

Nach der sogenannten Wende ist unsere Verpflichtung gegenüber Somalia von den dann Regierenden offensichtlich völlig vergessen worden. Ein sehr begabter und aktiver Botschafter dieses Landes, der später nach Skandinavien versetzt wurde, sagte mir 1986 in Stockholm: »Die Beziehungen der Bundesrepublik zu uns sind nicht mehr so wie sie einmal waren.« Das Wort aller Parteien des Deutschen Bundestags: »Wir werden das niemals vergessen«, war sehr schnell vergessen. Auf die weitere politische Entwicklung Somalias blieb das nicht ohne Folgen.

Einige Wochen nach der Geiselbefreiung haben wir die Geiseln der

»Landshut«, die Männer der GSG 9, die Leute der Lufthansa und alle anderen, die bei der Befreiung mitgewirkt hatten, nach Bonn eingeladen. Wir wollten vor allem mit den Passagieren der »Landshut« über ihre Sorgen und Probleme sprechen und sehen, wie wir bei deren Lösung behilflich sein könnten.

In einem wichtigen Punkt stimmten Helmut Schmidt und ich nicht überein: Ich war der Auffassung, daß wir den Insassen der entführten Maschine ein Schmerzensgeld von 5000 DM zahlen sollten und war überzeugt, daß wir für diese Maßnahme sofort die Zustimmung aller Fraktionen des Deutschen Bundestages erhalten würden. Helmut Schmidt war gegen ein Schmerzensgeld. Er wollte, daß das vom Deutschen Bundestag am 11. Mai 1976 verabschiedete Gesetz über die Entschädigung für Opfer von Gewalttaten (DEG) jetzt zur Anwendung komme. Dabei ging es besonders um Kosten für die medizinische Betreuung und Behandlung der Geiseln, die während der Entführung Todesangst gelitten haben. Die Lufthansa hat die materiellen Schäden sehr schnell unbürokratisch beglichen. Für die gesundheitlichen Schäden waren nach dem Gesetz aber die Landesversorgungsämter zuständig. Diese Behörden unterstanden nicht der Bundesregierung, sondern den jeweiligen Arbeits- und Sozialministerien der Landesregierung. Diese Landesversorgungsämter reagierten sehr unterschiedlich. Manche waren geradezu Hochburgen der Bürokratie. Die befreiten Geiseln, die in diesen Wochen überall mit größtem Respekt behandelt wurden und die längere Zeit im Vordergrund des öffentlichen Interesses standen, mußten hier zum Teil unglaubliche Fragebögen ausfüllen und um die Bezahlung auch von kleinsten Taxenrechnungen kämpfen. Bürokratie kann grausam sein. Dies alles hat mich damals sehr empört, aber ich habe mich auch geschämt. Die Arbeitsministerien der betroffenen Landesregierungen erhielten viele Fernschreiben von mir.

Die Bonner Zusammenkunft mit den Geiseln war sehr wertvoll. Ich habe sehr viel dabei lernen können und müssen. Bei vielen Einzelproblemen konnten wir helfen. Ich bin später von Zeit zu Zeit einzelnen Entführungsopfern begegnet. An jede dieser Begegnungen denke ich mit großer Freude zurück.

Bei der Fahndung nach den Entführern von Hanns Martin Schleyer war eine große und in ihrer Auswirkung entsetzliche Panne passiert:

die gesamte Öffentlichkeit und natürlich auch die örtliche Polizei waren aufgerufen worden, gegebenenfalls Hinweise auf die Entführer sofort an das Bundeskriminalamt oder die Kölner Polizei weiterzugeben. Es gingen Tausende von Informationen ein. Man ist leider nicht allen nachgegangen. Eine solche Information kam auch von der Polizei in Liblar bei Köln. Diese Information wies auf ein Hochhaus in Liblar hin, in dem es nach Auffassung der örtlichen Polizei verdächtige Bewegungen gegeben habe. Tragischerweise ist man gerade dieser Information nicht nachgegangen. Später stellte sich heraus, daß Hanns Martin Schleyer tatsächlich in diesem Haus als Geisel festgehalten wurde. Dieser Fehler war unverzeihlich und bedurfte einer genauen Untersuchung. Aber nicht nur dieser Einzelfall sollte untersucht werden, sondern generell die Frage der Zusammenarbeit zwischen den Sicherheitsorganen des Bundes und der Länder und Vorschläge für Verbesserungen gemacht werden.

In einem Koalitionsgespräch habe ich damals Hermann Höcherl dafür vorgeschlagen. Als Mitglied der CSU war Hermann Höcherl ein Repräsentant der Opposition und als Bayer ein ausgeprägter Föderalist und konnte auf eigene Erfahrungen als Bundesinnenminister zurückblicken. Vor allem war Hermann Höcherl jedoch eine ausgeprägte Persönlichkeit, der das Vertrauen vieler Menschen in unserem Land besaß. Ich kannte ihn schon aus der Zeit der Großen Koalition, in der er Landwirtschaftsminister war und habe mich ihm immer freundschaftlich verbunden gefühlt.

Höcherl hat den Auftrag angenommen und eine sehr korrekte Untersuchung durchgeführt. Er hat der Bundesregierung und der Landesregierung von Nordrhein-Westfalen einen sehr sachlichen Bericht vorgelegt. Einige seiner Parteifreunde versuchten, Hermann Höcherl zu beeinflussen, den Bericht zu einem bestimmten Wahltermin vorzulegen. Höcherl hat sich jedoch nicht beeinflussen lassen.

Eine der entscheidenden Fragen bei der Bekämpfung des Terrorismus, aber auch bei der Bekämpfung von anderen kriminellen Vorgängen, ist die Zusammenarbeit der Organe des Bundes mit denen der Länder. Auch die besten Gesetze und Vereinbarungen können nicht verhindern, daß es Reibungsverluste gibt. Im Laufe der Jahre ist vieles besser geworden, insbesondere auch durch den Bericht von Hermann Höcherl. Aber der Föderalismus, ohne den ich mir die Bundesrepublik nicht vorstellen kann, hat auch seinen Preis.

Der Terrorismus endete mit dem Jahr 1977 in der Bundesrepublik nicht. Es gab weitere terroristische Aktivitäten und Morde. Für mich waren besondere Sicherheitsmaßnahmen angeordnet. Mein Leben hat sich dadurch wesentlich verändert. Mein Name tauchte auch später noch in den sogenannten Bekennerbriefen der Terroristen auf.

Die Terroristin, die bei der Geiselbefreiung schwer verwundet wurde, pflegte man in Mogadischu gesund und verurteilte sie dann zu 20 Jahren Gefängnis. Verhältnismäßig bald wurde sie gegen die Lieferung von Erdöl freigelassen. Für viele von uns ist das unverständlich. Wenn man aber die Armut in Somalia kennt, kann man es verstehen. Die Frau ging dann an die Universität Beirut, um zu studieren. Dort wurde sie als Heldin gefeiert. Sie hatte geschworen, die Rache für Mogadischu selbst zu übernehmen. Seit längerer Zeit habe ich sie aus den Augen verloren.

Wie zu jeder antiken Tragödie ein Satyrspiel gehört, gab es auch noch eine andere Flugzeugentführung, die zum Glück viel harmloser war. Aber der Entführer forderte, daß der Kanzler zum Flugplatz käme. Helmut Schmidt beauftragte mich, mit dem Entführer zu verhandeln. Ich brauchte mehrere Stunden, um ihn zum Aufgeben zu überreden. Es kam niemand zu Schaden. Helmut Schmidt konnte im Kanzleramt meine lange Diskussion mit dem Entführer per Funk mithören. Als ich ins Kanzleramt zurückkam, sagte er: »Mit Ben Wisch ist es jetzt zu Ende. Ab heute Pastor Wischnewski.«

Diese Angelegenheit hat mir dann viel Ärger mit der Kölner Polizei eingebracht, mit der ich mich sonst außerordentlich gut verstand. Ich bestreite nicht, daß auch in diesem Fall meine Methoden sehr unkonventionell waren und mit den Polizeivorschriften sicher nicht übereinstimmten. Aber sie waren erfolgreich. Bei dem Streit ging es um die Frage der Zuständigkeit. Natürlich war in diesem Fall die Kölner Polizei zuständig. Aber ich hatte für alle Fälle die GSG 9 gerufen, die im Gegensatz zu der sicher sehr tüchtigen Kölner Polizei eben schon einmal erfolgreich ein Flugzeug gestürmt hatte. Da aber Ministerpräsident Rau und Innenminister Hirsch aus Nordrhein-Westfalen anwesend waren, gab es vor Ort keine Schwierigkeiten. Später in den Berichten der Kölner Polizei las sich das alles viel anders. Ich habe das sehr bedauert.

In der Bundesrepublik werden die ersten Terroristen begnadigt. Ich unterstütze alles, was dem inneren Frieden in unserem Land dient. Also auch diese Begnadigungen.

Der Kampf um die Fortführung der sozialliberalen Koalition

Nachdem Hans Koschnik nicht mehr für das Amt des stellvertretenden Parteivorsitzenden kandidierte, sollte ich dafür sorgen, daß die Politik der Regierung in der »Baracke« besser umgesetzt würde. Die Differenz zwischen der sozialdemokratisch geführten Regierung und der Partei sollte nicht noch größer werden. Aber meine Wahl zum stellvertretenden Parteivorsitzenden im Dezember 1979 führte nicht zu dem Ziel, das Helmut Schmidt und ich erreichen wollten.

Es war schwierig geworden, unser Land zu regieren. Die Probleme der Weltwirtschaft schlugen auch in der Bundesrepublik voll durch. Es mußten mehr Kredite aufgenommen werden – allerdings nicht zur Finanzierung von Steuerreformen, wie heute, sondern zur Bekämpfung der Arbeitslosigkeit. Zu keiner Zeit der Regierung Schmidt hat es solche Arbeitslosenzahlen gegeben wie zur Zeit der Regierung Kohl. Gerade in diesem Bereich wurden auch die Differenzen mit der FDP größer.

Der Terrorismus machte uns nach wie vor zu schaffen. In dieser Zeit waren in der Regierung Entscheidungen zu fällen, die nicht zu jeder Zeit den Beifall der Partei fanden. Das galt besonders für den sogenannten Nato-Doppelbeschluß. Nach dem Studium heutiger sowjetischer Aussagen über die damalige Politik der UdSSR weiß man, daß dieser Beschluß wohl unvermeidlich war. Aber er war von Anfang an in der Partei äußerst unpopulär. Anfangs hat die Partei ihn noch er-, aber nicht getragen. Später auch das nicht mehr.

Ich konnte die mir gestellte Aufgabe wohl nur begrenzt erfüllen. Ein Fehler lag bereits in der personellen Konstellation. Die Partei hatte zwei stellvertretende Vorsitzende: Helmut Schmidt als Bundeskanzler und jetzt mich als seinen bisher engsten Mitarbeiter. Obwohl ich nach meiner Wahl zum Stellvertreter Willy Brandts aus dem Bundeskanzleramt ausgeschieden war, hieß es sehr bald nicht nur hinter geschlossenen Türen, »das Kanzleramt will nun auch noch die Baracke beherrschen«. Willy Brandt hat sich seinem neuen Stellvertreter gegenüber äußerst loyal verhalten. Aber der damalige Bundesgeschäftsführer Peter Glotz bemühte sich doch sehr oft darum, meine Arbeit zu boykottieren. Er wünschte keinen Einfluß von Kanzler und Kanzleramt in der Baracke.

Ich wurde von Helmut Schmidt gebeten, auch weiterhin an den Sitzungen des »Kleeblatts« teilzunehmen und habe das auch so oft wie möglich getan. Natürlich sah ich eine meiner Aufgaben darin, den Bundeskanzler und die sozialliberale Koalition zu unterstützen.

Dazu habe ich auch meine internationalen Kontakte genutzt. Am 10. Mai 1981 war in Frankreich François Mitterrand zum Präsidenten der Republik gewählt worden. Valéry Giscard d'Estaing, der enge Freund von Helmut Schmidt, war unterlegen. Das Verhältnis zwischen Helmut Schmidt und François Mitterrand war belastet. Auf einer Sitzung der Sozialistischen Internationale in Kopenhagen hatte es zwischen beiden eine heftige Auseinandersetzung gegeben. Mitterrand hatte für eine Volksfrontregierung, also für eine Koalition mit den Kommunisten, in Frankreich plädiert. Die Reaktion von Helmut Schmidt war scharf. François Mitterrand war nicht nur Vorsitzender seiner Partei, sondern auch Präsident der französischen Republik, und das deutsch-französische Verhältnis war nicht nur nach meiner Auffassung eine Lebensfrage für die Bundesrepublik Deutschland. Die europäische Entwicklung hing auch weitgehend von der Qualität der Zusammenarbeit unserer beiden Staaten ab. Die persönliche Verstimmung mußte also im Interesse der Politik so schnell wie möglich beseitigt werden.

Ich flog deshalb unmittelbar nach den französischen Wahlen nach Paris. Dort besuchte ich den Generalsekretär der französischen Sozialistischen Partei Lionel Jospin und bat ihn, mitzuhelfen, daß sich das Verhältnis zwischen Mitterrand und Schmidt möglichst bald wieder bessere. Jospin reagierte recht kühl und meinte, daß er eigentlich keine Probleme sehe. Aber ich kannte François Mitterrand von vielen Begegnungen und wußte, daß die Debatte in Kopenhagen bei ihm noch nicht vergessen war.

Außerdem sprach ich in Paris mit Claude Chaisson, mit dem ich seit langer Zeit befreundet war. Er war damals noch Mitglied der Europäischen Kommission, hielt sich aber bereits in Paris auf, um von Mitterrand in die Regierung berufen zu werden. Er übernahm dann das Außenministerium. Chaisson sagte mir, daß man jetzt die Hilfe der Bundesrepublik, vor allem in zwei Punkten, brauche: Einmal müsse die Bundesbank bereit sein, in der nächsten Zeit den französischen Franc zu stützen. Zweitens solle Helmut Schmidt in Washington um Verständnis für die Koalition zwischen Sozialisten und Kommunisten werben. Sie sei notwendig, da sonst die kommunistischen Gewerkschaften der Regierung das Leben sehr erschweren würden.

Ich konnte die Unterstützung Helmut Schmidts für beide Punkte zusagen, hatte aber den Eindruck, daß das noch nicht ausreichen würde, um die persönliche Verstimmung zwischen den beiden Politikern zu überwinden. Auf dem Rückflug von Paris nach Bonn überlegte ich mir weitere Möglichkeiten.

Helmut Schmidt stand unmittelbar vor einer Reise in die Vereinigten Staaten. Hier war Ronald Reagan am 4. November 1980 zum Präsidenten gewählt worden. Ich hielt es für absolut notwendig, daß der Bundeskanzler auf der Rückreise von Washington in Paris zwischenlandete, um Mitterrand über seine Gespräche in Washington zu informieren. Auf diese Weise käme es zu einer ersten Begegnung mit dem neuen französischen Staatspräsidenten.

Helmut Schmidt reagierte sehr skeptisch auf diesen Vorschlag, die zuständigen Beamten im Kanzleramt und das Auswärtige Amt waren sogar dagegen. Schmidt traf deshalb auch keine Entscheidung vor seiner Abreise nach Washington. Während seines Fluges nach Washington rief ich ihn deshalb im Flugzeug an und teilte ihm mit, daß ich jetzt bei unseren Nachbarn anrufen würde, um ihnen seinen Besuch und seinen Gesprächswunsch mitzuteilen. Ich sagte ihm aber auch, daß man über diese Frage nicht am Telefon diskutieren könne, da die halbe Welt dieses Gespräch mithören könne. Helmut Schmidt meinte, ich sei ein Strolch, stimmte aber zu.

Der kurze Besuch in Paris wurde nun sehr schnell vorbereitet. Er verlief ausgezeichnet. Das Verhältnis zwischen François Mitterrand und Helmut Schmidt war bald hervorragend und hat den Beziehungen zwischen unseren beiden Ländern gedient. Helmut Schmidt war glücklich über seinen Aufenthalt in Paris und sein Gespräch mit Mitterrand und meinte, man dürfe eben nicht immer auf die Meinung der Beamten hören, so qualifiziert sie auch seien.

1981 begann der Niedergang der sozialliberalen Koalition. Am 7. September 1981 schrieb ich als stellvertretender Parteivorsitzender einen Bericht zur Lage an Willy Brandt, Helmut Schmidt und Herbert Wehner.[7] Es kennzeichnet die damalige Situation in der Partei, daß ich diesen Bericht nicht auch Peter Glotz zuleitete.

Im Jahr 1981 drangen die verschiedenen Spendenaffären an die Öffentlichkeit. CDU/CSU, SPD und FDP führten untereinander Gespräche über eine Amnestie für die Spendensünder. Als stellvertretender Vorsitzender der Partei nahm ich zunächst für die SPD an diesen Gesprächen teil. Aber mir war von Anfang an nicht wohl dabei. Die ganze Richtung paßte mir nicht. Vor allem mißfiel mir, daß auch die Anwälte des Grafen Lambsdorff an diesen Gesprächen teilnahmen. Deshalb teilte ich dem Präsidium der SPD mit, daß ich künftig an den Verhandlungen über eine mögliche Amnestie nicht mehr teilnehmen würde. Sie wurden dennoch weitergeführt, ein Kollege aus der Fraktion übernahm meinen Platz. Es kam zu einer Übereinkunft zwischen den Parteien. Im Dezember 1981 lehnte die SPD-Bundestagsfraktion diese Amnestieregelung jedoch ab. Von da an war mir klar, daß Graf Lambsdorff nun alles tun würde, um die sozialliberale Koalition bald zu beenden. Ich habe mich nicht getäuscht.

Im April fand in München der Parteitag der SPD statt. Ich kandidierte nicht mehr für das Amt des stellvertretenden Parteivorsitzenden und kehrte wieder als Staatsminister zu Bundeskanzler Helmut Schmidt zurück. Wir wollten unsere Anstrengungen für eine Fortführung der sozialliberalen Koalition noch einmal verstärken. Natürlich hat dieser Parteitag auch Beschlüsse gefaßt, die mit der Regierungspolitik nicht in Einklang standen. Ein sozialdemokratischer Parteitag kann nicht nur Bestätigungsgremium für die Regierungspolitik sein, schon gar nicht in einer Koalitionsregierung. Ich verließ auf Bitten von Willy Brandt und Helmut Schmidt den Parteitag in München vorzeitig, um Vizekanzler Genscher über die Ergebnisse des Parteitages zu informieren. Ich sagte ihm: »Für die Regierungsarbeit gelten die Vereinbarungen der Koalition. Änderungswünsche von unserer Seite werden wir dort einbringen.« Aber dieser Parteitag brachte uns dem Ende der Koalition um einen weiteren Schritt näher. Ich teilte Genscher auch mit, daß ich als Staatsminister ins Kanzleramt zurückkehren würde. Er begrüßte dies ausdrücklich.

Während meiner zweiten Zeit als Staatsminister beim Bundeskanzler war ich auch gleichzeitig Bundesbeauftragter für Berlin.

Mit dem Bundeskanzler und Regierungssprecher Klaus Bölling.

Als neuer Bundesbeauftragter im Gespräch mit dem Regierenden Bürgermeister Richard von Weizsäcker.

Diese zusätzliche Aufgabe ergab sich auch dadurch, daß sich Norbert Blüm, den der Regierende Bürgermeister Richard von Weizsäcker nach Berlin geholt hatte, grundsätzlich an das Kanzleramt wandte. Ich flog also während der letzten Monate meiner Amtszeit, nachdem ich meine Arbeit in Bonn erledigt hatte, fast jeden Freitagnachmittag nach Berlin, um dort meine Aufgaben als Bundesbevollmächtigter wahrzunehmen, und wurde zum Schrecken des etwas verschlafenen Berliner Bundeshauses, zumal jetzt auch am Samstag immer Beamte zur Verfügung stehen mußten. Besonders wichtig, aber auch beeindruckend, waren meine Gespräche mit Richard von Weizsäcker. In meinem Aufgabenbereich gab es kaum Differenzen zwischen uns, wenn ich einmal von den schwierigen Diskussionen absehe, die den Haushalt betrafen. Diese Probleme gab es aber zwischen jeder Bonner Regierung und jedem Berliner Senat. Unsere damaligen Gespräche haben mich sehr darin bestärkt, bei der Wahl des Bundespräsidenten im Jahr 1984 meine Stimme für Richard von Weizsäcker abzugeben.

In diese zweite Amtszeit als Staatsminister beim Bundeskanzler fiel dann auch die sogenannte Wende, also das Ende der sozialliberalen Koalition. Ich habe es hautnah miterlebt. Obwohl ich nicht an meinem Sessel klebte, kämpfte ich bis zum letzten Tag um die Fortsetzung dieser Koalition. Ich stellte dabei ganz konkrete politische Überlegungen an:

- Ich wollte, daß die notwendigen Verhandlungen über den sogenannten Nato-Doppelbeschluß von Bundeskanzler Helmut Schmidt geführt würden, da ich ihn für den einzigen hielt, der eine Nachrüstung durch entsprechende Verhandlungen mit den USA und der Sowjetunion hätte verhindern können.
- Ich hatte erhebliche Zweifel, ob die CDU/CSU die von ihr jahrelang erbittert bekämpfte Ostpolitik der sozialliberalen Koalition fortsetzen würde.
- Es war vorauszusehen, daß eine von der CDU/CSU geführte Regierung die Belastungen, die sich durch die wirtschaftliche Lage und die Haushaltssituation ergaben, sehr viel einseitiger auf die Arbeitnehmer und die Armen im Lande abwälzen würde.

Aus diesen drei Gründen war ich für die Fortsetzung der sozialliberalen Koalition und nahm deshalb auch die Kritik der eigenen Partei in

Kauf. Rückschauend betrachtet, komme ich heute zu folgendem Ergebnis:

- Einen wirklich ernsthaften Versuch, die Nachrüstung durch Verhandlungen zu verhindern, hat es nicht gegeben. Die Sowjetunion weiß heute sehr gut, daß ihre damalige Politik falsch war, aber damals hatten wir es mit Leonid Breschnew und nicht mit Michail Gorbatschow zu tun.
- Bei meiner Prognose in der Ostpolitik habe ich mich geirrt. Die CDU/CSU hat sich zumindest zum größten Teil den von uns geschaffenen Verhältnissen angepaßt. In den finanziellen Leistungen an die DDR ist sie sogar weit über das bisherige Maß hinausgegangen.
- In der Sozialpolitik habe ich in vollem Umfang recht behalten. Die Umverteilung von unten nach oben war nie deutlicher als unter der Regierung Kohl/Genscher.

Nach der Sommerpause 1982 empfahl ich Helmut Schmidt dringend, ein Grundsatzgespräch mit Genscher über die Situation in der Koalition zu führen. Die Differenzen mit der FDP wurden immer größer. Der Bundeskanzler war derselben Meinung und bat mich, an dem Gespräch mit Genscher teilzunehmen. Ich fand, man müsse Genscher über meine Teilnahme informieren, damit er ebenfalls jemanden zu diesem wichtigen Gespräch mitbringen könne. Genscher erschien mit Graf Lambsdorff.

Erst nach diesem Gespräch erfuhren wir, daß Graf Lambsdorff im Kanzleramt ein Interview redigierte, das eine weitere Absetzbewegung von der Koalition enthielt. In unserem Gespräch erwähnte Lambsdorff davon kein Wort. Als ich Genscher später auf das Interview ansprach, sagte er: »Warum, meinen Sie, habe ich ihn mitgebracht?«

Das sogenannte Lambsdorff-Papier war dann die Scheidungsurkunde. Sogar im Wirtschaftsministerium wurde dieses Papier als »Krawallpapier« bezeichnet. Es war für die SPD nicht akzeptabel. Sie hätte ihre Identität verloren.

Als Helmut Schmidt erkannte, daß auf dieser Basis keine weitere Zusammenarbeit mehr möglich war, ergriff er die Initiative, um den staatlichen Organen einen langen Prozeß des Niedergangs zu ersparen. Natürlich wollte er auch vermeiden, daß der Schaden für die eigene Partei zu groß wurde.

Ich hielt mich vom 12. bis 16. September 1982 in der DDR auf, um im Zusammenhang mit einer Ausstellungseröffnung wichtige Gespräche zu führen, unter anderem mit Honecker, Mittag und Fischer. Dabei informierte ich meine Gesprächspartner korrekt über die innenpolitische Lage der Bundesrepublik.

Helmut Schmidt legte auch in diesen Tagen größten Wert darauf, daß die staatlichen Aufgaben korrekt erfüllt wurden. Am 17. September 1982 wurden auf Antrag von Helmut Schmidt die der FDP angehörenden Bundesminister aus der Bundesregierung entlassen. Er selbst übernahm an diesem Tag noch die Verantwortung für das Auswärtige Amt. Ich mußte viele zusätzliche Aufgaben übernehmen. Damals nahm ich oft an den morgendlichen Direktorenkonferenzen des Auswärtigen Amtes teil.

Da man im Auswärtigen Amt mit einer neuen Regierung und der Rückkehr von Bundesaußenminister Genscher rechnete, wollte man auch den Termin für die Rede des Bundesaußenministers anläßlich der Vollversammlung der Vereinten Nationen verschieben. Aber Helmut Schmidt entschied anders. Er beauftragte mich, am 30. September 1982 diese Rede für die Bundesrepublik Deutschland zu halten.

Ich flog mit einer Bundeswehrmaschine nach New York. An meiner Rede wurde noch im Flugzeug gearbeitet. Sie ist eine Bestandsaufnahme unserer Außenpolitik, insbesondere unserer Friedenspolitik und unserer Politik gegenüber der Dritten Welt aus dem Jahr 1982. Wegen der innenpolitischen Ereignisse in Bonn fand sie damals kaum ein Echo in den deutschen Medien. Sie wird deshalb im Anhang in vollem Umfang wiedergegeben.[8]

Diese Rede ist ein wichtiges außenpolitisches Dokument der Regierung Helmut Schmidt, deren Politik geprägt war vom Wunsch nach Frieden, Abrüstung und Ausgleich mit der Dritten Welt. Natürlich ist es ein großer Moment im Leben eines Politikers, vor der Vollversammlung der Vereinten Nationen zu sprechen. Aber es war auch die Abschiedsrede der Sozialdemokraten, bevor sie die Regierungsverantwortung niederlegten.

Die Teilnehmer an der Vollversammlung wußten dies. Anschließend mußte ich sehr viele Glückwünsche entgegennehmen. Sie galten nicht mir, und wohl auch nicht der Rede. Außenminister und

Die Rede vor den Vereinten Nationen Ende September 1982.

Beratung im Präsidium der SPD über den Kanzlerkandidaten
der SPD im Herbst 1982.

Botschafter aus West und Ost, Nord und Süd wollten den deutschen Sozialdemokraten, die nun aus der Regierung ausschieden, Dank sagen. Ich war betroffen und glücklich: Hier wurde erkennbar, wieviel politisches Kapital wir für unser Land in der Welt angesammelt hatten.

Meinen Aufenthalt in New York nutzte ich auch für einige Gespräche mit Außenministern, aber auch mit alten Freunden. Besonders wichtig war das Gespräch mit Oskar Fischer, dem Außenminister der DDR. Ich sagte ihm, daß wir am 1. Oktober 1982, also am nächsten Tag, aus der Regierungsverantwortung ausscheiden würden. Die Beziehungen zwischen den beiden deutschen Staaten seien jedoch von so entscheidender Bedeutung für die weitere friedliche Entwicklung, daß man sie nicht von der politischen Zusammensetzung der Bonner Regierung abhängig machen sollte. »Auch mit einer anderen Regierung muß der begonnene Weg konsequent weitergegangen werden.« Ich sähe dafür auch gute Chancen. Außenminister Fischer reagierte ausgesprochen positiv. Auch er war der Meinung, daß die bisherige Politik fortgesetzt werden müsse.

Noch in der Nacht flog ich nach Bonn zurück. Am 1. Oktober 1982 wurde Helmut Kohl zum Bundeskanzler gewählt. Helmut Schmidt legte größten Wert auf äußerst korrekte Übergabe der Regierungsgeschäfte.

Ich übergab meine Amtsgeschäfte an den neuen Staatsminister Dr. Philipp Jenninger und informierte ihn auch ausführlich über mein Zusammentreffen mit Außenminister Fischer. Botschafter van Well, unser Vertreter bei den Vereinten Nationen in New York, der an dem Gespräch mit Fischer teilgenommen hatte, hatte in der Zwischenzeit auch einen ausführlichen Drahtbericht geschickt.

Ich empfahl Philipp Jenninger dringend, die gebotene Chance wahrzunehmen und auch keine großen personellen Veränderungen in diesem Bereich vorzunehmen. Die Regierung Kohl/Genscher hat Staatssekretär Dr. Bräutigam, der seine Aufgabe in hervorragender Weise erfüllte, noch sechs Jahre als Leiter unserer Ständigen Vertretung in Ost-Berlin belassen.

Vielleicht haben meine Gespräche mit Außenminister Fischer und mit Staatsminister Jenninger in jenen kritischen Tagen nicht unwesentlich zu einem geregelten Übergang der Beziehungen zwischen den beiden deutschen Staaten beigetragen.

Anläßlich meines Ausscheidens hatte ich Anspruch auf eine vom Bundespräsidenten und Bundeskanzler unterschriebene Urkunde. Helmut Schmidt war jedoch nicht bereit, seine Unterschrift unter die Entlassungsurkunde zu setzen. Er sagte: »Solange ich als Bundeskanzler im Amt war, wollte ich dich nicht entlassen. Nachdem ich ausgeschieden bin, darf ich dich nicht mehr entlassen.« Also hat der neue Bundeskanzler Dr. Helmut Kohl meine Entlassungsurkunde unterzeichnet. Er hat sie mir auch persönlich überreicht.

Die damalige Organisation des Kanzleramtes war nach meiner Auffassung sehr effizient: ein Staatssekretär als Chef des Kanzleramtes, verantwortlich für die Führung des Hauses, für die Vorbereitungen der Kabinettssitzungen und für die Koordinierung der Nachrichtendienste; ein Staatsminister beim Bundeskanzler, verantwortlich für den Kontakt zum Parlament, für die Beziehungen zur DDR und für alle Sonderaufträge des Bundeskanzlers.

Manfred Schüler und ich haben uns gegenseitig vertreten. Unsere Zusammenarbeit war zu jeder Zeit korrekt und freundschaftlich. Belastende Beziehungen wegen Kompetenzen hat es zwischen uns beiden nie gegeben.

Eine von mir vorgeschlagene Veränderung habe ich leider nicht erreicht. Ich hätte den damaligen engen Mitarbeiter von Außenminister Genscher, Dr. Klaus Kinkel, gern als Abteilungsleiter und stellvertretenden Chef des Kanzleramtes im Kanzleramt gesehen. Eine solche Veränderung wäre im Interesse der Zusammenarbeit der Koalition sicher richtig gewesen. Der Vorschlag ist leider gescheitert.

Bei Fortsetzung unserer Regierung wäre ich außerdem für die Auflösung des innerdeutschen Ministeriums eingetreten. Die kompetenten Mitarbeiter dieses Ministeriums sollten in einer eigenen Behörde unter einem Staatssekretär dem Kanzleramt zugeordnet werden. Denn die Beziehungen zur DDR sind in diesen Jahren durch den Bundeskanzler direkt oder durch seinen Staatsminister entwikkelt und gestaltet worden. Für einen Bundesminister ist es absolut unbefriedigend, wenn er zwar dem Namen nach »innerdeutscher Minister« ist, aber die politischen Beziehungen zum anderen deutschen Staat an seinem Haus weitgehend vorbeilaufen. Das kann sehr schnell zu überflüssigen Reibungen führen. Das war früher so und ist auch heute noch nicht anders.

Nach wie vor bin ich der Auffassung, daß die Fixierung unserer Beziehungen zur DDR im Kanzleramt in vollem Umfang gerechtfertigt ist. Die Beziehungen zum anderen deutschen Staat sollten so normal wie möglich und so gut wie möglich sein. Aber sie sind etwas Besonderes und können deshalb auch nicht in einem weiteren Referat des Außenministeriums behandelt werden. Ich habe auch nicht den Eindruck, daß die Führung der DDR wirklich an einem Wechsel vom Kanzleramt zum Außenministerium interessiert ist.

Heute sieht die organisatorische Spitze des Kanzleramtes völlig anders aus: An der Spitze des Kanzleramtes steht ein Bundesminister. Normalerweise ist sein Arbeitsanfall kaum zu bewältigen. Allerdings war der langjährige Amtsinhaber, Bundesminister Dr. Schäuble, besonders tüchtig. Außerdem gehören zur Spitze des Kanzleramtes ein Staatssekretär für die Koordinierung der Dienste, eine Parlamentarische Staatssekretärin als Bundesbevollmächtigte für Berlin und ein Staatsminister für die Koordinierung der Europapolitik. Eine so breitangelegte Spitze des Bundeskanzleramts hat es seit Bestehen der Bundesrepublik Deutschland noch nie gegeben. Sie ist mehr als doppelt so teuer als zu unserer Zeit und trotzdem in dieser Breite weniger effizient.

Noch etwas sehr Entscheidendes hat sich geändert. Für Helmut Schmidt war es ohne weiteres möglich, mit Ministerialdirektoren zusammenzuarbeiten, von denen die Mehrheit nicht der SPD angehörten, einzelne waren sogar Mitglieder anderer Parteien. Die Parteizugehörigkeit war für ihn in diesem Bereich von untergeordneter Bedeutung. Wichtig waren für ihn Kenntnisse, Analysefähigkeit, Effizienz und Loyalität. Hier hat er große Anforderungen gestellt. Heute spielt die Parteizugehörigkeit im Kanzleramt eine wesentlich wichtigere Rolle.

Zwischen 1966 und 1982 habe ich fast neun Jahre der Bundesregierung angehört und hatte in ihr sehr unterschiedliche Aufgaben zu erfüllen. Daß wir im Oktober 1982 aus der Regierung ausscheiden mußten, habe ich auch deshalb bedauert, weil mir meine Aufgaben Freude gemacht haben und mir diese Freude wiederum viel Kraft zu ihrer Erfüllung gegeben hat. Natürlich habe ich auch gelernt, daß man in der Regierung mehr bewegen kann als in der Opposition. Man gehört zu den bestinformiertesten Menschen im Land. Das ist allerdings zur Erfüllung der anstehenden Aufgaben auch absolut notwendig.

Die Tätigkeit in der Regierung verlangt ein Höchstmaß an Disziplin. Jedes Wort, ob gesprochen oder geschrieben, wird zu Recht auf die Goldwaage gelegt. Ein Oppositionspolitiker kann sich viel eher Fehler erlauben.

Von einem Regierungsmitglied wird zu Recht erwartet, daß er Vorhaben, auf die er sich festlegt, auch realisiert. Leichtfertige Versprechungen müssen spätestens bei der nächsten Wahl bitter bezahlt werden.

Leider ist es in der Politik noch schwieriger als im Berufsleben: Erfahrungen werden nicht im notwendigen Maß weitergegeben. Wer gestern in der Regierung war, ist morgen in der Opposition. Und Opposition bedeutet, die Regierung zu kontrollieren, nicht aber ihr mit eigenen Erfahrungen zu helfen. Jede Regierung will ihre eigenen Erfahrungen machen.

Da die Regierung nicht nur für eine Partei oder eine Koalition da ist, sondern für alle Menschen in unserem Land, sollten wir mehr Anstrengungen darauf verwenden, die gemachten Erfahrungen zu sammeln und sie im Interesse aller auch zu nutzen.

Parteiämter

Außer meinem Abgeordnetenmandat im Deutschen Bundestag und meiner Tätigkeit in der Regierung als Bundesminister für wirtschaftliche Zusammenarbeit, als Staatsminister im Auswärtigen Amt und im Bundeskanzleramt habe ich im Laufe der Jahre noch einige wichtige Parteiämter innegehabt.

Von 1957 bis 1968 war ich Vorsitzender der Kölner SPD, von 1959 bis 1961 Bundesvorsitzender der Jungsozialisten. Auf dem Parteitag von Saarbrücken wurde ich am 14. März 1970 in den Parteivorstand der Sozialdemokratischen Partei gewählt, dem ich bis zum 3. September 1985 angehörte. Vier Jahre, vom 31. Mai 1968 bis zum 4. Februar 1972, war ich Bundesgeschäftsführer der Partei und von Dezember 1979 bis April 1982 – zusammen mit Helmut Schmidt – stellvertretender Parteivorsitzender. In der Zeit, in der ich dem Parteivorstand angehörte, war ich auch Mitglied des Präsidiums der

SPD. Schließlich wurde ich am 1. Juli 1973 zum Vorsitzenden der Kommission für Internationale Beziehungen gewählt, ein Parteiamt, das ich bis zum 21. Mai 1984 innehatte. In diesem Jahr wurde ich zum Schatzmeister der SPD gewählt. Nur ein gutes Jahr mußte ich mich um das Geld der Partei kümmern.

Das Präsidium der SPD ist praktisch der geschäftsführende Vorstand der SPD. Es tagt wöchentlich und legt damit den Parteivorstand schon in vielen Fragen vorweg fest. Häufig kann man mit wichtigen politischen Stellungnahmen oder Entscheidungen nicht bis zur monatlichen Parteivorstandssitzung warten. Das macht die Sitzungen des Parteivorstands dann oft frustrierend. Aber es gibt keine andere Möglichkeit. Unterschiedliche Persönlichkeiten und voneinander abweichende Meinungen führten trotzdem immer wieder zu hervorragenden politischen Diskussionen. Willy Brandt faßte dann meist die verschiedenen Standpunkte zusammen und bemühte sich, auf seine Art allen gerecht zu werden. Für die in Bonn lebenden Politiker hatte die Parteivorstandssitzung einen ganz besonderen Wert. Für uns war es sehr wichtig, das Urteil von Leuten zu hören, die ihre Zeit nicht ständig unter der Bonner Glocke verbrachten. Vor allem ich brauchte das Urteil von Leuten, die eine bestimmte Version nicht schon vorher im Präsidium, im Fraktionsvorstand und in der Fraktion gehört hatten. Die Gefahr, in Bonn betriebsblind zu werden, ist sehr groß. Manches sieht draußen ganz anders aus.

Unendlich viele Stunden meines Lebens habe ich in Präsidiums- und Parteivorstandssitzungen zugebracht oder im Parteirat.

Oft gab es Ärger. Manchmal war es langweilig, aber oft auch äußerst spannend. Es wird immer wieder behauptet, daß man solche Gremien wie ein modernes Wirtschaftsmanagement handhaben müsse. Aber eine Parteivorstandssitzung ist eben keine Aufsichtsratssitzung. Natürlich muß der Parteivorstand auch das Präsidium kontrollieren, aber es müssen vor allen Dingen die politischen Probleme diskutiert werden, die zur Lösung anstehen. Der Vorstand muß sich mit allen Lösungsmöglichkeiten auseinandersetzen und genau überlegen, welche Auswirkungen Entscheidungen auf die betroffenen Menschen, auf die Stammwähler und auf die eigene Mitgliedschaft haben. Oft werden dabei allerdings die Bürgerinnen und Bürger unterschätzt. Sie haben viel mehr Verständnis für Veränderungen, wenn ihnen deren Notwendigkeit klargemacht wird und nicht hin und her geeiert wird. Die Bürger wollen durchaus eine konsequente politische Führung.

Es entsprach und entspricht der Natur Willy Brandts, möglichst Einmütigkeit im Parteivorstand zu erreichen. Nicht immer jedoch haben unsere Entscheidungen dadurch an Kontur gewonnen.

Im Mai 1984 wurde ich auf dem Parteitag in Essen zum Schatzmeister der SPD gewählt. Mein Vorgänger war Professor Dr. Friedrich Halstenberg. Er hatte mich gebeten, sein Nachfolger zu werden. Ich habe diese Frage dann mit Willy Brandt besprochen, der sich der Bitte Halstenbergs anschloß.

Ich wußte, daß es sich um eine sehr undankbare Aufgabe handelte. Trotzdem war ich bereit, sie zu übernehmen. Friedrich Halstenberg hatte sich schon sehr erfolgreich darum bemüht, die Schulden der Partei abzubauen. Ich wollte nun den Rest dieser schwierigen Aufgabe erledigen. Dabei hatte ich sehr klare Vorstellungen:

- In einer Zeit, die von Spendenaffären geprägt war, wollte ich durch ein Höchstmaß an Offenheit des Finanzgebarens zum Ansehen unserer Partei beitragen.
- Wir mußten die Ausgaben in erheblichem Umfang senken.
- Ich mußte mich darum bemühen, die Einnahmen der Partei aus Mitgliedsbeiträgen zu steigern.

Mit einem solchen Programm kann man sich nicht sehr beliebt machen. Parteivorstand und Mitarbeiter mußten in ihren finanziellen Ausgaben zurückstecken, die Mitglieder mußten höhere Beiträge bezahlen. Beides verständlich zu machen, habe ich mich redlich bemüht. In der »Baracke« ergriff ich strenge Sparmaßnahmen. Mit dem Betriebsrat wurde hart um den Abbau von Stellen gerungen. Eine Betriebsvereinbarung schränkte den Handlungsspielraum des Schatzmeisters sehr ein. Aber ich reiste auch durch die Bezirke und forderte die Mitglieder auf, ihre Beiträge zu erhöhen. Mir war bewußt, daß das Spendenaufkommen, insbesondere aus der Wirtschaft, eher rückläufig sein würde.

Der größte Teil der Partei war bereit, diesen harten Sanierungskurs mitzugehen. Schwierigkeiten hatte ich immer wieder mit Bundesgeschäftsführer Peter Glotz. Während ich für eine strenge Haushaltsführung eintrat, versuchte Peter Glotz immer wieder auszubrechen.

Auch seine Personalpolitik fand nicht immer meine Zustimmung. Peter Glotz hatte und hat hohe intellektuelle Qualitäten, die ihn für viele Aufgaben in der Partei und im Staat geeignet machen. Aber er hat die Partei während seiner Amtszeit als Bundesgeschäftsführer oft so gesehen, wie er sie sehen wollte und nicht so, wie sie wirklich war und ist.

Ich war und bin der Auffassung, daß eine Partei, die die Regierungsverantwortung anstrebt, was zwangsläufig zur Verwaltung von öffentlichen Mitteln in großem Umfang führt, zuerst einmal den Beweis erbringen muß, daß sie ihre eigenen Finanzen in Ordnung halten kann. Parteifinanzen können nicht nach Gesichtspunkten der Kameraderie, sondern müssen nach strengen Haushaltsrichtlinien verwaltet werden. Dabei muß der Schatzmeister natürlich politisch denken, denn auch der Haushalt der Partei muß eindeutige politische Schwerpunkte setzen.

Wegen der strengen Haushaltsführung nahm der Druck auf mich zu. Ich hatte schon rechtzeitig vorher angekündigt, daß ich mein Amt zur Verfügung stellen würde, wenn die von mir aufgestellten Haushaltsgrundsätze nicht eingehalten würden. Am 2. September 1985 war wieder Präsidiumssitzung, auf der gegen meine Auffassung beschlossen wurde, den nächsten Parteitag in Passau durchzuführen, was Mehrkosten von mindestens 500 000 DM verursachte. In dieser Summe waren die Unkosten für die weite Anreise der Delegierten noch nicht einmal berücksichtigt. Außerdem sollte ich noch für einen Kongreß 700 000 DM zahlen, der nicht im Haushalt vorgesehen war. Und das Präsidium bestand darauf, den »Vorwärts«, die Wochenzeitung der Partei, in seiner bisherigen Form erscheinen zu lassen.

Diese Haltung des Präsidiums sprengte meine Vorstellungskraft. Nun mußte ich konsequenterweise handeln und sofort zurücktreten. Am Morgen des 3. September 1985 schrieb ich folgenden Brief an Willy Brandt und erklärte meinen Rücktritt:

»Lieber Willy,

der Verlauf der gestrigen Präsidiumssitzung gibt mir keine andere Möglichkeit, als heute von meiner Aufgabe als Schatzmeister der Partei zurückzutreten.

Ich habe mich immer wieder darum bemüht, auf die völlig veränderte Finanzsituation der Partei hinzuweisen:

1. Im Gegensatz zu früher gibt es keine nennenswerten Spendeneinnahmen mehr.
2. Das Vermögen der Partei ist in den letzten Jahren in immer stärkerem Maße verbraucht worden.
3. Die Zahl der Mitglieder der Partei ist in den letzten Jahren in starkem Maße zurückgegangen.
4. Mit einer Erhöhung der Mittel für die Wahlkampfkostenerstattung ist in den nächsten Jahren nicht zu rechnen. Sie wäre auch nicht zu verantworten. Außerdem will die Parteiorganisation auf den anderen Ebenen an diesen Mitteln stärker partizipieren.

In dieser Situation gibt es nur die Möglichkeit konsequenter und solider Sparsamkeit. Andere Wege sind mit mir nicht zu gehen.

Das bedeutet, daß die Partei nur eine Zeitung und nicht zwei finanzieren kann.

Ich kann meine Entscheidungen nicht nach dem Maßstab treffen, wieviel Stimmen ich auf dem Parteitag erhalte. Sparsamkeit und Solidität müssen der oberste Maßstab des Schatzmeisters der Partei sein. Nur so können die Sünden der Vergangenheit, die alle Parteien, wenn auch in unterschiedlichem Maße begangen haben, aufgearbeitet werden.

Außerdem bin ich auch nicht mehr bereit, die Oberlehrermanieren von Hans-Jochen Vogel hinzunehmen.

Meine Entscheidung werde ich gegenüber den Mitgliedern des Parteivorstandes, den Bezirken und Unterbezirken sehr genau schriftlich erläutern.

Ich hoffe, daß mein Schritt der Partei hilft, den Weg zu solider Sparsamkeit zu finden.

Eine Kopie dieses Briefes erhalten Johannes Rau und Hans-Jochen Vogel. dpa wird von mir noch heute informiert.

Ich hoffe, daß meine Entscheidung unser Verhältnis nicht belastet. Diese Entscheidung ist im Interesse der Partei unverzichtbar.

Dein
Hans-Jürgen Wischnewski.«

In meiner großen Verärgerung habe ich diesen Brief auch gleich der Deutschen Presse-Agentur übergeben. Das war sicher ein Fehler.

Da immer wieder behauptet wurde, ich hätte den traditionsreichen

»Vorwärts« einstellen wollen, muß ich hier eine Klarstellung vornehmen.

Die Partei verfügt über ein Mitgliedermagazin, das allen Mitgliedern monatlich per Post zugeschickt wird. Der »Vorwärts« wurde damals von 4,5 Prozent der Mitglieder abonniert. Er mußte so stark subventioniert werden, daß die Finanzierung der Parteiarbeit dadurch wesentlich eingeschränkt wurde. Außerdem war er auch journalistisch nicht gut; er wurde kaum zitiert. Ich wollte den Titel »Vorwärts« auf das Mitgliedermagazin übertragen und dieses redaktionell aufstocken, um aus diesem Magazin eine richtige Zeitung mit einer großen Auflage zu machen. Dieser neue »Vorwärts« sollte zwei Monate vor der Bundestagswahl vierzehntägig allen Mitgliedern zugestellt werden. Dann wollte ich die finanziellen Voraussetzungen dafür schaffen, daß er später ebenfalls vierzehntägig erscheinen konnte.

Ich war aber nicht bereit, für 4,5 Prozent der Mitglieder als Abonnenten Millionensubventionen zu zahlen und auch nicht davon zu überzeugen, daß man eben zwei Zeitungen macht, wenn man eine Zeitung nicht ordentlich finanzieren kann. Ich habe mich leider nicht durchsetzen können. Erst jetzt ist eine Lösung gefunden worden, die weitgehend meinen damaligen Vorstellungen entspricht.

Mein Rücktritt als Schatzmeister bedeutete auch mein Ausscheiden aus dem Parteivorstand. Das ist mir nicht leichtgefallen, war aber auch aus heutiger Sicht richtig. Mein Nachfolger Hans Matthöfer sagte mir später, mein Rücktritt habe ihm die Arbeit sehr erleichtert, denn den weiteren Rücktritt eines Schatzmeisters wollte und konnte sich niemand leisten.

Den internationalen Kontakten der SPD galt wieder mein besonderes Engagement. Wie schon erwähnt, war ich von 1973 bis 1984 Vorsitzender der Kommission für internationale Beziehungen der Partei.

Die Sozialdemokratische Partei kann von allen Parteien in der Bundesrepublik auf die größte internationale Tradition zurückblikken. Sie entstand aus den Bemühungen der alten Arbeiterbewegung um internationale Solidarität. Vor dem Ersten Weltkrieg glaubten Sozialdemokraten in mehreren europäischen Ländern, insbesondere in Frankreich und Deutschland, diese Solidarität der Arbeiterbewegung könnte den Ausbruch eines europäischen Krieges verhindern.

Aber der Nationalismus war stärker. Nach dem Wiederaufbau der Partei nach 1945 kam es darauf an, die alte internationale Tradition zu wahren oder sie den neuen Gegebenheiten anzupassen.

Lange bevor ich in den Führungsgremien der Partei tätig war, haben deutsche Sozialdemokraten entscheidend dazu beigetragen, nach Faschismus und Krieg wieder um Vertrauen für unser Land in der Welt zu werben. Dabei spielte die antifaschistische Haltung der Sozialdemokratie eine erhebliche Rolle: Die SPD hatte 1933 gegen das Ermächtigungsgesetz gestimmt. Sozialdemokraten wurden verfolgt und litten oft jahrelang in Gefängnissen und Konzentrationslagern. Viele haben für ihre demokratische Überzeugung ihr Leben geopfert. Diejenigen, denen die Flucht ins Ausland glückte, haben in dieser Zeit Freunde für ein anderes Deutschland gewonnen: Willy Brandt in Skandinavien, Erich Ollenhauer in Frankreich und England und Max Brauer in den Vereinigten Staaten, um nur einige Beispiele zu nennen.

Als ich in der internationalen Arbeit der Partei aktiv wurde, kam es darauf an, den europäischen Zusammenschluß durch die Zusammenarbeit der europäischen Sozialdemokraten zu fördern. Aber es mußten auch Kontakte zu den Parteien in der Dritten Welt aufgenommen werden. Es war nötig, die Unabhängigkeitsbewegungen bei ihrem Kampf um die nationale Unabhängigkeit oder beim Kampf gegen den Rassismus zu unterstützen. Dabei bemühten wir uns, daß sie nicht all die Fehler wiederholten, die wir selbst in unserer Geschichte gemacht hatten.

Im Interesse der Erhaltung und Förderung des Friedens, im Interesse der Rüstungsbegrenzung und Abrüstung war es auch nötig, über alle ideologischen Gräben hinweg unter unvergleichlich viel ungünstigeren Umständen als heute mit den Repräsentanten der kommunistischen Länder zu sprechen. Natürlich hatten diese Gespräche eine andere Qualität als Gespräche mit den politischen Freunden in Westeuropa. Aber ich habe in dieser Hinsicht zu keiner Zeit Berührungsängste gehabt. Wenn man einen klaren eigenen Standpunkt hat, sind solche Ängste auch nicht nötig.

Die Zukunft unserer Welt läßt sich nur dann positiv gestalten, wenn sich diejenigen Politiker in allen Ländern, die gleiche oder ähnliche Auffassungen über die Gestaltung unserer Welt haben, um eine enge Zusammenarbeit bemühen. Sie müssen einen ständigen

Dialog führen. Natürlich hat in unserer internationalen Zusammenarbeit die Solidarität unter Sozialdemokraten eine ganz besondere Rolle gespielt. Soweit wie es zu verantworten war, haben wir uns auch bei Wahlkämpfen gegenseitig unterstützt. So hat etwa der Generalsekretär der französischen Sozialistischen Partei, Lionel Jospin, bei einer großen Wahlveranstaltung in meinem Kölner Wahlkreis gesprochen. Manchmal haben wir auch befreundeten Parteien materiell helfen können.

Besonders solidarisch mußten wir uns gegenüber den Parteien und politischen Freunden verhalten, die durch Diktaturen, Militärputsche oder Militärregime in Schwierigkeiten geraten waren. Hier mußten wir besonders denen helfen, die wegen ihrer Überzeugung inhaftiert waren. Vor allem in Chile, Portugal, Spanien und Griechenland engagierten wir uns für die Verfolgten. In den drei europäischen Ländern haben wir mit unserer Solidarität ein klein wenig mithelfen können, den Weg zur Demokratie zurückzufinden.

An unserem Parteitag 1975 in Mannheim nahmen 150 ausländische Gäste und Freunde aus 34 anderen Ländern teil. Araber und Israelis saßen an einem Tisch und redeten miteinander. Dieser Parteitag war eine große internationale Demonstration. Der Parteivorsitzende Willy Brandt und Bundeskanzler Helmut Schmidt diskutierten am Rande des Parteitags ausführlich mit unseren ausländischen Freunden. In Spanien hatte das Ende der Franco-Zeit begonnen. Aber das Regime hatte unserem Freund Philippe Gonzales den Paß abgenommen und die Reise zum Parteitag nach Mannheim verweigert. Vorher war er mehrere Male inhaftiert worden. Wir wollten seine Teilnahme an unserem Parteitag aber auf alle Fälle erreichen. Ich rief jeden Tag mehrere Male in Madrid an und bat unseren Botschafter zu intervenieren, ich bat ihn auch, den heutigen König Juan Carlos anzurufen. Der Botschafter sollte der Regierung in Madrid mitteilen, daß es sich negativ auf die Beziehungen zwischen unseren beiden Ländern auswirken würde, wenn Philippe Gonzales nicht ausreisen dürfe. Damals war ich Staatsminister im Auswärtigen Amt. Philippe Gonzales durfte ausreisen. Er wurde, wenn auch erst am vorletzten Tag, mit Ovationen auf unserem Parteitag empfangen. Heute ist er Ministerpräsident seines Landes.

Jahre später in der Zeit der Spendenaffären behauptete ein Bundestagskollege, das Geld, das die SPD bekommen hätte, habe Wischnewski sofort im Koffer zu unseren spanischen Freunden gebracht. Er wollte damit begründen, daß auch die SPD in Spendenangelegenheiten nicht immer korrekt vorgegangen sei. Aber diese Behauptungen entsprechen nicht den Tatsachen. Ministerpräsident Philippe Gonzales kam in erhebliche Schwierigkeiten. Das spanische Parlament bildete einen Untersuchungsausschuß. Ich erklärte mich sofort bereit, vor diesem Untersuchungsausschuß auszusagen. Als ich in Madrid eintraf, gab es einen großen Presserummel. Ich war auf einmal »der Mann mit dem Koffer«. Ich hatte nie etwas mit der materiellen Hilfe für unsere spanischen Freunde zu tun. Der Untersuchungsausschuß in Madrid bewies die völlige Unschuld des spanischen Ministerpräsidenten. Es ist nicht immer leicht, politischen Freunden in schwierigen Lagen zu helfen. Aber es ist sehr oft unverzichtbar. Solidarische Resolutionen reichen nicht immer aus.

Wir haben im Rahmen unserer Möglichkeiten auch unseren portugiesischen Freunden geholfen. Die Sozialistische Partei Portugals wurde von Mario Soares im Exil in Münstereifel wiedergegründet. Bald nach der Revolution in Portugal konnte ich Außenminister Mario Soares besuchen. Heute ist er der Staatspräsident seines Landes. Aber wir haben auch geholfen, als Portugal durch einen Putsch aus anderer Richtung erneut gefährdet war.

Und manche griechischen Freunde, die bei uns im Exil lebten, oder denen wir wenigstens mit der Finanzierung von Anwälten während der Obristenzeit helfen konnten, sind heute wichtige Minister in ihrem Lande.

Auch in vielen anderen Ländern haben wir helfen können und oft auch helfen müssen. Diese internationale Solidarität ist eine der großen Leistungen der deutschen Sozialdemokratie nach dem Kriege. Ich bin stolz darauf, daß ich dabei mithelfen konnte.

Wir unternahmen jedoch auch große Anstrengungen, um Menschen zu helfen, die keiner sozialistischen oder sozialdemokratischen Partei angehörten. Nach der Revolution im Iran war am 4. November 1979 die Botschaft der Vereinigten Staaten in Teheran besetzt und 70 Mitarbeiter der Botschaft als Geiseln festgenommen worden. Wir hatten damals einen guten Draht nach Teheran und versuchten über diesen, den Vereinigten Staaten zu helfen.

1980 wurde in den Vereinigten Staaten gewählt. Jimmy Carter

kandidierte erneut für das Amt des Präsidenten. Ronald Reagan war sein Gegenkandidat. Verständlicherweise war das Verhältnis zwischen der SPD und den Demokraten immer enger als das zu den Republikanern. Wir hätten also Carter gern als Präsidenten der USA wiedergesehen, obwohl es zeitweilig auch erhebliche Probleme zwischen der Bundesregierung und der Administration von Präsident Carter gab. Wir waren in dieser Zeit im besonderen Maße darum bemüht, unseren Landsleuten in den Staaten des Warschauer Paktes menschliche Erleichterungen beziehungsweise die Ausreise zu verschaffen. Dabei machten wir die Erfahrung, daß die lautlose Regelung dieser Fragen eher im Interesse der betroffenen Menschen lag als die Menschenrechts-Kampagnen der Regierung Carter. Aber so wie Ronald Reagan seinen Wahlkampf führte, mußten wir bei ihm mit weit größeren Schwierigkeiten rechnen. Also unterstützten wir im Rahmen unserer Möglichkeiten Jimmy Carter und die Demokraten. Ich flog nach Washington und nahm Kontakt zu Bob Strauss auf, dem Wahlkampfleiter von Präsident Carter. Strauss kam auch zu Gesprächen nach Bonn, und wir telefonierten recht oft miteinander. Das Thema der Geiselnahme in Teheran beherrschte den Wahlkampf sehr stark. Ich führte im Weißen Haus auch ein Gespräch mit dem damaligen Sicherheitsberater Brzezinski. Er wollte »mit dem Mann von Mogadischu« sprechen, da man über ein Kommandounternehmen zur Befreiung der Geiseln nachdachte. Ich mußte Brzezinski sagen, daß »der Mann von Mogadischu« nicht der geeignete Gesprächspartner sei, denn in Somalia hätten wir 1977 alle Maßnahmen in völliger Übereinstimmung mit der Regierung von Somalia, insbesondere mit Präsident Siad Barre durchgeführt. In Teheran aber müßte eine Kommandotruppe der USA mit dem entschiedenen Widerstand der dortigen Regierung und der Streitkräfte rechnen. Das aber wäre ein Abenteuer, von dem ich ganz dringend abraten müsse. Brzezinski erwiderte, daß man meine Ausführungen noch einmal überdenken wolle. Am 25. April 1980 wurde das Kommandounternehmen dann doch durchgeführt. Es mißlang. Die Geiseln wurden nicht befreit, und amerikanische Soldaten kamen dabei um.

Als ich Brzezinski später fragte, warum man meine eindringliche Warnung ignoriert habe, antwortete er: »Der Druck der öffentlichen Meinung war so groß, daß man etwas unternehmen mußte.« Der damalige Außenminister der Vereinigten Staaten, Cyros Vance, war gegen dieses Kommandounternehmen und trat zurück. Er hatte recht. Unsere Gespräche mit Teheran waren nach diesem Unternehmen nahezu aussichtslos geworden. Willy Brandt und ich trafen in Oslo den damaligen Außenminister Teherans Sadegh Gobzadegh zu einem Gespräch unter sechs Augen. Er sagte uns, daß er natürlich für die Freilassung der Geiseln sei. Aber es müßten erst einige Monate ins Land gehen, bis sich die Lage nach dem abenteuerlichen Kommandounternehmen beruhigt habe. Dann aber müßte er mindestens 400 Einzelgespräche führen. Sadegh Gobzadegh wurde später zum Tode verurteilt. Das Urteil wurde am 15. September 1982 vollstreckt.

Am 4. November 1980 wurde Ronald Reagan zum Präsidenten der Vereinigten Staaten gewählt. Jimmy Carter hat die Wahlen auch in Teheran verloren. Meine algerischen Freunde übernahmen die Vermittlung. Am 20. Januar 1981 wurden die letzten 55 Geiseln nach 444 Tagen Geiselhaft freigelassen.

In immer stärkerem Maße mußte unsere Solidarität der Dritten Welt gelten. Ich habe Ende der 50er und zu Beginn der 60er Jahre die Beziehungen unserer Partei zu den Gewerkschaften, Parteien und anderen Organisationen in der arabischen Welt und in Afrika aufbauen helfen können. Erst sehr viel später wurde ich in Lateinamerika und vor allem in Zentralamerika aktiv.

Von besonderer Bedeutung für die internationale Arbeit unserer Partei ist natürlich die Sozialistische Internationale. Vom 30. Juni bis 3. Juli 1951 hatte in Frankfurt die achte Tagung der Internationalen Sozialistischen Konferenz (COMISCO) stattgefunden. Sie beschloß, durch Namensänderung die Sozialistische Internationale wiederzugründen. Die erste Sozialistische Internationale war im Jahr 1864 in London gegründet worden. Hier in Frankfurt wurde Erich Ollenhauser zu einem der stellvertretenden Vorsitzenden gewählt. Die SPD war damals schon vollgültiges Mitglied der internationalen sozialdemokratischen Parteienfamilie. Die sozialdemokratischen Parteien waren der allgemeinen Entwicklung voraus. Erst am 9. Juli 1951 erklärten die drei Westmächte die Beendigung des Kriegszustandes mit Deutschland.

Ich habe die Arbeit der Sozialistischen Internationale erst später kennengelernt, dann aber aktiv mitgearbeitet. Damals war der Österreicher Bruno Pittermann der Präsident der Internationale. Ich war ihm freundschaftlich verbunden. Er war jedoch kein sehr dynamischer Vorsitzender. Mit Willy Brandt als Präsidenten der Sozialistischen Internationale begann ein neuer Abschnitt in der Entwicklung dieser Organisation: Ihre politische Bedeutung wuchs, und sie gewann vor allem in den Ländern der Dritten Welt Anerkennung.

Wir haben auch schwierige Situationen in der Sozialistischen Internationale erlebt. 1986 geriet der Kongreß der Sozialistischen Internationale in Peru in eine explosive Situation. In mehreren Gefängnissen Limas gab es eine Meuterei. Die Gefängnisse wurden von Polizei und Armee gestürmt. Es gab unverantwortlich viele Todesopfer. Die Sicherheitsmaßnahmen waren so umfangreich, daß sie unsere Arbeit behinderten. Eine Frau, die eine Rakete auf das Kongreßgebäude abschießen wollte, brachte sich selbst damit um. In Lima hat unser guter Wille einen ordentlichen Dämpfer bekommen.

Bei diesem Kongreß in Lima wurde ich zum Vorsitzenden der Nahostkommission der Sozialistischen Internationale gewählt. Aber meine internationale Arbeit konzentrierte sich bald in noch stärkerem Maße auf Zentralamerika.

Eintreten für die Menschenrechte

Wir können zum Mond fliegen und auch dort landen. Menschen können sich monatelang im Weltraum aufhalten. Wir haben Flugzeuge, deren Geschwindigkeit schneller als der Schall ist.

Aber die Rechte der Menschen werden in großen Teilen der Erde mit Füßen getreten.

In der Hälfte aller Länder der Erde werden nach wie vor Menschen aus politischen Gründen verhaftet und verfolgt, ohne daß diese Gewalt angewandt hätten. In vielen Ländern werden Menschen inhaftiert, ohne je ein Gericht auch nur gesehen zu haben. Es existiert keine unabhängige Justiz. Sie ist oft nur ausführendes Organ einer undemokratischen Regierung.

In einem Drittel der Staaten dieser Erde wird von Staats wegen gefoltert, meist um die gewünschten Aussagen und Selbstbeschuldigungen zu erzwingen.

Nach wie vor werden auf staatliche Anweisung Menschen ermordet oder der Staat überläßt das Morden privaten Organisationen, die er unterstützt.

Mehr als 120 Staaten der Erde praktizieren nach wie vor die Todesstrafe.

Noch immer werden Menschen wegen ihrer Hautfarbe, ihrer Rasse oder ihres Glaubens wegen verfolgt.

Viele Menschen hungern. Und viele sind aus politischen, aber auch aus wirtschaftlichen Gründen auf der Flucht.

Das größte Verbrechen gegen die Menschenrechte ist der Krieg. Seit dem 8. Mai 1945, dem Ende des letzten und grausamsten Weltkrieges, gab es in der Welt mehr als 160 Kriege. Mehr als 30 Millionen Menschen wurden getötet, verletzt oder sind geflüchtet. Die Weltmächte haben sich oft in unverantwortlicher Weise eingemischt. Sie haben Waffen exportiert, manchmal sogar an beide Seiten, um sie in diesen Ländern zu testen. Sogenannte regionale Konflikte in der Welt haben zu vielen Verbrechen gegen die Menschlichkeit geführt.

Eine schreckliche Bilanz.

In letzter Zeit gibt es positive Anzeichen für die Beilegung regionaler Konflikte. Die Stärkung der Vereinten Nationen, das verbesserte Verhältnis zwischen den Weltmächten geben Anlaß zu Hoffnungen. Aber dies ist nur ein Anfang. Nach wie vor werden in solchen regionalen Konflikten täglich viele Menschen getötet.

Während es in einigen Regionen der Welt Fortschritte gibt, kommt es in anderen immer wieder zu grausamen Rückfällen.

Wer sich heute mit Außenpolitik befaßt, der muß sich mit der Wahrung der Menschenrechte als ständige Aufgabe beschäftigen. In den vielen Jahren meiner politischen Arbeit wurde ich mit diesem Problem immer wieder konfrontiert. In vielen Fällen habe ich mich auch aktiv einschalten müssen und wollen.

Von Zeit zu Zeit gibt es in der Bundesrepublik eine Debatte, ob wir Deutschen eigentlich berechtigt sind, andere Staaten auf die Wahrung der Menschenrechte hinzuweisen. Unsere eigenen Verbrechen während der Nazizeit machten uns als Schulmeister in Fragen der Wahrung der Menschenrechte in anderen Staaten nicht sehr geeignet.

In unserem Land und in den von Deutschen besetzten Staaten sind während der Nazizeit Millionen von Menschen aus politischen, rassischen und aus religiösen Gründen verfolgt, inhaftiert und ermordet worden. Wir sollten uns deshalb wirklich nicht als Lehrmeister aufspielen, aber gerade unsere Vergangenheit verpflichtet uns dazu, überall in der Welt für die Wahrung der Menschenrechte einzutreten. Ich habe versucht, nach diesem Grundsatz zu handeln.

Mein Eintreten für die Unabhängigkeit Algeriens war für mich auch immer ein Engagement für die Menschenrechte, denn Kolonialismus und Menschenrechte sind unvereinbar. Davon abgesehen haben alle Kolonialmächte, einschließlich der deutschen, die Menschenrechte auch in konkreten Fällen mit Füßen getreten.

Mein Eintreten für das Selbstbestimmungsrecht der Palästinenser ist ebenfalls ein Engagement für die Menschenrechte. Militärische Besatzung und Verweigerung des Heimatrechts sind mit den Menschenrechten nicht in Einklang zu bringen.

In Chile bin ich für die Freilassung vieler politischer Gefangener eingetreten. Viermal war ich deswegen in Santiago und habe auch mit General Pinochet schwierige Verhandlungen geführt. Ich konnte die Ausreise von mehreren hundert Chilenen erreichen.

Große Anstrengungen zur Wahrung der Menschenrechte habe ich vor allem in Zentralamerika unternommen. Die Freilassung von Entführten und politischen Gefangenen, die Ausreise von schwerverwundeten Guerilleros, all das hat viel Kraft gekostet.

In Afrika überzeugte ich einen Staatspräsidenten, den Erzbischof seines Landes freizulassen, wenn er die Beziehungen zur Bundesrepublik nicht auf den Nullpunkt bringen wolle.

Einen anderen afrikanischen Staatspräsidenten habe ich bei einem Besuch in der Bundesrepublik zu mehr Respekt vor den Menschenrechten gebracht. Er wollte eine bestimmte Stadt nicht besuchen, weil ihm dort eine Unterschriftenliste überreicht werden sollte, mit der gegen die Inhaftierung politischer Gefangener protestiert wurde. Ich sagte ihm: »Ich erlebe zum erstenmal einen General, der Angst vor Unterschriften hat.« Die Situation der Menschen konnte in seinem Land wesentlich verbessert werden.

In humanitären Fragen hatte ich auch immer wieder mit dem anderen deutschen Staat zu tun, um eigenen Landsleuten zu helfen. Dabei habe ich, wie schon erwähnt, die Zusammenarbeit mit dem DDR-Anwalt, Professor Dr. Vogel, stets als besonders effizient, aber auch angenehm empfunden. Manchmal kam es sogar zu einem großen internationalen Ringtausch, mit dem vielen der Betroffenen geholfen wurde. Aus eigenen Erfahrungen weiß ich, daß sich die Menschenrechtssituation in den meisten Staaten des Ostblocks erheblich gebessert hat.

Ich bin für die Menschenrechte Hunderttausende von Kilometern im Flugzeug unterwegs gewesen, habe Gefängnisse und Konzentrationslager besucht und habe Tage und Nächte Verhandlungen geführt, um bedrohten Menschen zu helfen. Im Interesse der Betroffenen mußte ich manchem Diktator die Hand reichen.

Es war für mich immer ein Tag der Freude und Genugtuung, wenn ich einem Menschen zu seiner Freiheit verhelfen konnte. Manchmal erhielt ich danach von den Betroffenen einen Brief. Das bestärkte mich, erneut für die Lösung anderer Fälle einzutreten. Dabei ist mir jedoch bewußt, daß man, wie vielen Menschen man auch hilft, es stets zu wenig sind.

Natürlich habe ich auf diesem Gebiet auch lernen müssen, Politiker lieben die Publizität, wenn sie etwas Vernünftiges getan haben. Ich bin zuerst auch in diesen Fehler verfallen. Aber ich habe gelernt, daß, wer sich in Menschenrechtsfragen engagiert und etwas erreichen will, häufig schweigen muß. Nach solchen Anfangsfehlern habe ich den größten Teil meiner Aktivitäten und auch meiner Erfolge nicht mehr publiziert und werde auch hier keine weiteren Einzelheiten aus meiner Arbeit mitteilen. Ich erinnere mich daran, wie mir der erste Mann eines Ostblockstaates sagte: »Mit einem Ihrer Politiker habe ich zwei humanitäre Fälle gelöst: den ersten und gleichzeitig den letzten Fall. Ich bin nicht der Public-Relations-Manager von Politikern aus der Bundesrepublik.«

Damit jedoch keine Mißverständnisse entstehen: Das öffentliche Anprangern von Verstößen gegen die Menschenrechte ist unverzichtbar. Das ist die Aufgabe der Medien und der Menschenrechtsorganisationen. Parallel dazu muß jedoch ohne Publizität eine intensive, stille Diplomatie zum Wohle der Betroffenen betrieben werden.

Manche Botschafter der Bundesrepublik müssen sich stärker engagieren. Natürlich soll ein Botschafter um gute Beziehungen zu seinem Gastland bemüht sein, aber bei Verstößen gegen die Menschenrechte kann auf eine angemessene, aber deutliche Einmischung in die inneren Angelegenheiten nicht verzichtet werden.

Als Politiker der Regierung hat man natürlich größere Möglichkeiten in Menschenrechtsfragen tätig zu sein als in der Opposition. Und auch ich habe in der Regierung mehr bewegen können als in meiner Oppositionszeit. Allerdings gibt es auch bestimmte Aufgaben und Regionen, wo ein Oppositionspolitiker sehr viel mehr erreicht als ein Vertreter der Regierung. Solche Beispiele habe ich jedenfalls erlebt.

Erschreckend ist, wie viele Politiker nach wie vor ermordet werden. Viele, denen ich begegnet bin, mit denen ich Gespräche geführt oder zusammengearbeitet habe oder mit denen ich sogar befreundet war, wurden aus politischen Gründen ermordet:

Patrice Lumumba, den Ministerpräsidenten des Kongo, habe ich 1960 bei Gesprächen in Ghana kennengelernt. Er wurde am 12. Februar 1961 ermordet.

Sylvanus Olympio, den Staatspräsidenten und Ministerpräsidenten von Togo, lernte ich bei einem Besuch in Togo kennen. Er wurde am 13. Januar 1961 bei einem Militärputsch ermordet.

John Fitzgerald Kennedy begegnete ich bei der Gründung des Deutschen Entwicklungsdienstes. Er wurde am 22. November 1963 von einem Attentäter in Dallas erschossen.

Eduardo Mondlane, der Führer der Unabhängigkeitsbewegung in Moçambique (Frelimo) war Gast in meiner Kölner Wohnung, wo wir ausführlich über die Zukunft von Moçambique sprachen. Er wurde am 4. Februar 1969 in Tansania ermordet.

Tom Mboya, Minister für Wirtschaftsplanung und Entwicklung, Gewerkschaftsführer und Generalsekretär der regierenden Kanu-Partei in Kenia, war viele Jahre eine der großen politischen Hoffnungen im östlichen Afrika. Ich erlebte ihn in Bonn als Bundesminister für wirtschaftliche Zusammenarbeit, aber auch in Nairobi. Am 5. Juli 1969 wurde er in Nairobi ermordet.

Abd el-Krim Belkassem war Mitglied der algerischen Exilregierung. Er war an den Verhandlungen von Evian, die Algerien Frieden und Unabhängigkeit brachten, führend beteiligt. Ich bin ihm sehr oft begegnet. Wir haben viele schwierige, aber auch gute Gespräche geführt. Er wurde am 30. Oktober 1970 in Frankfurt am Main ermordet.

Wasfi Mustafa at-Tell war zweimal Ministerpräsident im Königreich Jordanien. Ich lernte ihn kennen, als ich während des »Schwarzen Septembers« 1970 in Amman seine Hilfe in Anspruch nehmen mußte. Er wurde am 28. November 1971 in Kairo ermordet.

Amilcar Cabral war der Führer der Unabhängigkeitsbewegung im damaligen Portugiesisch-Guinea und der Gründer und Führer der Movimento Popular da Libertaco de Angola (MPLA). Er wurde am 20. Januar 1973 in Conakry ermordet.

Faisal, dem König von Saudi-Arabien, bin ich mehrere Male bei meinen Nahostaktivitäten in Saudi-Arabien begegnet. Er wurde am 25. März 1975 von einem Verwandten erschossen. Ich vertrat die Bundesregierung bei seiner Beisetzung.

Orlando Letelier war Verteidigungsminister in Chile zur Zeit Präsident Allendes. Ihn lernte ich in einem Gefangenenlager im äußersten Süden von Chile kennen. Nach seiner Freilassung ging er nach Washington ins Exil. Hier wurde er am 17. September 1976 ermordet.

Aldo Moro war mehrere Male Ministerpräsident und auch Außenminister Italiens. Ich bin ihm oft im Rahmen der Europaarbeit begegnet. Er wurde am 9. Mai 1978, 55 Tage nach seiner Entführung, ermordet.

Park Tschung-Hi war seit 1962 Staatspräsident von Südkorea. Ihm begegnete ich mehrere Male anläßlich des Staatsbesuchs von Bundespräsident Lübke in Südkorea im Jahre 1967. Er wurde am 26. Oktober 1979 in Seoul ermordet.

William Richard Tolbert war seit 1971 Staats- und Ministerpräsident von Liberia. Auch mit ihm traf ich mehrere Male in Bonn und an anderen Orten zusammen. Er wurde am 12. April 1980 in Monrovia ermordet.

Anwar el-Sadat war seit 1970 Staatspräsident von Ägypten. Mit ihm habe ich Gespräche über die Wiederaufnahme der diplomatischen Beziehungen zwischen der Bundesrepublik und Ägypten geführt. Das letzte Mal traf ich mit ihm zusammen, als er nach der Unterzeichnung des Abkommens von Camp David Bonn besuchte. Er wurde am 6. Oktober 1981 bei der Abnahme einer Militärparade in Kairo ermordet. Neben ihm und anderen wurde auch der Präsident des Rechnungshofes von Ägypten ermordet, den ich zu meinen Freunden zählte.

Issam el-Sartawi war ein wichtiger Repräsentant der PLO, die er bei der Sozialistischen Internationale vertrat. Ich habe viele Diskussionen mit ihm geführt und war ihm freundschaftlich verbunden. Er wurde, wie schon erwähnt, am 10. April 1983 während eines Kongresses der Sozialistischen Internationale in Albufeira in Portugal ermordet.

Maurice Bischop war seit 1979 Premierminister von Grenada. Ich hatte ihn durch die Arbeit in der Sozialistischen Internationale kennengelernt. Er wurde am 19. Oktober 1983 in St. George's ermordet.

Indira Gandhi war von 1966 bis 1977 und noch einmal ab 1980 indische Premierministerin. Ich bin ihr mehrere Male begegnet. Sie wurde am 31. Oktober 1984 ermordet.

Olof Palme war seit 1969 Ministerpräsident von Schweden. Nicht zuletzt durch eine lange Zusammenarbeit in der Sozialistischen Internationale waren wir uns freundschaftlich verbunden. Er wurde am 28. März 1986 ermordet.

Das ist eine erschreckend lange Liste von Menschen, die ich gekannt habe und mit denen ich zum Teil sogar befreundet war.

Aber auch von denen, die in der Bundesrepublik ermordet wurden, waren mir die meisten persönlich bekannt: Generalbundesanwalt Siegfried Buback, Jürgen Ponto, Hanns Martin Schleyer, Heinz-Herbert Karry, Gerold von Braunmühl.

Der politische Mord hat nicht aufgehört. Er ist eine Schande für eine Welt, in der wir gemeinsam leben wollen. Die Ursachen sind sehr unterschiedlich: Gemordet wird in Krisenregionen der Erde, in denen ein Menschenleben sowieso nicht viel wert zu sein scheint, bei Militärputschen, bei der Ausschaltung von Konkurrenten; in den westlichen Demokratien von Terroristen, die die Gesellschaft durch Revolution verändern wollen.

Der Kampf um die Wahrung der Menschenrechte überall in der Welt bleibt eine unserer großen und ständigen Aufgaben. Dabei verdient Amnesty International unsere ganz besondere Unterstützung.

Im Interesse der Wahrung der Menschenrechte müssen wir auch die Vereinten Nationen weiterhin stärken. In der UN muß das Amt eines Kommissars für Menschenrechte und ein Internationaler Gerichtshof für Menschenrechte eingerichtet werden. Ein solcher Kommissar für Menschenrechte bei den Vereinten Nationen sollte jährlich eine Liste all der Länder veröffentlichen, in denen die Menschenrechtssituation unbefriedigend ist.

Auch die Entwicklungshilfe muß für die Verbesserung der Menschenrechte eingesetzt werden. Sie darf die Position solcher Regierungen, die die Menschenrechte mißachten, nicht stützen, auf der anderen Seite aber auch die Menschen nicht zusätzlich bestrafen, die unter einer Regierung leben, die die Menschenrechte nicht achtet.

Sehr oft stehen Entwicklung und Menschenrechte in einem engen Verhältnis zueinander. Deshalb ist der Kampf gegen Hunger, Armut und Obdachlosigkeit, gegen die Zerstörung der Umwelt mit der Verwirklichung der Menschenrechte eng verbunden.

Wir haben noch sehr viel Arbeit vor uns.

Erfahrungen
in Lateinamerika

Chile: Der Putsch der Generäle und die Opfer

Ich hatte mich nie intensiver mit Lateinamerika beschäftigt als es in meinem Amt als Bundesminister für wirtschaftliche Zusammenarbeit und als engagierter Außenpolitiker erforderlich war, dann aber wurde ich durch die Entwicklung auf diesem Kontinent gezwungen, mich sehr intensiv mit den Problemen Lateinamerikas zu beschäftigen.

Es begann 1973 in Chile. 1970 war der Sozialist Allende zum Präsidenten gewählt worden. Bei der Wahl zum Präsidenten gaben ihm auch die Christdemokraten ihre Stimme. Allende regierte mit einer Volksfrontregierung, bestehend aus Sozialisten, Radikalen und Kommunisten. In der Sozialistischen Internationale waren nicht die Sozialisten Mitglied, sondern die Radikale Partei, eine alte traditionsreiche Partei in Chile, die man eher als bürgerlich qualifizieren könnte. Chilenische Arbeiter haben sie kaum gewählt.

Die Regierung Allende, die keine parlamentarische Mehrheit hatte, betrieb eine sehr bewußt linke Politik. Es kam zu übereilten Wirtschaftsreformen, gegen die sich die Unternehmen, die Rechtsparteien und bald auch die Christdemokraten wandten. Die politische Polarisierung nahm zu. Transportunternehmen streikten, die Versorgungslage im Land verschlechterte sich weiter. Chile arbeitete mit Fidel Castro zusammen. Dies wiederum führte zu einer schnellen Verschlechterung der Beziehungen zu den Vereinigten Staaten. Das Verhältnis wurde außerdem durch die Auseinandersetzungen um die Entschädigung für verstaatlichte amerikanische Unternehmen belastet. Dabei kann nicht übersehen werden, daß die Vereinigten Staaten besonders eng mit denen zusammengearbeitet haben, die daran interessiert waren, die demokratisch gewählte Regierung zu stürzen. In der Bundesrepublik gab es auf der Linken viel Sympathie für das sozialistische chilenische Experiment. Chile wurde zum Idol der Linken in unserem Land. Viele junge Menschen gingen nach Chile, um beim Aufbau des Sozialismus in einem demokratischen Land zu helfen. Auch die damalige Bundesregierung hat das chilenische Experiment unterstützt.

Ich stand der Entwicklung in Chile sehr skeptisch gegenüber. Eine Reihe von Reformansätzen – wie zum Beispiel die Verstaatlichung des Kupferbergbaus – habe ich durchaus für richtig gehalten. Aber für viele der getroffenen Maßnahmen gab es keine parlamentarische Mehrheit. Außerdem machte mich die wachsende politische Polarisierung sehr besorgt.

Diese Polarisierung steigerte sich 1973 noch entscheidend. Besonders radikale Kräfte in der Regierungskoalition verlangten die Bewaffnung des Volkes, es wurden sogar Guerillagruppen gebildet. Eine besondere Rolle spielte damals der Generalsekretär der Sozialistischen Partei Clodomiro Altamirano. Er trägt eine große Verantwortung für die negative Entwicklung in Chile.

Die Versorgung des Landes brach weitgehend zusammen. Im August 1973 verabschiedete das Parlament mit 81 Stimmen gegen 41 Stimmen der Regierungsparteien eine Entschließung, in der der Zusammenbruch der öffentlichen Ordnung festgehalten wurde.

Am 11. September 1973 putschten die Streitkräfte. Beim Sturm der Militärs auf die Moneda, den Sitz des Präsidenten, wurde Salvador Allende ermordet. Die Regierungsmitglieder wurden verhaftet. Nun setzte eine Jagd auf alle Politiker der Volksfront ein. Das Parlament wurde aufgelöst, die Parteien der Volksfront sofort verboten, die anderen Parteien suspendiert. Jede politische Tätigkeit wurde verboten und der Ausnahmezustand ausgerufen.

Die Gefängnisse reichten nicht aus, um die politischen Gefangenen aufzunehmen. Aus dem Stadion in Santiago de Chile wurde ein riesiges Gefängnis. Viele hundert Menschen verschwanden und tauchten nie wieder auf. Die meisten von ihnen wurden ermordet. Folterungen, nicht zuletzt, um Aussagen über den Aufenthaltsort von Politikern der Volksfront zu erpressen, waren an der Tagesordnung. Der 11. September 1973 war der Beginn einer brutalen Militärdiktatur. Die Führung des Landes übernahm eine Militärjunta aus den drei Oberbefehlshabern der Teilstreitkräfte (Heer, Marine und Luftwaffe) und dem Chef der Polizei. Vorsitzender wurde General Pinochet.

Kurze Zeit nach dem Putsch erreichte uns das Telegramm der Ehefrau eines inhaftierten Senators. Sie bat dringend um Hilfe für die politisch Verfolgten in Chile. In einer solchen Situation kann man nur helfen, wenn man vor Ort ist. Also machten mein Fraktionskollege Alwin Brück und ich uns auf den Weg nach Chile. Die Lufthansa hatte den Flugverkehr nach Chile vorübergehend eingestellt. Die erste Maschine, die wieder von Europa nach Chile flog, war eine Maschine der Swissair. Zu unserer Überraschung war das Flugzeug ausgebucht. Aber alle anderen Passagiere stiegen bei den Zwischenlandungen vorher aus. In Santiago de Chile verließen nur Alwin Brück, ein Mitarbeiter unserer Bundestagsfraktion und ich das Flugzeug. Niemand wollte damals nach Chile.

Wir erlebten ein Land nach einem Militärputsch im Ausnahmezustand. Täglich wurden Menschen verhaftet und verfolgt. Auch eine ganze Reihe von Bundesbürgern gehörten zu den Inhaftierten. Es waren vor allem solche, die sich der Regierung Allende als Mitarbeiter zur Verfügung gestellt hatten.

Wegen des Ausnahmezustands bestand ab 20.00 Uhr abends absolutes nächtliches Ausgehverbot. Auf jeden, der sich nach 20.00 Uhr noch auf der Straße befand, wurde geschossen. Als uns der damalige Innenminister General Bonilla einen Passierschein anbot, der es uns erlaubt hätte, auch nachts unterwegs zu sein, fragte ich ihn: »Herr General, auf wie viele Meter Entfernung wissen Ihre Soldaten, daß wir einen solchen Passierschein haben?« Er antwortete mit einem Achselzucken. Wir verzichteten auf den Passierschein und hielten uns ab 20.00 im Hotel auf. Mein Zimmer war erheblich von Einschüssen beschädigt. Das Hotel lag genau gegenüber der Moneda. Hier war offensichtlich heftig gekämpft worden.

Nachts hörte ich in meinem Hotelzimmer immer wieder Schießereien in der Stadt. Obwohl uns dadurch viel Zeit verlorenging, war ich froh, daß wir auf die Passierscheine verzichtet hatten.

Unsere Aufgaben waren klar. Es ging darum

- so schnell wie möglich die Freilassung und Ausreise unserer inhaftierten Landsleute zu erreichen;
- Kontakt zu den Familienangehörigen der inhaftierten chilenischen Politiker aufzunehmen und, wenn möglich, mit den Inhaftierten selbst;

– Verbindung mit den Politikern der nur suspendierten christdemokratischen Parteien aufzunehmen;
– vor allem aber, deutlichen Protest bei der Militärjunta gegen die Behandlung der inhaftierten Politiker einzulegen und ihre Freilassung zu verlangen;
– zu erkunden, welche Absicht die Militärjunta für die Zukunft hatte;
– alle Erkenntnisse zu sammeln, um sich nach dem Militärputsch ein genaues Bild der politischen Lage in Chile machen zu können.

General Bonilla hat uns bei unseren Bemühungen durchaus unterstützt. Er stellte uns seinen Adjutanten als Begleiter zur Verfügung. Der Innenminister sagte uns, daß man so bald wie möglich wieder zur Demokratie zurückkehren wolle. Auch die politischen Gefangenen sollten baldmöglichst freigelassen werden. Nur diejenigen, die während der Präsidentschaft von Allende gegen Recht und Gesetz verstoßen hätten, sollten vor Gericht gestellt werden.

Im Laufe der nächsten Monate hatte ich mit General Bonilla noch viele Auseinandersetzungen wegen schwerster Verstöße gegen die Menschenrechte durch die Militärs und wegen der Freilassung der politischen Gefangenen. Bonilla wurde später Verteidigungsminister. Er kam bei einem Hubschrauberabsturz ums Leben. Vorher hatte er wachsende Schwierigkeiten mit der Junta, da es ihm offensichtlich mit der Rückkehr zur Demokratie ernst war. Es spricht vieles dafür, daß der Hubschrauberabsturz ein Mordanschlag der Junta war, um einen unliebsam gewordenen Kollegen auszuschalten. Ich glaube auch heute noch, daß General Bonilla seine Worte damals ernst gemeint hat. Er war zur Zeit des christdemokratischen Präsidenten Frei dessen Adjutant.

Die Freilassung unserer Landsleute haben wir recht bald erreicht. Sie reisten mit uns gemeinsam in die Bundesrepublik zurück.

Es gelang uns auch, zu den Ehefrauen einiger inhaftierter Politiker Kontakt aufzunehmen. Wir konnten den Vorsitzenden der uns besonders verbundenen Radikalen Partei in der Haft besuchen. Und wir gingen ins Stadion, in dem viele Hunderte, ja wohl Tausende von Menschen inhaftiert waren. Wir brachten dadurch unsere Teilnahme am Schicksal der Inhaftierten gegenüber der Militärjunta zum Ausdruck.

Deshalb mußten wir auch mit dem Vorsitzenden der Militärjunta, General Pinochet, sprechen. Wir protestierten gegen den Militärputsch, forderten die Freilassung der Gefangenen, die Beachtung der Menschenrechte und die Wiederherstellung der Demokratie und machten unmißverständlich klar, daß von der Erfüllung dieser Forderungen die zukünftige Haltung der Bundesrepublik zu Chile abhängen würde.

Bei dieser ersten Begegnung war Pinochet noch recht freundlich. Er schob alle Schuld für den Putsch auf Präsident Allende und sprach auch von Wiederherstellung demokratischer Zustände. Offensichtlich wollte er es sich nicht mit der Bundesrepublik verderben. Aber hinter all den entgegenkommenden Worten war sehr schnell der herrschsüchtige und arrogante Mann zu erkennen.

Nach dem Putsch hatten in unserer Botschaft zeitweilig mehr als 150 Verfolgte um Asyl nachgesucht. Sie lebten in den Büroräumen oder in der Residenz, was nicht gerade einfach war, aber sie befanden sich vorerst in Sicherheit und hofften auf die Ausreise.

Im November 1974 flog ich nach Chile, um die nötigen Verhandlungen zu führen, damit die Asylanten ungefährdet ausreisen konnten. Zuerst sprach ich mit den Asylsuchenden. Unser Botschafter hatte sehr viel Verständnis für seine unfreiwilligen Gäste. Aber nicht alle in der Botschaft Beschäftigten brachten das für diese ungewöhnliche Situation nötige Verständnis auf. Besonders abweisend verhielten sich die aus dem Land stammenden Mitarbeiter.

Mein chilenischer Verhandlungspartner war der damalige Innenminister, natürlich ein General, der aus der chilenischen Militäradministration kam und ausgesprochen bürokratisch war. Zu meiner Überraschung wurde mir mitgeteilt, daß er zu den Verhandlungen in die Residenz käme. Offensichtlich wollte er sich selbst einen Eindruck von der Lage in der Botschaft machen und vor allem die Asylsuchenden sehen. Die bekam er aber nicht zu Gesicht. Bevor der General kam, baten wir die chilenischen Gäste, sich ausschließlich im ersten Stock aufzuhalten. Die Situation war makaber: Während sich im ersten Stock die Flüchtlinge zusammendrängten, verhandelten der Botschafter und ich im Erdgeschoß mit ihren Verfolgern. Der Putschgeneral hatte lange Listen mitgebracht, um mir zu beweisen, welch »schlimmen Leuten« wir Unterschlupf gewährten. Nach langwierigen Verhandlungen erreichten wir, daß alle Chilenen, die in unserer

Botschaft um Asyl nachgesucht hatten, auch aus dem Land ausreisen durften.

Als ich die Asylanten nach den Verhandlungen über die Ergebnisse informierte, waren sie überglücklich und dankbar. Nach menschlichem Ermessen bestand für sie keine unmittelbare Gefahr mehr, aber ihr weiteres Schicksal war ungewiß. Bei weitem nicht alle reisten in die Bundesrepublik aus. Viele waren schon aus sprachlichen Gründen daran interessiert, in Lateinamerika zu bleiben.

Es waren nicht die schwierigsten Verhandlungen, die ich zu führen hatte. In Lateinamerika ist es nicht ungewöhnlich, daß man nach einem Umsturz in der Botschaft eines anderen lateinamerikanischen Staates Zuflucht sucht. Dafür gibt es sogar Vereinbarungen und Regeln. Außerdem hofften die chilenischen Putschgeneräle zu diesem Zeitpunkt noch, daß sich die Beziehungen zur Bundesrepublik normalisieren würden.

Heute, wenn ich diese Zeilen niederschreibe, sind mehr als 15 Jahre seit dem ersten Gespräch mit Pinochet vergangen. Die Militärdiktatur besteht noch immer, von Demokratie kann keine Rede sein. Noch immer werden Menschen verfolgt.

Bei dieser ersten Reise nach dem Militärputsch wurde mir sehr schnell klar, daß ich hierher noch öfter würde zurückkommen müssen.

Daß sich CDU/CSU damals nicht um die Menschenrechte in Chile kümmerte, hing wohl damit zusammen, daß die Christdemokraten in Chile nicht verboten, sondern nur suspendiert waren, und selbst bedeutende Christdemokraten in Chile glaubten, sich mit dem Militärregime arrangieren zu können. Als Franz Josef Strauß General Pinochet besuchte, gaben sich Gastgeber und Gast betont freundlich. Die unmenschlichen Verbrechen kamen damals nicht zur Sprache. Erst 1987 setzte sich Arbeitsminister Norbert Blüm in Chile kritisch mit dem Regime auseinander. Bis dahin ließ uns die CDU in unserem Kampf für Menschenrechte und Demokratie völlig allein.

Ich flog noch mehrmals nach Chile, zum Teil wieder mit meinem Kollegen Brück. Immer ging es dabei um die Freilassung politischer Gefangener des Pinochet-Regimes oder zumindest um eine Verbesserung ihrer Situation. Aber die Zahl der politischen Gefangenen war so groß, daß wir völlig überfordert waren. Hilfreich war die enge

Zusammenarbeit mit der katholischen Kirche in Chile, wobei Kardinal Silva von Santiago de Chile eine besondere Rolle spielte. Er war eine herausragende Persönlichkeit. Zwar hatte er auch zur Regierung Allende ein sehr gespanntes Verhältnis, gegen das Pinochet-Regime aber stand er in absoluter Opposition. Er erhob seine Stimme für die Menschenrechte in aller Deutlichkeit. Die katholische Kirche schuf Einrichtungen, um den politischen Gefangenen Rechtsanwälte für die Prozesse zur Verfügung zu stellen, um die Familien der Gefangenen zu unterstützen und um den entlassenen Gefangenen bei der Arbeitssuche zu helfen. Die Bundesregierung unterstützte die Kirche bei dieser schwierigen, aber unverzichtbaren Arbeit finanziell. Besondere Verdienste hat sich bei dieser Zusammenarbeit Hans Matthöfer erworben. Ich bin Kardinal Silva noch oft begegnet, auch in der Bundesrepublik, die er fast jedes Jahr besuchte und habe ihn auch noch besucht, als er schon im Ruhestand war. Er blieb auch dann ein Helfer der Verfolgten.

Bei einer meiner Reisen nach Chile mit Alwin Brück besuchten wir auch das Lager für politische Prominente auf der Insel Dawson, 2000 Kilometer südlich von Santiago de Chile. Über dieses Lager kursierten sehr negative Informationen. Soweit wir aber feststellen konnten, ging es den vielen weniger prominenten Gefangenen in den regionalen Gefängnissen und Lagern sehr viel schlechter. Hier »verschwanden« Gefangene auch einfach. Viele dieser »Verschwundenen« wurden ermordet.

Die Gefangenen im Lager auf der Insel Dawson waren unter Allende Minister, Senatoren oder Abgeordnete gewesen. Im Lager schufen sie sich ein politisches Bildungsprogramm. Als wir das Lager besuchten, beschäftigten sie sich gerade mit den unterschiedlichen Aufgaben von Bundestag und Bundesrat in der Bundesrepublik Deutschland. Viele tausende Kilometer von Bonn entfernt studierten politische Gefangene unsere Verfassung! Sie erzählten mir, daß sie für die Zeit nach der Militärdiktatur lernten. In diesem Lager traf ich auch den Generalsekretär der Kommunistischen Partei Chiles, Louis Corvalan. Er litt unter einer schwierigen Magenerkrankung. Wir sorgten dafür, daß er die notwendigen Medikamente aus der Bundesrepublik erhielt. Ich durfte Louis Corvalan nur im Beisein von Militärs sprechen. Trotzdem äußerte er sehr mutig seine Meinung über das Pinochet-Regime. Wie mehrere andere Gefangene hatte er aus einem schwarzen Gestein dieser Region recht kunstvolle Anhänger gearbeitet, die vor allem die Ehefrauen der Gefangenen am Hals tragen sollten. Er bat mich, diese Steine in Santiago de Chile seiner Frau zu übergeben. Ich traf mich also mit ihr und seiner Tochter in Santiago. Unter den damaligen Umständen war dies gar nicht so einfach, denn Louis Corvalan galt als einer der gefährlichsten Gefangenen überhaupt. Ich wollte eigentlich Frau Corvalan um einen dieser Steine als Andenken an meinen Besuch im Lager auf der Insel Dawson bitten, aber für sie waren diese Steine wertvoller als die teuersten Brillanten der Welt. Ich wagte nicht, meine Bitte vorzubringen.

Die Sowjetunion und – bis auf Rumänien – auch alle anderen Staaten des Ostblocks hatten unmittelbar nach dem Militärputsch die diplomatischen Beziehungen zu Chile abgebrochen und ihre Botschaften geschlossen. Die Sowjets mußten sich deshalb an Politiker anderer Länder um Hilfe für ihre Anhänger in Chile wenden. Eines Tages erhielt ich ein Telegramm von Breschnew, in dem er mich darum bat, mich für Louis Corvalan einzusetzen. Ich konnte die Freilassung Corvalans jedoch nicht erreichen und wandte mich deshalb an Henry Kissinger, den damaligen Außenminister der USA. Er erreichte die Freilassung von Corvalan gegen die Freigabe eines langjährigen Gefangenen auf Kuba. Ebenfalls durch Austausch habe ich dann die Freilassung des stellvertretenden Generalsekretärs der KP Chiles erreicht.

Viele der entlassenen politischen Gefangenen kamen anschließend in die Bundesrepublik. Andere traf ich in Mexiko und Venezuela.

Die Lage hat sich heute wesentlich verändert. Viele politische Gefangene kehrten nach Chile zurück. Es entstanden wieder Parteien, zu denen ich in späteren Jahren Kontakt aufnahm und ihnen auch manchen Rat gab. Aber ich habe mich auch oft über die Uneinigkeit der Demokraten in Chile geärgert, die dazu beigetragen hat, daß sich die Diktatur Pinochets so lange halten konnte. Viele Politiker glaubten offenbar, sie könnten nach der Überwindung des Militärregimes genau dort weitermachen, wo sie bei Beginn des Putsches aufhören mußten. Das war nach meiner Auffassung völlig unrealistisch. Jetzt war die Zusammenarbeit aller Demokraten entscheidend. Wir haben uns bemüht, sie entsprechend unseren Möglichkeiten zu fördern. Heute gibt es eine echte Chance für einen baldigen demokratischen Neubeginn.

Die Contadora-Gruppe

Im Laufe der Zeit habe ich auch den größten Teil der anderen lateinamerikanischen Länder kennengelernt, leider nicht intensiv genug. Genauer konnte ich die Lage in Zentralamerika studieren. Hier war ich viele Male, um mich zu informieren oder vor Ort behilflich zu sein.

Um den Frieden in dieser Region bemühte sich die sogenannte Contadora-Gruppe. Zu ihr gehörten außer den fünf zentralamerikanischen Staaten – Costa Rica, El Salvador, Guatemala, Honduras und Nicaragua – auch Mexiko, Venezuela, Kolumbien und Panama. Contadora ist eine kleine, vor Panama gelegene Insel. Hier fand die erste Zusammenkunft dieser Gruppe statt.

Mexiko spielte in der Contadora-Gruppe eine besonders wichtige Rolle. Zur Zeit der Präsidenten Alvarez Echeverria und López Portillo betrieb Mexiko auch eine sehr eigenständige Außenpolitik. Mit dem sprunghaft gestiegenen Erdölpreis weitete sich auch der außenpolitische Spielraum des Landes aus. Als die Preise wieder sanken, verschuldete sich das Land immer mehr und geriet so in starke Abhängigkeit der Vereinigten Staaten. Nicht eigenständige Politiker waren mehr gefragt, sondern begabte Technokraten wie Präsident Miguel de la Madrid wurden gewählt. An seiner Amtseinführung habe ich teilgenommen. Vor allem mit Präsident López Portillo habe ich viele Gespräche über die Lage in der Region geführt.

Je mehr ich Mexiko und sein politisches System kennenlernte, desto bewußter wurde mir, daß politische Reformen dringend notwendig und bald unvermeidlich waren. Die Regierungspartei Partido Revolucionario Institucional (PRI) regierte seit 1929 ununterbrochen. Sie beherrschte das Land in enger Zusammenarbeit mit den ihr verbundenen Gewerkschaften.

Aber die Kritik an den Präsidenten, die nach ihrer Amtszeit als schwerreiche Männer ausschieden, wurde immer größer und der Ruf nach mehr Demokratie immer lauter. Bei den Präsidentschaftswahlen von 1988 schaffte es der Kandidat der PRI gerade noch. Der Wahlkampfleiter des wichtigsten Oppositionskandidaten war der frühere Vorsitzende der PRI, mein Freund Muñoz Ledo. Wenn die PRI es in dieser Legislaturperiode nicht schafft, sich entscheidend zu reformieren und nicht zum Motor für mehr Demokratie in Mexiko wird, dann wird sie innerhalb kurzer Zeit zur Bedeutungslosigkeit herabsinken. Vor allem die krassen Gegensätze zwischen arm und reich müssen abgebaut werden, sonst besteht Anlaß zur Sorge um die gesamte mexikanische Gesellschaft.

Ich liebe Mexiko auch heute noch sehr. Es ist ein faszinierendes Land mit all seinen großen landschaftlichen Unterschieden. Und ein Abend an der Plaza Garibaldi, um den Mariachis zu lauschen, war immer ein ganz besonderes Erlebnis für mich.

Auch in Venezuela sind die Unterschiede zwischen arm und reich unerträglich. Viel über Lateinamerika lernte ich von meinem Freund Carlos Andres Peres. Er war von 1974 bis 1979 Präsident des Landes. Außerdem war er einer der Vizepräsidenten der Sozialistischen Internationale. Wir nannten ihn liebevoll Cap. Zehn Jahre später wurde er erneut zum Präsidenten Venezuelas gewählt. Ich denke mit Dankbarkeit an Carlos Andres Peres. Ich verdanke ihm viel Wissen und viele Kontakte. Er bekam unmittelbar nach seiner Amtsübernahme die Auswirkungen der sozialen Spannungen in seinem Lande, aber auch die der Schuldenkrise deutlich zu spüren.

»Wischnewski, du mußt ihn besuchen«: in Panama und auf Kuba

Einen besonders dynamischen, facettenreichen, gastfreundlichen und klugen Politiker habe ich in Panama kennengelernt: Omar Torrijos Herrera war 1968 bei einem Militärputsch an die Macht gekommen. In der Militärjunta setzte er sich bald als erster Mann durch. Er regierte als »sanfter Diktator« und bemühte sich dann, sein Land zur parlamentarischen Demokratie zurückzuführen. Dazu gründete er eine eigene Partei, achtete allerdings darauf, daß diese auch bei der Entwicklung des Landes nicht zu kurz kam. Während seiner Amtszeit wurden in Panama viele Reformen durchgeführt, die die Zustimmung einer großen Mehrheit der Bevölkerung fanden. Mit Hilfe israelischer Berater wurden Genossenschaftsdörfer gegründet, die Bananenplantagen der United Fruit Company, die in Zentralamerika eine besonders unrühmliche Rolle gespielt hatte, weitgehend nationalisiert. Unter Torrijos' Verantwortung entstand ein neues Arbeits- und Mietrecht. Aber er war auch der Mann, der Panama zu einem internationalen Banken- und Dienstleistungszentrum machte.

Torrijos spielte auch in der Außenpolitik Zentralamerikas eine besonders aktive Rolle und unterstützte die Aktivitäten der Sozialistischen Internationale in Zentralamerika. Mir stellte er das Flugzeug des Präsidenten von Panama zur Verfügung, um alle Länder der Region besuchen zu können. Aber er wünschte, daß ich auch Kuba besuche, um mit Fidel Castro zu sprechen. Er sagte: »Wischnewski, du mußt ihn besuchen. Du mußt mit ihm über eure Vorstellungen reden. Ich habe nichts mit dem Kommunismus zu tun, aber eigentlich müßte ich ihm die Füße küssen. Oder glaubst du etwa, Präsident Carter hätte mit mir den Panamakanalvertrag unterschrieben, wenn es Fidel Castro nicht gäbe?«

Der Vertrag über den Panamakanal zwischen den Vereinigten Staaten und Panama wurde 1977 unterschrieben. Dieser Vertrag war die Krönung seiner Arbeit und sieht vor, daß der Panamakanal bis zum Jahre 2000 in die volle Souveränität Panamas übergehen wird. Er steigerte Torrijos' Ansehen enorm, nicht nur in Panama, in ganz Lateinamerika wurde seine Leistung gewürdigt.

Torrijos nahm nach der Revolution im Iran den Schah auf, der sich zunächst in den Vereinigten Staaten niedergelassen hatte. Als ich ihn fragte, was gerade Panama dazu veranlaßt habe, den gestürzten Schah aufzunehmen, erzählte er mir den Hintergrund der Geschichte: Um die Ratifizierung des Panamakanals im US-Senat zu erreichen, hatte Torrijos in Washington ein besonderes Büro einrichten lassen, das von einem meiner engen Freunde aus Panama geleitet wurde. Nachdem dieses Büro feststellte, daß die notwendige Zweidrittelmehrheit im Senat kaum zu erreichen sei, bot Torrijos Präsident Carter an, den Schah in Panama aufzunehmen. Die USA wurden damit eine schwere politische Hypothek los, und für den Panamakanalvertrag gab es die erforderliche Mehrheit. Man lernt in der Politik nie aus.

Der Panamakanalvertrag hat auch im Wahlkampf zwischen Carter und Reagan eine wesentliche Rolle gespielt. Ronald Reagan war absolut gegen den Vertrag und machte ihn zum Wahlkampfthema. Präsident Carter hat seinen Wahlkampf also nicht nur in Teheran, sondern auch in Panama verloren.

Am 31. Juli 1981 ist Omar Torrijos Herrera bei einem Flugzeugunglück ums Leben gekommen. Bei späteren Besuchen in Panama versicherten mir seine engsten Mitarbeiter immer wieder, daß es bei diesem Unfall nicht mit rechten Dingen zugegangen sei. Aber das waren stets nur Gerüchte, keine Tatsachen. Torrijos wurde in einem kleinen Mausoleum in der Kanalzone bestattet, in der Erde, die durch seine Arbeit seinem Land wiedergegeben wurde.

Mit dem Tod Torrijos begann bald wieder eine Periode der Instabilität in Panama. Heute ist Antonio Noriega der starke Mann. Er ist auch – wie einst Torrijos – Chef der Nationalgarde, aber die beiden sind in Charakter, Klugheit und Genialität nicht miteinander zu vergleichen.

Noriega war einmal einer der bestbezahltesten Leute der CIA. Heute bekämpft er die Vereinigten Staaten. Für sein Land ist er ein Unglück. Er kann diesem Land eigentlich nur einen Gefallen tun: Panama so schnell wie möglich zu verlassen.

Fidel Castro, den Präsidenten von Kuba, habe ich viermal getroffen. Er führt seine Gespräche am liebsten in der Nacht. Sie können dann viele Stunden dauern. Früher hat er dabei noch kräftig kubanische Zigarren geraucht, heute ist er Nichtraucher.

Auch wer das kubanische System völlig ablehnt, muß zugeben, daß Fidel Castro ein imponierender Gesprächspartner ist. Ich jedenfalls war stark von ihm beeindruckt. Er ist seit 1959 an der Macht und ist heute einer der dienstältesten Präsidenten in der Welt. Wie anders hätte die Politik in dieser Region verlaufen können, hätten die USA nicht das Regime von Batista y Zaldivar bis zum äußersten unterstützt. Hätte es 1961 nicht die Invasion in der Schweinebucht gegeben, hätte sich Kuba kaum zur absoluten – auch militärischen – Anlehnung an die Sowjetunion entschlossen. Dann wäre es auch nicht zur Kubakrise gekommen, die die Welt an den Rand des dritten Weltkriegs brachte.

Fidel Castro meinte mir gegenüber, er habe schon so viele Präsidenten der Vereinigten Staaten überstanden, er werde auch Präsident Reagan überdauern. Bei diesen Gesprächen wurde mir aber klar, daß Castro ein tiefes Bedürfnis hat, normale Beziehungen zu den Vereinigten Staaten zu unterhalten. Allerdings kann niemand erwarten, daß er auf den Knien ins Weiße Haus rutscht. Bei der heutigen

Annäherung zwischen Ost und West sollte auch die Zeit gekommen sein, daß sich das Verhältnis zwischen den Vereinigten Staaten und Kuba normalisiert. Das wäre im Interesse beider Länder, vor allem aber auch im Interesse der Menschen auf Kuba.

Zwischen San Salvador und Managua

Bei meinem Gespräch, das ich 1985 mit Fidel Castro führte, hatte ich noch ein ganz besonderes Anliegen. Die Tochter des Präsidenten von El Salvador, Napoleon Duarte, war von der Guerillabewegung Frente Farabundo Martí de Liberación Nacional (FMLN) entführt worden. Napoleon Duarte hatte mich gebeten, in dieser Angelegenheit mit Fidel Castro zu sprechen und ihn um seine Unterstützung zu bitten. Auch die Bundesregierung und die CDU baten mich um Hilfe für die Tochter ihres politischen Freundes. Von Willy Brandt hatte ich die Vollmacht der Sozialistischen Internationale für diese Reise erhalten.

Damals hielt sich gerade Präsident Mugabe von Simbabwe zu einem Staatsbesuch in Kuba auf. Fidel Castro nahm sich aber trotzdem Zeit, um das Problem ausführlich mit mir zu besprechen, legte aber Wert auf die Feststellung, daß Kuba nichts mit der Entführung zu tun habe. Das Engagement von Willy Brandt und Wischnewski sei sicher eine gute Voraussetzung für die Lösung dieser Angelegenheit. Allerdings müßte ich die Verhandlungen selbst in die Hand nehmen. Ich solle nach Managua fliegen und mich dort mit führenden Repräsentanten der FMLN treffen. Anschließend müßte ich mit Präsident Duarte über die Bedingungen der Freilassung reden. Gegebenenfalls müßte ich aber auch noch mit den Kommandanten der FMLN in den befreiten Gebieten, also die Gebiete, die die FMLN unter Kontrolle hat, sprechen. Castro sagte mir im Rahmen seiner Möglichkeiten seine Unterstützung für mein Unternehmen zu.

Ich flog also nach Managua und suchte sofort Präsident Ortega auf. Dann traf ich mit den Vertretern der FMLN zusammen. Ihre Wortführerin war die Kommandantin Ana Maria Guadalupe, die mir seit mehreren Jahren bekannt war. Ich spürte recht bald, daß die FMLN zu einer Übereinkunft über die Freilassung der Tochter Duartes bereit war. Es war auch deutlich erkennbar, daß offensichtlich sowohl Fidel Castro als auch Daniel Ortega ihren Einfluß ausgeübt hatten. Dennoch waren die Verhandlungen äußerst schwierig. Die FMLN hatte außer Ines Duarte noch mehr als 20 christdemokratische Bürgermeister entführt, wollte aber nur über die Freilassung von Duartes Tochter verhandeln. Sie hatte dafür eine Liste von Gefangenen aufgestellt, deren Freilassung sie im Austausch gegen die Tochter Duartes verlangte. Darauf waren aber auch die Namen von Leuten, die man ermordet hatte. Man wollte auf diese Weise noch einmal eine öffentliche Diskussion über die politischen Morde in El Salvador erreichen. Die FMLN wollte, wie gesagt, zuerst nicht über den Austausch der Bürgermeister verhandeln. Sie wollten den Präsidenten in eine schwierige Lage bringen. Aber das war mit mir nicht zu machen. Man konnte Duarte vorwerfen, er kümmere sich nur um die Freilassung seiner Tochter, nicht aber um die der anderen Menschen.

Ich war mir darüber im klaren, daß man alle anstehenden Probleme in einem Paket lösen mußte. Um dieses Ziel zu erreichen, reiste ich zwischen Managua und San Salvador hin und her. Bei meinem letzten Aufenthalt in San Salvador überbrachte ich Präsident Duarte einen Vorschlag, der nach meiner Auffassung von beiden Seiten akzeptiert werden konnte. Er sah die Freilassung der Tochter des Präsidenten, ihrer Begleiterin und die der entführten Bürgermeister vor. Die Regierung von El Salvador sollte dafür eine Reihe von Gefangenen freilassen und außerdem 96 Schwerverwundete der FMLN ausreisen lassen, damit sie in – hauptsächlich europäischen – Krankenhäusern behandelt werden konnten. Vor allem gegen den letzten Punkt opponierten die Militärs in El Salvador. Sie wußten, daß diese Schwerverwundeten für die FMLN eine große Belastung waren und wollten diese nicht von ihren Gegnern nehmen.

Präsident Duarte selbst war überglücklich, er fiel mir vor Freude über diesen Vorschlag um den Hals. In all den vielen Verhandlungen habe ihm noch niemand einen solchen Vorschlag gemacht. Nun stünde ihm noch bevor, seine Militärs von diesem Vorschlag zu überzeugen.

Am 24. Oktober 1985 wurde die Tochter des Präsidenten freigelassen. Auch alle anderen Punkte der von mir ausgehandelten Vereinbarung wurden erfüllt. Ganz besondere Verdienste hat sich im Rahmen dieses Unternehmens Bischof Emil Stehle erworben. Einige der Schwerverwundeten wurden auch in die Bundesrepublik gebracht und hier versorgt.

Bei Fidel Castro.

Ines Duarte nach ihrer Freilassung mit ihren Eltern
und ihrer Freundin.

Das liest sich heute alles sehr nüchtern. Aber für mich waren dies sehr aufregende und auch anstrengende Tage. Ich hoffte, daß sich diese umfangreiche humanitäre Regelung auch auf die grausamen Auseinandersetzungen positiv auswirken würden. Aber der Bürgerkrieg in El Salvador ging weiter.

Schon wenige Monate später mußte ich wieder nach Zentralamerika. Die Contra hatte acht junge Deutsche, vier Männer und vier Frauen, in Nicaragua entführt, die sich dort meist kürzere Zeit als Helfer aufgehalten hatten. Diese acht jungen Deutschen befanden sich in höchster Gefahr, denn die Contra hatte schon des öfteren auch ausländische Aufbauhelfer ermordet, darunter auch zwei Deutsche.

Die Aufregung in der Bundesrepublik war groß. Die Bundesregierung war in einer schwierigen Lage. Ich gehörte zu denen, die großes Verständnis für das Engagement der jungen Leute in Nicaragua hatten. Aber es gab genug andere, die meinten, in einem Land, in dem Krieg geführt wird, hätten Deutsche nichts zu suchen. Noch größer aber war die Aufregung bei den anderen Aufbauhelfern in Nicaragua. Sie waren der Auffassung, daß zu wenig für die Befreiung der acht jungen Leute geschehe, besetzten die deutsche Botschaft in Managua und setzten den Botschafter fest. Einige von ihnen haben sich in der Botschaft mehr als schlecht benommen.

Natürlich habe ich mich sofort mit der Regierung in Managua in Verbindung gesetzt, um sie um ihre Unterstützung für die Freilassung der acht jungen Deutschen zu bitten, merkte aber sehr bald, daß dies nicht von Bonn aus zu regeln war. Die Bundesregierung wünschte, daß ich nach Nicaragua flog, ich war aber nicht bereit, »im Auftrag« dieser Bundesregierung zu reisen. Die Beziehungen der Bundesregierung zu Managua waren nicht gut, denn die von der CDU geführte Regierung hatte die Kapitalhilfe für Nicaragua eingestellt und die technische Hilfe eingeschränkt. Das war keine gute Empfehlung für schwierige Verhandlungen.

Ich traf die Angehörigen der Entführten in Bonn und erklärte mich bereit, sofort in ihrem Auftrag nach Managua zu fliegen. Das Auswärtige Amt gab mir zu meiner Unterstützung einen tüchtigen Beamten mit, der schon an unserer Botschaft in Managua gearbeitet hatte, also mit den örtlichen Verhältnissen gut vertraut war.

In Managua suchte ich sofort Präsident Daniel Ortega auf, der mir seine volle Unterstützung zusicherte. Aber mir war von Anfang an klar, daß diese Verhandlungen sehr kompliziert sein würden. In Managua mußte Einfluß auf die Regierung genommen werden, damit diese einerseits jedmögliche Unterstützung für die Freilassung gewährte, andererseits aber auf eine militärische Lösung verzichtete. Bundesminister Genscher hatte den Chef seines Büros Dr. Michael Jansen nach Tegucigalpa in Honduras geschickt, wo die Contra ihr Hauptquartier hatte. Mit ihr mußte verhandelt werden, sie mußte aber auch unter Druck gesetzt werden. Außerdem mußten wir Einfluß auf die Regierung der Vereinigten Staaten nehmen, da die Contra völlig abhängig von Washington war. Ich sprach also jeden Tag mit der Regierung von Nicaragua, mit den Militärs und der sandinistischen Partei. Außerdem telefonierte ich immer wieder mit Genschers Mitarbeiter in Tegucigalpa. Und schließlich brauchte ich den täglichen Kontakt mit Bonn. Bundesaußenminister Genscher rief mich jeden Tag in Managua an. Die notwendigen Kontakte mit Washington wurden selbstverständlich von Bonn wahrgenommen.

Zu meiner großen Freude stieß auch sehr bald Bischof Stehle zu uns. Er hatte nicht nur hervorragende Kontakte zur katholischen Kirche in Nicaragua, sondern auch zum Vatikan. Außerdem verstand er sich auf schwierige Verhandlungen in Zentralamerika. Allein seine Anwesenheit schuf ein Klima, das uns allen Kraft für die größten Anstrengungen gab. Manchen Morgen haben wir unsere Arbeit mit einem gemeinsamen Gebet begonnen.

Einige Vertreter der deutschen Entwicklungshelfer in Nicaragua waren mir gegenüber ohne jeden Grund leider sehr mißtrauisch. Wohin ich auch in Managua fuhr, sie fuhren mir in einem Wagen nach. Natürlich fanden sich im Laufe der Zeit immer mehr Journalisten aus Deutschland in Managua ein. Ich durfte ihnen nur wenig erzählen.

Unser Botschafter, der noch schockiert von der bei unserer Ankunft schon beendeten Botschaftsbesetzung war, hat mir jede Unterstützung gewährt. Die Zusammenarbeit war ausgesprochen gut.

Von der nicaraguanischen Regierung erreichten wir immer wieder eine Verlängerung der Feuerpause in dem Gebiet, in dem die acht Deutschen festgehalten wurden. Nach tagelangen Verhandlungen wurde eine Austauscherklärung vereinbart. Die Contras sollten die acht Entführten an einem vereinbarten Punkt absetzen, wo wir sie mit dem Hubschrauber abholen würden. Bischof Stehle, Günter Knies, mein treuer Begleiter vom Auswärtigen Amt, Dr. Vanzetti, ein deutscher Arzt, der sich der sandinistischen Revolution zur Verfügung gestellt hatte, und ich flogen mit einem großen sowjetischen Kampfhubschrauber nach Juigalpa. Ein anderer Kampfhubschrauber folgte uns, um uns zu schützen. Bischof Stehle und ich saßen auf einem zusätzlich eingebauten, großen Kraftstofftank. Wir haben beide schon komfortabler gesessen.

Aus einem mir bis heute unerklärlichen Grund hat dieses Hubschrauberunternehmen leider nicht geklappt. Auch intensive Gespräche mit der Armee und später, während der Waffenstillstandsverhandlungen, mit dem zuständigen Kommandanten der Contra, lieferten keine Erklärung. Wir mußten also unverrichteterdinge wieder abreisen. Ich war recht niedergeschlagen.

In der Zwischenzeit wurden Briefe des Bundespräsidenten von Weizsäcker, von Willy Brandt und Bundeskanzler Kohl an die Regierung von Nicaragua übergeben mit der Bitte, die Feuerpause in dem umkämpften Raum in Interesse der acht betroffenen Deutschen zu verlängern. Außerdem wandten sich Kohl und Genscher an Reagan und Shultz. Die Erklärungen des Pressesprechers des Weißen Hauses erweckten in mir erhebliche Zweifel, ob von Washington wirklich der notwendige Druck auf die Contra ausgeübt wurde, um die Freilassung der Entführten zu erreichen. Ich verlangte daher einen dringenden Appell des Bundestagspräsidenten und der Fraktionsvorsitzenden an Senat und Kongreß der Vereinigten Staaten. Dieser Appell kam unter Schmerzen zustande. Der Fraktionsvorsitzende der CDU/CSU weigerte sich zu unterschreiben, wenn auch die Grünen unterschrieben. Schließlich kam er ohne die Unterschrift der Grünen zustande. Ich war wütend. Tag und Nacht war ich mit anderen unterwegs, um die acht Entführten zu retten, und Alfred Dregger führte einen kleinkarierten Parteienstreit. Am 7. Juni 1986 machte die Contra einen neuen Vorschlag. Sie wollte mit der Freilassung der Entführten ihre Anerkennung durch die Bundesregierung erreichen. Dieser Vorschlag war unakzeptabel und die Antwort der Bundesregierung dementsprechend deutlich. Am 10. Juni 1986 wurden wir darüber informiert, daß die Contra nun die acht Entführten in Presillita, 15 Kilometer vor Rama, freilassen wolle; ihr war bereits zugesagt worden, daß die betreffenden Contratruppen 24 Stunden lang nach der Freilassung nicht verfolgt würden.

Wir machten uns in einem Militärkonvoi mit unseren Fahrzeugen auf den Weg, denn das Gebiet war besonders gefährdet. Journalisten durften uns nicht begleiten. Am 11. Juni 1986 um 0.30 Uhr fanden wir endlich die acht Entführten in Persillita. Natürlich wollten die sandinistischen Truppen auf jeden Fall vor uns bei den Entführten sein. Das waren sie auch.

Die vier Männer und vier Frauen waren weniger erschöpft, als man nach so langer Zeit und nach einem Marsch, der nach ihrer Auffassung etwa 250 Kilometer betragen hatte, erwarten konnte.

Wir vier – Weihbischof Stehle, Botschafter Rusnak, Günter Knies und ich – hatten den Entführten Traubenzucker, Schokolade, Toilettenpapier und andere lang entbehrte Dinge mitgebracht.

Die acht Leute waren ausgesprochen freundlich. Nur einer machte einen völlig abwesenden Eindruck. Sie bedankten sich bei uns für unsere Bemühungen. Einer der Entführten hatte eigentlich nur seinen Bruder in Nicaragua besuchen wollen, der hier als Aufbauhelfer tätig war. Ein junger Mann erzählte, daß er am letzten Sonntag über Rundfunk erfahren habe, daß Wischnewski in Managua sei und Verhandlungen führe. Da sei er sicher gewesen, nun bald seine Freiheit zurückzuerlangen.

Zwischen den Entführten und Entführern hatte sich offensichtlich ein recht enges und gutes Verhältnis entwickelt. Die Entführten erzählten uns sehr freimütig, daß sie von den Contras gut behandelt worden seien. Man habe sie davon überzeugen wollen, daß die Contras gute Menschen seien. Auf einer Pressekonferenz am nächsten Tag klang es allerdings völlig anders.

Unser Rückzug nach Managua war recht beschwerlich. Wir fuhren wieder im Militärkonvoi. Ein Lastwagen mit Soldaten stürzte einen Abhang hinunter. Es gab mehrere Verletzte. In Juigalpa mußten wir übernachten. Wir übergaben dann die acht jungen Leute dem Militärkrankenhaus Las Colinas, wo sie erst einmal gründlich untersucht werden sollten. Sie waren seit dem 17. Mai 1986 unter großen körperlichen Anstrengungen unterwegs. In ihrer gefährlichen Situation hatten sie sich natürlich in einer ständigen psychischen Anspannung befunden. Bischof Stehle sprach zum Abschied das Vaterunser, alle beteten mit.

Pressekonferenz in Managua nach der Freilassung der acht deutschen Aufbauhelfer (1986): Die Anstrengung hinterläßt ihre Spuren.

Ich schlief mich aus, gab eine Pressekonferenz und dankte Präsident Ortega und der Regierung für ihre Unterstützung. Dann flog ich nach Hause. Wieder war eine Aufgabe erledigt. Aber dies führte zu neuen Aufgaben in Zentralamerika und insbesondere in Nicaragua.

Das Wunder von Esquipulas

Am 7. August 1987 hatte sich in Esquipulas in Guatemala ein Wunder ereignet: Die Präsidenten der fünf zentralamerikanischen Staaten Costa Rica, El Salvador, Guatemala, Honduras und Nicaragua einigten sich an diesem Tag auf ein Abkommen, das Zentralamerika endlich den Frieden, mehr Demokratie und Zusammenarbeit bringen sollte. Nachdem die Contadora-Initiative zu keinem Ergebnis geführt hatte, unternahmen nun die fünf Präsidenten eigene Anstrengungen. Zwei Christdemokraten, ein Sozialdemokrat, ein Liberaler und ein Sandinist arbeiteten zusammen, um in ihren Ländern die Voraussetzungen für eine friedliche Entwicklung zu schaffen. Der Präsident von Costa Rica, der Sozialdemokrat Oscar Arias, hatte den Plan erarbeitet. Aber ohne den Christdemokraten Vinicio Zereso, den Präsidenten von Guatemala, wäre es wohl nicht zu der gemeinsamen Unterzeichnung gekommen.

Mit dem Abkommen von Esquipulas haben sich die fünf Staaten hochgesteckte Ziele gesteckt und konsequente Verpflichtungen auferlegt. Zur inneren Aussöhnung verpflichten sich die Regierungen, einen Dialog mit der unbewaffneten Opposition ihres Landes aufzunehmen, eine allgemeine Amnestie zu erlassen und zur Förderung der nationalen Versöhnung Kommissionen einzusetzen, in denen Regierung, Kirche und Opposition vertreten sind. Die betroffenen Regierungen müssen mit den irregulären und aufständischen Gruppen Waffenstillstandsvereinbarungen treffen. Besondere Anstrengungen sollen unternommen werden, um einen echten demokratischen und pluralistischen Prozeß zu fördern. Dabei sind Pressefreiheit und freie Wahlen von entscheidender Bedeutung.

Den Staaten ist es nach diesem Abkommen verboten, irregulären Truppen, die gegen ein anderes Land kämpfen, Unterstützung zu gewähren. Alle vereinbarten Maßnahmen sollen durch eine internationale Überprüfungskommission kontrolliert werden.

Gekrönt werden sollte das Ganze durch die Wahl eines gemeinsamen zentralamerikanischen Parlaments unter internationaler Kontrolle. Bei diesem Beschluß haben die Erfahrungen des Europäischen Parlaments eine wichtige Rolle gespielt.

All diese vereinbarten Maßnahmen sollten nach einem viel zu knappen Zeitplan abgewickelt werden. Man wollte sich bewußt unter Zeitdruck setzen. Mir war von Anfang an klar, daß dieser Zeitplan nicht einzuhalten war.

Das Abkommen von Esquipulas fand viel Zustimmung in der Welt. Besonders groß war sie in Europa. Die Europäische Gemeinschaft sagte ihre Unterstützung zu. Auch die Bundesregierung begrüßte die Vereinbarung. Natürlich fand dieses Bemühen, aus eigener Kraft Frieden und Demokratie zu schaffen, die ganz besondere Zustimmung der SPD und der Sozialistischen Internationale. Präsidium, Vorstand und Fraktion meiner Partei beschäftigten sich mehrmals mit dem Abkommen. Wir brachten das Thema »Friedensprozeß in Zentralamerika« auch in den Deutschen Bundestag ein.

Die Administration der Vereinigten Staaten nahm leider von Anfang an keine positive Haltung ein. Die USA waren verständlicherweise nicht Vertragspartner, aber sie waren indirekt aufgefordert, ihren Beitrag zum Gelingen dieses schwierigen Prozesses zu leisten.

Nachdem ich mich in den letzten Jahren intensiv mit Zentralamerika beschäftigt hatte, sah ich in dem Abkommen von Esquipulas eine große Chance für den Frieden in dieser Region. Gerade deshalb reichte mir die Verabschiedung von wohlgesonnenen und freundlichen Resolutionen nicht. Ich schlug deshalb dem Partei- und Fraktionsvorsitzenden Dr. Vogel vor, die Situation vor Ort kennenzulernen und genau zu überprüfen, welche Möglichkeiten wir als Partei hätten, den Friedensprozeß zu unterstützen. Ich fand die volle Zustimmung Hans-Jochen Vogels und wurde auch von Willy Brandt, dem Präsidenten der Sozialistischen Internationale, unterstützt und konnte diese wichtige Mission deshalb auch in deren Auftrag durchführen. Eine Reihe sozialdemokratischer Parteien Zentralamerikas sind Mitglied der Sozialistischen Internationale.

Nach gewissenhafter Vorbereitung und Unterstützung, auch durch das Auswärtige Amt, reiste ich am 25. Oktober 1987 nach Zentralamerika, um eine genaue Analyse der Situation vorzunehmen. Es galt, die Aussichten für den am 7. August 1987 begonnenen

Friedensprozeß zu prüfen und festzuhalten, wo Hilfe gewährt werden konnte und mußte, um den Prozeß zum Erfolg zu führen. In allen fünf zentralamerikanischen Staaten traf ich die Präsidenten, die Außenminister und, wo es notwendig war, auch die Vertreter der Streitkräfte und natürlich auch die Opposition.

In Costa Rica war Dr. Oscar Arias Sánchez der wichtigste Gesprächspartner. Er war der Vater des Plans von Esquipulas. Costa Rica ist eine gefestigte Demokratie, mit regelmäßigen freien Wahlen und Meinungsfreiheit. In diesem Land gibt es keine Streitkräfte und auch keinen bewaffneten Widerstand. Eigentlich hatte dieses Land innerhalb seiner eigenen Grenzen zur Erfüllung des Friedensabkommens nicht viel zu leisten. Die Übergriffe der nicaraguanischen Contra vom Boden Costa Ricas aus auf Nicaragua waren durch die Initiative von Präsident Arias weitgehend eingestellt worden, nachdem sie unter seinem Vorgänger Louis Alberto Monge in erheblichem Maße zugenommen hatten. Hier hat mir Präsident Monge bei unseren vielen Begegnungen nicht immer die Wahrheit gesagt. Aber der Einfluß der USA in Costa Rica ist sehr groß. Und die Initiative Präsident Arias' hat die Reagan-Administration nicht begeistert. Immerhin fand Arias für seinen Plan die Zustimmung der großen Mehrheit des Parlaments in Washington. Oscar Arias wurde 1987 für seine Initiative mit dem Friedensnobelpreis ausgezeichnet, gewissermaßen eine Auszeichnung auf Vorschuß, denn die Erarbeitung eines Plans für den Frieden bedeutet natürlich noch nicht den Frieden, von entscheidender Bedeutung ist seine Durchsetzung. In seiner Rede zur Verleihung des Friedensnobelpreises sagte der Sozialdemokrat Arias unter anderem:

»Ich komme aus einer Welt, die nicht darauf warten kann, daß Guerilla und Armee die Probleme mit Gewalt lösen wollen: Junge Menschen sterben, und wer kann uns morgen noch sagen, für was sie gestorben sind? Ich komme aus einer Welt, die nicht darauf warten kann, daß die Gefängnistore sich öffnen, damit, nicht wie bisher, freie Menschen hineinwandern, sondern damit die Gefangenen freikommen.

Ich nehme diesen Preis als einer von 27 Millionen Zentralamerikanern entgegen. Hinter der Demokratie, die in Zentralamerika gerade erwacht, liegt mehr als ein Jahrhundert gnadenloser Diktatur, Ungerechtigkeit und massenhafter Armut. Die Wahl, vor der mein kleines

Amerika steht, heißt: entweder noch ein Jahrhundert der Gewalt zu erleiden oder durch die Überwindung der Angst vor der Freiheit zum Frieden zu gelangen. Nur der Frieden kann die Geschichte der Zukunft schreiben.

Zentralamerika ist eine Region großer Gegensätze, aber auch eine Region ermutigender Gemeinsamkeiten. Millionen Männer und Frauen träumen von Freiheit und Fortschritt. In einigen Ländern werden diese Träume durch die systematische Verletzung der Menschenrechte zerstört; sie entstehen auf dem Hintergrund der unglaublich extremen Armut und werden durch den Brudermord in Stadt und Land zunichte gemacht. Die Dichter, der Stolz der Menschheit, leben in dem Bewußtsein, daß Millionen und Abermillionen der Menschen ihres eigenen Landes ihre Werke nicht lesen können, da so viele Männer und Frauen dort Analphabeten sind. Es gibt auf dem schmalen Landstrich Zentralamerika Maler und Bildhauer, die wir ewig bewundern werden; es gibt aber auch Diktatoren, die wir aus unserem Gedächtnis verbannen werden, weil sie gegen die kostbarsten menschlichen Werte verstoßen.

Ich erhalte diesen Preis als einer von fünf Präsidenten, die sich vor der Welt für den Willen ihrer Völker verbürgt haben, eine Geschichte der Unterdrückung zu ersetzen durch eine Zukunft in Freiheit; eine Geschichte des Hungers durch eine Zukunft, die dem Fortschritt gehört; das Klagen von Müttern und den gewaltsamen Tod junger Menschen durch eine Hoffnung, einen Weg des Friedens, den wir gemeinsam beschreiten wollen.

Der Friedensplan, den wir fünf Präsidenten unterzeichnet haben, nimmt alle Herausforderungen an. Der Weg zum Frieden ist schwierig, sehr schwierig. Um ihn erfolgreich beschreiten zu können, brauchen wir Zentralamerikaner jede nur mögliche Unterstützung. Es ist leichter, das Scheitern der Friedensbemühungen in Zentralamerika zu prophezeien, als ihren Erfolg vorauszusagen. Schon als die Menschen zum erstenmal fliegen oder als sie später den Weltraum erobern wollten, waren die Pessimisten in der Überzahl. Dasselbe gilt für die harte Zeit der beiden Weltkriege, die unser Land miterlebt hat. Und es gilt auch für die Versuche der Menschen, der schrecklichen Krankheiten Herr zu werden, oder für ihre Bemühungen, Armut und Hunger zu beseitigen.

Die Geschichte wird nicht von Männern geschrieben, die das Scheitern einer Sache voraussagen, ihre Träume begraben, ihren Grundsätzen untreu werden und sie wird auch nicht von Männern geschrieben, die zulassen, daß ihre Intelligenz und ihre Kreativität von der Trägheit lahmgelegt werden. Viele Männer, die auf der Suche nach Erfolg scheinbar allein waren, hatten doch stets die Wachsamkeit ihrer Völker und die Hoffnung vieler Generationen auf ihrer Seite.

Die folgenden Zeilen entstanden vielleicht in einer Zeit, die für Zentralamerika ähnlich schwer war wie die unsere. Vielleicht hat der Mann, der sie schrieb, auch lediglich geahnt, vor welch schicksalsträchtigen Entscheidungen wir einmal stehen würden. Ruben Daric, der größte Dichter unseres Amerikas, schrieb sie in der Überzeugung, daß die Geschichte ihren Lauf nehmen würde:

›Betet, großmütig, fromm und stolz;
betet, bescheiden, aufrichtig, himmlisch und mutig;
hilf uns, bitte für uns,
denn schon beginnt unsere Kraft zu versiegen,
ohne Seele, ohne Leben, ohne Licht, ohne Quixote,
ohne Füße und ohne Schwingen, ohne Sancho und ohne Gott.‹

Ich gebe dem unsterblichen Dichter mein Wort: Wir werden nicht aufhören zu träumen, wir werden vor der Weisheit keine Angst haben und wir werden vor der Freiheit nicht fliehen. Dem ewigen Dichter sage ich: Wir Zentralamerikaner werden Quixote nicht vergessen, wir werden das Leben nicht wegwerfen, wir werden uns nicht vom Glauben abwenden und wir werden niemals unser Vertrauen in Gott verlieren.

Ich bin einer von jenen fünf Männern, die ein Abkommen geschlossen haben und die eine Verpflichtung eingegangen sind, die hauptsächlich darin besteht, den Frieden aufrichtig und von ganzem Herzen zu wollen.«

Der Friedensplan von Präsident Arias war auch in seinem eigenen Land nicht völlig unumstritten. Arias wurde aufgefordert, sich um die Probleme seines eigenen Landes und nicht um die Kriege der Nachbarn zu kümmern. Aber mit der Verleihung des Friedensnobelpreises an Oscar Arias fiel doch ein gewisser Glanz auf das eigene Land. Viele »Ticos« waren stolz darauf, daß der Präsident ihres kleinen Landes vor der Weltöffentlichkeit ausgezeichnet wurde.

Präsident Arias erwartete von mir natürlich, daß ich mich bei meiner weiteren Reise in die anderen vier Länder Zentralamerikas für die schnelle und strikte Erfüllung des Friedensplans einsetzen würde. Er war besonders den Sandinisten in Nicaragua gegenüber sehr kritisch eingestellt.

Es war sicher die Aufgabe von Präsident Arias, immer wieder öffentlich für die Erfüllung des Abkommens einzutreten. Leider hat er dabei auch den Inhalt vertraulich geführter Telefongespräche mit anderen zentralamerikanischen Präsidenten bekanntgegeben. Dieses Vorgehen hat der Sache nicht sehr gedient.

Im Rahmen dieser Zentralamerikareise besuchte ich Nicaragua sogar zweimal. Dieses Land mußte einen besonders großen Beitrag zum Gelingen des Friedensplans leisten. Und die Regierung von Nicaragua hat vor allem unmittelbar nach der Unterzeichnung des Friedensabkommens auch besonders große Anstrengungen dafür unternommen: Es hatte seine Klage gegen Costa Rica vor dem Internationalen Gerichtshof wegen der Kampfhandlungen der Contra gegen Nicaragua von Costa Rica aus zurückgenommen. Innenpolitisch wurde die Versöhnungskommission unter Vorsitz von Kardinal Obando y Bravo gegründet, von dem bekannt war, daß er den Sandinisten sehr kritisch gegenüberstand. Es folgte die Wiederzulassung der Tageszeitung »La Prensa«, die Wiedereröffnung von Radio Catolica, die Ausrufung eines einseitigen Teilwaffenstillstandes, die Erweiterung des Freiraums für die Betätigung politischer Parteien und die Aufnahme des Dialogs mit der zivilen Opposition.

Aber in der Zwischenzeit war der Prozeß doch erheblich ins Stokken geraten. Vor allen Dingen hatte es keine Fortschritte in Richtung einer Feuereinstellung gegeben. Nicaragua weigerte sich, darüber indirekte oder direkte Verhandlungen mit der Contra zu führen.

Deshalb versuchte ich, die sandinistische Regierung zu mehr Beweglichkeit in dieser Frage zu veranlassen.

Ich sprach also mit Präsident Daniel Ortega, mit Vizepräsident Sergio Ramirez, dem Parteirepräsentanten Bayardo Arce, mit dem Außenminister und mit vielen anderen Politikern des Landes. Insbesondere schlug ich vor, einen Vermittler für die Beilegung des Konflikts mit der Contra zu benennen.

Hier zeigte sich sehr deutlich, daß solche Gespräche ihren Wert haben. Der Prozeß kam in Bewegung. Die Führung von Nicaragua beschäftigte sich sehr ernsthaft mit der Benennung eines Vermittlers zur Beilegung dieses langen und grausamen Konflikts. Ich wurde gefragt, ob ich bei der Benennung eines Vermittlers Ratschläge zu geben hätte. Ich erwähnte keinen Namen, aber ich nannte meine Prinzipien: Er sollte

- möglichst Nicaraguaner sein; nur wenn das nicht möglich war, sollte der Vertreter eines zentralamerikanischen Landes die Vermittlung übernehmen;
- ich könnte mir jedoch auch einen Vermittler aus den USA vorstellen,
- auf keinen Fall aber sollte es ein Europäer sein, da dadurch das Verhältnis zwischen den USA und Nicaragua noch weiter belastet würde.

Trotz dieser eindeutigen Aussage wurde ich gebeten, noch einmal zu prüfen, ob ich diese Aufgabe nicht selbst übernehmen könnte. Ich antwortete, daß ich immer gern helfen würde, aber dringend bäte, hier für meine ablehnende Haltung Verständnis zu haben.

Dann wurden Überlegungen angestellt, den demokratischen Mehrheitsführer im US-Kongreß, Jim Wright, um die Vermittlung zu bitten. Auch an den früheren Präsidenten Jimmy Carter wurde gedacht. Benannt wurde schließlich Kardinal Obando y Bravo, der dann, nach Befragung der Bischofskonferenz, auch seine Bereitschaft zur Übernahme dieses Amtes erklärte.

Kardinal Obando y Bravo war nun Vorsitzender der nationalen Versöhnungskommission und Vermittler bei den Bemühungen um eine Feuereinstellung zwischen den Regierungstruppen und der Contra. Er hat also in diesem Friedensprozeß sehr viel Verantwortung übernommen.

Ich habe ihn in Managua aufgesucht, um ihm meine Einschätzung der Situation vorzutragen. Obando y Bravo ist eine sehr starke Persönlichkeit, ausgesprochen egozentrisch und den Sandinisten gegenüber, wie gesagt, sehr kritisch. Aber er ist auch Patriot, der zur Beendigung des Krieges beitragen will, wenn möglich mit einer erheblichen Machteinschränkung für die Sandinisten. Dabei ist unbestritten, daß die Sandinisten seit der Revolution von 1979 sehr viel zu den Spannungen mit der katholischen Kirche beigetragen haben. Aber sie haben im Laufe der Jahre auch viel dazugelernt.

Am 5. November 1988 fand eine große Kundgebung der Sandinisten in Managua statt. Bei dieser Gelegenheit verkündete Präsident Daniel Ortega die nächsten Schritte zur Förderung des Friedensprozesses: Dazu gehörte die Bereitschaft zu indirekten Verhandlungen über einen Vermittler mit der Contra, um einen Waffenstillstand abzuschließen und die Freilassung von nahezu 1000 Gefangenen im Rahmen einer Begnadigung. Als Teilnehmer an dieser Kundgebung spürte ich sehr deutlich, daß bei weitem nicht alle Kundgebungsteilnehmer über diese Entwicklung glücklich waren. Aber gerade in einer solchen Lage muß jeder darum bemüht sein, mit seinen »hardlinern« fertig zu werden.

Am 11. November 1987 verkündete Präsident Daniel Ortega die Vorstellungen der Regierung über einen Waffenstillstand:

»Die Regierung von Nicaragua hat beschlossen: neue Schritte zu unternehmen, ›um einen wirkungsvollen Waffenstillstand im verfassungsmäßigen Rahmen‹ zu erreichen, in den im ›Vorgehen zur Errichtung eines festen und dauerhaften Friedens in Mittelamerika‹ festgesetzten Begriffen. Dafür schlägt die Regierung von Nicaragua den irregulären Gruppen vor, daß ›ein Einstellen der Feindlichkeiten‹ folgendermaßen erreicht werden soll:

1. Der Waffenstillstand ist eine notwendige Voraussetzung für die volle Durchsetzung der Verpflichtungen, die in dem Friedensabkommen von Guatemala enthalten sind, und dafür, unter günstigen Bedingungen eine Entwaffnung der irregulären Kräfte zu erreichen sowie ihre friedliche Integration in das Leben des Landes. Ohne diesen Weg ist es unmöglich, einen festen und dauerhaften Frieden in Mittelamerika zu erreichen.
2. Der Waffenstillstand wird für einen begrenzten Zeitraum festgesetzt, in dem sich die irregulären Gruppen in den dafür festgesetzten Gebieten, die in der beigefügten Landkarte aufgezeigt sind, aufhalten werden. Der Waffenstillstand sollte spätestens am 5. Dezember 1987 zu einer noch festzusetzenden Zeit in Kraft treten, dem Tag, an dem die Internationale Kontroll- und Überprüfungskommission (CIVS) die Fortschritte bei der Erfüllung der Verpflichtungen analysieren wird. Der Waffenstillstand sollte bis zum 5. Januar 1988 dauern, dem Tag, an dem die CIVS diesen ›Vorschlag der Regierung von Nicaragua über das Vor-

gehen zur Erreichung eines Waffenstillstandes, der Entwaffnung, der Amnestie und der Integration der irregulären Kräfte in das zivile Leben‹ überprüfen wird.

3. 14 Tage vor dem Eintreten des Waffenstillstandes werden die nicagaruanischen Truppen die offensiven Operationen im ganzen Land einstellen, um den irregulären Gruppen unter Garantie der Sicherheit den Rückzug in die Waffenstillstandsgebiete zu erlauben. Die nicaraguanischen Truppen, die in den Waffenstillstandsgebieten operieren, werden bei Inkrafttreten des Waffenstillstandes in festzusetzende Orte abgezogen.
4. Das Recht der für die zivile und öffentliche Ordnung verantwortlichen Behörden, sich zur Erfüllung ihrer üblichen Aufgaben in den zuvor genannten Gebieten zu bewegen, bleibt unbenommen. Die irregulären Truppen werden sich jeder Einmischung in diese Regierungstätigkeiten enthalten und auch in keiner Weise das Leben und das Eigentum der Zivilbevölkerung oder das staatliche Eigentum in diesen Gebieten beeinträchtigen.
5. Bewaffnete Gruppen oder Einzelpersonen, die sich außerhalb der Waffenstillstandsgebiete aufhalten, werden angegriffen. Das gilt ebenso für diejenigen, die gegen die Bestimmungen des Waffenstillstandes verstoßen. Die sofortige Auflösung bewaffneter Zusammenstöße zwischen beiden Seiten innerhalb oder außerhalb des Waffenstillstandsgebietes wird Aufgabe der Vermittlungskommission sein. Die nicaraguanische Regierung wird der Vermittlungskommission über einzelne Verletzungen des Waffenstillstandes Bericht erstatten, aber sie behält sich das Recht vor, im Falle jedweder Rechtsverstöße im Bereich des gesamten nicaraguanischen Staatsgebietes die ihr zustehenden rechtlichen Maßnahmen zu ergreifen.
6. In Übereinstimmung mit Paragraph 5 des Friedensabkommens von Guatemala ›dürfen die irregulären Kräfte keine Hilfsleistungen entgegennehmen‹ solange der Waffenstillstand in Kraft ist. Zu den im Friedensabkommen für unzulässig erklärten Hilfsleistungen gehören jede Art von ›militärischer, logistischer, finanzieller, propagandistischer und personeller Hilfe sowie Waffen, Munition und Ausrüstung‹, die ›offen oder verdeckt‹ von Regierungen der Region oder von Regierungen außerhalb der Region geliefert werden.

7. Nichtkriegerische Versorgungslieferungen jeder Art, wie Kleidung, Lebensmittel, medizinische Versorgung etc., die die irregulären Kräfte während des Waffenstillstandes brauchen, werden von einer oder über eine neutrale Organisation oder Institution verteilt, die von beiden Seiten gemeinsam zu benennen ist.
8. Sobald die für den Waffenstillstand vereinbarte Frist abgelaufen ist, werden die irregulären Gruppen ihre Waffen in Anwesenheit der CIVS, der Vermittlungskommission und der Nationalen Versöhnungskommissison an den dafür bestimmten Orten niederlegen. Dadurch fallen sie automatisch unter die von der Regierung von Nicaragua erlassene Amnestie und können sich in das nationale Leben bei uneingeschränkter Ausübung ihrer Rechte integrieren.
9. Nach Vollziehung dieses Schrittes können die irregulären Gruppen, die die Amnestie angenommen haben, wenn sie es wünschen, Mitglieder, deren Vertreter und Berater benennen, um an dem nationalen Dialog teilzunehmen, der von der Regierung von Nicaragua am 5. Oktober ins Leben gerufen wurde mit dem Ziel, ›Maßnahmen zur nationalen Versöhnung zu entwickeln, die eine mit unumschränkten Garantien versehene Beteiligung des Volkes an wirklich demokratischen politischen Prozessen auf der Grundlage von Gerechtigkeit, Freiheit und Demokratie ermöglichen‹.
10. Sollten Nicaraguaner, die in Aktivitäten der irregulären Kräfte verwickelt waren, nicht nach Nicaragua zurückkehren oder nicht im Land bleiben wollen, wird die Regierung von Nicaragua sich verpflichten, die internationale Gemeinschaft und die entsprechenden Sonderorganisationen um Unterstützung zu bitten, damit diese Personen in anderen Ländern aufgenommen werden können.
11. Sobald die CIVS bestätigt, daß die Staatsgebiete von Nicaraguas Nachbarländern von den irregulären Kräften nicht mehr genutzt werden und daß die Art externer Unterstützung der irregulären Kräfte aus der Region und von außerhalb der Region, die durch die Vereinbarungen von Guatemala untersagt worden ist, eingestellt worden sind, wird die nicaraguanische Regierung das Amnestiegesetz und das Gesetz bezüglich der Aufhebung des Ausnahmezustandes gemäß dem Beschluß der Nationalversammlung anwenden.«

Damit hatte der Friedensprozeß durch Nicaragua einen weiteren entscheidenden Anstoß erhalten.

Unbefriedigend verlief allerdings der nationale Dialog zwischen der sandinistischen Regierung und den 14 Oppositionsparteien, der ebenfalls ein wichtiger Bestandteil des Abkommens von Esquipulas ist. Die Schuld dafür lag nach meiner Auffassung auf beiden Seiten. Die Regierung mußte noch lernen, daß Oppositionsparteien in einer Demokratie als wichtige Partner zu behandeln sind. Die Oppositionsparteien, deren Skala von ganz konservativ bis kommunistisch reicht, litten unter einer für Nicaragua typischen politischen Eigenart: Am liebsten möchte jeder seine eigene politische Partei haben. So gab es zu diesem Zeitpunkt vier liberale Gruppierungen, drei christdemokratische, drei konservative usw. Bei dieser Zerstrittenheit der Opposition war die Partei der Sandinisten, trotz der wachsenden Kritik vor allem an der wirtschaftlichen Entwicklung des Landes, nach wie vor die stärkste politische Macht. Außerdem war deutlich festzustellen, daß diese Partei pragmatischer wurde und manche nachrevolutionären Kinderkrankheiten allmählich überwand. Die Sandinisten konnten sich allerdings nicht vorstellen, die Macht einmal wieder abzugeben. Dabei darf man freilich nicht vergessen, daß Nicaragua noch nie eine Demokratie besaß.

Ich verließ Nicaragua mit dem Eindruck, daß meine Vorschläge auf fruchtbaren Boden gefallen waren, daß sich ein Vertrauensverhältnis entwickelt hatte und ich gegebenenfalls auch in der Zukunft zur Weiterentwicklung des Friedensprozesses beitragen müßte.

In Guatemala war der christdemokratische Präsident Vinicio Zereso mein wichtigster Gesprächspartner. Er war neben dem Präsidenten von Costa Rica die tragende Säule des Abkommens. Es tat ihm offensichtlich gut, als ich ihm sagte, daß es in diesem Jahr eigentlich zwei Friedensnobelpreise hätte geben müssen. Aber das entsprach auch meiner Auffassung.

Die Lage von Präsident Zereso in Guatemala war nicht einfach. Seine Politik wurde sehr hart vom Wirtschafts- und Großgrundbesitzerverband des Landes bekämpft. Auf der anderen Seite mußte er sich mit einer – allerdings nicht sehr großen und auch nicht besonders wirkungsvollen – Guerilla auseinandersetzen. Aber die mehr als selbstbewußten Militärs dieses Landes wollten keine Waffenstillstandsverhandlungen, sondern die militärische Niederwerfung der Guerilla. Trotz großer Bemühungen der Regierung Zereso wurden die Menschenrechte nach wie vor in diesem Land mißachtet. Die Verhandlungen, die zwischen Regierung und Guerilla in Madrid geführt wurden, haben zu keinem Ergebnis geführt. Da die Guerilla ihren Sitz im benachbarten Mexiko hat und ihre Streitkräfte immer wieder über die Grenze wechselten, bemühte sich Präsident Zereso sehr intensiv um eine Verbesserung der Beziehungen zu Mexiko.

Ich erkannte bei meinen Gesprächen mit Präsident Zereso sehr bald, daß er für den Friedensprozeß in Zentralamerika von ganz besonderer Bedeutung war. Nicht nur wegen seiner stillen Diplomatie, sondern auch wegen seines Bemühens, die Sandinisten gerecht zu beurteilen. Er meinte, der Präsident von Honduras habe es besonders schwer. Wir müßten einen Weg finden, bei dem die Vereinigten Staaten, aber auch Nicaragua ihr Gesicht wahren könnten. Er war aber auch der Auffassung, daß das veränderte Verhältnis zwischen den beiden Weltmächten den Friedensprozeß in Zentralamerika fördern könnte. Ich konnte mich seiner Hoffnung nur anschließen.

In El Salvador war Präsident Napoleon Duarte mein wichtigster Gesprächspartner. Wir kannten uns schon von vielen Gesprächen, vor allem aber seit ich mich für die Freilassung seiner Tochter eingesetzt hatte. Zum letztenmal hatte ich ihn wenige Monate vor der Unterzeichnung des Abkommens von Esquipulas 1988 in Bonn gesprochen. Wegen der realen Machtverhältnisse stand er dem Abkommen schon damals sehr kritisch gegenüber. Während der Verhandlungen äußerte er, wenn er dieses Abkommen unterzeichne, könne er gleich ins Exil gehen.

Duartes Lage war auch nicht beneidenswert. Einerseits mußte er seit Jahren mit einer gutbewaffneten Guerilla leben. Andererseits wurde sein politischer Spielraum durch die Streitkräfte, die besonders starke politische Rechte und die Vereinigten Staaten erheblich eingeschränkt. Außerdem ging seine Amtszeit zu Ende. Die Diskussionen um seine Nachfolge waren in vollem Gange. Die wirtschaftliche Situation des Landes war schlecht. Die Hauptstadt war 1986 von einem schweren Erdbeben heimgesucht worden. Und die christlich-demokratische Partei, der er selbst angehörte, befand sich in keinem guten Zustand.

Ich war drei Wochen nach den Waffenstillstandsverhandlungen zwischen Regierung und FMLN vom 4. bis 5. Oktober 1987 in El Salvador. Diese Waffenstillstandsverhandlungen waren in der apostolischen Nuntiatur in der Hauptstadt geführt worden. Erzbischof Rivera y Damas, den ich sehr schätze, hatte die Vermittlung übernommen. Er war unermüdlich um Frieden und Versöhnung bemüht und wurde dabei besonders von dem deutschen Bischof Stehle unterstützt.

Die Waffenstillstandsverhandlungen vom Oktober hatten zu keinem Ergebnis geführt. Beide Seiten wurden durch ihre ersten Leute vertreten. Präsident Duarte führte die Regierungsdelegation selbst an. Die Forderungen der FMLN nach Anerkennung ihrer Armee und der von ihnen gehaltenen Gebiete und der Teilung der Macht in einer Übergangsregierung konnten von Duarte nicht akzeptiert werden, da dies mit Sicherheit sofort zu einem Militärputsch geführt hätte.

Ich habe mich später oft an diese Waffenstillstandsverhandlungen zwischen der Regierung von El Salvador und der FMLN erinnert. So unterschiedlich Regierung und Guerilla von El Salvador und Nicaragua auch waren, bei den Verhandlungen zeigten sich doch deutliche Parallelen: Die Guerilla wollte in erster Linie über politische Fragen verhandeln, während die Regierung, entsprechend dem Abkommen von Esquipulas, primär über einen Waffenstillstand reden wollte.

Die Waffenstillstandsverhandlungen in El Salvador wurden leider kurze Zeit später einseitig durch die FMLN abgebrochen. Anlaß war die Ermordung des Koordinators der Unabhängigen Menschenrechtskommission, Herbert Anaya Sanabira, in San Salvador. So ungeheuerlich dieser Mord auch war, zum Anlaß für einen Abbruch der Waffenstillstandsverhandlungen hätte er niemals werden dürfen. Das wäre auch kaum im Sinne Anayas gewesen.

Aber Duarte war über die Entscheidung der FMLN offensichtlich sehr froh. Nun konnte er sagen, daß er seine Verpflichtungen zur Führung von Waffenstillstandsverhandlungen, gemäß dem Abkommen von Esquipulas, erfüllt, die Gegenseite die Verhandlungen aber abgebrochen habe.

Unter Hinweis auf sein eigenes Beispiel unterstützte Duarte wiederholt die Forderung der USA nach einem direkten Dialog der sandinistischen Regierung in Nicaragua mit der Contra. Bei meinen Gesprächen in San Salvador fügte er dieser öffentlichen Aufforderung eine interessante Nuance hinzu: Er wundere sich, daß die Sandinisten zu solchen Verhandlungen nicht bereit seien, zumal sie doch wissen könnten, daß nichts dabei herauskommen würde. Auch darüber habe ich später oft nachdenken müssen.

Auf meiner Reise besuchte ich auch Honduras. Es war das erste Mal, und ich mußte hier besonders viel lernen. Honduras ist von allen fünf zentralamerikanischen Staaten der engste Partner der Vereinigten Staaten. Hier sind ständig Truppen der USA stationiert, es werden gemeinsame Manöver abgehalten, und von hier aus operierte auch die von den USA unterstützte und finanzierte Contra gegen Nicaragua.

Ich wollte natürlich mit Präsident Azcona, dem Außenminister und den Repräsentanten der Streitkräfte sprechen. Doch unsere Botschaft hatte in ihrem Programmentwurf zuerst ein Gespräch mit dem Botschafter der Vereinigten Staaten vorgesehen. Das sagt eigentlich alles aus über die Lage in diesem Land. Vor einem Gespräch mit dem Präsidenten des Landes stellt man sich zuerst dem Botschafter der Vereinigten Staaten vor. Ich lehnte dies ab, denn ich war nicht bereit, mir vor einem Gespräch mit dem Präsidenten des Landes zuerst Instruktionen beim Botschafter der Vereinigten Staaten zu holen. Meine Vorstellungen von Souveränität sind da völlig anders geartet. Bei anderer Gelegenheit hätte ich den Botschafter der Vereinigten Staaten gern gesehen.

Zur Erfüllung des Abkommens von Esquipulas mußte Honduras in erster Linie jegliche Unterstützung der irregulären Contratruppen in ihrem Kampf gegen Nicaragua einstellen. In diesem Zusammenhang hörte ich viele interessante Formulierungen: Eigentlich sei das Ganze nicht das Problem von Honduras, sondern ausschließlich das von Nicaragua. Oder: Man sei materiell gar nicht in der Lage, die lange Grenze abzusichern. Besonders interessant war die Aussage eines sehr hohen Politikers, der mir sagte, selbst wenn man die Einstellung der Aktivitäten der Contra gegen Nicaragua wolle, würde der CIA doch machen, was er für richtig hielte. Wenn dies tatsächlich so war, konnte das gesamte Abkommen von Esquipulas ad absurdum geführt werden.

Mein interessantestes Gespräch war das mit Vertretern der Streitkräfte: Der Präsident ihres Landes sei zwar eindeutig ihr Oberbefehlshaber, in bestimmten Fragen aber seien sie anderer Auffassung als dieser. Das gelte zum Beispiel auch für das Abkommen von Esquipulas. Natürlich arbeiteten die Streitkräfte von Honduras eng mit der Contra zusammen. Erst später habe ich erfahren, daß dies auch von großer materieller Bedeutung für die Offiziere der Streitkräfte war.

Noch im November 1987 flog ich erneut nach Zentralamerika. Diesmal ging es darum, daß führende Politiker der Nationalen Revolutionären Bewegung (MNR) aus El Salvador nach achtjährigem Exil in ihre Heimat zurückkehren wollten, um sich dort wieder am politischen Prozeß zu beteiligen.

Das Unternehmen war für die Heimkehrer nicht ungefährlich. In El Salvador sind seit Jahren immer wieder Politiker der Linken ermordet worden. Die sogenannten »Todesschwadrone« haben dabei eine besonders brutale Rolle gespielt. Die Ermordung des Koordinators der Unabhängigen Menschenrechtskommission, Herbert Anaya, lag erst einige Tage zurück. Ich hatte deshalb volles Verständnis dafür, daß unsere Freunde während unseres Treffens kugelsichere Westen trugen. Mehrere Politiker und Abgeordnete aus Westeuropa, aber auch aus den USA, wollten deshalb Dr. Guillermo Ungo, Dr. Hector Oqueli und Hugo Navarrete auf ihrer ersten Reise in ihre Heimat begleiten und ihre Solidarität mit ihnen demonstrieren.

Wir trafen uns in Mexico-City. Aber nicht nur Politiker begleiteten unsere Freunde. Auf dem Flugplatz von Mexico-City lernte ich Bianca Jagger, die frühere Ehefrau von Mick Jagger von den Rolling Stones, eine geborene Nicaraguanerin, kennen, die jetzt in New York als Schauspielerin arbeitet. Eine sehr kluge, politisch denkende Frau, engagiert in Menschenrechtsfragen und um den Frieden in Zentralamerika besorgt. Zwei Tage zuvor war der ebenfalls zur Opposition gehörende Politiker Ruben Zamorra bereits nach San Salvador zurückgekehrt.

Die Einreise unserer Freunde nach El Salvador verlief ohne Probleme und äußerst korrekt. Natürlich nahmen die Medien großen Anteil daran. Unsere Freunde blieben erst einmal eine Woche in ihrem Land. Sie hatten vollen Zugang zu den Medien, konnten Veranstaltungen durchführen und ihre Angehörigen wiedersehen.

Auch die meisten Politiker El Salvadors nahmen eine durchaus freundliche Haltung ein, mit Ausnahme von Präsident Duarte. Er erwies sich in dieser Stunde nicht als großer, um Ausgleich bemühter

Präsident. Er war nicht bereit, die zurückgekehrten Politiker zu empfangen, er empfing bei dieser Gelegenheit auch mich nicht. Den anderen Politikern der Christdemokraten war dieser Vorgang sehr peinlich. Sie entschuldigten sich bei mir.

Die Heimkehr der Oppositionspolitiker war ein wichtiger Schritt auf dem Weg zur Normalisierung und zum Frieden in El Salvador. Ich habe mich deshalb auch anschließend sofort um ein Gespräch mit den Repräsentanten der FMLN, dem bewaffneten Teil der Opposition, bemüht. Dabei vertrat ich unmißverständlich den Standpunkt, daß es nicht angehe, daß sich ein Teil der Opposition offiziell in politischen Parteien installiere und am politischen Prozeß teilnehme, während der andere Teil der Opposition weiterhin Krieg führe. Das gefährde nicht nur diejenigen, die zurückgekehrt sind, sondern schaffe auch eine Verunsicherung in der Bevölkerung, die nicht zu verantworten sei. Der bewaffnete Teil der Opposition hatte nur für die wenigen Tage des ersten Aufenthalts der Zurückgekehrten die Kampfhandlungen eingestellt.

Die Vertreter der FMLN entgegneten, daß sie jederzeit zur Wiederaufnahme der Waffenstillstandsverhandlungen bereit seien. Aber inzwischen hatte Präsident Duarte seine Bedingungen für solche Verhandlungen erheblich hochgeschraubt.

Als ich am 7. November 1987 während eines Zwischenaufenthalts in Kuba gefragt wurde, ob sich die FMLN auch am politischen Prozeß beteiligen könne, habe ich den Kubanern gesagt, daß sich die Repräsentanten der FMLN nach einer Amnestie selbstverständlich am politischen Prozeß des Landes beteiligen könnten, ja, sie müßten dies sogar. Dies jedenfalls sei meine Auffassung.

So unbefriedigend die Situation auch blieb: Die Rückkehr der Politiker aus dem Exil war ein erster Schritt zur Normalisierung in El Salvador. Denn es ging ja darum, den bewaffneten Kampf in eine normale politische Auseinandersetzung umzuwandeln. Ich wußte aber auch, daß zwischen den Zurückgekehrten und der bewaffneten Opposition ernste Gespräche und Auseinandersetzungen unvermeidbar waren.

Im übrigen kann der Parlamentarismus nur funktionieren, wenn das Parlament in etwa ein Spiegelbild der Gesellschaft ist. In El Salvador gab es links von der christdemokratischen Partei keine andere Partei. Dieser Zustand ist in einem so armen Land absolut anomal. Auch in dieser Frage war die Rückkehr der Oppositionellen aus dem Exil ein wichtiger Schritt.

Als ich am 8. November 1987 in die Bundesrepublik zurückkehrte, hatte ich eine gründliche Bestandsaufnahme in Zentralamerika hinter mir. Ich zog daraus folgende Konsequenzen:

- Der Friedensplan von Esquipulas ist die einzige Chance für eine friedliche Lösung der verschiedenen Konflikte in Zentralamerika;
- es ist ein schwieriger Prozeß, der erheblich mehr Zeit in Anspruch nehmen wird, als die Vereinbarung vorsieht.
- Dieser Prozeß bedarf weltweiter Unterstützung;
- insbesondere die Europäer müssen ihre Anstrengungen erheblich steigern;
- die Reagan-Administration wird vor Ende der Legislaturperiode kaum mehr in der Lage sein, ihre Politik gegenüber Zentralamerika zu ändern, um so wichtiger ist der Kontakt mit den Senatoren und Mitgliedern des Kongresses in Washington;
- die Region wird erst dann befriedet, wenn nach dem Waffenstillstand und einer Demokratisierung auch Voraussetzungen für eine wirtschaftliche Gesundung und für mehr soziale Gerechtigkeit geschaffen werden.

Meiner Partei, aber auch der Bundesregierung empfahl ich ein noch stärkeres Engagement zur Unterstützung dieses Friedensprozesses. In einer Bundestagsdebatte haben wir deutlich gemacht, daß die unterschiedliche Behandlung der fünf Länder durch die Bundesregierung, nämlich das ausgesprochen negative Vorgehen gegenüber Nicaragua, den Friedensprozeß nicht fördert.

Als Vertreter der nicaraguanischen Regierung bei den Waffenstillstandsverhandlungen

Am Abend des 16. Dezember 1987 wurde mir mitgeteilt, daß ein alter Freund aus Managua bei der SPD angerufen habe und dort um die Mithilfe der Sozialistischen Internationale, aber insbesondere um meine persönliche Unterstützung bei den bevorstehenden Waffenstillstandsverhandlungen gebeten habe.

Das Friedensabkommen von Esquipulas vom 7. August 1987 sah unter anderem den »vereinbarten Waffenstillstand« vor, in diesem Fall also einen Waffenstillstand zwischen den Regierungstruppen von Nicaragua und den von den Vereinigten Staaten unterstützten Truppen der Contra oder, wie sie das Abkommen von Esquipulas nennt, den »irregulären Truppen«.

In dem Telefongespräch aus Managua war ich gebeten worden, bei den Verhandlungen als Vertreter der Regierung von Nicaragua zu fungieren. Da es in Nicaragua aber in den letzten Jahren auch eine Reihe von Ereignissen und Maßnahmen gegeben hatte, die in keiner Weise meine Zustimmung fanden, bat ich um eine Bedenkzeit von 24 Stunden. In der Zwischenzeit wollte ich mit Willy Brandt und Hans-Jochen Vogel sprechen. Ich überlegte mir folgendes:

In Nicaragua hatte ein grausamer Krieg seit Jahren viele Opfer gefordert und die Wirtschaft des Landes ruiniert. Alle Einwohner Nicaraguas hatten darunter zu leiden.

In diesem Krieg hatte die Contra auch deutsche Staatsbürger gekidnappt und getötet.

Das Friedensabkommen war eine Chance, und ich hatte mir vorgenommen, dieses Abkommen mit aller Kraft zu unterstützen.

Ich hatte wesentlich dazu beigetragen, daß die Sandinisten einen Vermittler für die Waffenstillstandsverhandlungen akzeptierten.

Präsident Ortega hatte in einem elf Punkte umfassenden Plan Vorschläge für einen Waffenstillstand unterbreitet und dabei ausdrücklich erklärt, daß diese elf Punkte kein Dogma seien.

Ich sollte nun zusammen mit dem amerikanischen Anwalt Paul Reichler unter Vorsitz des Kardinals Obando y Bravo über diesen Plan mit der Contra verhandeln. Der Anwalt Paul Reichler aus Washington hatte schon mehrere Male erfolgreich für die Regierung von Nicaragua gearbeitet. Ich war mit der Lage bestens vertraut, kannte die am Konflikt beteiligten Parteien und hatte in der Zwischenzeit auch den Vermittler kennengelernt.

Meine Beziehungen zu den Sandinisten waren so geartet, daß ich auch eigene Vorschläge für den Waffenstillstand würde einbringen können. Mir war allerdings auch bewußt, daß die ersten Waffenstillstandsverhandlungen bereits gescheitert waren.

Willy Brandt meinte, daß die Sozialistische Internationale als Institution nicht an den Verhandlungen teilnehmen könne, er mein persönliches Engagement aber begrüße. Nach dem Gespräch mit Hans-Jochen Vogel gab ich dann am Abend des 17. Dezember 1987 meine Zustimmung, für die Regierung von Nicaragua an den Waffenstillstandsverhandlungen teilzunehmen. Ich wollte nicht nur über Menschenrechte reden, sondern auch handeln.

Zu diesem Zeitpunkt wußte ich noch nicht, daß mich der Friedensprozeß in Zentralamerika so umfassend in Anspruch nehmen würde. Gegen Ende meiner politischen Arbeit hatte ich noch einmal extreme Anstrengungen, auch körperlicher Art, auf mich zu nehmen. Ich erlitt gesundheitliche Schäden und versäumte viele wichtige Termine in der Bundesrepublik. In den vielen Wochen und Monaten meines Engagements für den Frieden in Zentralamerika war ich oft enttäuscht, auch verbittert, wenn die Verhandlungen keinen Fortschritt machten. Aber ich war auch sehr glücklich, als ich am 23. März 1988 ein, wenn auch zeitlich begrenztes und vorläufiges, Waffenstillstandsabkommen mitunterzeichnen konnte. In diesen vielen Wochen habe ich in harter Arbeit gelernt, daß es einfacher ist, in einer feierlichen Veranstaltung eine wohlgesetzte Rede für den Frieden zu halten als konkret vor Ort für den Frieden zu arbeiten. Dieses Engagement war wieder ein wichtiger Abschnitt in meinem politischen Leben.

Heute, wenn ich diese Zeilen niederschreibe, weiß ich noch nicht, wie dieser schwierige Prozeß zu Ende gehen wird. Aber ein Politiker kann nicht nur Aufgaben übernehmen, von denen er von vornherein weiß, daß sie ein gutes Ende finden werden. Man kann mir sicher viele Vorwürfe machen, daß ich nicht risikobereit und entscheidungsfreudig gewesen wäre, aber gewiß nicht.

Unmittelbar vor Weihnachten waren die Flugzeuge weitgehend ausgebucht. Aber mein Büro schaffte es, noch einen Flug zu buchen. Da ich wußte, daß ich anstrengende Tage vor mir hatte, blieb ich am

Samstag etwas länger im Bett und hörte erst um 9.00 Uhr die Nachrichten des Deutschlandsfunks. Er meldete, daß Präsident Ortega in Managua bekanntgegeben habe, daß der amerikanische Anwalt Paul Reichler und der SPD-Politiker Wischnewski Nicaragua bei den am 21. und 22. Dezember 1987 in Santo Domingo unter dem Vorsitz von Kardinal Obando y Bravo stattfindenden Verhandlungen vertreten würden. Direkte Verhandlungen mit den Contras lehnte die Regierung von Nicaragua ab. Ortega hatte meine Berufung unter anderem damit begründet, daß ich schon mehrere Male in Zentralamerika in schwierigen Situationen vermittelnd tätig gewesen sei.

Unmittelbar danach bemühten sich natürlich die Medien um Interviews. Ich wollte mich aber noch nicht äußern, denn bei einer so schwierigen Aufgabe muß man damit sehr vorsichtig sein. Also ließ ich mitteilen, ich sei bereits abgereist.

Am 20. Dezember 1987 traf ich in Santo Domingo ein und nahm sofort meine internen Beratungen mit der nicaraguanischen Regierungsdelegation auf. Sie wurde vom stellvertretenden Außenminister Victor Hugo Tinoco geleitet und bestand in erster Linie aus Angehörigen des Militärs. In Santo Domingo begegnete ich auch erstmals dem amerikanischen Anwalt Paul Reichler. Er hat zusammen mit anderen Anwälten in Washington eine größere Kanzlei und vertritt dabei die Interessen Nicaraguas und Guatemalas. Reichler hatte auch den Prozeß vor dem Internationalen Gerichtshof in Den Haag gegen die Vereinigten Staaten wegen der Verminung des Hafens von Korintho geführt und gewonnen. Er unterhält enge Beziehungen zu Vertretern der Demokratischen Partei in Washington. In der Frage Nicaraguas ist er aber auch ganz persönlich engagiert. Er ist ein begabter und angenehmer Partner. Im Laufe unserer Zusammenarbeit sind wir gute Freunde geworden.

Am 21. Dezember 1987 traf Kardinal Obando y Bravo schließlich mit erheblicher Verspätung ein. Die Verhandlungen fanden im Amtssitz des Bischofs von Santo Domingo statt. Der Kardinal setzte noch für diesen Abend je ein getrenntes Gespräch mit der Regierungsdelegation und mit der Contra fest, benannte aber auch noch einen gemeinsamen Verhandlungstermin. Er verlangte von der Regierung von Nicaragua eine schriftliche Vollmacht für Paul Reichler und mich. Die Regierung stellte diese Vollmachten sofort aus.

Noch während der Kardinal und seine Begleiter das Gespräch mit der Contra führten, informierte er die Botschaft von Nicaragua, daß die Contra nur bereit sei, die Verhandlungen mit Paul Reichler und mir zu führen, wenn auch der stellvertretende Außenminister Tinoco oder der nicaraguanische Botschafter in Santo Domingo daran teilnähmen. Diese Forderung wurde von der Regierung von Nicaragua jedoch abgelehnt. Sie war nach wie vor gegen jede Form von direkten Verhandlungen.

Paul Reichler und ich suchten trotzdem in dieser Nacht die Vermittlungsdelegation des Kardinals auf und trugen die Haltung der Regierung vor. Sie beruhte auf zwei Dokumenten: auf dem Friedensabkommen vom 7. August 1987 und auf dem bereits erwähnten Elfpunktevorschlag für einen Waffenstillstand von Präsident Daniel Ortega. Wir verwiesen nochmals darauf, daß der Elfpunktevorschlag kein Dogma sei, sondern über alle Punkte verhandelt werden könne. Der Kardinal, der weitgehend die Auffasung der Contra vertrat, war in dieser Nacht sehr verärgert.

Am nächsten Tag führten wir mit ihm ein weiteres Gespräch, bei dem er wesentlich aufgeschlossener war. Ich unterbreitete neue Vorschläge, die den Interessen der Contra entgegenkamen, aber zu einer persönlichen Begegnung mit der Contra kam es in Santo Domingo nicht.

In einem abschließenden Gespräch mit der Regierungsdelegation stellte ich folgende Forderungen auf:

1. Präsident Ortega möge unmittelbar nach der Rückkehr des Kardinals nach Managua mit ihm ein Gespräch führen, um ihn von der Flexibilität der Regierung für diese Verhandlungen zu überzeugen und einen neuen Termin für Waffenstillstandsverhandlungen mit ihm zu vereinbaren.
2. Paul Reichler und mir müssen bei der nächsten Verhandlung militärische Berater beigegeben werden.
3. Im nationalen Dialog mit den Oppositionsparteien müssen Fortschritte erzielt werden.

Mit der Forderung nach militärischen Beratern wollte ich das Dogma der »nicht direkten Verhandlungen« auflösen. Den Zusammenhang zwischen Waffenstillstandsverhandlungen und dem nationalen Dialog habe ich von Anfang an gesehen.

Mit Mühe und Not habe ich es geschafft, den Heiligen Abend zu Hause zu verbringen, aber ich war todmüde.

Am 2. Januar 1988 rief mich der nicaraguanische Außenminister an, um mir mitzuteilen, daß meine Vorschläge gebilligt seien und ich für die nächsten Verhandlungen wieder zur Verfügung stehen müsse.

Vom 20. Januar bis zum 22. Februar 1988 hielt ich mich zu intensiven Gesprächen in Zentralamerika, aber auch in Washington auf. Ich war bei dieser Gelegenheit dreimal in Nicaragua, dreimal in Costa Rica, zweimal in Guatemala, einmal in El Salvador und mehrere Tage in Washington.

Diese Aufenthalte dienten der Vorbereitung der Waffenstillstandsverhandlungen. In Washington informierte ich interessierte Senatoren und Kongreßmitglieder über den Stand der Waffenstillstandsverhandlungen. Dies alles kostete viel Zeit und Kraft und war mit vielen Flügen in Zentralamerika mit den dortigen Fluggesellschaften verbunden. Glücklicherweise konnte ich wenigstens 14 Tage davon meine Frau bei mir haben. Für sie war es die erste Begegnung mit Zentralamerika. Wenn man in einer Angelegenheit so engagiert ist, wie ich es in diesen Tagen und Wochen war, dann ist es ein großer Gewinn, wenn auch die Ehefrau einen persönlichen Eindruck von den Problemen hat und man miteinander darüber reden kann, auch wenn das unseren Kontostand erheblich nach unten drückte.

In Nicaragua haben wir innerhalb der vorgesehenen Verhandlungsdelegation der Regierung in vertrauensvoller Zusammenarbeit ein wesentlich erweitertes Verhandlungskonzept erarbeitet. Unser Verhandlungsvorschlag enthielt ein faires Angebot, das weit über das hinausging, das die Regierungen von El Salvador und Guatemala bei vergleichbaren Verhandlungen gemacht hatten. Da dieser Vorschlag eine Reihe meiner Ideen enthält und ein wichtiges Dokument im Friedensprozeß ist, wird er im Anhang des Buches wiedergegeben.[9] Außerdem hatte sich die Regierung von Nicaragua für direkte Verhandlungen mit der Contra entschieden.

Dieses Dokument wurde der Contra bei den ersten direkten Verhandlungen am 28. und 29. Januar 1988 in San José übergeben.

Auf diese erste direkte Begegnung war ich besonders gespannt. Da am 3. Februar 1988 der Kongreß in Washington über die vom Präsidenten der USA beantragte weitere Militärhilfe entscheiden sollte, konnte man jedoch nicht erwarten, daß die Contra unmittelbar vorher einen Waffenstillstand abschließen würde. Diese Verhandlungsrunde würde also sicher noch zu keinem Ergebnis führen, aber das Verhandlungsklima konnte einiges über die weitere Entwicklung aussagen.

Die Verhandlungen fanden in einem Gebäude der katholischen Kirche von San José statt. Der zum Vermittler berufene Kardinal befand sich auf einer Auslandsreise und wurde von seinem Weihbischof vertreten. Zu meiner großen Freude erschien auch Bischof Stehle zu den Verhandlungen in San José, nahm aber leider nicht direkt an den Verhandlungen teil.

Ich hatte der Regierungsdelegation schon rechtzeitig vorher mitgeteilt, daß ich beabsichtige, unsere Verhandlungspartner von der Contra mit Handschlag zu begrüßen. Das löste eine Diskussion aus. Später war dies dann eine Selbstverständlichkeit.

Die Verhandlungen wurden mit einem gemeinsamen Gebet begonnen, das der Erzbischof von San José vor der zahlreich versammelten internationalen Presse sprach. Der Umgangston war sehr höflich. Der erste Tag galt der Behandlung allgemeiner Fragen, am zweiten Tag kamen dann militärische Fragen zur Sprache. Wie vorauszusehen, kam es zu keinem Ergebnis. Die Vertreter der Contra, die sehr geschickt von ihrem Delegationsleiter Jaime Morales Carazo vertreten wurden, waren vor der Entscheidung vom 3. Februar 1988 über neue Waffenlieferungen nicht zu einem Waffenstillstand bereit. Eine neue Verhandlungsrunde wurde für den 10., 11. und 12. Februar 1988 in Guatemala verabredet. Abgeschlossen wurde diese erste Runde mit einer ersten gemeinsamen Pressekonferenz, in der vereinbarungsgemäß nur der Vermittler zu Wort kam.

Nun war ein entscheidender Schritt getan, denn nur in direkten Verhandlungen sind Ergebnisse zu erzielen. Dafür gibt es in der Geschichte viele Beweise. Die beiden kriegführenden Parteien in Nicaragua hatten sich nun zum erstenmal gegenübergesessen. Ich freute mich, ein wenig zu diesen Kontakten beigetragen zu haben. Nun war es aber für Paul Reichler und mich an der Zeit, uns nach Washington zu begeben, denn die Zustimmung des Kongresses zum Antrag Präsident Reagans nach erneuter Militärhilfe für die Contra konnte dem ganzen Friedensprozeß den Todesstoß versetzen. Wir mußten uns deshalb darum bemühen, möglichst viele noch nicht festgelegte Kongreßmitglieder zu erreichen, um sie über den Stand der Waffenstillstandsverhandlungen zu informieren und sie darauf hinzuweisen, welchen Einfluß ihre Entscheidung auf den Friedensprozeß in Zentralamerika haben würde.

In Washington traf ich gutinformierte Kongreßmitglieder. Am eindrucksvollsten war für mich das Gespräch mit Lee Hamilton, der auch einer der beiden Vorsitzenden des Untersuchungsausschusses war, der die Iran/Contra-Affäre untersuchte. Er antwortete auch am Tag vor der Abstimmung auf die Fernsehansprache Ronald Reagans, in der dieser noch einmal mit sehr unfairen Argumenten für die Fortsetzung der Militärhilfe eingetreten war.

Ich gab in Washington zwei Pressekonferenzen, habe aber vor allem mit Leuten geredet, die sich in wissenschaftlichen Instituten und in anderen Institutionen mit Zentralamerika beschäftigten. Dabei traf ich hervorragende und engagierte Sachkenner, ausgesprochen sympathische Menschen. Sie alle hielten die Zentralamerikapolitik der USA für einen der größten Fehler von Präsident Reagan.

Am Tag der Abstimmung, dem 3. Februar, habe ich die gesamte Debatte und die Abstimmung im Fernsehen verfolgt. Diese Debatte dauerte elf Stunden, 167 Mitglieder des Kongresses beteiligten sich daran. Viele von ihnen hatten nur eine Redezeit von 30 Sekunden. Die längste Rede dauerte elf Minuten. Die Befürworter des Präsidentenantrags trugen im wesentlichen die Argumente des Präsidenten vor: die Sandinisten seien üble Marxisten/Leninisten. Man könne sie nur mit Gewalt zu Zugeständnissen bewegen. Die Gegner des Präsidentenantrags plädierten für einen Frieden im Sinne des Abkommens von Esquipulas. Sie kritisierten vor allem, daß die USA für Zentralamerika kein politisches Konzept hätten.

Die Abstimmung selbst verfolgte ich dann am Fernsehschirm in der Botschaft von Nicaragua. Der Botschafter hatte Außenminister Miguel d'Escoto am Telefon. Er übermittelte ihm die sich ständig verändernden Zahlen wie eine Fußballreportage. Das Abstimmungsergebnis war knapp, aber eindeutig: 219 Stimmen gegen den Antrag des Präsidenten, also gegen erneute Militärhilfe für die Contra, 212 für den Antrag des Präsidenten. Dies konnte ein entscheidender Schritt auf dem Weg zum Frieden in Zentralamerika sein. Jetzt kam es darauf an, daß auch die Sandinisten die richtigen Konsequenzen aus dieser Entscheidung zogen. Ich empfahl ihnen dringend, den

Mit dem Dichter und Kultusminister von Nicaragua,
Ernesto Cardinal.

Mit Nicaraguas Präsident Daniel Ortega, Verteidigungsminister Humberto Ortega und dem Parteirepräsentanten Bayardo Arce.

Vereinigten Staaten nun erst recht direkte Verhandlungen anzubieten und sich bei den Waffenstillstandsverhandlungen noch mehr zu engagieren. Ich war sehr froh über diesen Abstecher nach Washington.

Nach meiner Rückkehr nach Managua nahm ich an vielen Gesprächen teil, bei denen über die Weiterentwicklung des Friedensprozesses und vor allem darüber, wie die Sicherheit zwischen den zentralamerikanischen Staaten garantiert werden konnte, gesprochen wurde. Präsident Daniel Ortega wollte, daß Beobachter aus Kanada, Spanien, Italien, Norwegen und Schweden den Friedensprozeß überwachen sollten. Nach mehreren langen Debatten bat er mich, die Präsidenten von Costa Rica, El Salvador und Guatemala aufzusuchen, um ihnen seine Vorschläge zu unterbreiten.

Präsident Arias von Costa Rica war weitgehend einverstanden. In El Salvador war Napoleon Duarte äußerst mißtrauisch gegenüber den Sandinisten. Er war überzeugt davon, daß Nicaragua nach wie vor die FMLN unterstützte. Außerdem war er absolut gegen eine Beteiligung Schwedens.

Besonders angenehm war das Gespräch mit Präsident Vinicio Zereso von Guatemala. Er hatte gegen keines der vorgeschlagenen Länder etwas einzuwenden. Nach seiner Meinung sollten aber auch zwei lateinamerikanische Länder beteiligt werden. Außerdem wünschte er die Beteiligung der Bundesrepublik Deutschland. Er könne sich eine Verifizierungskommission auf der Basis »der beiden großen Parteien in der Bundesrepublik« vorstellen. Obwohl mir klar war, daß man eine solche Kommission nicht auf der Basis von politischen Parteien zusammenstellen konnte, habe ich zunächst nicht widersprochen.

Zurück in Managua habe ich Präsident Ortega und seiner Regierung über die Ergebnisse meiner Gespräche informiert. Jetzt empfand ich es als großen Fehler, nicht auch Honduras besucht zu haben.

Große Schwierigkeiten gab es jetzt offensichtlich auf der Seite der Contra. Die Ablehnung der von Präsident Reagan geforderten Militärhilfe durch den Kongreß schuf für die Contra eine völlig neue Situation. Nach langem Hin und Her einigte man sich darauf, vom 18. bis 20. Februar 1988 in Guatemala weiterzuverhandeln. Die Festlegung der Termine litt sehr darunter, daß der Kardinal viele andere Verpflichtungen, insbesondere im Ausland, wahrnahm. Auch der dringend notwendige Waffenstillstand hielt ihn davon nicht ab.

Aber ich war voller Hoffnung: In Washington war gegen weitere Waffenlieferungen entschieden worden. Die Tagesordnungswünsche beider Seiten stimmten zu einem erheblichen Teil überein, und außerdem waren sich die Verhandlungspartner nach den Erfahrungen von San José nun nicht mehr so fremd. Leider haben die Verhandlungen in Guatemala dann doch zu keinem Ergebnis geführt.

Nach einer kurzen allgemeinen Diskussion legte Kardinal Obando y Bravo seine eigenen Vorschläge auf den Tisch, mit denen er offensichtlich beide Seiten überraschte. Er forderte:

- Die Regierung von Nicaragua solle eine totale Amnestie erlassen;
- eine uneingeschränkte Pressefreiheit gewähren;
- den nationalen Dialog mit den unbewaffneten oppositionellen Parteien sofort wiederaufnehmen;
- die Regierung von Nicaragua solle auch die Militärgesetzgebung, insbesondere die vorgeschriebene allgemeine Wehrpflicht »überdenken«;
- die Contra solle sich in zu vereinbarende Enklaven zurückziehen und eine Feuerpause von 30 Tagen vereinbart werden. In dieser Zeit sollten die Bedingungen für den Waffenstillstand erarbeitet werden.

Dieser Vorschlag des Kardinals verlangte von der Regierung mehr als von der Contra. Aber ein Großteil dieser Forderungen war Bestandteil des Friedensabkommens von Esquipulas und damit durchaus verständlich. Doch der Vorschlag enthielt keinerlei Angaben über die Enklaven und den schwierigen Einzug in diese Enklaven.

Die Contra erklärte sehr schnell ihr prinzipielles Einverständnis mit den fünf Punkten. Der Entscheidungsprozeß in der Regierung von Nicaragua war diesmal sehr schwierig. Ich hatte einen Beitrag erarbeitet, der eine prinzipielle Zustimmung der Regierung zu den Vorschlägen des Kardinals vorsah, unter der Bedingung, daß in Guatemala Übereinstimmung über den Einzug der Contra in die Enklaven erreicht würde.

Bedauerlicherweise konnte sich die Regierung in Managua in der kurzen Zeit, die zur Verfügung stand, nicht zu einer Zustimmung durchringen. Ich fürchtete, daß der Kardinal die Verhandlungen deshalb für beendet erklären würde. Leider behielt ich recht. Als die Regierung dann ihre Zustimmung erteilte, war es bereits zu spät. Der Kardinal hatte die Verhandlungen schon für beendet erklärt. Alle nachträglichen Versuche, die Verhandlungen doch noch zu retten, führten zu keinem Ergebnis. Dabei spielte die Art der Verhandlungsführung durch den Kardinal natürlich eine ganz besondere Rolle. Geduld gehörte nicht zu seinen ausgeprägten Eigenschaften.

Ich war zum erstenmal richtig verärgert, weil der Abbruch der Verhandlungen vermeidbar gewesen wäre, und schrieb deshalb Präsident Ortega noch im Hotel den folgenden Brief:

Hans-Jürgen Wischnewski Guatemala, 19. 02. 88

Sehr geehrter Herr Präsident,
lieber Freund,
die Verhandlungen über einen Waffenstillstand, die in Guatemala stattgefunden haben, haben leider nicht den Verlauf genommen, der im Interesse der Regierung der Republik und des Volkes von Nicaragua notwendig gewesen wäre. Ich habe mich darum bemüht, noch rechtzeitig Vorschläge zu unterbreiten, die eine solche Situation hätten verhindern können. Leider sind meine Vorschläge nicht rechtzeitig entschieden worden. Das Wort: »Zu wenig, zu spät und nur unter Druck« war wieder einmal das Kennzeichen der Politik von Nicaragua.

Ich darf Sie deshalb sehr herzlich darum bitten, mich von meiner Aufgabe zu entbinden.

Für die vertrauensvolle Zusammenarbeit darf ich mich bedanken.
In Respekt und herzlicher Verbundenheit
Ihr
Hans-Jürgen Wischnewski

Die Antwort erfolgte innerhalb weniger Stunden. Sie hatte folgenden Wortlaut:

Präsident der Republik
Managua, den 20. Februar 1988
»Für einen würdevollen Frieden: Freies Vaterland oder Sterben«

Herrn Minister
Hans-Jürgen Wischnewski
Mitglied des Deutschen Bundestages
Persönlich

Geehrter Freund Wischnewski,

ich habe Ihr Schreiben mit Datum vom 19. Februar 1988 in Guatemala erhalten, in dem Sie mir Ihre Besorgnis betreffs der rechtzeitigen Entscheidungsfindung im Rahmen der Vereinbarungen der Feuereinstellung mitteilen und mich bitten, Ihre Ablösung von Ihren Aufgaben als Berater der Delegation der nicaraguanischen Regierung zu akzeptieren.

Als erstes möchte ich Ihnen die offenkundige große Achtung bekunden, die wir vor Ihrer Erfahrung als Berater haben. Ein Beweis dafür ist die ständige Einbeziehung Ihrer Ansichten in die Vorschläge und Verlautbarungen der nicaraguanischen Regierung betreffs der Verhandlungen zur Feuereinstellung.

Die anderen Teilnehmer jedoch bringen Positionen und verzögernde Elemente in die Verhandlungsrunde ein, die nicht nur den Rahmen der Verhandlungen zur Feuereinstellung sprengen, sondern auch dem internen politischen Dialog und der nationalen Versöhnung entgegenstehen.

Um den negativen Auswirkungen dieser Machenschaften entgegenzuwirken, bedarf es ausführlicher Beratungen innerhalb der nicaraguanischen Regierung. Ich versichere Ihnen, daß sowohl die Entscheidungsfindung als auch die entsprechende Mitteilung an unsere Verhandlungskommission mit der notwendigen Geschwindigkeit vorgenommen wurden.

Wir können keine Kontrolle ausüben über einen Verhandlungsprozeß, wenn uns die Vermittler nicht erlauben, in einem zweiten Treffen zu den so kurzfristig gemachten Vorschlägen Antworten vorzulegen.

Um derartigen Situationen gebührend vorzubeugen und im vorhinein die entsprechenden Positionen festzulegen, sind uns Ihre Erfahrung und Ihre Ratschläge als Berater der nicaraguanischen Regierung weiterhin unerläßlich.

Ich bitte Sie daher um Verständnis für die Tatsache, daß wir Ihrer Bitte um Ablösung nicht entsprechen können. Wir verstehen die Beweggründe für Ihr Schreiben sehr gut, aber im Interesse einer baldigen Erlangung des Friedens für Nicaragua und Mittelamerika ziehen wir es vor, Sie in Ihrer Beraterfunktion beizubehalten.

Mit Dank für Ihre wertvolle Mitarbeit auch in der Zukunft und der Versicherung für eine ernsthafte und schnelle Erwägung Ihrer Ratschläge verbleibe ich
brüderlich
Daniel Ortega Saavedra

Der Brief war zwar sehr ehrenvoll für mich, dennoch hatten wir einen Rückschlag erlitten.

Nach dem Scheitern der Verhandlungen von Guatemala, an dem nach meiner Auffassung sowohl die Unduldsamkeit des Kardinals als auch die geringe Entscheidungsfähigkeit der Regierung von Nicaragua schuld waren, nahm die Regierung von Nicaragua wesentliche Veränderungen in ihrer Verhandlungsposition vor. Die Regierung verzichtete auf die Vermittlung des Kardinals Obando y Bravo. Statt dessen sollten der Kardinal und der Generalsekretär der Organisation Amerikanischer Staaten (OAS), Clemente Baena Soares, als Zeugen an den Verhandlungen teilnehmen. Außerdem machte die Regierung den Bruder des Präsidenten, Verteidigungsminister Humberto Ortega, zu ihrem Verhandlungsführer.

Die nächsten Verhandlungen am 9. bis 11. März 1988 in Nicaragua sollten schon unter den neuen Voraussetzungen stattfinden. Also reiste ich am 7. März über London, Madrid und Panama wieder nach Managua. In London hatte ich ein Gespräch mit Willy Brandt und leitete die Sitzung der Nahostkommission der Sozialistischen Internationale. In Panama wollte ich mich selbst über die inzwischen außerordentlich angespannte Lage informieren. In Managua erfuhr ich dann, daß die Contra um eine Verschiebung des Termins gebeten hatte. Am 9. März fiel ich spätabends völlig übermüdet ins Bett. Insgesamt war ich 45 Stunden ununterbrochen auf den Beinen gewesen. Ich merkte deutlich, daß ich mit meinen Kräften besser haushalten mußte.

Am nächsten Tag versuchte ich, meinen sandinistischen Gesprächspartnern klarzumachen, daß man den Zusammenhang zwischen Waffenstillstandsverhandlungen und innerer Aussöhnung deutlicher erkennen müsse. Ich reiste bald über Mexiko zurück und informierte dort noch die EG-Botschafter und den mexikanischen Außenminister über die Verhandlungssituation in Nicaragua.

Die nächsten Verhandlungen über einen Waffenstillstand sollten nun vom 21. bis 23. März 1988 in Sapoá in Nicaragua stattfinden. Sapoá ist die Grenzstation zwischen Nicaragua und Costa Rica an der Panamericana, der Straße, die Nord- und Südamerika miteinander verbindet.

Am 19. März flog ich wieder nach Managua. Am nächsten Tag fanden intensive Vorbereitungen für die Verhandlungen statt, an denen auch der Präsident und der Vizepräsident des Landes beteiligt waren.

Am 21. März trafen wir uns schon morgens um 5.00 Uhr im Generalstab. Vor der entscheidenden Verhandlungsrunde fand eine Kranzniederlegung am Ehrenmal für die Gefallenen statt. Die Nationalhymne und das Lied der Sandinisten wurde gespielt, dann fuhren wir in einer Kolonne nach Sapoá. An den Straßen standen Tausende von Menschen Spalier und grüßten die Verhandlungsdelegation der Regierung. Sicher waren viele davon von den Sandinisten »herangekarrt« worden, aber sehr viele waren auch gekommen, weil sie wußten, daß nun eine besonders wichtige Verhandlungsrunde bevorsteht. Alle sind von diesem Krieg hart betroffen und wollen den Frieden.

Die Grenzstation Sapoá war für die Verhandlungen besonders geeignet. Da die Zollabfertigungsgebäude von der Contra während des Krieges zerstört wurden, hat man sie völlig neu aufgebaut. Ein Abfertigungsgebäude war für die Regierungsdelegation, ein anderes für die Delegation der Contra vorgesehen und dazwischen lag die Cafeteria für die gemeinsamen Verhandlungen. Die Halle für die Abfertigung der Lastwagen wurde zum Pressezentrum. Der Verkehr wurde während der Verhandlungstage umgeleitet. Viele Journalisten waren gekommen, insbesondere auch aus den Vereinigten Staaten.

Beide Seiten erschienen auf »höchstem Niveau«: die Regierung mit dem Verteidigungsminister an der Spitze, die Contra mit drei Mitgliedern ihres fünfköpfigen Direktoriums, aber auch mit einigen ihrer Feldkommandanten, also auch mit militärischen Führern.

Die Verhandlungen begannen mit einem Gebet, das der Kardinal sprach, und mit einer kurzen Ansprache des Generalsekretärs der OAS.

Dann wurden die Verhandlungen eröffnet. Der Ton war auf beiden Seiten ausgesprochen höflich. Es folgte eine Grundsatzaussprache über die Demokratie. Die Positionen waren unterschiedlich, aber auch gewisse Annäherungen waren zu verzeichnen. General Ortega sagte, daß man nicht die klassische westliche Demokratie wolle, aber auch nicht das kubanische Modell. Was man wolle, sei ein Modell, das den Besonderheiten von Nicaragua gerecht werde.

Die Regierung schlug einen vorläufigen Waffenstillstand von 90 Tagen vor. In diesen 90 Tagen sollte ein endgültiger Waffenstillstand und Wege zu Frieden und Aussöhnung erarbeitet werden. Dieser Prozeß sollte unter internationaler Kontrolle stattfinden, die von Kanada, Spanien, Italien, der Bundesrepublik Deutschland, Norwegen, Schweden und Finnland ausgeübt werden sollte. Die Regierung glaubte, der Contra entgegenzukommen, wenn sie ausschließlich Vertreter westlicher Staaten für die notwendigen Kontrollen vorschlug.

Die Contra forderte einen Waffenstillstand von 30 Tagen. In diesen 30 Tagen sollten ein endgültiger Waffenstillstand, Frieden und Aussöhnung vereinbart werden. Während dieser Zeit mußte auf jede Rekrutierung durch die Armee verzichtet werden. Die notwendigen Kontrollen sollten durch den Kardinal und den Generalsekretär der OAS und ihre Mitarbeiter ausgeübt werden. Es wurde sehr schnell klar, daß die Contra von europäischen Beobachtern nicht viel hielt.

In diesen Verhandlungen in Sapoá gab es zwar immer wieder Krisen, aber auf beiden Seiten zeigte sich auch ein gewisser Patriotismus. Es war geradezu spürbar, daß die Contra ihrer absoluten Abhängigkeit von den Vereinigten Staaten überdrüssig war. Offensichtlich war Alfredo Cesar die treibende positive Kraft. Ich kannte ihn seit mehreren Jahren. Auf der Regierungsseite erwies sich General Ortega als guter und fairer Verhandlungsführer. Auch er zeigte sich als guter Patriot.

Am letzten Verhandlungstag wurde eine Redaktionskommission gebildet und im Plenum dann die Fragen behandelt, bei denen die Redaktionskommission zu keiner Übereinstimmung gelangt war. Von entscheidender Bedeutung waren jedoch die bilateralen Gespräche in den Verhandlungspausen, vor allem die Gespräche zwischen General Ortega und Adolfo Calero. Alfredo Cesar war der drängende Teil bei den Contras, Adolfo Calero aber die beherrschende Persönlichkeit.

Am sehr späten Abend des 23. März 1988 konnten die Verhandlungen positiv abgeschlossen werden. Nun sollte die Unterzeichnung in einer feierlichen Zeremonie vor der internationalen Presse stattfinden.

Staatspräsident Ortega traf am Verhandlungsort ein. Er hatte sich während dieser Tage in unmittelbarer Nähe aufgehalten und an allen wichtigen Besprechungen der Regierungsdelegation teilgenommen. Der Contra wurde mitgeteilt, daß für die Regierung von Nicaragua Verteidigungsminister Humberto Ortega und die beiden Berater Paul Reichler und Hans-Jürgen Wischnewski unterzeichnen würden. Es war das erste Mal in meinem Leben, daß ich ein Waffenstillstandsabkommen unterzeichnen sollte. Ich stimmte mit dem Inhalt völlig überein, also war ich auch bereit zu unterschreiben.

Die feierliche Zeremonie, die direkt im nicaraguanischen Fernsehen übertragen wurde, begann mit dem Abspielen der Nationalhymne. Dann sprach der Kardinal sein Gebet. Die ernste und feierliche Stimmung wurde nur durch das Surren von Fernsehkameras und das Klicken der vielen Pressekameras gestört. Der Generalsekretär der OAS, Clemente Baena Soares, verlas den Text des Abkommens und die Namen der Unterzeichner. Obwohl er sich bemüht hatte, sich meinen Namen einzuprägen, klappte es dann bei diesem für einen Latino besonders schwer auszusprechenden Namen doch nicht. Dann unterzeichneten wir. Für die Contra waren elf Unterschriften zu leisten. Die Feldkommandanten legten Wert darauf, nicht nur ihre Kriegsnamen, sondern auch ihre richtigen Namen unter das Abkommen zu setzen. Auch die beiden Zeugen, der Kardinal und der Generalsekretär, unterzeichneten das Abkommen. Dann sprachen für die Contra Calero und Cesar. Die Rede Alfredo Cesars war besonders beeindruckend. Die Fernsehzuschauer in Nicaragua waren sicher sehr überrascht, daß die Todfeinde von gestern auf einmal in ihren Wohnungen standen und über den Frieden sprachen. Für die Regierung sprachen der Verteidigungsminister und der Präsident. Daniel Ortega fand auch in bezug auf die Vereinigten Staaten Formulierungen, die eine Normalisierung der Beziehungen fordern sollten. Zum Abschluß wurde noch einmal die Nationalhymne gespielt.

Hans-Jürgen Wischnewski und Kardinal Miguel Obando y Bravo unterzeichnen das Waffenstillstandsabkommen zwischen der nicaraguanischen Regierung und der Contra. Links neben Wischnewski Präsident Daniel Ortega, davor dessen Bruder, Verteidigungsminister Humberto Ortega. Rechte Seite der Contra-Führer Adolfo Calero.

Mich hat diese feierliche Zeremonie tief beeindruckt. Nach sieben Jahren grausamen Krieges ruhten nun die Waffen. Dabei war mir bewußt, daß der größte Teil der Arbeit und der Schwierigkeiten noch vor uns lag. Aber wenn es gelang, den Geist der Verhandlungen von Sapoá und vor allem das Klima bei der Unterzeichnung aufrechtzuerhalten, dann sollten wir auch die schwierigen Probleme, die noch vor uns lagen, lösen können. Die Stimmung bei der Unterzeichnung war von tiefer Sehnsucht nach Frieden und Aussöhnung, aber auch von Patriotismus geprägt.

Nach der Unterzeichnung saßen beide Delegationen noch bei einer Cola mit Rum zusammen. Nun begrüßte der Präsident auch alle Mitglieder der Contra-Delegation mit Handschlag. Die Feldkommandanten der Contra erwiderten die Begrüßung des Präsidenten mit leuchtenden Augen und offensichtlichem Respekt.

Dieser 23. März 1988 in Sapoá gehört zu den unvergeßlichen Tagen in meinem Leben.

Das Abkommen von Sapoá vom 23. März 1988 hat folgenden Wortlaut:

»Vereinbarung zwischen der verfassungsmäßigen Regierung von Nicaragua und dem nicaraguanischen Widerstand

Die verfassungsmäßige Regierung der Republik Nicaragua und der nicaraguanische Widerstand sind am 21., 22. und 23. März 1988 in Sapoá, Nicaragua, zusammengetroffen mit dem Ziel, zur nationalen Versöhnung beizutragen und haben im Rahmen des Abkommens von Esquipulas II und in Anwesenheit der Zeugen, Seiner Eminenz Kardinal Miguel Obando y Bravo, Präsident der Episkopalischen Konferenz von Nicaragua, sowie Seiner Exzellenz Botschafter Joao Clemente Baena Soares, Generalsekretär der Organisation Amerikanischer Staaten (OAS), folgendes vereinbart:

Vereinbarung

1. Die offensiven militärischen Operationen auf dem gesamten nationalen Territorium für einen Zeitraum von 60 Tagen einzustellen, beginnend am 1. April dieses Jahres, und während dieses Zeitraums Verhandlungen über einen endgültigen Waffenstillstand zu führen, der zusammen mit den übrigen in Esquipulas II

ins Auge gefaßten Verpflichtungen durchgeführt wird mit dem Ziel, den Krieg zu beenden.

Beide Seiten vereinbaren, am kommenden 6. April erneut auf höchstem Niveau in Managua zusammenzutreffen, um die Verhandlungen über den endgültigen Waffenstillstand fortzusetzen.

2. Während der ersten 15 Tage ziehen sich die Kräfte des Widerstandes in Zonen zurück, deren Standort, Größe und Modus operandi von beiden Seiten durch Sonderkommissionen (Comisiones Especiales) bei einem am Montag, dem 28. März, in Sapoá beginnenden Zusammentreffen festgelegt werden.
3. Die Regierung von Nicaragua erläßt eine Generalamnestie für die wegen Verstoßes gegen das Gesetz zur Aufrechterhaltung der Ordnung und der öffentlichen Sicherheit Angeklagten und Verurteilten sowie für die Mitglieder der Armee des vorhergehenden Regimes, die wegen vor dem 19. Juli 1979 begangener strafbarer Handlungen inhaftiert sind.

   In ersterem Falle wird die Amnestie stufenweise und unter Berücksichtigung der religiösen Gefühle des nicaraguanischen Volkes durchgeführt; mit der Freilassung der ersten hundert Gefangenen wird in der Karwoche, am Palmsonntag, begonnen; danach werden 50 Prozent der Gefangenen auf freien Fuß gesetzt, sobald die Überstellung der Kräfte des nicaraguanischen Widerstandes in die gemeinsam vereinbarten Zonen verifiziert worden ist. Die übrigen 50 Prozent werden nach der Unterzeichnung des Abkommens über einen endgültigen Waffenstillstand zu einem Zeitpunkt aus der Haft entlassen, über den auf dem Zusammentreffen am 6. April in Managua entschieden wird.

   Die Freilassung der Gefangenen, von denen im letzten Teil des ersten Absatzes dieses Punktes die Rede ist, beginnt mit der Unterzeichnung des Abkommens über einen endgültigen Waffenstillstand nach vorheriger Stellungnahme der Interamerikanischen Kommission für Menschenrechte der OAS.

   Der Generalsekretär der Organisation Amerikanischer Staaten (OAS) fungierte als Bürge und Verwahrer dieser Amnestie.
4. Zur Sicherung der Nahrungsmittel- und Grundversorgung der irregulären Kräfte wird ausschließlich humanitäre Hilfe akzeptiert, in Übereinstimmung mit Punkt 5 des Abkommens von Esquipulas II; die Hilfe erfolgt durch neutrale Organisationen.

5. Die Regierung von Nicaragua garantiert das Recht auf freie Meinungsäußerung, wie im Abkommen von Esquipulas II erwogen.
6. Sobald sich die Kräfte des nicaraguanischen Widerstandes in den beiderseitig vereinbarten Zonen gesammelt haben, entsenden sie so viele Vertreter zur Teilnahme am nationalen Dialog, wie politische Organisationen vertreten sind, und zwar bis zu einer Höchstzahl von acht. Der nationale Dialog befaßt sich unter anderem auch mit der Beziehung zum Militärdienst (Servicio Militar).
7. Es wird garantiert, daß alle Personen, die aus politischen oder anderen Motiven das Land verlassen haben, nach Nicaragua zurückkehren und am politischen, wirtschaftlichen und gesellschaftlichen Prozeß teilhaben können, ohne andere als die in den Gesetzen der Republik festgelegten Beschränkungen. Sie werden nicht wegen Aktivitäten politisch-militärischer Natur verurteilt, bestraft oder verfolgt, an denen sie sich beteiligt haben mögen.
8. Die Regierung von Nicaragua bestätigt, daß die Personen, die sich wieder in das friedliche Leben eingliedern, gleichberechtigt an den Wahlen zum mittelamerikanischen Parlament und an den kommunalen Wahlen teilnehmen können, zu den für diese Wahlen festgelegten Terminen, sowie sich an den allgemeinen nationalen Wahlen zu dem in der politischen Verfassung festgelegten Termin beteiligen können.
9. Um die Einhaltung dieses Abkommens zu verifizieren, wird eine Verifizierungskommission (Comisión Verificadora), bestehend aus dem Präsidenten der Episkopalischen Konferenz von Nicaragua, Seiner Eminenz Kardinal Miguel Obando y Bravo, und dem Generalsekretär der OAS, Seiner Exzellenz Botschafter Joao Clemente Baena Soares, eingesetzt.
   Die von dieser Kommission benötigte technische Hilfe und sonstige Dienstleistungen, die die Einhaltung, Durchführung und Verifizierung dieses Abkommens ermöglichen, werden dem Generalsekretär der OAS übertragen.

Übergangsregelung

Beide Parteien kommen überein, die Einstellung der offensiven militärischen Operation bis zum 1. April dieses Jahres einzuhalten, wie von beiden Parteien am 21. März dieses Jahres vereinbart.

Zu Urkund dessen haben die Unterfertiger die vorliegende Vereinbarung in vier Abschriften desselben Wortlauts in Sapoá, Rivas, Nicaragua, am 23. März 1988 unterschrieben.

Für die Regierung von Nicaragua	*Für den nicaraguanischen Widerstand*
General des Heeres Humberto Ortega Saavedra Minister der Verteidigung	Dr. Adolfo Calero Portocarrero Director
Hans-Jürgen Wischnewski Berater (Asesor)	Ing. Alfredo Cesar Aguirre Director
Paul Reichler Berater (Asesor)	Dr. Aristides Sanches Herdocia Director

Waffenstillstandskommission des nicaraguanischen Widerstands

Lic. Jaime Morales Carazo Verhandlungsleiter	Ing. Roberto Urroz Castillo
Dr. Fernando Aguero Rocha	Walter Calderón Lopez (Kommdant . . . unleserlich)
Diogenes Hernandez Membreno (Kommandant Fernando)	Arturo Salazar Barberene (Kommandant Omar)
Osorno Collemann (Kommandant Blas)	Almirante Ramón Emilio Jimenez Berater (Asesor)

Zeugen

Kardinal Miguel Obando y Bravo	Botschafter Joao Clemente Baena Soares

Am 11. April flog ich wieder nach Managua, um an der nächsten Verhandlungsrunde teilzunehmen, die nach dem Abkommen von Sapoá schon am 6. April hätte stattfinden müssen. Aber offensichtlich hatte es zwischen den Vertretern des nicaraguanischen Widerstandes erhebliche innere Auseinandersetzungen gegeben. Einige von ihnen wollten erst dann zurückkehren, wenn sie die Sandinisten besiegt hatten. Nun aber gab es ein Abkommen mit ihnen.

Am Abend dieses Tages traf ich den Oberbürgermeister von Köln in Miami. Er war auf dem Weg nach Korintho in Nicaragua, um die Städtepartnerschaft Köln–Korintho voranzubringen. Wir sprachen auch über die Schwierigkeiten in der Kölner Partei, wo sehr persönliche Machtkämpfe, die nichts mit wirklichen politischen Differenzen zu tun hatten, der Partei schadeten und allmählich unerträglich wurden.

In Managua besuchte ich die Vertretung der OAS (Organisation Amerikanischer Staaten). Sie hatte mit ihrem Generalsekretär als Zeuge an den Verhandlungen teilgenommen und auch besondere Verantwortung bei der Überprüfung des Waffenstillstands übernommen.

In unserer Botschaft wurde der zukünftige Botschafter Nicaraguas in Bonn verabschiedet. Ich wünschte ihm viel Erfolg und daß es ihm gelingen möge, in dieser außerordentlichen Zeit für Nicaragua eine neue Seite in den Beziehungen zwischen unseren beiden Ländern aufzuschlagen.

Die übrigen Tage vor Beginn der ersten Verhandlungen in Managua wurden intensiv für notwendige Vorbereitungen genutzt. Bis zuletzt war unklar, ob die Delegation des Widerstands auch wirklich erscheinen würde. Ich empfahl, ihr per Telefax nach Miami mitzuteilen, daß ihre Delegation die Möglichkeit haben würde, die Bischofskonferenz und die Zeitung der Opposition »La Prensa« zu besuchen.

Im übrigen wurde sehr ernsthaft an einem endgültigen Konzept für den Frieden in Nicaragua gearbeitet. Ich konnte eine Reihe von Vorschlägen einbringen, insbesondere für den schwierigen Prozeß der Waffenübergabe.

Am 15. März 1988 traf die Delegation der Contra mit vielen Stunden Verspätung ein. Sie war für die Verspätung nicht verantwortlich. In dem Flugzeug befand sich unkontrolliertes Gepäck. Natürlich mußte aus Sicherheitsgründen das Gepäck in San José nachträglich überprüft werden. Ein Attentat hätte auch den ohnehin schwierigen Friedensprozeß sprengen können.

Ein Vorauskommando des Widerstandes hatte mit dem Tourismusminister Nicaraguas bereits die Formalitäten der Unterbringung geklärt. Die Delegation wurde im Hotel Camino Real in der Nähe des Flugplatzes einquartiert.

Am selben Abend fand noch ein erstes Gespräch statt. Die Vertreter des Widerstandes verlangten mehr Bewegungsfreiraum in Managua. Sie wollten vor allem an der sonntäglichen Messe des Kardinals teilnehmen. Das mußte schon aus Sicherheitsgründen abgelehnt werden. Die Contras waren mit völlig falschen Vorstellungen nach Managua gekommen. Sie waren nach wie vor Vertreter einer kriegführenden Partei. Mehr als 40 000 Menschen hatten in diesem Krieg bereits den Tod gefunden. Viele Familienangehörige von Gefallenen konnten sowieso nicht verstehen, daß Vertreter der Contra nach Managua einreisen durften und noch dazu in einem sehr guten Hotel untergebracht wurden. Manche hätten sie lieber umgebracht. Die Regierung mußte also ihre Verantwortung für die Sicherheit der Delegation sehr ernst nehmen. Sie schlug ihnen daher vor, die Messe im Hotel abzuhalten und ihre Familienangehörigen einzuladen. Das lehnten sie jedoch ab.

Auch in einer anderen Frage waren sie mehr als naiv. Sie brachten 24 Pakete mit Flugblättern mit, die sie offensichtlich verteilen wollten. Natürlich wurden sie beschlagnahmt. Schließlich ging es hier nicht um Propaganda, sondern um einen Waffenstillstand. Die Delegation konnte aber die zugesagten Besuche der Bischofskonferenz und in der Zeitung »La Prensa« machen. Außerdem wurden viele Zusammentreffen mit Familienangehörigen organisiert. Ein erfreulicher Anfang.

Die Verhandlungen an den drei Tagen litten darunter, daß die Delegation des Widerstands stark verändert war. Die neuen Mitglieder mußten erst lernen, trotz aller Differenzen bei den Verhandlungen höflich miteinander umzugehen.

Die Regierung von Nicaragua war daran interessiert, daß die Vereinbarung über einen endgültigen Waffenstillstand möglichst schnell getroffen würde. Für die Abwicklung des Waffenstillstandes stand dann genügend Zeit zur Verfügung. Auf einen Monat oder weniger kam es dabei auch nicht an. Außerdem wollte sie zu viele politische Vereinbarungen mit der Contra vermeiden, da sonst der nationale Dialog, das Gespräch zwischen der Regierung und der unbewaffneten Opposition im Lande, weitgehend ausgehöhlt würde.

Der nicaraguanische Widerstand wiederum wollte in erster Linie Zeit gewinnen, um noch vor dem Waffenstillstand so viele politische Fakten für eine Demokratisierung zu schaffen wie möglich.

Beide Standpunkte sind aus der Sicht der jeweiligen Seite verständlich. Dabei darf nicht vergessen werden, daß das Abkommen von Esquipulas vom 7. August 1987 für die Verhandlungen mit dem Widerstand nur Waffenstillstandsverhandlungen vorsah, der politische Dialog war ausschließlich Gesprächen mit der unbewaffneten Opposition vorbehalten. Die Regierung von Nicaragua ist also weit über die Forderungen von Esquipulas hinausgegangen. Weder der Präsident von El Salvador noch der von Guatemala waren bereit, so weit zu gehen. Sie konnten dies auch gar nicht, weil ihre Militärs sie daran gehindert hätten.

Während der Verhandlungen in Managua ging es vor allem um den sogenannten »modus operandi«, das heißt, um die Festlegung der Zonen, in welchen die irregulären Truppen einziehen sollten, um die Regelung der Verhältnisse in diesen Zonen und insbesondere um die Versorgung der irregulären Truppen.

Die Regierung war bereit, sich in den weitaus meisten Punkten zu einigen. Aber sie bestand – wie ich meine absolut zu Recht – darauf, daß die Versorgung der irregulären Truppen in den Zonen über das Internationale Rote Kreuz erfolgen sollte. Die Vertreter der Contra wollten unbedingt private Firmen beauftragen. Sie begründeten das mit »marktwirtschaftlichen« Gesichtspunkten. Jeder konnte sich sein Teil dabei denken.

Die Regierung mußte einen Gesamtvorschlag vorlegen, wußte allerdings, daß dieser Vorschlag in dieser Verhandlungsrunde mit Sicherheit nicht akzeptiert würde. Aber er mußte auf den Tisch. Er ist ein wichtiges Dokument dieser Verhandlungen.[9]

Die Vertreter des Widerstands lehnten dieses Dokument wie erwartet ab und betrachteten es als Rückschritt. Aber sie kannten nun das Gesamtkonzept der Regierung und konnten sich darauf einstellen. Mehrere Male wurde ihnen durch den nicaraguanischen Delegationsleiter, Verteidigungsminister General Humberto Ortega, mitgeteilt, daß es sich um einen Vorschlag, nicht um ein Diktat handle.

In der Frage des »modus operandi« wurde in vielen Punkten wesentliche Annäherung erzielt, aber in keiner Frage Unterschriftsreife erreicht. Am 18. April 1988 wurde deshalb ein gemeinsames Kommuniqué verabschiedet, das vorsah, ab sofort permanente Verhandlungen zu führen. Die nächsten sollten vom 28. bis zum 30. April 1988 stattfinden.

Wegen der kurzen Zeit, die dazwischen lag, lohnt sich ein Rückflug in die Bundesrepublik nicht. Das ständige Hin- und Herfliegen zwischen Bonn und Managua war für mich ohnehin sehr anstrengend, außerdem mußte ich natürlich auch an die hohen Kosten denken. Und schließlich mußte jede abgeschlossene Verhandlungsrunde mit der Regierung besprochen und jede neue Runde vorbereitet werden. Zu tun gab es also reichlich, und die Zusammenarbeit mit der Regierung empfand ich gerade in der Vorbereitungsphase besonders wertvoll und vertrauensvoll.

Die Tage zwischen den Verhandlungen konnte ich aber auch nutzen, mich etwas von den Anstrengungen der letzten Zeit zu erholen, Gespräche zu führen und Land und Leute etwas näher kennenzulernen. Wenn man in einem guten Hotel wohnt und sich im wesentlichen nur zwischen Präsident, Verteidigungsminister, Generalstab, Außenminister und Verhandlungsort hin- und herbewegt, lernt man die innere Realität eines Landes nicht kennen. Ich entschloß mich daher, die Hafenstadt Korintho, die Patenstadt von Köln, zu besuchen. Dort wurde ich mit der Wirklichkeit konfrontiert. Korintho ist eine kleine Hafenstadt mit etwa 20000 Einwohnern, aber über diesen Hafen werden etwa 80 Prozent der Ein- und Ausfuhren Nicaraguas abgewickelt. Trotzdem leiden viele Menschen hier bittere Not und Hunger. Insbesondere seit der in diesem Jahr durchgeführten Währungsreform reichen die Löhne nicht aus, um die hohen Preise für die Lebensmittel zu zahlen. Natürlich sind die vielen kinderreichen Familien besonders hart betroffen.

Der Bürgermeister erwähnte auch die Prostitution in Korintho. Manche Prostituierte würden mehr verdienen als die Minister. Aber ein Pater, der dort seit langem lebte, erzählte mir, daß die meisten Frauen nur von der blanken Not in die Prostitution getrieben würden. Er habe in diesem kleinen Ort mehr als 60 Gefallene beerdigen müssen. Der Krieg zieht seine Spuren immer tiefer und immer grausamer. Jede Familie ist davon betroffen, am härtesten aber trifft dieser Krieg und die wirtschaftlichen Sanktionen der USA die kleinen Leute.

Im Hafen von Korintho wurde während meines Besuches gestreikt, was erst seit Aufhebung des Ausnahmezustands wieder möglich ist. Ich verstehe, daß die Hafenarbeiter mehr Lohn verlangen. Die Unzufriedenheit ist überall sehr groß. Auch treue Anhänger der Sandinisten meinen, daß es so nicht mehr weitergehen kann.

An diesem Tag besuchte ich auch das kleine Krankenhaus von Korintho. Hier will sich die Stadt Köln besonders engagieren, und das ist auch bitter nötig. Es mangelt an Bettwäsche für die 45 Betten, und es fehlt an Waschmitteln, um sie zu waschen. Der Krieg trifft auch die Kranken in aller Härte.

Ich verließ das Krankenhaus mit schlechtem Gewissen. Wieder einmal wurde mir vor Augen geführt, wie wenig diese gigantischen Unterschiede zwischen reichen Industrieländern und armen Entwicklungsländern mit internationaler Solidarität, geschweige denn mit Gerechtigkeit und Christentum vereinbar sind. Und daß unsere Welt nicht zur Ruhe kommen wird, ehe nicht eine gerechtere Weltwirtschaftsordnung zustande gekommen ist. Sie darf es auch nicht.

Aber meine Zweifel werden auch größer, ob die Politiker, die ihre im Verhältnis zu den Entwicklungsländern geringen Probleme schon nicht lösen können, die Kraft, das Können und auch den Willen haben, diese Weltprobleme zu lösen. Alle westlichen Politiker schauen in erster Linie auf ihre Wähler. Ich auch. Manchmal denke ich deshalb, daß sich die Welt erst ändern wird, wenn ein mit den erforderlichen Befugnissen ausgestattetes Weltparlament gewählt wird, in dem auch die Ärmsten der Welt, die die große Mehrheit der Menschheit bilden, ihre Stimme in die Waagschale werfen können. Auch die von Korintho. Und vielen anderen geht es noch viel schlechter.

In den Tagen zwischen den Verhandlungen bleibt mir auch Zeit, um über die Politik der Vereinigten Staaten in Zentralamerika nachzudenken. Präsident Reagan mag sich durch sein Eingehen auf die Politik Gorbatschows Verdienste um erste Abrüstungserfolge erworben haben. In seiner zweiten Amtsperiode hat sich das Verhältnis zwischen den beiden Weltmächten auch wesentlich verbessert. Seine Politik gegenüber Zentralamerika war jedoch falsch. Sie ist, das wird gerade in diesen Tagen deutlich erkennbar, zusammengebrochen, die Mehrheit des Kongresses und des Senats hat sie auch nicht mitgetragen.

Ich kenne keinen verantwortlichen Politiker in Zentralamerika, der nicht bereit wäre zu akzeptieren, daß die Vereinigten Staaten in Zentralamerika besondere Interessen haben. Das gilt auch für die Sandinisten. Auf der anderen Seite sind aber immer weniger Menschen und Politiker in Zentralamerika bereit, die bisherigen Methoden der USA jenen Staaten gegenüber hinzunehmen: massive Einflußnahme auf die innere Entwicklung der Staaten; harte Pressionen, wenn Entscheidungen dieser Regierungen nicht mit ihren Interessen in Einklang stehen; Entsendung von Truppen; Aktivitäten der CIA in diesen Ländern; Drohung mit der Entziehung der Entwicklungshilfe usw., usw.

Manche Botschafter der USA in dieser Region haben sich wie Gouverneure und nicht wie Botschafter verhalten. Solche Repräsentanten der USA gibt es auch heute noch.

Das Ergebnis einer solchen Politik ist verheerend: In Panama ist der Mann, der viele Jahre in der Gunst der Vereinigten Staaten stand und ein regelmäßiges Gehalt von der CIA bezog, in Ungnade gefallen. Er soll das Land verlassen. General Noriega hat sich viel zuschulden kommen lassen und ist alles andere als ein Garant für eine demokratische und gerechte Entwicklung in diesem Land. Auch die Mehrheit der Bevölkerung in Panama will wahrscheinlich den General loswerden, aber man muß den Menschen die Möglichkeit geben, einen panamaischen oder zumindest lateinamerikanischen Weg für die Lösung solcher Probleme zu finden Die finanziellen und wirtschaftlichen Maßnahmen der Vereinigten Staaten treffen in erster Linie nicht den General, sondern die Mehrheit der Bevölkerung.

In El Salvador ist das amerikanische Modell gescheitert. Bei den Wahlen vom 20. März 1988 haben die Christdemokraten, auf die die USA in ganz starkem Maße gesetzt hatten, die Wahlen verloren. Die rechte Arena-Partei gewann die Hälfte der Parlamentssitze und viele Bürgermeisterämter, einschließlich des von San Salvador gegen den Sohn des Präsidenten Duarte. Sicher haben viele Ursachen zu diesem Ergebnis beigetragen, unter anderem auch, daß links von den Christdemokraten keine Partei kandidierte. Aber die Arena-Partei hat die Wahlen auch gewonnen, weil sie ihren Wahlkampf auf die »Zurückerlangung der Souveränität« abstellte, das heißt, gegen den ständigen Versuch der USA, in diesem Lande mitzuregieren.

Entsprechend dem Abkommen von Esquipulas hatte Präsident Napoleon Duarte eine Generalamnestie erlassen. Dabei wurden auch Attentäter begnadigt, die sich terroristischer Verbrechen schuldig machten, denen neben Bürgern aus El Salvador auch Bürger der Vereinigten Staaten zum Opfer fielen. Die USA forderten die Rücknahme der Amnestie für diese Personen. Als man dazu nicht bereit war, wurde die Entwicklungshilfe um zehn Prozent gekürzt. Daraufhin ging Präsident Duarte in die Knie. Die Amnestie für diejenigen, die US-Bürger getötet hatten, wurde zurückgenommen, und damit war der Mann, der einer der engsten Verbündeten der USA war und noch vor kurzem in Washington die Fahne der USA geküßt hatte, von seinem Verbündeten politisch kastriert.

In Honduras kam es zu antiamerikanischen Unruhen, bei denen es auch Tote gab, als ein Krimineller an die Vereinigten Staaten ausgeliefert wurde, obwohl die Verfassung von Honduras keine Auslieferung von honduranischen Bürgern zuläßt. Bis heute ist nicht endgültig geklärt, ob der Präsident von Honduras im Frühjahr 1988 wirklich amerikanische Truppen erbeten hat, oder ob er von Washington aufgefordert wurde, darum zu bitten.

Daß sich Honduras nicht an das Abkommen von Esquipulas hält und den Contras auch weiterhin Territorium für ihren Krieg gegen Nicaragua zur Verfügung stellt, erfolgt mit Sicherheit auf Drängen der Administration in Washington. Aber auch in Honduras nimmt der Antiamerikanismus gefährlich zu.

Die Entwicklung in Nicaragua ist für die USA völlig irritierend. Sie wollten die Beseitigung der Sandinisten, und nun führen die von ihnen finanzierten, ausgebildeten und ausgerüsteten Contras Verhandlungen mit eben diesen Sandinisten. Und auch wirtschaftliche Sanktionen konnten nichts bewirken.

Alle Angebote der Regierung von Nicaragua zur Wiederaufnahme bilateraler Gespräche mit den USA wurden in Washington abgelehnt. Präsident Reagan erklärte sich dazu erst bereit, wenn die Sandinisten direkten Verhandlungen mit der Contra zustimmen würden. Seit dem Frühjahr 1988 finden nun schon direkte Verhandlungen mit dem Widerstand statt, aber bis zum Frühjahr 1989 hat die Regierung der USA keine Konsequenzen daraus gezogen. Ich weiß nach vielen Gesprächen mit den Sandinisten, daß sie bereit sind, die Interessen der Vereinigten Staaten zu wahren. Aber selbstverständlich wollen sie sich nicht in ihre inneren Angelegenheiten von Washington hineinreden lassen. Und wenn nicht geredet wird, dann kann es auch keine Lösungen geben.

Costa Rica war stets der treueste Freund der USA in dieser Region. Aber es mißfiel der Administration in Washington, daß der Präsident von Costa Rica, Oscar Arias, die Initiative zu einer Befriedung Zentralamerikas ergriffen hat.

Die Politik der US-Regierung in Zentralamerika ist gescheitert. Sie hat dem Ansehen der Vereinigten Staaten erheblich geschadet.

Die Europäische Gemeinschaft betreibt gegenüber Zentralamerika eine völlig andere Politik. Die gemeinsamen Konferenzen zwischen den zentralamerikanischen Staaten und der Europäischen Gemeinschaft von San José 1984, von Luxemburg im Jahr 1985, von Guatemala 1987 und die Konferenz von Hamburg 1988 und 1989 in Honduras beweisen das ganz eindeutig. Die Europäische Gemeinschaft leistet an alle zentralamerikanischen Staaten Entwicklungshilfe, also auch an Nicaragua, das die USA mit wirtschaftlichen Sanktionen belegten. Und diese wirtschaftlichen Sanktionen haben die USA geschmackloserweise auch noch anläßlich eines Besuches in Bonn bekanntgegeben – unter dem Briefkopf: »White House Bonn«! Um so massiver unterstützten die USA die Contras.

Natürlich sind die amerikanischen Leistungen gegenüber Zentralamerika wesentlich höher als die der Europäischen Gemeinschaft. Aber ein großer Teil davon ist Militärhilfe, und die umfangreiche Entwicklungshilfe wird auch genutzt, politischen Druck auszuüben.

1988 revidierte der amerikanische Kongreß und Senat dann die Politik der Administration erheblich und übernahm damit praktisch die Initiative für eine andere Politik. Ihr führender Kopf ist Jim Wright, der Mehrheitsführer im Kongreß. Nicht zu vergessen sind aber die vielen hervorragenden Mitarbeiter von Senatoren und Kongreßmitgliedern. Die wichtigste Entscheidung traf der Kongreß mit der Ablehnung weiterer Waffenhilfe an die Contras am 3. Februar 1988. Unmittelbar nach dem Abkommen von Sapoá vom 23. März 1988 beschlossen beide Häuser, die dort vereinbarte Verifizierungskommission mit zehn Millionen Dollar finanziell zu unterstützen. Positiv ist auch die humanitäre Hilfe, vor allem für die Kinder in Nicaragua, obwohl bei der Abwicklung dieser Programme die Souveränität der Regierung in Managua stark strapaziert wurde. Dies alles beweist, daß Parlamente die Fehler ihrer Regierungen revidieren können und es auch tun.

Wenn es außerdem gelingen sollte, in der amerikanischen Außenpolitik das Nebeneinander und oft auch Gegeneinander von Weißem

Haus, Nationalem Sicherheitsrat, State Department, Pentagon und CIA zu beenden, so wäre dies nicht nur für die Verbündeten der USA, sondern für die ganze Welt ein Gewinn.

Eine Politik der USA für Zentralamerika, die die Souveränität und Selbstbestimmung dieser Staaten akzeptiert, sollte eine Selbstverständlichkeit sein. Der amerikanische Botschafter in diesen Staaten muß Botschafter und nicht Mitregierender sein. Natürlich kann und muß man die demokratische Entwicklung unterstützen. Die Hilfsprogramme sollen die großen sozialen Unterschiede abbauen und den Lebensstandard der breiten Mehrheit der Bevölkerung heben. Truppenstationierung und Militärhilfe in dieser Region und damit die zum Teil unverantwortlich hohen Militärbudgets dieser Länder müssen abgebaut und der Friedensprozeß unterstützt werden. Wir sollten Freundschaft zu diesen Staaten und ihren Menschen suchen und nicht ihre Abhängigkeit. Die Blockfreiheit dieser Staaten muß man nicht nur akzeptieren, sondern fördern.

Eine solche Politik würde den Vereinigten Staaten zur Ehre gereichen und bliebe auch nicht ohne Einfluß auf die sowjetische Politik. Denn beide Weltmächte müssen wissen, daß sich die Zeiten geändert haben – auch für die kleinen Staaten.

Für die Verhandlungen vom 28. bis 30. April 1988 mußten noch wichtige Vorbereitungen getroffen werden. Neuerdings wurde von der Contra immer wieder behauptet, die Regierung von Nicaragua wolle sie durch Aushungern der irregulären Truppen zu einem ihr genehmen Verhandlungsergebnis zwingen. Ich schlug deshalb vor, sofort Vorkehrungen für eine provisorische Regelung der Versorgung der Truppen zu treffen und verhandelte dazu mit einer Delegation des Komitees vom Internationalen Roten Kreuz in Managua. Das Rote Kreuz verfügt in Nicaragua über eine gute Mannschaft mit 34 Mitarbeitern aus der Schweiz, einen entsprechenden Wagenpark und auch über die notwendigen Lebensmittel. Der Chef des Unternehmens ist ein ausgesprochen angenehmer Verhandlungspartner. Das Rote Kreuz war bereit, die Versorgung der irregulären Truppen ab sofort zu übernehmen. Natürlich bedurfte es dazu der Zustimmung der Regierung von Nicaragua und der Führung der Contra. Außerdem mußten beide Seiten die üblichen Bedingungen des Internationalen Roten Kreuzes anerkennen. Die Regierung von Nicaragua war dazu sofort bereit. Ich erarbeitete den Entwurf eines Abkommens, der bei Beginn der Verhandlungen sofort den Vertretern der Contra vorgelegt werden konnte[10].

Die Regierung beschloß außerdem, die Feuerpause um weitere 30 Tage zu verlängern und der anderen Seite einen entsprechenden Vorschlag zu machen. Offensichtlich hatte sich aber die Position auf der anderen Seite wesentlich verhärtet. Eine Verlängerung der Feuerpause wurde abgelehnt. Auch die Versorgung der irregulären Truppen durch das Rote Kreuz wies die Contra zurück. Sie forderte nach wie vor, daß die Truppen von privaten Firmen versorgt werden sollten und wollten dazu gleich den Auftrag ausschreiben. Jedenfalls wurde uns auf einmal mitgeteilt, daß es mit dem Hunger nicht so schlimm sei. In einer Region sei die Verpflegung nur etwas einseitig. Mir war natürlich sehr gut bekannt, daß sich die Truppen der Contra aus dem Land versorgten, vor allem durch umfangreiche Viehdiebstähle.

In einer von beiden Seiten gebildeten Arbeitsgruppe wurde in 16 von 32 Punkten Übereinstimmung erzielt. Aber diese Punkte betrafen alle den sogenannten »modus operandi«, also die Regelung der Fragen, die sich durch den Einzug der irregulären Truppen in die vereinbarten Zonen ergaben. In den grundsätzlichen Fragen konnte keine Übereinstimmung erzielt werden.

Die Regierung hatte ein recht umfangreiches gemeinsames Kommuniqué vorgeschlagen. Dazu war die Contra aber überhaupt nicht bereit. Sie wollte nur mitteilen, daß die Verhandlungen fortgesetzt würden. Offensichtlich war eine kritische Phase erreicht.

Ich nutzte deshalb die Zeit nach den Verhandlungen zu ausführlichen Gesprächen mit dem Präsidenten, dem Verteidigungsminister und dem Außenminister und suchte auch den Generalsekretär der OAS auf, um mit ihm die Lage zu besprechen. Wir stimmten in der Beurteilung der Situation weitgehend überein.

Am 23. Mai flog ich erneut nach Managua zur Fortsetzung der Verhandlungen. Ich übernachtete in Miami und erfuhr dort, daß das Flugzeug, mit dem ich nach Managua hätte weiterfliegen sollen, in San José abgestürzt war. Es gab keine Toten, aber die Maschine war völlig ausgebrannt.

In Managua wurden dann die Verhandlungen mit der Regierung und der sandinistischen Partei vorbereitet. Paul Reichler hatte in Washington intensive vertrauliche Gespräche mit Alfredo Cesar geführt. Er glaubte, daß man diesmal ein Abkommen erzielen könnte. Ich war sehr skeptisch.

Die Regierung trat wieder mit der gleichen Delegation an. Aber auf seiten der Contra gab es entscheidende Veränderungen: Calero war nicht mehr dabei, Alfredo Cesar war nun Sprecher des Widerstands. Von den elf Delegierten der Contra, die das Abkommen von Sapoá unterschrieben haben, saßen nur noch drei am Tisch: Alfredo Cesar, Aristides Sanchez und als einer der Berater der frühere Außen- und Verteidigungsminister der Dominikanischen Republik Jimenez. Neu am Verhandlungstisch saß Enrique Bermudez, Exoberst der somozistischen Nationalgarde, letzter Militärattaché von Somoza in Washington und jetzt Oberbefehlshaber der Contratruppen. Er war der starke Mann und sprach nur von »seinen Truppen«. Am Verhandlungstisch erzählte er, daß er die größte und modernste Guerillatruppe Lateinamerikas aufgebaut habe – natürlich mit Hilfe der Vereinigten Staaten. Bermudez hatte sich öffentlich gegen das Abkommen von Sapoá ausgesprochen.

Die Contra legte zum erstenmal ein Gesamtkonzept auf den Tisch. Aber große Teile dieses Konzepts standen im Widerspruch zum Abkommen von Sapoá. Generell war deutlich spürbar, daß ein Teil der Contravertreter von den Vereinbarungen von Sapoá weg wollte. Deshalb war auch der größte Teil der Unterzeichner ausgeschlossen worden. Sie durften oder wollten nicht mehr an den Verhandlungen teilnehmen. Der erste Delegationsleiter der Contra, Jaime Morales Carazo, hatte sogar eine Publikation gegen die Contraführung verfaßt und veröffentlicht. Innerhalb des Widerstands fanden also offensichtlich harte Auseinandersetzungen statt.

Die Verhandlungen brachten zwar in einigen Punkten Übereinstimmung, aber von dem von Paul Reichler erwarteten Durchbruch konnte überhaupt keine Rede sein. Alfredo Cesar, der jetzt als unumstrittener Sprecher der Contra auftrat, hatte sich offensichtlich ganz in die Abhängigkeit von Bermudez begeben.

Nach drei Verhandlungstagen konnte kein gemeinsames Kommuniqué verabschiedet werden, aber ein neuer Verhandlungstermin wurde vereinbart: vom 7. bis zum 9. Juni 1988 wieder in Managua. Beide Seiten wollten die vereinbarte Feuerpause einhalten.

Ich blieb auch diesmal in Nicaragua. Um mich zu erholen, fuhr ich für ein paar Tage an die pazifische Küste. Aber mein Gesundheitszustand war so schlecht, daß ich ärztliche Hilfe in Anspruch nehmen mußte. Trotzdem konnte ich die Zeit auch nutzen, um mehr von dem Land und seinen Problemen kennenzulernen.

Für die neue Verhandlungsrunde erarbeitete die Regierung einen genauen Zeitplan, der im wesentlichen auf meinen Vorschlägen beruhte und große Rücksicht auf die Interessen der Contra nahm. Der Plan sah vor, daß die Contra ihre Waffen erst nach einem politischen Dialog von 60 Tagen abzugeben brauche, nachdem die notwendigen Vereinbarungen für die Regelung der umstrittenen politischen Fragen getroffen sind. Die politischen Gefangenen werden alle bis zum Oktober 1988 entlassen. Die Contra muß ihre Waffen nicht an die Armee, sondern an die Verifizierungskommission übergeben. Meiner Meinung nach war das ein wirklich großzügiger und für die Contra akzeptabler Vorschlag. Aber die Verhandlungen begannen in einem ungünstigen Klima. Bereits vor Beginn hatte die Contra erklärt, daß dies die letzte Verhandlungsrunde sei. Die Regierung hatte ihrerseits eine Anzeigenserie in zwei Zeitungen gegen die Contra gestartet, insbesondere gegen die wichtigsten Personen am Verhandlungstisch.

Die Verhandlungen nahmen dann auch keinen guten Verlauf. Die Contra erklärte, sie wolle einen neuen Vorschlag machen. Daraufhin wurden die Verhandlungen für mehrere Stunden unterbrochen. Erst kurz vor Abschluß kam endlich der angekündigte neue Vorschlag der Contra. Eine erste Durchsicht zeigte auch mir, daß die Contra an keinem Abkommen interessiert war. Der Vorschlag enthielt eine Reihe von Punkten, die in den vielen Verhandlungen bisher noch niemals angesprochen worden waren. Einzelne Punkte waren für die Regierung auch bei großzügigster Haltung nicht zu akzeptieren. Die Contra wollte also, zumindest vorerst, den Abbruch der Verhandlungen.

Das Verhandlungsklima wurde härter. Dennoch erklärte die Regierung, daß sie sich weiter an die Feuerpause halten werde, für sie das Abkommen von Sapoá auch weiterhin gelte und sie bereit sei, sofort einen neuen Verhandlungstermin zu vereinbaren. Sie erklärte sich sogar mit der humanitären Versorgung der Contratruppen durch die Panamerikanische Stiftung, einer Einrichtung der OAS, einverstanden.

Die Contra ihrerseits erklärte sich zu keinem neuen Verhandlungstermin bereit. Sie werde sich aber an die vereinbarte Feuerpause halten. Ihre Haltung zum Abkommen von Sapoá wolle sie in einem Brief an die beiden Zeugen, den Kardinal und den Generalsekretär der OAS, festlegen.

Dieser 9. Juni war ein schwarzer Tag im Bemühen um Frieden und Aussöhnung. Die Verhandlungen waren vorerst gescheitert. Auf dem langen Rückflug machte ich für mich eine Bestandsaufnahme:

- Bis zu neuen Verhandlungen wird viel Zeit vergehen. Aber das bisher Erreichte darf auch nicht unterschätzt werden. Vor der Feuerpause starben in diesem Krieg täglich etwa 50 Menschen. Seit dem Abkommen von Sapoá gab es nur noch wenige Zwischenfälle mit Toten.
- Es ist jetzt von entscheidender Bedeutung, zumindest die Feuerpause aufrechtzuerhalten.
- Die Bemühungen um neue Verhandlungen müssen bald wieder aufgenommen werden. Aber auch das innenpolitische Klima muß wesentlich verbessert werden.

Die Regierung machte bald darauf einen neuen Terminvorschlag für Verhandlungen in Managua. Dazu sollten im kleinen Kreis Vorbesprechungen in Miami stattfinden. Die Bedingungen der Contra waren: der Staatspräsident von Nicaragua, Daniel Ortega, solle selbst die Delegationsleitung übernehmen; die Verhandlungen sollten nicht mehr in Managua, sondern in einem anderen zentralamerikanischen Land stattfinden; schließlich sollten die Präsidenten von Costa Rica, El Salvador, Guatemala und Honduras die Erfüllung eines mit der Regierung von Nicaragua geschlossenen Abkommens garantieren.

Diese Forderungen waren zumindest zum Teil unerfüllbar. Es zeugt schon von einer gewissen Unverfrorenheit, selbst schon mit dem dritten Delegationsleiter aufzutreten und dann den Leiter der Regierungsdelegation bestimmen zu wollen. Und Präsidenten, die sich selbst nicht im geringsten an das Friedensabkommen von Esquipulas halten, können auch nicht die Einhaltung dieses Abkommens garantieren. Daß die Contra nicht mehr in Managua verhandeln wollte, konnte ich noch verstehen. Offensichtlich hatte sie mit einem weit positiveren Empfang durch die Bevölkerung gerechnet und war nun enttäuscht. Aber wie konnte sie erwarten, freundlich empfangen zu werden angesichts all der Opfer, die dieser Krieg schon gefordert hatte!

Die Lage spitzte sich weiter zu. Am 10. Juni 1988 fand in der Nähe von Managua eine genehmigte Demonstration der Contra statt, bei der es zu Ausschreitungen kam. Es flogen Steine, und die Polizei setzte Tränengas ein. 40 Personen wurden verhaftet. Die Regierung von Nicaragua beschuldigte die Botschaft der USA, an der Vorbereitung dieser Demonstration gegen die sandinistische Regierung beteiligt gewesen zu sein. Der Botschafter der Vereinigten Staaten und weitere sieben Diplomaten mußten Nicaragua innerhalb von 72 Stunden verlassen. Außerdem wurde die Oppositionszeitung »La Prensa« für 14 Tage und die Sendungen der katholischen Rundfunkanstalt auf unbestimmte Zeit verboten.

Auch wenn die Opposition für die Ausschreitungen verantwortlich gewesen sein sollte, waren die von der Regierung verhängten Strafmaßnahmen nach meiner Meinung unverantwortlich hart.

Die Antwort der USA erfolgte prompt: Nicaraguas Botschafter in Washington und sieben weitere Diplomaten wurden ausgewiesen. In Washington wurden Überlegungen angestellt, der Contra wieder Militärhilfe zu gewähren.

Nachdem der Regierung von Nicaragua von mehreren Seiten zu verstehen gegeben worden war, daß die Repressionen nach der regierungsfeindlichen Demonstration einen schweren Rückschritt darstellten, hat sie diese schließlich weitgehend zurückgenommen.

Zum Jahreswechsel 1988/89 befand sich der Friedensprozeß in einer Krise. Weder in Nicaragua noch in El Salvador und Guatemala fanden die vorgesehenen Waffenstillstandsverhandlungen statt. Allerdings wird die Feuerpause, die wir im Herbst 1988 vereinbart hatten, weitgehend eingehalten. So sind wenigstens viele Menschenleben gerettet worden.

Die wirtschaftliche Lage Nicaraguas ist katastrophal. Die Inflationsrate beträgt viele tausend Prozent. Und in dieser Situation wurde das Land auch noch von einem schweren Hurrikan heimgesucht. Die Regierung kann und muß die Militärausgaben senken. Die militärische Lage läßt das jetzt zu.

Die Contra ist heillos zerstritten. Sie ist kaum verhandlungsfähig. Der größte Teil ihrer militärischen Kräfte hält sich jetzt in Honduras auf. Aber die dortige Regierung möchte sie loswerden.

Präsident Duarte in El Salvador ist todkrank. Präsidentenwahlen stehen bevor. Im Parlament hat die ultrarechte Arena-Partei bereits die Mehrheit. Die Menschenrechte werden weiterhin mißachtet.

Das Abkommen über die Wahl eines zentralamerikanischen Parlaments ist in Costa Rica noch immer nicht ratifiziert.

Aber es gibt auch positive Anzeichen. In den Vereinigten Staaten ist George Bush zum 41. Präsidenten der USA gewählt worden. In beiden Häusern des amerikanischen Parlaments haben jedoch die Demokraten die Mehrheit. Ich setze viel Hoffnung auf eine Veränderung der amerikanischen Politik gegenüber Zentralamerika. Das neue Verhältnis zwischen den beiden Weltmächten muß sich auf diese Region auswirken. Aber die fünf zentralamerikanischen Staaten müssen auch selbst neue Anstrengungen für den Frieden in ihrer Region unternehmen.

Im Januar 1989 wurde ich von der Regierung Nicaraguas erneut gebeten, nach Zentralamerika zu kommen. Ich sollte mithelfen, den ins Stocken geratenen Friedensprozeß wieder flottzumachen. So war ich vom 25. Januar bis 5. Februar 1989 erneut in Zentralamerika.

In Nicaragua führte ich ausführliche Gespräche mit der Führung des Landes und der Sandinistischen Partei. Es waren umfangreiche Veränderungen im politischen und wirtschaftlichen Bereich vorgesehen. Man war bereit, den Dialog mit den Oppositionsparteien zu intensivieren. Auch über die Änderung des Wahlgesetzes und eine veränderte Zusammensetzung des Wahlrates wollte man sprechen. Und die Medien sollten einen größeren Freiraum erhalten. Vor allem wurde aber ein Plan erarbeitet, der eine freiwillige Repatrisierung der in Honduras lebenden Contras nach Nicaragua beziehungsweise auch in dritte Länder vorsah. Die Contra sollte in Honduras ihre Waffen an die dortige Armee abliefern und dann in Nicaragua wieder angesiedelt werden. Dafür wurden ihnen Land, Geräte und Saatgut in Aussicht gestellt. Natürlich konnte das nur mit internationaler Hilfe erfolgen. In Verbindung damit sollte dann eine Amnestie verkündet werden, von der auch die früheren Somozisten nicht ausgeschlossen waren. Im wirtschaftlichen Bereich war eine sehr umfangreiche Stärkung des privaten Sektors vorgesehen. Private Unternehmer sollten sich an den staatlichen Beziehungen beteiligen können. Weitere Verstaatlichungen waren nicht mehr vorgesehen. Der Haushalt des Verteidigungsministeriums sollte um 29 Prozent, der des Innenministeriums sogar um 40 Prozent gekürzt werden. Dies bedeutete natürlich eine starke Einschränkung der militärischen und anderen Sicherheitskräfte.

All dies waren positive Vorschläge, über die wir ausführlich sprachen. Ich machte noch weitergehende Vorschläge. Anschließend wurde ich gebeten, die Regierungen von Honduras, El Salvador und Costa Rica zu informieren. Besonders wichtig waren die Gespräche mit dem Präsidenten von Honduras und seiner Regierung. Hier ging es um die freiwillige Repatriierung der Contra von Honduras nach Nicaragua. Die Vorschläge aus Nicaragua wurden in Honduras ausgesprochen positiv aufgenommen. Nach Guatemala flog der amerikanische Anwalt Paul Reichler. Für die Erfüllung meiner Aufgabe wurde mir in Managua ein Flugzeug zur Verfügung gestellt. Nach meiner Rückkehr nach Nicaragua informierte ich die Regierung über die recht positive Reaktion der anderen zentralamerikanischen Staaten. Jetzt konnte eine zentralamerikanische Gipfelkonferenz mit Aussicht auf Erfolg stattfinden.

Mit der Gipfelkonferenz bekam der Friedensprozeß einen neuen und entscheidenden Anstoß. Aber der größte Teil der guten Absichten muß noch in die Tat umgesetzt werden. Schwere Rückschläge gab es in El Salvador. An einem blutigen Wahltag wurde ein Vertreter der rechten Arena-Partei zum Präsidenten gewählt.

Ich weiß, daß ich mich noch nicht zur Ruhe setzen kann.

Ausklang

Ein notwendiges Wort mit ungewollten Folgen: Der Rücktritt Willy Brandts

Schon mehrere Monate vor der Bundestagswahl von 1987 hatte die Kritik an Willy Brandt als Parteivorsitzendem zugenommen. Die Partei war in jenen Monaten durch die Affäre um die »Neue Heimat« schwer betroffen. Dafür konnte Willy Brandt selbstverständlich nichts, aber Bemerkungen von ihm und anderen Führungsmitgliedern erschwerten den Wahlkampf und die Position unseres Spitzenkandidaten Johannes Rau. Das gipfelte in Äußerungen von führenden Parteimitgliedern, ihnen wäre ein anderer Spitzenkandidat eigentlich lieber. Andere traten offen für eine Koalition mit den Grünen ein, während sich der Spitzenkandidat dagegen ausgesprochen hatte. Das klärende Wort des Parteivorsitzenden fehlte.

Willy Brandt sah in den letzten Jahren nach dem Ausscheiden der SPD aus der Regierung seine Hauptaufgabe wohl darin, die Partei zusammenzuhalten. Bei dieser guten Absicht hatte sie aber an Profil verloren oder sich eines zugelegt, von dem ich meinte, es sei nicht mehrheitsfähig. In den Wochen vor, aber noch stärker nach der Bundestagswahl war die Partei in erster Linie mit Diskussionen beschäftigt, ob die SPD mit den Grünen zusammenarbeiten oder koalieren könne.

Meine Meinung dazu war sehr klar: Natürlich wäre es ideal, wenn alle im Bundestag vertretenen Parteien untereinander koalitionsfähig wären. In der Geschichte der Bundesrepublik hatte es nur ein einziges Mal eine absolute Mehrheit für eine Partei gegeben: 1957 für die CDU/CSU unter Konrad Adenauer.

Selbstverständlich mußte man auch die drei Millionen Wähler ernst nehmen, die sich bei der Bundestagswahl 1987 für die Partei der Grünen entschieden hatten. Ich wußte auch, daß es unter den Grünen Politiker gab, mit denen eine Zusammenarbeit durchaus möglich war.

Aber um mit anderen Parteien zusammenzuarbeiten oder gar eine Koalition bilden zu können, braucht eine Partei zunächst ein eigenes, klares Profil und eindeutige Grundsätze:

- Zuerst muß man sich darum bemühen, bei allen möglichen Koalitionen ein Höchstmaß an sozialdemokratischer Politik durchzusetzen.
- Die Sozialdemokratische Partei kann keinen Partner akzeptieren, der die Rechte der Arbeitnehmer abbauen will.
- Partner der SPD kann nur sein, wer sich zum Rechtsstaat bekennt und sich auch so verhält. Partner kann nicht sein, wer den gemeinsamen Staat bekämpft.
- Partner der SPD kann auch nicht sein, wer kein klares Verhältnis zur Gewalt hat. Wer das Zerstören von Stromleitungen als Protest gegen die Energiepolitik betrachtet und nicht als rechtswidrigen, kriminellen Akt, der kann nicht Partner der SPD sein.
- Wer den Austritt der Bundesrepublik Deutschland aus der Nato anstrebt und damit mitten in Europa ein gefährliches Vakuum schafft, außerdem mit einer nichtintegrierten deutschen Armee auch bei den westlichen Nachbarn Verunsicherung erzeugt, ist als Koalitionspartner für die SPD ungeeignet. Natürlich will die SPD einen Zustand des Friedens, in dem eines Tages beide Bündnissysteme überflüssig sind.

Diese Grundsätze ließen zumindest in den Jahren von 1983 bis 1988 eine Koalition mit den Grünen nicht zu. Ich sehe durchaus auch gewisse politische Veränderungen bei dieser Partei, aber nach wie vor gibt es dort eine starke Gruppe, die weder regierungsfähig noch regierungswillig ist. Die Partei diskutierte ihr Verhältnis zu den Grünen, aber sie bekämpfte sie nicht. Von der Parteiführung gab es keine eindeutige Orientierung.

Am 16. März 1987 tagte das Präsidium der Partei, um unter anderem für den zurückgetretenen Wolfgang Clement einen neuen Pressesprecher zu berufen. Wolfgang Clement war ein außerordentlich loyaler, begabter, politischer und aktiver Sprecher der Partei. Außerdem war er stellvertretender Bundesgeschäftsführer der Partei. Zurückgetreten ist er, weil er sah, wie mangelhaft die Unterstützung des Spitzenkandidaten Johannes Rau auch durch Teile der SPD-Führung war.

Nur einmal waren unsere Beziehungen getrübt,
aber nicht für immer.

Willy Brandt schlug als Nachfolgerin Margarita Mathiopoulos vor, eine junge Griechin mit hervorragender Ausbildung, aber keinerlei journalistischer Erfahrung und ohne Wissen über die Partei. Frau Mathiopoulos gehörte der SPD auch nicht an.

Im Präsidium gab es Widerstand gegen Margarita Mathiopoulos. Aber insbesondere Johannes Rau, Hans-Jochen Vogel, der Bundesgeschäftsführer und der Schatzmeister verlangten, daß der Vorschlag des Parteivorsitzenden respektiert würde, da er ja besonders eng mit der Sprecherin des Parteivorstandes zusammenarbeiten müsse. Praktisch wurde Margarita Mathiopoulos ohne Mehrheit im Präsidium zur Sprecherin der SPD berufen.

Schon am anderen Tag wurde Frau Mathiopoulos durch den damaligen Bundesgeschäftsführer Peter Glotz und Interimssprecher Günter Verheugen der Bonner Presse vorgestellt. Auf die vielen kritischen Fragen, vor allem zur Mitgliedschaft in der SPD, antwortete Peter Glotz unter anderem: »Gehen Sie davon aus, daß der nächste Parteivorsitzende der SPD angehören wird.« Ich habe bei dieser Art von Humor nicht lächeln können, und viele Mitglieder waren über diesen Satz empört.

Am gleichen Tag war Fraktionssitzung der SPD. Hier erfuhren die Fraktionsmitglieder durch Agenturmeldungen, daß eine Frau, die kein Mitglied der SPD ist, zur Sprecherin dieser Partei gewählt worden war. Die Entrüstung war groß, und sie war gruppenübergreifend. Hans-Jochen Vogel hatte Mühe, die Fraktion wenigstens einigermaßen zu beruhigen. Wegen der Abwesenheit von Willy Brandt wurde die Debatte vertagt.

Abends war ich im Seeheimer Kreis. Überall herrschte die gleiche Stimmung: Niemand verstand, warum eine der Partei nicht angehörende Frau Sprecherin dieser Partei werden solle.

Der Kölner »Expreß« bat mich um ein Interview. Ich vertröstete den Journalisten auf den nächsten Tag, weil ich vorher noch einmal über die ganze Angelegenheit nachdenken wollte.

Am folgenden Tag gab ich dann das Interview. Den Text ließ ich mir dann noch einmal vorlegen; ich mußte nur ein Wort abmildern. Das Interview hatte folgenden Wortlaut:

»Absolute Fehlentscheidung

Hans-Jürgen Wischnewski tadelt SPD-Präsidium im EXPRESS-Interview von Georg Streiter

Was halten Sie von Willy Brandts Entscheidung, Margarita Mathiopoulos zur neuen SPD-Sprecherin zu machen?

Wischnewski: Dies ist eine absolute Fehlentscheidung. Sie hat eine hervorragende Ausbildung. Aber sie ist kein Mitglied der SPD und hat auch noch nie etwas mit der SPD zu tun gehabt. Ihre Berufung ist eine Backpfeife für viele Journalisten, die der SPD angehören. Die eleganteste Lösung wäre, wenn sie ihr Amt nicht antritt, übrigens auch in ihrem Interesse.

Wer trägt die Verantwortung?

Wischnewski: Im SPD-Präsidium gab es beträchtlichen Widerstand. Ausschlaggebend war die Stimme des Parteivorsitzenden. Er trägt deshalb auch die Hauptverantwortung für diese zweite große Panne innerhalb kürzester Zeit. Ich erinnere an die Umstände der Berufung von Hans-Ulrich Klose zum Schatzmeister, bei der das Parteipräsidium einfach ausgeschaltet worden ist.

Kann Willy Brandt die SPD noch führen?

Wischnewski: Offensichtlich ist das gesamte Präsidium der SPD, Willy Brandt eingeschlossen, im Moment nicht in der Lage, den Führungsaufgaben im notwendigen Maße gerecht zu werden Es ist unerträglich, daß die SPD vor wichtigen Landtagswahlen mit Personaldebatten beschäftigt ist. Das kann nicht bis 1988 so weitergehen.

Was wird geschehen?

Wischnewski: Ich bin sicher: In allerkürzester Zeit wird sich der SPD-Vorstand mit der Führungskrise der Partei beschäftigen. Die Führungsfragen der SPD müssen jetzt geklärt werden. Und zwar in einem Guß und nicht stückchenweise.«

In diesem Interview kommt mein ganzer Zorn über die Führungsprobleme der letzten Monate zum Ausdruck. Und ich habe auch den Parteivorsitzenden dabei nicht ausgelassen.

Aber auch von vielen anderen wurde Kritik laut – nicht nur an der Berufung der Pressesprecherin, sondern generell an der Führung der Partei. Viele wollten die Nachfolge von Willy Brandt möglichst schnell geklärt haben. Wir dachten dabei aber an einen wohlvorbereiteten Wechsel auf dem ordentlichen Parteitag von 1988.

Die Kritik kam keineswegs nur aus dem Seeheimer Kreis. Ich habe in jenen Tagen mit vielen Repräsentanten der »Parlamentarischen Linken« gesprochen Auch dort war die Kritik an der Führung der Partei eindeutig.

Nach meinem Interview im »Expreß« bekam ich eine Fülle von weiteren Interview-Wünschen. Ich wies sie alle zurück; nachdem ich meine Meinung deutlich gesagt hatte, war dem auch nichts mehr hinzuzufügen.

Eine Reihe von Präsidiumsmitgliedern der Partei gab Erklärungen für den Parteivorsitzenden ab. Angesichts der vielen Gespräche, die ich vorher geführt hatte, war ich über einige dann doch sehr überrascht.

Bundesgeschäftsführer Peter Glotz und der damals noch kommissarische Bundesschatzmeister Ulrich Klose gaben eine gemeinsame Erklärung ab, die zwar den Namen Wischnewski nicht nannte, aber in großen Teilen gegen mich gerichtet war. Ich habe darauf am 20. März 1987 an Peter Glotz und Ulrich Klose einen Brief geschrieben, den ich auch allen anderen Mitgliedern des Präsidiums zur Verfügung stellte. Der Brief hatte folgenden Wortlaut:

»Lieber Peter,
lieber Ulli,

zu Eurer Pressemitteilung vom 19. März 1987 möchte ich einige Anmerkungen machen:

Ich wende mich nicht gegen eine Ausländerin. Ich fühle mich ihrem Vater freundschaftlich verbunden. Ich wende mich nicht gegen eine junge Frau.

Die Partei befindet sich in einer kritischen Phase. Gerade in dieser Zeit braucht die Partei eine Sprecherin oder einen Sprecher, die oder der die Partei genau kennt und ihr zumindest angehört. Ich weiß, daß ich in dieser Frage in Übereinstimmung mit der überwiegenden Mehrheit der Parteimitgliedschaft bin.

Ich möchte aber insbesondere zum ›Experten für Gegrummel‹ Stellung nehmen. Ich halte diese Formulierung für einen Genossen, der in tiefer Sorge um die Entwicklung der Partei ist, nicht für gerechtfertigt.

Ich mache mir ernste Sorgen um die Führung der Partei. Niemand wird bestreiten können, daß ich viele Jahre und Jahrzehnte für Willy Brandt meine ganze Kraft für seine Unterstützung gegeben habe. Heute muß ich auf folgendes hinweisen:

Für mich war es unerträglich, daß führende Genossinnen und Genossen Johannes Rau während des Wahlkampfes in den Rücken gefallen sind.

Für mich war es unerträglich, daß man in diesem Wahlkampf für die Zusammenarbeit und gegen die Zusammenarbeit mit den Grünen eintreten konnte. Diese Unsicherheit führte zum Rücktritt des hervorragenden Pressesprechers Wolfgang Clement.

Für mich war unverständlich, daß ein Mitglied des Parteivorstandes am Tage nach der Wahl vor der Zusammenkunft der Führungsgremien der Partei in einer Pressekonferenz mitteilen konnte, daß die Strategie des Spitzenkandidaten der Partei verkehrt war.

Nicht die Person des gewählten Schatzmeisters, aber die Form seiner Wahl unter Ausschließung des Präsidiums, ist für mich unerträglich.

Ich kann nicht erkennen, wie die Parteiführung dafür Sorge trägt, daß die Partei sich nicht bis zum Jahre 1988 in einer schwierigen Personaldiskussion befindet.

Und nun die Berufung eines Nichtmitgliedes zur Sprecherin der Partei. Das spricht zumindest für die völlig falsche Einschätzung der Situation in der Partei. Das sind nur einige Beispiele. Unter diesen Umständen darf sich niemand wundern, wenn die Führungskraft des Präsidiums diskutiert wird. Ich empfehle dringend, das nicht als ›Gegrummel‹ abzutun.

Ich gebe Euch recht, daß die Auseinandersetzung mit der Regierungserklärung Kohls wichtiger ist als ein Interview im ›Expreß‹. Das hätten die Leute bedenken sollen, die am Tage vor der Debatte im Deutschen Bundestag die vorgeschlagene Sprecherin des Parteivorstandes der Presse vorgestellt haben. Das Verursacherprinzip gilt nicht nur für den Umweltschutz.

Ich werde diese Reaktion auf Eure Presseerklärung nicht veröffent-

lichen. Aber sie geht zur Kenntnis an den Parteivorsitzenden und die Mitglieder des Präsidiums.
Mit freundlichen Grüßen
Hans-Jürgen Wischnewski.«

In diesen Tagen beschäftigten sich zahlreiche Menschen mit der Lage der SPD. Nach meinem Interview erhielt ich viele zustimmende Briefe, aber auch etliche, die mich zutiefst bestürzten: auch Ausländerfeindlichkeit wurde deutlich. Briefeschreiber regten sich darüber auf, daß die berufene Pressesprecherin Griechin war! Es irritierte mich sehr, daß solche Briefe auch aus der Partei kamen.

In dieser Woche bat mich Margarita Mathiopoulos um ein Gespräch. Wir trafen uns am 21. März 1987 zum Frühstück im Hotel Steigenberger in Bonn. Wir sprachen über gemeinsame Tage mit ihrem Vater, der viele Jahre ein beachteter und geschätzter Korrespondent in Bonn gewesen war. Mit ihm verband mich eine freundschaftliche Zusammenarbeit, insbesondere in der Zeit des griechischen Obristenregimes. Ich sagte Frau Mathiopoulos: Sie sei nur das auslösende Moment einer schon länger schwelenden Krise. Auch verfüge sie über keine journalistische Erfahrung. In einer so kritischen Situation müsse jemand Sprecher der Partei sein, der sie genau kenne. Anderen Journalisten die Probleme der Partei zu erläutern und der eigenen Partei zu helfen, diese Probleme zu überwinden, setze voraus, daß man die Problematik auch aus eigener Erfahrung kenne. Sie aber sei noch nicht einmal Mitglied dieser Partei. Ich sagte ihr jedoch auch, daß mich weder die Tatsache stört, daß sie Griechin oder eine Frau sei. Schließlich sagte ich ihr, daß bereits großer Schaden entstanden sei, für die Partei insgesamt, aber für Willy Brandt im besonderen. Ich empfahl ihr deshalb dringend, das Amt nicht anzunehmen und dies auch Willy Brandt zu erläutern.

Sie erwiderte, daß sie noch einmal alles überdenken werde, um dann ihre Entscheidung zu treffen. Auch Brigitte Brandt habe ihr eher abgeraten, diese Aufgabe zu übernehmen.

Am Montag, dem 23. März, erklärte Frau Mathiopoulos, daß sie das Amt der Pressesprecherin nicht antreten werde.

An diesem Montag fand auch eine Sitzung des Parteivorstandes statt, dem ich seit meinem Rücktritt als Schatzmeister nicht mehr angehöre. Unmittelbar davor tagte das Präsidium der SPD.

An jenem 23. März 1987 erklärte Willy Brandt, daß er vorzeitig aus dem Amt des Parteivorsitzenden zurücktreten werde. Ich erfuhr diese Nachricht aus dem Rundfunk.

Ich war tief betroffen, weil ich wußte, daß meine Haltung und mein Interview zu seiner Entscheidung beigetragen haben. An diesem Tag gingen meine Gedanken weit zurück. Ich erinnerte mich an Begegnungen mit Willy Brandt, die mir ganz besonders im Gedächtnis haftengeblieben sind.

An das Jahr 1959: Willy Brandt war damals Regierender Bürgermeister in Berlin. In Barsinghausen trafen sich Sozialdemokraten, die Erich Ollenhauer durch Willy Brandt ablösen wollten. Ich trat für den Kandidaten Willy Brandt ein und habe das nie bereut. Im Gegenteil!

An eine Begegnung in Berlin im Jahr 1966: Ich informierte Willy Brandt über meine Erfahrungen und Erkenntnisse einer »privaten« Reise in die CSSR, Polen und Ungarn, zu denen damals noch keine diplomatischen Beziehungen bestanden. Die Familien Brandt und Wischnewski gingen anschließend ins Theater und schlossen den Tag bei Kempinski ab. Ich glaube, daß wir uns damals sehr viel nähergekommen waren.

An das Telefongespräch mit Willy Brandt, das er in den letzten Novembertagen 1966 mit mir führte, als es um meinen Eintritt in die Regierung der Großen Koalition ging.

An den Herbst des Jahres 1968: Als wir uns vom Geschäftsführer eines Instituts für Meinungsforschung einen Bericht zur Lage der Partei vortragen ließen, und dieser uns keine Chance für die Bundestagswahlen von 1969 gab.

Ich erinnerte mich an unser sehr persönliches Gespräch nach seinem Herzinfarkt im Jahre 1978 im Krankenhaus.

Noch viele Begegnungen gingen mir an diesem Tag durch den Kopf.

Ich wollte eine klare politische Führung, aber nicht seinen vorzeitigen Rücktritt. Willy Brandt hat seinen Rücktritt in der gleichen Woche in der Wochenzeitung »Die Zeit« begründet. Während er in der Sitzung des Parteivorstandes ausdrücklich die »Seeheimer« Hermann Rappe und Hans-Jürgen Wischnewski als Mitverantwortliche genannt hatte, fehlten unsere Namen in dieser Veröffentlichung. Hier erschien nur der Name von Helmut Schmidt.

Ich bin heute ganz sicher, daß Willy Brandt bei seiner Rücktrittserklärung vom 23. März 1987 die Lage falsch eingeschätzt hat. Es ging nicht darum, die Beschlüsse des Parteitages von 1986 in Nürnberg zurückzudrehen, wie er meinte, sondern um die klare Führung der Partei. Die völlig überflüssige Diskussion um die Koalition mit den Grünen, die mangelhafte Unterstützung des Spitzenkandidaten Johannes Rau bei der Bundestagswahl 1987 durch einige führende Sozialdemokraten, ein nicht zu verantwortender Personalvorschlag für ein Spitzenamt der Partei, aber auch die Art, wie Oskar Lafontaine gegen das Votum des Präsidiums Ulrich Klose zum Schatzmeister der Partei machte, dies alles bewies, daß der Führung die Zügel entglitten waren. Natürlich war die Führung nicht Willy Brandt allein.

An diesem 23. März 1987 wurde auch eine neue Führungsspitze für die Partei vorgeschlagen und ein außerordentlicher Parteitag für den 14. Juni 1987 einberufen. Zum neuen Parteivorsitzenden wurde Hans-Jochen Vogel vorgeschlagen, als sein Stellvertreter sollte, neben Johannes Rau, Oskar Lafontaine amtieren, Ulrich Klose sollte als Schatzmeister durch den Parteitag bestätigt werden. Anke Fuchs war als Bundesgeschäftsführerin vorgesehen. Dieses Gremium mußte auch nach meiner Meinung die Integrationskraft, aber auch die Führungskraft aufbringen, um die großen Probleme der Partei lösen zu können. Und selbstverständlich war ich bereit, diese Führungsgruppe mit der mir zur Verfügung stehenden Kraft zu unterstützen.

Noch mit dem Datum vom 23. März haben Peter Glotz und Ulrich Klose meinen Brief vom 20. März wie folgt beantwortet:

»Lieber Hans-Jürgen,

herzlichen Dank für Deinen Brief vom 20. März 1987.

Wir sind mit einer Reihe der von Dir in diesem Brief geäußerten Auffassungen, beispielsweise hinsichtlich des Wahlkampfs, aber auch hinsichtlich der Berufung von Margarita Mathiopoulos nicht einverstanden. Wir wollen aber eindeutig klarmachen: Die Passage in unserem Artikel, die sich gegen den in der Debatte um Margarita Mathiopoulos deutlich werdenden Fremdenhaß richtete, hat mit Dir und anderen Kritikern aus der Bundestagsfraktion ganz und gar nichts zu tun. Wir bewerten die Frage, ob die Pressesprecherin Mitglied der Partei sein muß, anders als Du; aber wir würden Dir in keinem Fall unterstellen, daß Du Dich gegen eine Ausländerin oder eine junge Frau wendest.

Alle anderen Kontroversen haben sich inzwischen überholt. Wir sind davon überzeugt, daß Du über das, was in den letzten Tagen vor sich gegangen ist, genauso betroffen bist wie wir und daß wir einig darin sind, daß wir jetzt nicht mehr nach hinten diskutieren sollten, sondern nach vorne die neue Führung unterstützen.

Mit freundlichen Grüßen
Peter Glotz – Hans-Ulrich Klose

Am 24. März 1987 habe ich Willy Brandt einen kurzen Brief geschrieben:

»Lieber Willy,

Verlauf und Ereignisse des gestrigen Tages veranlassen mich zu diesem Brief.

Ich kann und will nicht bestreiten, daß auch ich etwas bewegen wollte.

Aber nicht auf diesem Wege und mit diesem Ergebnis.

Nachdem ich Dich auf einer langen Wegstrecke begleiten durfte, bitte ich Dich heute um Verzeihung.
In Respekt
Dein
Hans-Jürgen Wischnewski.«

Ich konnte diesen Text später im »Spiegel« wiederfinden.

Ab dem 27. März 1987 beteiligte ich mich am Wahlkampf in Hessen, und zwar im Odenwald. Die Veranstaltungen waren gut besucht, und die Stimmung fand ich nicht schlecht. Der dortige Kandidat sagte mir, daß sie sich nach den notwendigen personellen Entscheidungen gebessert habe.

Natürlich habe ich in jeder Veranstaltung zuerst über den angekündigten Rücktritt des Parteivorsitzenden gesprochen. Ich sagte, daß seine Leistungen später nicht nach den Irritationen der letzten Tage beurteilt würden. Beurteilt werde er vielmehr nach seinem Einsatz gegen den Nazismus in Deutschland, seinen großen Beitrag bei der Schaffung eines demokratischen Staates, seiner großen Leistung als Regierender Bürgermeister von Berlin in einer besonders schwierigen Zeit. Aber mit Sicherheit gingen seine Verdienste in deutsche und europäische Geschichtsbücher ein, die er sich damit erworben hat, auch mit unseren Nachbarn im Osten normale und sogar gute Beziehungen – über alle ideologischen Differenzen hinweg – zu erreichen. Die Leute haben mich gut verstanden. Es gab viel Beifall.

Am 5. April 1987 fanden in Hessen die vorgezogenen Landtagswahlen statt. Die rot-grüne Koalition war geplatzt. Holger Börner stand als Kandidat für das Amt des Ministerpräsidenten nicht mehr zur Verfügung. Er hat die rot-grüne Koalition wohl nie gemocht. Auch Politikern merkt man an, wenn sie etwas machen müssen, was ihrer eigenen Überzeugung nicht entspricht. Bei Holger Börner war das besonders deutlich.

Aber die Partei strebte trotz des Platzens der rot-grünen Koalition nach der Landtagswahl erneut diese Koalition an. Das haben viele Parteimitglieder, aber noch mehr Wähler, nicht verstanden. Entsprechend ist dann das Wahlergebnis ausgefallen: Nach vier Jahrzehnten sozialdemokratischer Führung mußten wir Hessen an die CDU und FDP abgeben. Wir verloren Wähler auf drei Seiten: sozialdemokratische Stammwähler, die keine rot-grüne Koalition wollten, blieben zu Hause; andere wählten aus dem gleichen Grund die CDU und wieder andere wählten dann gleich die Grünen.

Das rot-grüne Experiment in Hessen war gescheitert. Wir haben eine schlimme Niederlage hinnehmen müssen. Aber die Partei bekam auch die Chance, die eigene Position zu überdenken und neu anzufangen.

In Rom tagte vom 7. bis 9. September 1987 der Rat der Sozialistischen Internationale unter Vorsitz von Willy Brandt. In meiner Eigenschaft als Vorsitzender des Mittelost-Ausschusses der Sozialistischen Internationale nahm auch ich daran teil. Dies war meine erste Begegnung mit Willy Brandt nach seinem vorzeitigen Rücktritt vom 23. März. Er verhielt sich mir gegenüber kühl, aber auch sehr korrekt. Er wollte offensichtlich vermeiden, daß das persönlich gestörte Verhältnis auch Auswirkungen auf die Arbeit in Rom habe.

Ich hatte mich auf die Sitzungen des Mittelost-Ausschusses in Rom sehr gut vorbereitet. Vorher war ich mit dem Generalsekretär der Sozialistischen Internationale nach Moskau geflogen, um die

Vorstellungen der Sowjetunion zu einer möglichen internationalen Konferenz über den Nahostkonflikt kennenzulernen. Bei diesen Gesprächen lud ich, wie schon erwähnt, Repräsentanten der KPdSU als Gäste nach Rom ein.

Am 14. Juni 1987 führte die SPD ihren außerordentlichen Parteitag durch. Es galt, Willy Brandt in würdiger Form und in Freundschaft nach 23jährigem Parteivorsitz zu verabschieden und eine neue Parteiführung zu berufen. Ich konnte an diesem Parteitag nicht teilnehmen, da ich an diesem Tag mit der Entführung von zwei Bundesbürgern im Libanon beschäftigt war.

Es war ein guter Parteitag. Willy Brandt hielt eine große Rede. Es war deutlich spürbar, daß er lange über diese Rede nachgedacht und sehr intensiv daran gearbeitet hatte.

Er sprach noch einmal die an, die er für seinen vorzeitigen Rücktritt mitverantwortlich machte. Er sagte:

»Natürlich fällt es leichter, den Ärger über Mißerfolge zu delegieren, als andere an der Freude über Erfolge teilnehmen zu lassen. Auch ist es angenehm, Führungsschwächen zu beklagen, wenn es sich nicht um die eigenen handelt. Man kann dem scheidenden Vorsitzenden auch seine Liberalität ankreiden; nur muß man wissen, daß er ohne sie nicht mehr er selbst gewesen wäre.

Damit wir uns gut verstehen: Wie man sich mit eigenen Fehlern auseinandersetzt, selbstgefällig oder selbstkritisch, das sagt einiges aus über den Charakter von Politikern und über den Inhalt von Politik. Allerdings: Einige schienen mir zwischenzeitlich die Rolle eines Sündenbocks vom Dienst zugedacht zu haben. Dazu war ich nicht gewählt noch gewillt. Ich habe meine Fehler gemacht. Ich habe nicht immer alles bedacht, was hätte bedacht werden sollen. Das tut mir leid. Und das ist es dann auch.«

Und an anderer Stelle:

»In den Briefen hat, wie ich hinzufügen darf, der *Anlaß* zum vorgezogenen Wechsel im Parteivorsitz ein wesentlich positiveres Echo gefunden, als mancher vermutet haben mag. Ich habe vom Anlaß gesprochen, muß dann auch den *Grund* benennen. Der ist einfach: Wenn etwas nicht mehr trägt, das lange getragen hat – wenn aus einer Personalfrage eine Haupt- und Staatsaffäre wird und eine einflußreiche Minderheit von Mandatsträgern ausschert –, dann ist es in meinem Dienstalter an der Zeit, die Seite umzuschlagen. Das Buch ist jedoch nicht zu Ende, ein neues Kapitel beginnt – immer noch oder jetzt erst recht, unter dem Gesamttitel: Frei und links.«

Und wieder an anderer Stelle:

»Ich habe nicht allen gerecht werden können; das hat wohl nicht immer nur an mir gelegen. So wenig ich eigene Unzulänglichkeiten verberge, so wenig ist es meine Art, über alles den Mantel der lauen Vergeßlichkeit zu breiten. Enttäuschungen, die einem nicht erspart bleiben, haben meine Neugier auf Mitmenschen nicht schwinden lassen. Ich kann gut vergessen, aber wenn ich nicht will, dann nicht.«

Ich wußte, daß diese Absätze auch mir und meinem Handeln zugedacht waren.

Hans-Jochen Vogel wurde mit einem hervorragenden Ergebnis zum neuen Parteivorsitzenden gewählt. Für die SPD begann ein neuer Abschnitt in ihrer langen Geschichte.

In diesen Tagen war ich sehr bedrückt. Natürlich war mir mein persönliches Verhältnis zu Willy Brandt nach jahrzehntelanger enger, freundschaftlicher Zusammenarbeit alles andere als gleichgültig. Ich wußte auch, daß wir ihn auch nach seinem Rücktritt als Parteivorsitzender für die internationale Arbeit der Partei dringend brauchen würden. Er blieb der von allen Parteien anerkannte Vorsitzende der Sozialistischen Internationale. Schließlich hatte er aus dieser Internationalen ja erst eine Institution gemacht, die weit über die Mitgliedsparteien hinaus Anerkennung fand. Und für die Partei blieb er ein unverzichtbares Signal. Im eigenen Land wurde er zunehmend wieder nach seiner Lebensleistung und nicht nach den Ereignissen der letzten Tage und Wochen beurteilt. Unsere sachliche Zusammenarbeit in vielen internationalen Fragen blieb mehr als korrekt.

Auch Helmut Schmidt war ja nicht in den Ruhestand getreten. Er war jetzt Mitherausgeber und Verleger der großen und bedeutendsten deutschen Wochenzeitung »Die Zeit«. Er engagierte sich weiterhin in der internationalen Politik, wenn auch in anderem Rahmen. Sein Rat war in vielen Ländern gefragt. Innerhalb der Partei baten ihn auch solche um Unterstützung für ihre Kandidaturen, die während seiner Kanzlerzeit nicht gerade freundlich mit ihm umgegangen waren. Je länger die Amtszeit von Dr. Helmut Kohl dauerte, um so größer wurde der Anteil der Menschen in unserem Land, die sich nach Helmut Schmidt zurücksehnten. Er blieb der anerkannte deutsche Politiker.

Für beide, für Willy Brandt und Helmut Schmidt, habe ich viele Jahre gearbeitet, für den einen mehr in der Partei, für den anderen mehr in der Regierung. Beide haben in der Geschichte der SPD und der Bundesrepublik Deutschland ihren hervorragenden Platz.

Die Partei erholte sich schnell von ihrer Krise. Hans-Jochen Vogel hat dazu in unermüdlicher Arbeit entscheidend beigetragen. Er lebt keineswegs nur von den Fehlern seiner politischen Gegner. Sein eigenes Profil wird immer deutlicher.

Ich selbst mußte auch weiterhin mit aller Kraft meine vielfältigen internationalen Aufgaben erfüllen, aber in verschiedenen Bereichen auch schon an meinen Nachfolger denken. Die Partei befindet sich in einem entscheidenden Generationswechsel. Und auch ich mußte meinen Beitrag dazu leisen, um diesen wichtigen Generationswechsel zu ermöglichen. Inzwischen hatte ich längst gelernt, daß jeder zu ersetzen ist.

Heute, nach mehr als 40jähriger Mitgliedschaft in der SPD und nach vielen wichtigen Funktionen in meiner Partei darf ich ein kurzes Resümee ziehen:

1. Das Ansehen der politischen Parteien und der Politiker in unserem Land war noch nie so gering wie heute. Das besagen nicht nur die Meinungsumfragen, sondern ist für jeden spürbar. Und dies ist auch kein Wunder. Nach den Spendenaffären, nach der Affäre um die »Neue Heimat«, nach den Ereignissen in Schleswig-Holstein, nach dem Spielbankenskandal in Niedersachsen, dem Diätenskandal in Hessen und vielen anderen negativen Vorgängen wäre es eher ein Wunder, wenn es anders wäre. Dabei ist die Schuld keineswegs gleich auf die politischen Parteien verteilt. Nicht nur wegen der Ursachen, auch deshalb, weil die Regierungsparteien immer eine besondere Verantwortung für das politische Klima zu tragen haben. Die Parteien und die Politiker sollten die Schuld auch nicht woanders suchen, zum Beispiel bei den Medien. Für das Ansehen der Parteien und Politiker sind in erster Linie diese selbst verantwortlich. Für die parlamentarische Demokratie ist aber das

Vertrauen und Ansehen der Parteien von entscheidender Bedeutung. Da hilft nur Ehrlichkeit, Redlichkeit und Bürgernähe.

2. Die Parteien sind wichtigster Bestandteil unserer parlamentarischen Demokratie. Aber sie sind nicht für alles zuständig. Ihr Anspruch auf Macht und Einflußnahme geht weit über das zu Verantwortende hinaus. Die Gremien in den öffentlich-rechtlichen Rundfunk- und Fernsehanstalten sind nur ein Beweis dafür. Nicht einmal fünf Prozent der wahlberechtigten Bevölkerung gehören einer politischen Partei an. Die Mitgliedschaft ist in allen Parteien eher stagnierend bis rückläufig. Die Attraktivität der Parteien wäre meiner Ansicht nach erheblich größer, wenn viele Bürger nicht den Eindruck hätten, die Parteien dienten in erster Linie der Karriere von Politikern. Sie sind nur ein Teil des Ganzen, und zwar ein geringer Teil. Je mehr sich die Parteien auf diese Tatsache rückbesinnen, um so interessanter werden sie auch für neue Mitglieder, die daran interessiert sind, sich am politischen Leben zu beteiligen.
3. Die Parteien brauchen eine solide Finanzierung. Der ständig wachsende Anteil staatlicher Finanzierung ist gefährlich, weil die Parteien dadurch ihren Charakter verändern. Das Risiko, zu Behörden zu werden, ist groß. Die zunehmende staatliche Finanzierung sorgt außerdem für eine entscheidende Machtverschiebung zwischen Mitgliedern und den zentralen Führungsgremien, die über diese finanziellen Mittel verfügen.
   Wahlkämpfe müssen keine Materialschlachten sein, bei der eine Partei die andere übertrumpfen will. Hier läßt sich in erheblichem Umfang sparen. Nicht nur Rüstungsbegrenzungsabkommen, auch Wahlkampfbegrenzungsabkommen sind heute unverzichtbar. Ich empfehle dringend, die Klugheit der Wählerinnen und Wähler nicht zu unterschätzen.
4. Die Parteien äußern sich oft viel zu schnell zu allen Fragen. Die moderne Entwicklung erfordert weit stärker als bisher, daß die Parteien den in unserem Lande vorhandenen Sachverstand in Anspruch nehmen, und zwar unabhängig von der Parteizugehörigkeit der Sachverständigen. Die SPD ist in dieser Frage schon auf gutem Wege, aber es gibt in dieser Partei noch viel zu viele Lehrer und Studienräte, die glauben, für alles sachverständig zu sein.

5. Von entscheidender Bedeutung ist für die SPD ihre große innerparteiliche Koalition und ihre Solidarität. Sie gilt es zu bewahren, aber sie muß auch eine moderne Partei sein, die auf die Lösung der Zukunftsprobleme ausgerichtet ist. Sie muß die großen gesellschaftlichen Veränderungen von der Produktionsgesellschaft zur Dienstleistungsgesellschaft in ihrer Politik, aber auch in ihrer Mitgliederstruktur, schneller umsetzen.
6. Flügelbildungen hat es in der SPD seit ihrem Bestehen gegeben. Das ist auch keine Schande, denn die SPD muß immer eine Stätte der geistigen und politischen Auseinandersetzung sein. Aber die Partei muß wissen, daß für die zu lösenden Aufgaben innerhalb der SPD das alte Rechts-links-Schema keine Bedeutung mehr hat. Die bestehenden Gruppen haben heute ihre Bedeutung in ihrer historischen Entwicklung. Die unvermeidbaren Konflikte der Zukunft spielen sich in einem Rahmen ab, der die alten Flügel sprengt.
7. Der Stil der Politiker im Umgang miteinander bestimmt das politische Klima in unserem Land ganz entscheidend. Harte politische Auseinandersetzungen in der Sache müssen sein, unterschiedliche Auffassungen müssen deutlich herausgearbeitet werden. Darauf haben die Bürgerinnen und Bürger Anspruch. Dazu bedarf es aber nicht der politischen und persönlichen Diffamierung. Das gilt für das Verhältnis zwischen Politikern unterschiedlicher Parteien, aber auch innerhalb der eigenen Partei. Und alle sollten nicht vergessen: Politiker sind Gewählte, nicht Auserwählte. Sie sind Menschen mit Fehlern und Schwächen, wie alle anderen Menschen auch.

Ich muß zugeben, daß ich diese Ratschläge, die ich heute nach langer politischer Erfahrung anderen gebe, auch nicht immer befolgt habe. Aber ich habe viel dazugelernt.

Brief an meinen Nachfolger

Lieber Nachfolger,

in diesen Tagen gehöre ich dem Deutschen Bundestag 32 Jahre an. Meine letzte Legislaturperiode geht zu Ende.

Mit diesem Brief möchte ich meiner Nachfolgerin oder meinem Nachfolger meine Erfahrungen, meine Sorgen und auch manchen Ratschlag mitteilen. Ich würde mich sehr freuen, wenn Dir dieser Brief hilfreich wäre.

1946 bin ich nach reiflicher Überlegung Mitglied der SPD geworden. Das Deutsche Reich war zerstört. Das Land in Besatzungszonen aufgeteilt. Faschismus und Krieg hatten Millionen Menschen getötet. Millionen Menschen waren auf der Flucht. Viele andere waren noch in Gefangenschaft. Große Teile des Landes waren zerstört. Viele mußten hungern und frieren. Das war das Ergebnis des »tausendjährigen Reichs«, das Ergebnis einer verbrecherischen und größenwahnsinnigen Diktatur. Eine harte Strafe dafür, daß unser Volk zu Beginn der 30er Jahre nicht bereit war, die Demokratie zu verteidigen.

Ich bin 1946 natürlich nicht der SPD beigetreten, um Berufspolitiker zu werden. Ich bin Mitglied unserer Partei geworden in einer Region unseres Landes, in der wir damals eine nicht sehr bedeutungsvolle Minderheit waren und es leider auch heute noch sind.

Ich bin 1946 Mitglied der SPD geworden, weil ich meinen bescheidenen Beitrag leisten wollte, damit sich die Schrecken der Vergangenheit nie wiederholen können.

Du hast diese Schrecken der Vergangenheit nicht kennengelernt. Aber Du mußt wissen und immer wieder daran denken: Auch heute ist es eine entscheidende Aufgabe Deiner Arbeit, Deinen Beitrag zu leiten, daß sich die Schrecken der Vergangenheit nie wiederholen können.

Ich erwarte von Dir, daß Du die Geschichte des Niedergangs der Weimarer Republik und die Geschichte des Faschismus genau studierst. Erst dann wirst Du wissen, daß die Demokratie nicht eine Selbstverständlichkeit ist, sondern daß man immer wieder für die Demokratie eintreten und kämpfen muß.

Demokratie und Frieden bekommt man nicht geschenkt. Man muß immer dafür arbeiten.

Nicht nur Extremisten sind die Feinde der Demokratie. Auch die Gleichgültigkeit der Menschen und die Vergeßlichkeit der Politiker sind Feinde der Demokratie.

Aber Du mußt auch die Geschichte der Bundesrepublik genau studieren. Ein Abgeordneter muß kein Historiker sein. Aber er muß die Geschichte seines Landes genau kennen. Wer die Geschichte seines Landes nicht kennt, wer nicht weiß, wo wir herkommen, der wird auch nicht wissen, wo wir hingehen.

Du wirst dann ein wenig besser verstehen, daß wir aus der Generation vor der Deinen, trotz aller Fehler, die wir gemacht haben, ein wenig stolz sind, was wir aus einem Trümmerhaufen gemeinsam aufbauen konnten.

Ich habe die Entstehung unseres Grundgesetzes nur als Mitglied unserer Partei und nicht als Abgeordneter erlebt. Es ist die freieste Verfassung, die es jemals auf deutschem Boden gegeben hat. Man muß diese Verfassung mit Klauen und Zähnen verteidigen. Innerhalb und außerhalb der Regierung gibt es immer wieder Menschen, die diese Freiheit einschränken wollen.

Mir ist während meiner langen Abgeordnetenzeit oft der Vorwurf gemacht worden, daß ich mich in dieser Zeit zu viel um die Außenpolitik gekümmert habe. Das glaube ich nicht. Aber ich weiß, daß mein starkes außenpolitisches Engagement mir oft nicht die notwendige Zeit für die vielen innenpolitischen Probleme gelassen hat.

Du mußt nicht meinen Weg gehen. Aber Du mußt wissen, daß die Außenpolitik für unser Land von ganz besonderer Bedeutung ist. Wir haben mehr Nachbarn als die meisten anderen Länder auf der Erde.

Die einen sind wie wir Mitglied des Bündnisses und der Europäischen Gemeinschaft. Europa ist für uns eine Lebensfrage. Ein Mitglied des Deutschen Bundestages muß ein engagierter Europäer sein. Du mußt bereit sein, Kompetenzen nach Europa und insbesondere an das Europäische Parlament abzugeben. Wer die europäische Entwicklung nur durch die Budgetbrille sieht, der wird nie ein guter Europäer sein und der wird Europa auch nicht voranbringen. Wer nicht die besondere Bedeutung der deutsch-französischen Zusammenarbeit sieht, der hat nichts aus der Geschichte gelernt und er wird Europa auch nicht voranbringen.

Wir haben neutrale Nachbarn, denen wir uns besonders verbunden fühlen. Wir haben ihren Wunsch nach Neutralität in besonderem Maße zu respektieren.

Und wir haben Nachbarn, die dem anderen Bündnis angehören. Politische und ideologische Unterschiede dürfen den weiteren Ausbau der Zusammenarbeit aber nicht behindern oder gar verhindern.

Ich bin ein engagierter Anhänger unseres Bündnisses trotz vieler Entscheidungen in diesem Bündnis, die ich für falsch halte. Aber ich wünsche Deiner Generation, daß die europäische Spaltung überwunden werden kann und daß Du noch erlebst, daß die beiden sich gegenüberstehenden Bündnisse aufgelöst werden können, ohne daß die Sicherheit gefährdet wird. Ich schätze die Chancen in dieser Frage für Deine Generation nicht so schlecht ein. Es gibt erste positive Anzeichen.

Die Welt, in der wir leben, ist voller Konflikte, voller Not, Hunger und Elend und auch nach wie vor voller Unmenschlichkeit. Das gilt besonders für die sogenannte Dritte Welt. Auch unser Friede ist nicht sicher, wenn es in anderen Regionen der Welt Konflikte gibt. Das gilt besonders dann, wenn die beiden Weltmächte sich einschalten. Aber die Entwicklung der letzten Zeit läßt uns in dieser Frage hoffen. Und unser eigener Wohlstand, der skandalöserweise schon viele Millionen Menschen im eigenen Land nicht erreicht, ist gefährdet, wenn es uns nicht gelingt, Hunger und Elend in den Ländern der Dritten Welt erfolgreich zu bekämpfen. Karitative Maßnahmen können das Verhungern verhindern. Deshalb sind sie unverzichtbar. Aber gelöst werden können die Probleme nur mit einer Weltwirtschaftsordnung, die weit mehr auf die Interessen der armen Länder in der Dritten Welt Rücksicht nimmt. Bei allen Problemen, die wir selbst haben, geht das nicht ohne eigene Opfer. Du mußt den Mut haben, dafür einzutreten. Besonders in den Kirchen findest Du in dieser Frage gute Verbündete.

Deine Generation, und zwar in allen Ländern der Welt, muß noch eine ganz entscheidende Aufgabe lösen: Krieg oder Frieden, Hunger oder Wohlstand und die Zerstörung oder Erhaltung unserer natürlichen Lebensgrundlagen, das alles kann nur gelöst werden in engster weltweiter Zusammenarbeit. Dazu bedarf es einer tiefgreifenden und umfassenden Reform der Vereinten Nationen. Die Vereinten Nationen bedürfen schon heute erste Befugnisse einer Weltregierung. Du wirst noch erleben, daß das keine Spinnerei ist. Du mußt in diesen Fragen bereit sein, sehr weit nach vorn zu schauen.

Ich möchte Dir meine Sorgen um unser Land und unsere Politik mitteilen.

Wir sind eines der wohlhabendsten und reichsten Industrieländer der Welt. Aber wir werden mit der wachsenden Armut im eigenen Land nicht fertig.

Das ist der größte Skandal unserer Zeit: ein reiches Land mit wachsender Armut.

Eine reiche Gesellschaft, die sich soviel Armut leistet, ist nicht in Ordnung. Eine Politik, die sich eine solche Gesellschaft leistet, ist nicht nur unsozial, sie ist falsch und ihren Aufgaben nicht gewachsen.

Die Hauptverantwortung tragen die Regierenden. Ich werde den Eindruck nicht los, daß die heute Regierenden die Arbeitslosen und Sozialhilfeempfänger einfach als ihre Wähler abgeschrieben haben.

Die Zahl der Arbeitslosen liegt über zwei Millionen. Die Zahl der Sozialhilfeempfänger hat die Zahl von drei Millionen überschritten. Beide Zahlen sind insbesondere in den letzten Jahren stark angestiegen. Da keine ernsten Maßnahmen dagegen unternommen werden, dürften sie wohl auch noch weiter ansteigen.

Unsere Partei hat sich gute Modelle insbesondere zur Bekämpfung der Arbeitslosigkeit erarbeitet. In der Frage der Verteilung der Arbeit werden wir radikal umdenken müssen. In bezug auf Fortschritt und Entwicklung müssen wir unsere Anstrengungen erheblich vergrößern. Gerade für ein Land wie die Bundesrepublik, das so entscheidend vom Export abhängig ist, ist die Innovation von entscheidender Bedeutung.

Ich bin ein engagierter Anhänger der Marktwirtschaft. Aber die Marktwirtschaft ist nicht in der Lage, alle Probleme zu lösen. Das gilt in besonderem Maße für die Bekämpfung der Arbeitslosigkeit und der inzwischen wieder akut gewordenen Wohnungsnot.

Viele Politiker haben in ihren Reden schon eine Standardformulierung, nämlich daß die Bekämpfung der Arbeitslosigkeit unsere wichtigste innenpolitische Aufgabe ist. Aber die Betroffenen können diese Leerformel schon nicht mehr hören.

Unsere Stadt Köln ist besonders von der Arbeitslosigkeit betroffen. Eine Deiner Aufgaben muß deshalb darin bestehen, neue Betriebe für Köln zu interessieren und zu gewinnen. Ich war mir in meinem langen politischen Leben auch niemals zu schade, Aufträge in unser Land, insbesondere aber in unsere Stadt zu bringen. Meine vielen internationalen Kontakte waren mir dabei oft behilflich. Das hat mir Beifall und Zustimmung der Betriebe, aber insbesondere der betroffenen Belegschaften eingebracht. Ich habe aber auch harte Kritik einstecken müssen, wenn ich gesagt habe, daß man nur die Arbeitsplätze erhalten kann, für die es eine wirtschaftliche Grundlage gibt.

Ich muß nun ein Thema ansprechen, bei dem ich ein schlechtes Gewissen habe. Ich muß zugeben, daß ich zu den Politikern gehöre, die die große Bedeutung einer intakten Umwelt nicht rechtzeitig erkannt und deshalb auch nicht genügend gegen die Zerstörung unserer Umwelt getan haben. Meine Erkenntnisse sind zu spät gekommen.

Ich schreibe Dir nicht, um mich zu entschuldigen, sondern, damit Du in vergleichbaren Situationen die Mittel und Möglichkeiten der Vorausschau besser nutzt, als ich es in diesem Fall getan habe.

Ich habe meinen politischen Weg nach dem totalen Zusammenbruch und der größten Zerstörung begonnen, die es bei uns jemals gegeben hat. Unsere Arbeit war geprägt vom Wiederaufbau eines zerstörten Landes. Dieser Wiederaufbau hat uns alle wie ein Rausch erfaßt. Er hat viele Jahre angehalten. Das Wort »Ökologie« haben die weitaus meisten Menschen damals überhaupt nicht gekannt oder wußten zumindest nichts damit anzufangen.

Als wir mit dem Umweltschutz begonnen haben, war es sehr spät, aber noch nicht zu spät. Es ging um zwei Aufgaben: um die Beseitigung der Schäden der Vergangenheit und um die Sicherung der natürlichen Lebensgrundlagen für die Zukunft. Insbesondere in der Beseitigung der Schäden der Vergangenheit sind wir nicht konsequent genug vorgegangen.

Ich muß Dir aufgrund meiner eigenen Erfahrung dringend empfehlen, daß Du verlangst und Dich selbst engagierst, daß jede politische Entscheidung, ich sage ausdrücklich jede politische Entscheidung, vorher überprüft wird, wie sich ihre Realisierung auf die Erhaltung der natürlichen Lebensgrundlagen auswirkt. Und im

Zweifel muß die Erhaltung und Förderung der natürlichen Lebensgrundlagen immer den Vorrang haben.

Abgeordnete sind Menschen wie alle anderen auch mit ihren Fehlern und Schwächen. Sie sind nicht die Musterknaben der Nation und sollen es nach meiner Auffassung auch gar nicht sein. Sie sind auch nicht die Elite der Nation und sollen und können es nach meiner Auffassung auch gar nicht sein. Der Deutsche Bundestag soll soweit wie möglich ein Spiegelbild unserer Gesellschaft sein. In unserer Gesellschaft gibt es viel mehr Begabungen als die Gesellschaft erkennen und sich durchsetzen läßt. Im Bundestag ist es wie in unserer Gesellschaft insgesamt: Nicht immer setzen sich die Begabtesten und die Besten durch.

Muß ein Parlamentarier ehrgeizig sein?

Natürlich gehört zur Politik und zum Mandat auch der Ehrgeiz. Politik ist auch die Suche nach dem besten Weg. Natürlich muß man seine eigenen Vorstellungen mit Sachverstand und auch Ehrgeiz vertreten. Es muß um der Sache willen Wettbewerb und Ehrgeiz in der eigenen Partei und Fraktion geben. Und es muß um der Demokratie willen Wettbewerb und Ehrgeiz gegenüber den anderen Parteien geben.

Ehrgeiz um der Sache willen ist unverzichtbar.

Ehrgeiz um der reinen Machterhaltung willen ist tödlich.

Die Vorgänge in Schleswig-Holstein im Jahr 1987 haben gezeigt, daß ungezügelter und unkontrollierter Ehrgeiz um der reinen Machterhaltung willen sogar zu kriminellem Handeln führen kann. Aber Schleswig-Holstein kann überall sein.

Die Vernichtung eines anderen um des eigenen Ehrgeizes willen ist unmenschlich.

Ich muß Dir das schreiben, weil ich leider den Eindruck habe, daß solche Entwicklungen zunehmen. Hier muß ich voller Sorge und alarmierend meine warnende Stimme erheben. Dieser Gefahr sind alle Parteien ausgesetzt.

Als Abgeordneter gehörst Du nun zur »sogenannten Gesellschaft« Deiner Stadt. Du wirst zu vielen Veranstaltungen eingeladen. Du triffst Menschen, die Dich weder gewählt haben noch Deine Partei und die Dich auch persönlich nicht mögen, aber nun sehr freundlich zu Dir sind.

Du darfst das nicht überbewerten.

Du wirst bei Begrüßungen im Rahmen von Veranstaltungen als gewählter Volksvertreter oft nicht so plaziert, wie es einem gewählten Volksvertreter gebührt. Dem deutschen Charakter entspricht es, daß man oft die nicht gewählten Repräsentanten der Verwaltung für wichtiger hält. Reg Dich darüber nicht auf. Berufe Dich vor allem Dingen nicht auf das Protokoll. Protokoll, das ist eine notwendige Ordnung für die Diplomatie. In der Politik muß man sich durch Leistung durchsetzen.

Bestimmte Repräsentanten der Wirtschaft mögen unsere Partei sowieso nicht. Sie beachten Dich auch nicht, wenn unsere Partei in der Opposition ist. Aber sie sind in der Lage, sich innerhalb weniger Stunden völlig umzustellen, wenn unsere Partei Regierungspartei wird. Deshalb erhältst du den Brief mit den Glückwünschen zu Deiner Wahl auch erst, wenn ganz klar ist, daß unsere Partei Regierungspartei wird. Ich war immer ein besonders wirtschaftsfreundlicher Abgeordneter. Aber vor diesen Leuten muß ich Dich ausdrücklich warnen.

Als Abgeordneter brauchst Du gute Freunde, zumindestens aber Gesprächspartner in allen Gruppen unserer Gesellschaft: unter Arbeitslosen, Arbeitern und Angestellten, unter Mittelständlern und Managern der Wirtschaft, unter Künstlern und Journalisten. Du brauchst den Kontakt und das Gespräch mit ihnen für die Erfüllung Deiner Aufgaben.

Natürlich sind die Ortsvereine in Deinem Wahlkreis sehr wichtig für Deine Arbeit. Aber Du darfst nicht in eine einseitige Isolierung geraten. Ich meine damit, das Leben mancher Kollegen im Bundestag in der Fraktion, in ihren Arbeitskreisen und Arbeitsgruppen, in Ortsvereinen, Vorstandssitzungen und Delegiertenversammlungen und vielen anderen Gremien reicht für die Erfüllung der gestellten Aufgaben nicht aus. Die meisten Bürgerinnen und Bürger unseres Landes gehören nicht unserer Partei an, aber auch nicht einer anderen Partei. Du darfst den Kontakt zu ihnen nicht verlieren. Wer nur noch von Meinungsumfragen lebt, der ist arm dran.

Warum ich nicht auch die Beamten genannt habe?

Ich habe überhaupt nichts gegen diese Gruppe in unserer Gesellschaft. Mein Vater war ein kleiner Beamter. Aber Du findest mehr als genug von ihnen im Deutschen Bundestag, in Deiner Fraktion, in Deinem Ortsverein und in Deiner Delegiertenversammlung. In diesem Bereich mache ich mir ernste Sorgen um die weitere Entwicklung des Parlamentarismus in unserem Lande. Letztendlich kann ein Parlament nur funktionieren und seine Aufgaben erfüllen, wenn es in etwa ein Spiegelbild unserer Gesellschaft ist. Der Deutsche Bundestag ist aber seit langem kein Spiegelbild unserer Gesellschaft mehr. Ihm gehören zu viele Vertreter des öffentlichen Dienstes und zu wenig Arbeiter und Selbständige an.

Manche dieser Kollegen, die dem öffentlichen Dienst angehören, betrachten ihre Mitgliedschaft im Deutschen Bundestag als einen wichtigen Abschnitt ihrer Karriere im öffentlichen Dienst. Eine solche Einstellung führt zum Niedergang des Parlamentarismus.

Du bekommst nach Deiner Wahl in den Bundestag Diäten und eine Aufwandsentschädigung. Viele neiden Dir das, auch in der eigenen Partei, und sind vor allen Dingen der Auffassung, daß beide viel zu hoch sind. Einige meinen auch, daß Du dieses Einkommen in Deinem normalen Beruf niemals erreichen würdest. Aber das Mandat ist eben kein normaler Beruf. Deine Diäten mußt Du versteuern. Der Bundestagsabgeordnete muß ein vorbildlicher Steuerzahler sein. Du mußt sowieso vorbildlich sein in der Einhaltung von Gesetzen. Eigentlich sollte ein Abgeordneter, der sich selbst nicht an die Gesetze hält, die er selbst verabschiedet hat, schärfer bestraft werden als alle anderen Bürgerinnen und Bürger.

Deine Partei versteuert Dich noch einmal, manchmal zu hoch. Es ist schlecht um unsere Demokratie bestellt, wenn der Eindruck entsteht, daß man sich durch Abgabenfreudigkeit an die eigene Partei die Kandidatur für die nächste Legislaturperiode sichern kann oder sichern muß.

Manche Deiner Kolleginnen und Kollegen im Bundestag legen jährlich eine Abrechnung ihrer Abgeordneteneinnahmen öffentlich vor. Ich habe das immer abgelehnt. Die Höhe der Einnahmen wird öffentlich festgestellt. Jeder in unserem Lande kann das erfahren und selbstverständlich auch kritisieren. Aber wie ich dieses Geld ausgebe, das ist ausschließlich meine Angelegenheit. Reich werden kann ein redlicher Politiker sowieso nicht. Aber man kann eine sehr ordentliche Altersversorgung erreichen, die nach meiner Meinung zu weit von dem entfernt ist, was für die große Mehrheit der Menschen in unserem Lande erreichbar ist.

Wenn Du Deine ganze Kraft Deinem Mandat und Deiner Aufgabe

widmest, dann kannst Du die Diäten und die Aufwandsentschädigung mit gutem Gewissen und mit Selbstbewußtsein überall vertreten, insbesondere auch dann, wenn Dein Unterbezirksparteitag beschließt, daß Du gegen die nächste Anpassung der Diäten zu stimmen hast.

Im übrigen ist das Mandat nach meiner langen Erfahrung eine Aufgabe, die Deine ganze Kraft und Zeit verlangt.

Eine andere berufliche Tätigkeit läßt das Mandat nach meiner Auffassung nicht zu. Insofern gibt es in der Diätenregelung eine erhebliche Lücke für diejenigen, die während ihrer Mandatszeit einen Vertreter finanzieren müssen.

Laß Dir ein Wort sagen über unsere gemeinsame Partei.

Ich war in den mehr als 40 Jahren meiner Mitgliedschaft kein bequemes Mitglied. Ich habe auch manchen Ärger gehabt und manchen Ärger gemacht. Aber ich habe meine Entscheidung, Mitglied der SPD zu werden, in diesen vielen Jahren nie bereut. Die Geschichte unserer Partei zeigt viele Parallelen zur Geschichte unseres Volkes auf: Wenn es der Partei schlecht ging, wenn sie verboten und verfolgt wurde, dann ging es auch unserem Volk schlecht. Unsere Partei hat eine großartige Geschichte. Aber sie hat in den mehr als 125 Jahren auch Schwächen gezeigt und Fehler gemacht. Nur der ist stark, der bereit ist, über die eigenen Fehler zu sprechen, um Konsequenzen zu ziehen.

Ich muß deshalb in diesem Brief auch über einige Fehlentwicklungen in der eigenen Partei schreiben.

Jede Partei ist nur ein Teil eines Ganzen. Sozialdemokraten neigen dazu, das nicht deutlich genug zu sehen. Auch für unsere Partei, also für unseren Teil des Ganzen, kann man nur eine gute Politik machen, wenn man das Ganze nicht aus dem Auge verliert. Im übrigen wird bei Wahlen entschieden, wie groß unser Anteil am gesamten ist.

Sozialdemokraten neigen dazu, sich als bessere Menschen zu empfinden, weil sie unbestritten das Glück und Wohlergehen der großen Mehrheit anstreben und wollen. Aber das sagt noch nichts aus über die eigenen menschlichen Qualitäten.

Viele Sozialdemokraten wollen nur Regierungsverantwortung tragen, wenn sie die reine Lehre verwirklichen können. Es ist ihnen lieber, eine eigene saubere Resolution zu verabschieden, um das eigene Gewissen zu beruhigen, als einen Kompromiß zu vereinbaren.

Viele Sozialdemokraten möchten den Kompromiß am liebsten aus ihrem Vokabular streichen. Demokratie ist ohne Kompromisse nicht denkbar. Natürlich geht es in der Politik immer um den Konflikt, ob ich durch einen Kompromiß eine aus meiner Sicht negative Absicht anderer erheblich mäßigen kann, oder ob es sich um eine Frage von so grundsätzlicher Bedeutung handelt, daß ein Kompromiß nicht verantwortet werden kann. Aber es geht beim Kompromiß auch darum, ob ich auf mein eigenes, aus unserer Sicht positives Wollen verzichte, falls nicht alles erreichbar ist, was ich erreichen will. Ich sehe die zukünftige politische Entwicklung in unserem Lande für längere Zeit so, daß mit Koalitionen regiert werden muß. Schon deshalb mußt Du wissen, daß der Kompromiß nicht etwas Schlechtes »an sich« ist.

Unsere gemeinsame Partei ist eine Partei, die den bedürftigen Menschen Gutes tun will. Sie möchte deshalb gern verteilen und umverteilen. Natürlich nach den Grundsätzen der Gerechtigkeit. Manche Sozialdemokraten möchten eigentlich nur regieren, wenn es etwas zu verteilen gibt. Aber es gibt Zeiten, in denen es nichts zu verteilen gibt. Es gibt auch Zeiten, in denen wieder eingesammelt werden muß. Natürlich auch hier nach den Grundsätzen der Gerechtigkeit. Zu einem guten Sozialdemokraten und Parlamentarier gehört auch die Bereitschaft, unpopuläre Entscheidungen zu treffen und zu bestehen.

Du wirst Zeiten erleben, in denen Dich Dein Wahlkreis nicht trägt, sondern nur noch erträgt. Du mußt sie bestehen.

Mehr als in anderen Parteien wollen Deine politischen Freunde in Deinem Wahlkreis darüber entscheiden, wie Du Dich im Bundestag zu entscheiden hast. Du mußt diese Verlangen sehr ernst nehmen. Aber wenn Du anderer Auffassung bist, dann mußt Du schon in Deinem Wahlkreis für Deine Auffassung kämpfen. Nichts ist schlimmer als Opportunismus. Meine eigenen Erfahrungen zeigen, daß nur eine eigene klare Position hilft. Im übrigen gilt das Grundgesetz:

»Die Abgeordneten des Deutschen Bundestages werden in allgemeiner, unmittelbarer, freier, gleicher und geheimer Wahl gewählt. Sie sind Vertreter des ganzen Volkes, an Aufträge und Weisungen nicht gebunden und nur ihrem Gewissen unterworfen« (Artikel 38, Absatz 1).

Wenn Du in der Fraktion oder im Bundestag eine unpopuläre oder umstrittene Entscheidung mitgetragen hast, mußt Du das in Deinem Wahlkreis tapfer vertreten. Ich habe in dieser Hinsicht auch Fehler gemacht und habe lernen müssen.

Aber das ist wieder das Großartige an dieser Partei: Obwohl wir in mehr als 30 Jahren manchen Streit und manchen Konflikt ausfechten mußten, haben mich die anderen nicht nur ertragen, sondern auch getragen. Mancher hat für mich Plakate geklebt, der meine Auffassungen nicht teilte und mich auch vielleicht persönlich und meinen Lebensstil nicht mochte.

Das ist sozialdemokratische Solidarität. Unsere gemeinsame Partei ist für mich ohne diese Solidarität nicht denkbar. Wenn wir wirklich aus der langen Geschichte unserer Partei lernen wollen, dann müssen wir unsere Solidarität mit Klauen und Zähnen verteidigen. Auch hier bin ich nicht ohne Sorgen. Ich bitte Dich deshalb sehr herzlich, zur Solidarität beizutragen. Ohne Solidarität ist die Sozialdemokratische Partei nicht unsere Partei.

Denke auch inmmer daran, daß Solidarität keine Einbahnstraße ist. Je mehr Verantwortung man zu tragen hat, um so mehr muß man bereit sein, anderen Solidarität zu beweisen.

Neben der Solidarität in unserer Partei muß es auch Solidarität unter Demokraten über die Parteigrenzen hinaus geben. Nur so kann die Demokratie bestehen. Vertreter anderer Parteien sind keine Feinde, sondern Gegner. Es sind Bürgerinnen und Bürger wie Du und ich mit anderen Auffassungen. Wer die Verfassung im Rahmen der Verfassung ändern will, der ist kein Verfassungsfeind. Wer die Demokratie abschaffen will, ist ein Feind der Verfassung und muß bekämpft werden. Die Auseinandersetzung mit dem politischen Gegner muß im Interesse der Sache deutlich und manchmal auch hart sein. Die Wähler haben einen Anspruch darauf, daß die Unterschiede deutlich aufgezeigt werden. Verunglimpfungen und unkontrollierte Aggression schaden Dir mehr als Deinen politischen Gegnern. Wenn Dir ein Ausrutscher passiert ist, dann entschuldige Dich umgehend und eindeutig. Ich habe das auch einige Male tun müssen, erfreulicherweise nicht zu oft.

Ich habe in den vielen Jahren meiner politischen Arbeit nicht ein einziges Mal einen politischen Gegner angezeigt oder Prozesse geführt. Politische Differenzen müssen politisch ausgetragen werden und nicht am Gericht.

Das Privatleben Deines politischen Gegners geht Dich nichts an, wenn es auch noch so interessant sein mag. Auch nicht »unter der Hand«. Ich war zweimal verheiratet, bevor ich mein familiäres Glück endgültig gefunden habe. Ich bin von meinen politischen Gegnern und von dem weitaus größten Teil der Presse in dieser Frage sehr fair behandelt worden.

Die Presse, Rundfunk und Fernsehen sind im demokratischen Staat nicht nur Instrumente zur Information der Bürgerinnen und Bürger. Sie sind auch durch ihre Vielfalt unverzichtbare demokratische Wächter. Viele politische Skandale wären auch in unserem Lande nicht ans Tageslicht gekommen, wenn Presse, Rundfunk und Fernsehen nicht für die unverzichtbare Aufdeckung Sorge getragen hätten. Auch wenn Du selbst nach Deiner Auffassung unberechtigt von den Medien angegriffen wirst, sei nicht zu empfindlich. Morgen kommt eine neue Zeitung.

Wenn der Angriff zu Recht erfolgt ist, dann mußt Du Dich zu Deinem Fehler bekennen. Es schadet Dir weniger, als wenn Du den Menschen und den Medien versuchst einzureden, Du hättest gar keinen Fehler gemacht.

Im übrigen habe ich in den vielen Jahren nicht einen einzigen Prozeß gegen Journalisten geführt. Ich habe das nie bereut.

Zum Schluß meines Briefes will ich Dir meine größte Sorge mitteilen.

Das Ansehen der Politik, der Parlamentarier, der Politiker generell ist natürlich starken Schwankungen unterworfen. In den letzten Jahren haben nach meiner Auffassung Politik und Politiker durch Skandale und Affären in sehr starkem Maße an Ansehen verloren. Aber auch die Regierung Kohl hat zum Vertrauensverlust der Politik insgesamt beigetragen. Vielen Menschen erscheinen die Politiker zu glatt und zu trickreich. Und vielen unserer Mitbürger erscheint der Deutsche Bundestag wie eine Behörde.

Diese Situation müssen wir alle ernst nehmen.

Hier helfen nur Redlichkeit und Ehrlichkeit. Hier ist nichts zu beschließen. Hier muß jeder einzelne seinen eigenen Beitrag leisten. Auch Du.

Ich habe Respekt vor den Mitgliedern des Deutschen Bundestages, die sich mit viel Sachverstand und Fleiß um die Reform der Geschäftsordnung des Bundestages bemühen, um mehr Farbe und Lebendigkeit zu erreichen. Aber das ist nicht das entscheidende Problem. Es müssen in stärkerem Maße auch die »Unbequemen« zu Wort kommen. Es ehrt eine Fraktion, wenn sie jemand zu Worte kommen läßt, der nicht die offizielle Fraktionsmeinung vertritt. Es müssen auch Reden gehalten werden, die nicht vorher in vielen Gremien abgeschliffen worden sind.

Ein letztes Wort:

Ich selbst war und bin keineswegs ein parlamentarisches Vorbild. Vieles von dem, was ich in diesem Brief geschrieben habe, habe ich erst nach langen und harten Erfahrungen lernen müssen. Und natürlich habe ich auch Fehler gemacht.

Du wirst Deine Aufgabe erfüllen. Natürlich stehe ich Dir immer mit meinen Erfahrungen zur Verfügung. Aber komme nicht zu oft. Du mußt Deine eigenen Erfahrungen sammeln. Du mußt auch Deine eigenen Fehler machen.

Ich wünsche Dir Erfolg im Interesse von allen. Aber ich wünsche Dir auch Freunde, die Du brauchst, um die Kraft zu haben, um die Dir übertragene Verantwortung zu tragen und die Dir gestellten Aufgaben zu erfüllen.

In herzlicher Verbundenheit
Dein
Hans-Jürgen Wischnewski

Ein notwendiges Nachwort

Diese politische Biographie beschäftigt sich auch ausführlich mit unserem Verhältnis zum Nahen und Mittleren Osten und seinen Problemen, insbesondere mit unserer Beziehung zu unseren arabischen Nachbarn.

In dieser Region erlebten wir in diesem Jahr die größte militärische Auseinandersetzung seit dem Zweiten Weltkrieg, vielleicht mit Ausnahme des Vietnamkriegs. Ursache dieses Golfkriegs war die Aggression des Irak unter Saddam Hussein gegen Kuwait. Am 2. August 1990 hatten irakische Truppen Kuwait überfallen, militärisch besetzt und wenige Tage später zur 19. Provinz des Irak erklärt. Dieser völkerrechtswidrige Akt wurde vom Weltsicherheitsrat der Vereinten Nationen verurteilt; man verlangte sofortigen und bedingungslosen Abzug aller irakischen Truppen aus Kuwait. Die entscheidende Resolution 678 des Weltsicherheitsrats wurde am 29. November 1990 verabschiedet, und sie setzte dem Irak ein Ultimatum bis zum 15. Januar 1991, seine Truppen aus Kuwait abzuziehen, und sie erlaubte weiterhin den Einsatz »aller erforderlichen Mittel«, um den Beschlüssen des Weltsicherheitsrats Geltung zu verschaffen.

In der Zwischenzeit hatten die USA, in einer Koalition von 28 Staaten, eine große Militärmacht in Saudi-Arabien aufgebaut. Neben den USA, Großbritannien und Frankreich waren an dieser Anti-Irak-Aktion auch arabische Staaten beteiligt – insbesondere Ägypten, Syrien und die sechs Golfstaaten, aber auch Marokko. Unter Überwindung größter Transportschwierigkeiten war in der Wüste Saudi-Arabiens eine große militärische Streitkraft von weit mehr als einer halben Million Soldaten aufgebaut worden.

In meiner Eigenschaft als Vorsitzender des Mittelostkomitees der Sozialistischen Internationale mußte ich meine Hauptaufgabe darin sehen, daß alle Verhandlungsmöglichkeiten ausgenutzt wurden, um einen Krieg zu verhindern.

Ende August 1990 fuhr ich in die Region, um in Saudi-Arabien, in den Vereinigten Arabischen Emiraten, in Jordanien und Ägypten Gespräche zu führen. In Djidda traf ich Vertreter der saudischen Regierung, aber auch Vertreter der Regierung von Kuwait, die sich im Exil in Saudi-Arabien aufhielten. In dieser Zeit hofften die Saudis noch auf eine politische Lösung des Konflikts. Auf meine dringende Empfehlung hin beschlossen sie die Aufnahme diplomatischer Beziehungen zur Sowjetunion. Meine Gespräche mit den Kuwaitis zeigten aber schon deutlich, daß sie lediglich noch eine militärische Lösung für möglich hielten.

Auch in den Vereinigten Arabischen Emiraten war man von der Notwendigkeit einer militärischen Lösung überzeugt. Aber hier war man auch nicht mit eigenen Truppen beteiligt.

Eine völlig andere Situation traf ich in Jordanien an. Ich kenne dieses Land seit einer Reihe von – auch schwierigen – Aufenthalten sehr gut. Niemals gab es im Königreich Jordanien eine so antiamerikanische Stimmung, wie ich sie dieses Mal erlebte, und zwar bei allen politischen Gruppierungen. Die Menschen nahmen in aller Offenheit und in aller Deutlichkeit Partei für Saddam Hussein. Die Mehrheit der Bevölkerung in Jordanien besteht aus Palästinensern. Sie können nicht verstehen, daß für die Durchsetzung der UN-Resolution gegen Saddam Hussein eine riesengroße Militärmacht aufgeboten wurde, während für die Durchsetzung der UN-Resolutionen, die ihr Schicksal betreffen, seit vielen Jahren nicht das geringste geschehen ist.

Ich hatte solche Gespräche mit dem mir seit vielen Jahren gut bekannten, ja befreundeten Kronprinzen Hassan. Der König hielt sich außerhalb des Landes auf. Das Königreich Jordanien mußte an einer politischen Lösung des Konfliktes aus folgenden Gründen interessiert sein: Auf der einen Seite grenzt es an den Irak und auf der anderen Seite an die von Israel besetzten Gebiete. Jordanien unternahm ebenfalls große Anstrengungen für eine politische Lösung. Während meines Aufenthalts in Amman hielt sich dort auch der irakische Außenminister Tarik Asiz zu Gesprächen mit dem Generalsekretär der Vereinten Nationen, Perez de Cuellar, auf. Ich bat den Kronprinzen um die Vermittlung eines Gesprächs mit dem irakischen Außenminister. Doch der sagte, er sei jederzeit bereit, mich in *Bagdad* zu empfangen, nicht aber in Amman. Da mir jedoch zu diesem Zeitpunkt von der Regierung in Bonn, aber auch von meiner eigenen Partei, dringend von einer Reise nach Bagdad abgeraten wurde, habe ich davon abgesehen.

Die Bundesrepublik beteiligte sich an einer Luftbrücke, die ägyptische Flüchtlinge aus dem Irak und Kuwait von Amman nach Kairo beförderte. Ich nutzte diese Möglichkeit für meinen Flug nach Kairo. Es waren in erster Linie schwangere Frauen in der Maschine. Sie hatten all ihren kargen Besitz verloren. In diesem Flugzeug fühlten sie sich sicher. Ihre zum Teil schlimmen Erlebnisse haben die Stimmung gegen Saddam Hussein in Ägypten weiter gesteigert.

In Kairo traf ich zuerst den Staatsminister Batros Ghali, der auch einer der Vizepräsidenten der Sozialistischen Internationale ist. Er glaubte, daß eine militärische Auseinandersetzung kaum zu vermeiden sei.

In Alexandria führte ich ein Gespräch mit dem Präsidenten Mubarak. Er berichtete mir über die Vorbereitung dieses Überfalls des Irak auf Kuwait mit finanziellen Mitteln. Saddam Hussein schenkte den Zeitungsredaktionen in Ägypten 42 nagelneue Autos, Marke: Mercedes. Mubarak erzählte von seinen Bemühungen, den Konflikt doch noch zu verhindern. Er sagte mir: »Er (Saddam Hussein) kann gar nicht aus Kuwait rausgehen. Nachdem er nach acht Jahren Krieg alles an den Iran zurückgegeben hat, kann er nun nicht auch noch Kuwait wieder zurückgeben. Noch niemals hat sich ein arabischer Führer in die Ecke manövrieren lassen.« Das aber bedeutete Krieg.

Ich kehrte nicht gerade enthusiastisch nach Bonn zurück. Aber ich war überzeugt, daß es noch Möglichkeiten geben müsse, eine politische Lösung zu finden.

Aber Saddam Hussein hatte nicht nur Kuwait überfallen, sondern auch in Kuwait und in seinem eigenen Land tausend Geiseln genommen. Darunter auch mehr als 700 Deutsche.

Im Dezember 1990 reiste Willy Brandt nach Bagdad. Er sprach mit Saddam Hussein über die Geiseln und natürlich auch über eine friedliche Lösung des Konflikts. Brandt kehrte mit einer größeren Zahl Deutscher, aber auch Geiseln aus anderen Ländern zurück. Er hatte darüber hinaus mit Saddam Hussein vereinbart, das Gespräch über eine friedliche Lösung des Konflikts fortzusetzen.

Leider fiel ich in diesen Wochen wegen einer Hüftoperation aus. Nach meinem Krankenhausaufenthalt suchte mich Willy Brandt auf und bat mich, nach Bagdad zu reisen und noch einmal zu prüfen, ob es nicht doch eine politische und friedliche Lösung des Konflikts geben könnte.

Ich flog im Dezember 1990 zuerst nach Jordanien und hatte dort Gespräche mit König Hussein und mit Kronprinz Hassan. Jordanien war weiterhin um eine politische Lösung bemüht. Ich empfahl dem König dringend, sein Verhältnis mit König Fahd von Saudi-Arabien zu verbessern. Er erklärte seine sofortige Gesprächsbereitschaft.

Nach Bagdad flog ich von Amman aus mit der einzigen täglich verkehrenden Fluglinie, die es seit dem von den Vereinten Nationen verhängten Boykott noch gab. Der Flugplatz in Bagdad machte einen völlig ausgestorbenen Eindruck. Aber in der Stadt selbst war nicht viel von dem Boykott spürbar. Ich wohnte in dem bekannten Hotel Rashid.

Als Gesprächspartner für mich war Außenminister Tarik Asiz vorgesehen. Unser Gespräch dauerte zweieinhalb Stunden. Er hatte an diesem Tag seine Termine in Washington abgesagt, und ich brachte meine tiefe Sorge darüber zum Ausdruck. »Wer keinen Krieg will, der darf seine Gespräche *nicht* absagen, der muß reden und verhandeln«, sagte ich ihm eindringlich.

Im Hinblick auf den Abzug der irakischen Truppen aus Kuwait ergab sich in diesem Gespräch keinerlei Bewegung. Doch die irakische Strategie wurde mir völlig klar: Der Irak war in erster Linie daran interessiert, Israel in den Konflikt miteinzubeziehen, um auf diese Weise die arabischen Staaten aus der von den Vereinigten Staaten angeführten Anti-Irak-Koalition herauslösen zu können. Tarik Asiz beschimpfte insbesondere die Ägypter unter Präsident Mubarak.

Dieses Gespräch mußte ich also negativ bewerten. Es gab auf der irakischen Seite keinerlei Bewegung.

In Bagdad traf ich außerdem Yassir Arafat zu einem ausführlichen Gespräch. Er sagte mir, daß für die PLO die Besetzung Kuwaits der größte materielle Verlust seit ihrem Bestehen bedeute.

Arafat glaubte immer noch an eine politische Lösung des Konflikts – natürlich in Verbindung mit der Lösung des Problems der Palästinenser. Er hatte bei Grenzveränderungen im Norden Kuwaits für den Abzug der irakischen Truppen aus Kuwait gestimmt. Leider hat er dann später eine völlig einseitige, nicht im Interesse der Palästinenser liegende Haltung eingenommen.

Auf dem Rückweg über Amman informierte ich Kronprinz Hassan über meine negativen Eindrücke in Bagdad. Auf eine Weiterreise nach Ägypten und Saudi-Arabien verzichtete ich unter diesen Umständen.

Nach meinen Erkundungen in Bagdad schrieb Willy Brandt an Saddam Hussein einen Brief und teilte ihm mit, daß er bei der Suche nach einer politischen Lösung des Konflikts nicht behilflich sein könne, wenn es im Irak keinerlei Bewegung gebe.

Nun suchten wir nach anderen Möglichkeiten, um doch noch einen Krieg zu verhindern. Nach meiner Auffassung konnte nur mehr der französische Staatspräsident François Mitterrand helfen. Ich reiste also nach Paris und stellte dort fest, daß man zu einer französischen Initiative bereit war. Ich flog unmittelbar vor dem 15. Januar 1991, dem Ablauf des Ultimatums der Vereinten Nationen, mit einer kleinen Delegation des Mittelostkomitees der Sozialistischen Internationale ein zweites Mal nach Paris zum französischen Staatspräsidenten. Hier mußten wir zusammen mit François Mitterrand erleben, wie die französische Initiative an der Sturheit Saddam Husseins, aber auch an der Unbeweglichkeit der Vereinigten Staaten und Großbritanniens scheiterte.

Nun nahm das Schicksal seinen Lauf. Die zweite Phase des Kriegs mit einer harten, aber gezielten Luftoffensive begann. Der Krieg am Boden dauerte nur 100 Stunden, dann war der Irak durch die Koalition besiegt.

Deutsche Soldaten waren an diesem Konflikt nicht beteiligt. Unsere Verfassung ließ dies auch nicht zu. Aber die Bundesrepublik half mit erheblichen Mitteln bei der Finanzierung sowie mit Dienstleistungen. Trotzdem sind wir weltweit kritisiert worden – zum Teil zu Unrecht. Doch festzustellen bleibt: Die Bundesregierung wie auch die SPD haben sich nicht mit Ruhm bekleckert.

In diesen Stunden gibt es noch nicht einmal einen endgültigen Waffenstillstand. Der Krieg hat unter großen Opfern einen Aggressor bestraft, aber keine Probleme in der Region gelöst.

Die Aufgaben, die jetzt gelöst werden müssen, sind riesengroß:

- Die gesicherte Existenz des Staates Israel muß gewährleistet werden, und der Prozeß der Normalisierung zwischen Israel und seinen arabischen Nachbarn muß beginnen.

- Das Selbstbestimmungsrecht der Palästinenser muß durchgesetzt werden, und
- der Libanon befriedet werden.
- Ein Abrüstungsprozeß in der hochgerüsteten Region sollte bald seinen Anfang nehmen.
- Ein Abkommen aller Staaten der Region über das Verbot von ABC-Waffen ist unverzichtbar.
- Die wirtschaftliche Zusammenarbeit aller Staaten der Region über politische und religiöse Unterschiede hinweg muß organisiert werden.
- Insbesondere die Wasserversorgung der Region ist ein drängendes Anliegen. Sie ist nur grenzüberschreitend möglich.
- Die krassen Unterschiede zwischen Arm und Reich müssen abgebaut werden.
- Gewaltige Umweltschäden sind zu beseitigen.
- Tausende Flüchtlinge müssen wieder angesiedelt werden.
- Kuwait, Irak und der ebenfalls weitgehend zerstörte Libanon warten auf den Wiederaufbau.

Das sind gewaltige Aufgaben. Sie sind materiell lösbar, wenn die Ressourcen der Region nicht immer wieder für Kriege und Aufrüstung verschleudert werden.

Die Vereinten Nationen müssen gestärkt werden, insbesondere die Position des Generalsekretärs. Wir Deutschen sollten eine Verfassungsänderung in Angriff nehmen, damit sich für die Zukunft die Bundesrepublik auch an Friedensaktionen der Vereinten Nationen beteiligen kann.

Die Europäische Gemeinschaft hat während der Golfkrise klar versagt. Sie muß die Konsequenzen daraus ziehen.

Die Europäische Union unter Einbeziehung von Außen- und Sicherheitspolitik ist unverzichtbar.

Anhang

1. Die Ergebnisse der Bundestagswahlen im Kölner Wahlkreis 67 und 59

Bundestagswahl 1957

Wahlkreis 67

SPD:	28,8 % (Erststimmen)	– 28,1 % (Zweitstimmen)
CDU:	60,6 %	– 59,8 %
FDP:	7,4 %	– 7,9 %
DP+GB/BHE:	2,5 %	– 3,0 %

Bundestagswahlen 1961

Wahlkreis 67

SPD:	31,2 % (Erststimmen)	– 30,7 % (Zweitstimmen)
CDU:	50,3 %	– 50,1 %
FDP:	15,5 %	– 16,1 %
GDP:	0,5 %	– 0,5 %
DFU:	2,0 %	– 2,1 %
DRP:	0,4 %	– 0,4 %

Bundestagswahlen 1965

Wahlkreis 59

SPD:	46,0 % (Erststimmen)	– 44,5 % (Zweitstimmen)
CDU:	44,3 %	– 44,2 %
FDP:	6,1 %	– 8,0 %
Sonstige Parteien:	3,0 %	– 3,3 %

Bundestagswahlen 1969

Wahlkreis 59

SPD:	54,1 % (Erststimmen)	– 53,0 % (Zweitstimmen)
CDU:	37,5 %	– 35,5 %
FDP	4,7 %	– 7,1 %
Sonstige:	4,5 %	– 4,4 % (davon den größten Anteil hat die NPD mit 2,8 % – 3,2 %

Bundestagswahlen 1972

Wahlkreis 59

SPD:	58,5 % (Erststimmen)	– 54,0 % (Zweitstimmen)
CDU:	34,8 %	– 34,0 %
FDP:	5,7 %	– 11,1 %
Sonstige:	0,9 %	– 0,9 % (den größten Teil bei den Sonstigen hat die DKP mit 0,5 % – 0,5 %, dann folgt die NPD mit 0,4 % – 0,4 %)

Bundestagswahlen 1976

Wahlkreis 59

SPD:	50,3 % (Erststimmen)	– 48,1 % (Zweitstimmen)
CDU:	40,5 %	– 40,1 %
FDP:	7,7 %	– 10,5 %
Sonstige:	1,5 %	– 1,3 %

Bundestagswahlen 1980

Wahlkreis 59

SPD:	50,5 % (Erststimmen)	– 47,7 % (Zweitstimmen)
CDU:	37,1 %	– 36,1 %
FDP:	9,3 %	– 13,6 %
Sonstige:	3,1 %	– 2,7 %

Bundestagswahlen 1983

Wahlkreis 59

SPD:	48,9 % (Erststimmen)	– 44,7 % (Zweitstimmen)
CDU:	42,3 %	– 39,6 %
FDP:	3,0 %	– 6,4 %
Grüne:	5,4 %	– 8,7 %
Sonstige:	0,5 %	– 0,6 %

Bundestagswahlen 1987

Wahlkreis 59

SPD:	47,3 % (Erststimmen)	– 41,6 % (Zweitstimmen)
CDU:	36,1 %	– 33,5 %
FDP:	5,0 %	– 9,5 %
Grüne:	10,1 %	– 14,3 %
Sonstige:	1,5 %	– 1,0 %

Die Differenz der Erst- zu den Zweitstimmen in den Wahlkreisen 67 und 59

1957	0,7 %	1969	1,1 %	1980	2,8 %
1961	0,5 %	1972	4,5 %	1983	4,2 %
1965	1,5 %	1976	2,2 %	1987	5,7 %

2. Stellungnahme zur Bundestagswahl vom 29. Mai 1969 für Willy Brandt, Helmut Schmidt, Herbert Wehner, Alfred Nau

»Die Ausgangsposition der SPD vor den Bundestagswahlen hat sich in der letzten Zeit etwas verschlechtert. Die Wahlkampfstrategie der CDU ist jetzt eindeutig erkennbar. Sie will der SPD nach der Entscheidung gegen die Aufwertung weitere Niederlagen bereiten. Sie will, daß möglichst viele SPD-Minister angeschlagen in den Wahlkampf ziehen müssen. Sie will die Leistungen der SPD herabsetzen. Kiesinger will jetzt zeigen, daß er ein entscheidungsfreudiger Kanzler ist, insbesondere wenn es um Entscheidungen gegen die SPD geht. Diese Situation zwingt dazu, die politische Lage noch einmal genau zu überdenken.

Durch die Entwicklung in Frankreich kommt der Europapolitik in der kommenden Wahlauseinandersetzung viel mehr Bedeutung zu, als zuerst zu erwarten war. Eine SPD-Europakonferenz ist zwar gut, reicht jedoch in dieser Situation nicht aus. Notwendig ist, daß der sozialdemokratische Außenminister die Initiative ergreift. Er muß sich jetzt als der bewußte und engagierte Europäer zeigen. Es wäre gut, wenn unmittelbar nach den französischen Wahlen der Außenminister eine Blitzreise durch alle europäischen Hauptstädte machen würde. Wenn dies nicht möglich ist, muß überlegt werden, ob Willy Brandt die Außenminister nach Bonn einladen kann. Strauß muß für seine Aussagen in London zur europäischen Atomstreitmacht im Kabinett zur Rechenschaft gezogen werden. Seine Ausführungen setzen die Politik der Bundesregierung in Zweifel.

In der Kambodscha-Frage ist offensichtlich beabsichtigt, der SPD eine zweite Niederlage zu bereiten. Die SPD-Minister können dem Abbruch der diplomatischen Beziehungen zu Kambodscha nicht zustimmen. Insbesondere der Außenminister würde bei Zustimmung nach innen und außen sein Gesicht verlieren. Auch innerhalb der Partei wäre mit erheblichen Schwierigkeiten zu rechnen. In dieser Frage sollten wir in die Auseinandersetzung mit der CDU bis an den Rand des Äußersten gehen.

Kiesinger muß vor einer Entscheidung gegen die SPD sehr ernsthaft gewarnt werden. Sollte jedoch eine solche Entscheidung nicht zu vermeiden sein, sollte zu dieser Frage so schnell wie möglich eine offene Auseinandersetzung auch im Bundestag gesucht werden. Nach den vorliegenden Untersuchungen kann angenommen werden, daß die Öffentlichkeit für den Standpunkt der SPD weitgehend Verständnis hat. Die Auseinandersetzung muß dann in folgende Richtung geführt werden:

Die CDU hat Angst vor den Kommunisten aus dem anderen Teil Deutschlands. Die CDU will überall, wo die Spalterflagge aufgezogen wird, die Bundesfahne einziehen und das Terrain den Kommunisten allein überlassen. Die CDU setzt die Interessen der Bundesrepublik in leichtfertiger Weise aufs Spiel.

In unserer Politik gegenüber den arabischen Ländern sollten wir von der reinen Verteidigungsposition abkommen und in der Weise zum Angriff übergehen, indem wir uns bemühen, noch vor den Bundestagswahlen zu einem der arabischen Länder die Wiederaufnahme der diplomatischen Beziehungen zu erreichen. Dieses ist nach meiner Auffassung möglich und muß dann eindeutig als Erfolg des SPD-Außenministers gebucht werden können. Willy Brandt liegt zu dieser Frage ein detaillierter Vorschlag vor.

Wenn in der Frage des NV-Vertrages (Nicht-Verbreitungsvertrages) von unserer Seite auf eine Kabinettsentscheidung gedrängt wird, führt das mit Sicherheit zu einer Abstimmungsniederlage der SPD. Der Außenminister sollte deshalb auf eine Kabinettsentscheidung verzichten, dem Bundeskanzler jedoch einen Brief schreiben, in dem er ihn noch einmal darauf hinweist, daß die ganze schwere Verantwortung nur bei ihm und der CDU/CSU liegt. Auf weitere öffentliche Auseinandersetzungen um den NV-Vertrag sollte verzichtet werden. Diese Materie ist ähnlich wie in der Frage der Aufwertung für den größten Teil der Bevölkerung zu kompliziert.

In der Öffentlichkeit entsteht der Eindruck, als würde nach der Aufwertung der Bundeswirtschaftsminister resignieren. Das schadet Karl Schiller, aber selbstverständlich auch der SPD. Karl Schiller muß jetzt in noch stärkerem Maße der Mann der Stabilität sein. Er muß um eine große gemeinsame Demonstration für Stabilität mit den Verbrauchern und ihren Organisationen bemüht sein. Die Frage der Aufhebung der Preisbindung der zweiten Hand muß wieder hochgespielt werden und in Zusammenhang mit der Aufwertungsentscheidung gebracht werden. Ich denke nicht an eine Kabinettsvorlage von Karl Schiller, da auch hier die Gefahr einer negativen Entscheidung zu groß ist, jedoch muß die Verantwortung für diese Frage Kiesinger und der CDU/CSU erneut zugeschoben werden.

In der Frage der Aufhebung der Verjährung muß die Verantwortung für eine notwendige Entscheidung ebenfalls der CDU/CSU zugeschoben werden. Es ist nicht gut, wenn die Partei meint, in dieser Frage während der nächsten Wochen und Monaten Motor sein zu müssen.

Alle sozialdemokratischen Bundesminister sollten sich getrennt gegen Ende der Legislaturperiode mit möglichst konkreten Rechenschaftsberichten der Bundespressekonferenz stellen. Georg Leber hat mit seinem Rechenschaftsbericht vor der Presse einen großen Erfolg erzielen können. Unsere Minister müssen erneut überprüfen, welche Aktivitäten von ihnen bis zu den Bundestagswahlen noch entwickelt werden können. Dabei sollten es ausschließlich solche sein, die das besondere Interesse der Bevölkerung finden. Eine ganz neue Untersuchung beweist zum Beispiel, daß die Bekämpfung der Krebskrankheit in einer Rangliste jetzt Platz 1 einnimmt. Käte Strobel muß gebeten werden, in dieser Frage eine Aktivität zu entwickeln.

Der Fraktionsvorstand sollte für jedes von einem CDU/CSU-Minister geführte Ministerium einen Abgeordneten bestellen, der zur Arbeit der jeweiligen CDU/CSU-Minister eine äußerst kritische Analyse erstellt. Es muß geprüft werden, ob diese Kritik an den CDU/CSU-Regierungsmitgliedern in schriftlicher Form erfolgt, gegebenenfalls auch in Pressekonferenzen. Ich darf daran erinnern, in wie negativer Weise sich die CDU unmittelbar nach Lebers Pressekonferenz geäußert hat.

Die kritische Analyse des Bundeskanzlers und seiner Arbeit sollte der Fraktionsvorsitzende übernehmen. Der Fraktionsvorsitzende sollte ebenfalls unmittelbar nach dem letzten Arbeitstag des Bundestages einen Rechenschaftsbericht vor der Bundespressekonferenz für die SPD und die Bundestagsfraktion abgeben. Alex Möller sollte darum gebeten werden, wenn möglich ebenfalls zu diesem Zeitpunkt, aber natürlich in einer getrennten Veranstaltung den Finanzbericht für das SPD-Regierungsprogramm vorzulegen.

Der Vorsitzende der Sozialdemokratischen Partei muß sich mit einem Aufruf an die Öffentlichkeit wenden, daß auch in den Wochen und Monaten vor der Bundestagswahl die SPD ihre Entscheidungen treffen wird, die sie im Interesse von Staat und Bevölkerung unabhängig vom Wahlkampf für richtig hält. Der Parteivorsitzende muß zum Ausdruck bringen, daß CDU/CSU ihre Entscheidungen ausschließlich nach wahltaktischen Gesichtspunkten fällen und damit der Bundesrepublik schaden. Dieses ist nach meiner Meinung der richtige Stil in dem insbesondere von Herbert Wehner angekündigten politischen Wahlkampf.

Ich muß Alfred Nau dringend darum bitten zu überprüfen, ob der Wahlkampffonds nicht noch erheblich aufgestockt werden kann. Ich halte sechs Millionen DM für zwingend notwendig. Dabei gehe ich von der Voraussetzung aus, daß nach dem augenblicklichen Stand die Mehrausgaben 1969 gegenüber 1965 nur drei bis vier Millionen DM betragen. 1965 gab es noch keine Parteienfinanzierung. Außerdem hat Fritz Heine mir in einem vertraulichen Brief mitgeteilt, daß der Betriebsgewinn der Konzentrationsunternehmungen sich von 1967 zu 1968 von 400 000 DM auf mehr als 15 Millionen DM erhöht hat. Zusätzliche finanzielle Mittel von Fall zu Fall zu entscheiden, halte ich für nicht richtig, da sie eine vernünftige Wahlkampfstrategie unmöglich macht.

Soeben erfahre ich, daß die Wahlkampferöffnung der CDU in Dortmund auf den 31. August verschoben worden ist.

Das bedeutet, daß sich für unsere am 30. August in Essen geplante Veranstaltung erhebliche Schwierigkeiten ergeben. Wir müssen sofort entscheiden, ob unsere Veranstaltung dann ebenfalls am 31. August in Essen stattfinden soll oder aber am 6. September. Unsere Veranstaltung ebenfalls am 31. August durchzuführen, bedeutet, daß die Berichterstattung dann nebeneinander erfolgen würde. Wenn wir jedoch bereit sind, unsere Veranstaltung auf den 6. September zu verschieben, haben wir weit bessere Möglichkeiten zur CDU Stellung zu nehmen und haben auch die Garantie für eine breite Berichterstattung. Ich plädiere deshalb für den 6. September.

Hans-Jürgen Wischnewski.«

3. Aufzeichnung über die Koalitionsverhandlungen vom 2. Oktober 1969

»Die Verhandlungsdelegationen vereinbaren, daß die Koalition auf vier Jahre gebildet wird und insbesondere nachstehende Punkte enthält:

Die Bundesregierung soll um vier Ministerien verkleinert werden. Zur Debatte stehen folgende Ministerien: Post, Heimatvertriebene, Schatz, Familie und Jugend.

Das System der Parlamentarischen Staatssekretäre wird ausgebaut.

Besondere Bedeutung hatte in den Beratungen die Parlamentsarbeit. Die Zahl der Parlamentsausschüsse soll verringert werden (für jedes Ministerium einen Ausschuß). Bestimmte Ausschüsse müssen vergrößert werden, um die Mehrheitsverhältnisse auch in den Ausschüssen wirksam zu machen. Um dieses Ziel zu erreichen, müssen gegebenenfalls auch gemeinsame personelle Vorschläge für die Besetzung der Ausschüsse eingebracht werden. Der Turnus der Bundestagsarbeit muß überprüft werden. Dabei müssen die Termine für das Europäische Parlament und für den Europarat berücksichtigt werden. Die Fraktionsvorsitzenden sollen materiell dem Parlamentspräsidenten gleichgestellt werden. Alle Veränderungen in der Parlamentsarbeit müssen auch mit der CDU vor der Wahl des Parlamentspräsidenten erörtert werden. Genscher und Dr. Möller wurden gebeten, für alle Fragen der Parlamentsarbeit konkrete Vorschläge zu machen.

Zur Außen- und Deutschlandpolitik gab Willy Brandt einen umfassenden Bericht. Die Außenpolitik wird aufgrund der Friedensnote der Bundesregierung vom Frühjahr 1966 und des außenpolitischen Teils der Regierungserklärung vom 13. Dezember 1966 kontinuierlich weiterentwickelt. Scheel stellte in der Debatte fest, daß die außenpolitischen Vorstellungen der Verhandlungspartner sich weitgehend decken. Die FDP legt Wert darauf, daß das Thema Friedensforschung deutlich herausgestellt wird. SPD und FDP setzen sich dafür ein, daß durch verbindliche Abkommen über Gewaltverzicht und Verzicht auf Gewaltandrohung bis zu den endgültigen friedensvertraglichen Regelungen die territoriale Integrität aller Nachbarn und die Unverletzlichkeit der Demarkationslinien, der Grenzlinie und Grenzen im Osten gewährleistet wird.

In den Fragen der Verteidigungspolitik hatte H. Schmidt Fragen an die FDP. Sie betrafen die Kommandogewalt, die Verringerung der Dienstzeit, die Wehrgerechtigkeit, die Frage der atomaren Trägerwaffen der Bundeswehr. In allen Fragen konnte Übereinstimmung erzielt werden. Bei der Heranziehung zum Wehrdienst müssen die Ausnahmen entscheidend eingeschränkt werden. Wehrdienstverweigerer müssen zum Ersatzdienst herangezogen werden. Eine Wehrsteuer wird nicht erhoben. Jedoch sollen diejenigen, die gedient haben, in anderen Bereichen nicht zusätzliche Nachteile hinnehmen müssen. Die Möglichkeit der Verkürzung des Wehrdienstes unter besonderer Berücksichtigung der erhöhten Wehrgerechtigkeit wird von den Koalitionspartnern überprüft. Die Kommandogewalt über die Bundeswehr liegt beim Bundesverteidigungsminister. Seine Vertretung wird durch ein im Kabinett zu bestimmendes Kabinettsmitglied wahrgenommen. Die Verhandlungspartner sind sich darüber einig, daß ein einheitlicher Kommandostrang geschaffen wird. Das Problem der inneren Führung stellt sich in den 70er Jahren anders als zur Zeit der Schaffung der Bundeswehr. Die Regierungserklärung soll sich ausdrücklich auch an die Bundeswehr wenden.

In der Steuerpolitik bestand Übereinstimmung, daß der Arbeitnehmerfreibetrag verdoppelt wird. Die Ergänzungsabgabe wird ab 1. Januar 1970 erst ab 32 000/64 000 DM statt bisher 16 000/32 000 DM Einkommen erhoben und ab 1. Januar 1971 ganz fortfallen. Die Steuerquote soll nicht erhöht werden, um den Leistungswillen des einzelnen und die Investitionbereitschaft der Wirtschaft nicht einzuschränken. Alle übrigen Steuerfragen werden geklärt nach Vorliegen des Berichtes der Steuerreformkommission. An die Einführung konfiskatorischer Steuer ist nicht gedacht. In der Frage der Kirchensteuer wird die Bundesregierung von sich aus keine Initiative ergreifen.

Eine Korrektur der mittelfristigen Finanzplanung ist notwendig.

In der Vermögensbildung wird das 312-Mark-Gesetz für tarifvertragliche Vereinbarungen auf 624 DM ausgedehnt. Die gleichen Möglichkeiten müssen auch denjenigen geboten werden, die nicht unter solche Tarifverträge fallen. Die FDP legt Wert auf weitere Begünstigungen beim Bausparen. Weitere Möglichkeiten der Vermögenspolitik werden geprüft. Beide Verhandlungspartner lehnen ein gesetzliches Zwangssparen ab.

Zur Wirtschaftspolitik trug Professor Karl Schiller folgende Punkte vor:

1. die Verpflichtung der neuen Bundesregierung, das Stabilitäts- und Wachstumsgesetz anzuwenden
2. die Vorlage eines Sachprogramms zur Sicherung der Stabilität
3. eine Ordnungspolitik im Sinne der Stärkung der marktwirtschaftlichen Ordnung
4. die Weiterführung der begonnenen Strukturpolitik.

In den vier Grundsätzen bestand Übereinstimmung.

Zur Verkehrspolitik nahmen beide Delegationen einen Vortrag von Georg Leber entgegen. In allen Punkten wurde Übereinstimmung erzielt.

Die neue Bundesregierung wird ein Städtebauförderungsgesetz vorlegen.

Zur Agrarpolitik wurde eine besondere Stellungnahme erarbeitet.

In der Frage der Mitbestimmung wurde eine Reform des Betriebsverfassungsgesetzes und des Personalvertretungsgesetzes auf der Grundlage der eingebrachten Gesetzesentwürfe vereinbart. Hier ist es der FDP an einem geeigneteren Minderheitenschutz für Angestellte und Jugendliche gelegen. Der von der jetzigen Bundesregierung angeforderte Bericht über die Mitbestimmungsfragen wird von den Koalitionspartnern nach Vorlage erörtert.

Das gesamte Arbeitsrecht soll in einem Arbeitsgesetzbuch zusammengefaßt werden.

Die Bundesregierung lehnt eine Einschränkung der Tarifautonomie ab. Sie wird sich bemühen, den Sozialpartnern größeren Raum zur eigenen Gestaltung zu geben.

Allen Angestellten, die oberhalb der Krankenversicherungspflichtgrenze liegen, soll in Zukunft der Arbeitgeberbeitrag gewährt werden. Die Krankenversicherungspflichtgrenze soll dynamisiert werden. Die Erfahrungen der am 1. Januar 1970 in Kraft tretenden Beitragsrückgewährung werden überprüft.

Die Kriegsopferrenten werden ab 1. Januar 1970 erhöht. Dabei sind strukturelle und lineare Maßnahmen vorgesehen. Die Anpassung an die wirtschaftliche Entwicklung erfolgt jährlich. Eine besondere Arbeitsgruppe soll diese Frage und ihre Konsequenzen klären.

Die Altersversorgung wird weiteren Gruppen geöffnet, insbesondere den Selbständigen und Hausfrauen.

In der Bildungspolitik geht es zunächst darum, die bestehenden Kompetenzen voll auszuschöpfen und in einem Ministerium zusammenzufassen.

Für die notwendige Verfassungsreform, insbesondere auch die Fortentwicklung des bundesstaatlichen Systems, wird die Bundesregierung eine Kommission einsetzen.

Bei der Länderneugliederung wird die Bundesregierung von dem ihr nach Artikel 29 GG gestellten Auftrag ausgehen.

Die FDP will vorerst zur Novellierung des Artikel-10-Gesetzes keine Initiative ergreifen, sondern wartet, wie das vom Lande Hessen angestrebte Normenkontrollverfahren entschieden wird (Post-, Brief- und Telefonüberwachung).

Die neue Bundesregierung wird die Frage des Presserechts aufgreifen. Entscheidend ist vor allen Dingen ein bundeseinheitliches Presserechtsrahmengesetz. Dabei sind die Ergebnisse des Michel-Berichtes und Günther-Berichtes zu berücksichtigen. In der Frage des privaten Fernsehens ist vorerst keine Übereinstimmung zu erzielen.

Die neue Bundesregierung schafft ein modernes Dienst- und Laufbahnrecht.

Die Justizreform wird fortgesetzt. Die Bildung eines Rechtspflegeministeriums im Rahmen der Reform wird vereinbart.

Das aktive Wahlalter wird von 21 auf 18, das passive von 25 auf 21 herabgesetzt. In bezug auf die Überprüfung der Volljährigkeitsgrenze wird eine Absichtserklärung abgegeben.

Zur Feststellung der Verfassungsfeindlichkeit der NPD ist eine Absichtserklärung der Bundesregierung nicht vorgesehen. Wenn der Innenminister einen Antrag stellt, wird darüber das Kabinett entscheiden.

Zum Stimmrecht der Berliner Abgeordneten wird vereinbart, daß es bei der Kanzlerwahl noch nicht angewandt werden soll, sich aber die neue Bundesregierung um die Durchsetzung des Stimmrechts der Berliner Abgeordneten bemüht.

Eine Änderung des Wahlrechts steht nicht zur Diskussion.«

4. Nahost-Mission der Sozialistischen Internationale vom 23. Februar bis 18. März 1989

Tunesien
Jordanien
Syrien
Israel

Teilnehmer:

Hans-Jürgen Wischnewski, SPD (Delegationsleiter)
Pentti Väänänen, Generalsekretär der SI
Mohamed Abdalla, NDP Ägypten, Vorsitzender des Auswärtigen Ausschusses des Ägyptischen Parlaments
Annemarie Lizin, PSB, Belgien, Staatsministerin
Lasse Budtz, Sozialdemokraten Dänemark
Alain Chenal/Gerard Legalle, PSF, Frankreich
Alberto Benzoni, PSI, Italien
Karl Blecha, SPÖ, Österreich
Conny Fredrikson, SAP Schweden
Francisco Ramos Fernandez-Torrecilla, PSOE Spanien

Die positiven Veränderungen in der Welt, ein besseres Verhältnis zwischen den beiden Weltmächten, erste Abrüstungsschritte, die Ansätze zur Lösung von regionalen Konflikten in Kambodscha, in Afghanistan, im Golfkrieg, in Namibia, in der Westsahara und in Zentralamerika können und dürfen am längsten und gefährlichsten Konflikt seit dem Ende des Zweiten Weltkrieges, am Nahostkonflikt, nicht vorbeigehen. Das zweitgrößte Waffenarsenal in der Welt liegt im Nahen Osten.

Vier Ereignisse im Nahen Osten sind für die Entwicklung in dieser Region von größter Bedeutung:

1. Die seit 16 Monaten fortbestehende Intifada in den von Israel besetzten Gebieten.
2. Die Entscheidung des Königs von Jordanien, sich von der Westbank zu trennen und die Verantwortung an die PLO abzutreten.
3. Die Beschlüsse des palästinensischen Nationalrates in Algier vom November 1988. Die Ausführungen von Yassir Arafat vor der UN-Vollversammlung vom 13. Dezember 1988 in Genf.
4. Der Beginn des Dialogs zwischen den USA und der PLO in Tunis.

Diese vier Ereignisse haben das Mittelostkomitee der SI zu einer besonderen Mission im Nahen Osten veranlaßt. An ihr waren folgende Mitgliedsparteien beteiligt: die belgische sozialistische Partei, die dänische, die französische, die italienische, die österreichische, die schwedische und die spanische.

Außerdem nahm als Gast der Delegation der Vorsitzende des auswärtigen Ausschusses des ägyptischen Parlaments unser Freund Dr. Abdalla teil.

Ich durfte als Vorsitzender des Mittelostkomitees der SI die Delegation leiten. So waren wir eine Neunparteiendelegation.

Ich darf allen Teilnehmern für die hervorragende Zusammenarbeit in der Delegation danken.

Eigentlich hätten wir eine Delegation von elf Parteien sein sollen. Unsere beiden israelischen Mitgliedsparteien, die Arbeiterpartei und die Mapam, hätten an den Gesprächen in Tunesien, insbesondere mit der PLO, beteiligt sein sollen. Die PLO war dazu bereit. Die tunesischen Behörden hätten die Einreise ermöglicht. Alles war vorbereitet. Unsere israelischen Freunde waren schon nach Europa angereist, um mit uns gemeinam nach Tunesien zu gehen. Sie wurden in letzter Minute zurückgerufen. Die Delegation bedauert das zutiefst. Eine große Chance wurde vertan.

Die Delegation hat Tunesien besucht und dort Gespräche mit der tunesischen Regierung und der Partei geführt (RCD). Hier wurden wir über die neue Entwicklung in Tunesien unterrichtet und über die Lage vor den kurz bevorstehenden Wahlen.

Insbesondere galten unsere Gespräche aber der PLO, insbesondere mit dem Vorsitzenden Yassir Arafat.

Yassir Arafat hat uns die Beschlüsse von Algier erläutert:

1. Frieden durch Verhandlungen im Rahmen einer internationalen Friedenskonferenz unter der besonderen Verantwortung der fünf ständigen Mitglieder des Weltsicherheitsrates.
2. Die Gründung eines palästinensischen Staats.
3. Die palästinensische Haltung zu den Weltsicherheitsresolutionen 242 und 338, die die Anerkennung des Staates Israel bedeuten.
4. Der Verzicht auf Terrorismus.
5. Die Bereitschaft zu direkten Begegnungen mit unseren israelischen Mitgliedsparteien an jedem Ort.

Ich habe in vielen Jahren die Positionen der PLO noch nie so auf Frieden ausgerichtet gesehen und so flexibel wie heute.

Die PLO ist bereit, über alles zu reden. Auch über die Sicherheit des Staates Israel.

Auch die Sprache hat sich geändert. Heute spricht Yassir Arafat gegenüber den Israelis von »unseren Vettern«. Wer diese Chance nicht wahrnimmt, der lädt große Verantwortung auf sich.

Aber Arafat hat auch darauf hingewiesen, daß man diese Position nicht für immer aufrechterhalten kann. Es gibt auch Gegner der Beschlüsse von Algier. Sicher ist das eine Minderheit. Aber sie besitzen die Unterstützung einiger weniger arabischer Staaten. Die Delegation bewertet ihre Gespräche mit der Führung der PLO ausgesprochen positiv.

Bei unseren Gesprächen in Amman mit Kronprinz Hassan und mit der jordanischen Regierung haben wir viel Übereinstimmung feststellen können.

Hier ist man für eine internationale Friedenskonferenz, für das Selbstbestimmungsrecht der Palästinenser durch einen palästinensischen Staat. Zur Zeit will man nicht über das Thema einer Föderation oder Konföderation reden. Die Beziehungen zwischen dem Königreich Jordanien und der PLO sind heute gut. Die Reise des sowjetischen Außenministers Schewardnadse in die Region wird hier besonders positiv beurteilt.

Bei unseren Gesprächen mit der Führung in Syrien haben wir festgestellt: auch dort ist man für eine internationale Friedenskonferenz. Man ist nicht gegen einen palästinensischen Staat. Die Beschlüsse des palästinensischen Nationalkongresses von Algier werden allerdings als zu weitgehend stark kritisiert. Die PLO-Führung habe die letzten Karten aus der Hand gegeben. Dennoch ist auch hier ein gewisser Annäherungsprozeß erkennbar. Allerdings scheint der Zeitfaktor hier keine Rolle zu spielen. In Syrien hatten wir auch eine Zusammenkunft mit dem für die internationalen Beziehungen Verantwortlichen der PSP des Libanon. Er trug uns die aktuelle Situation des Landes aus der Sicht der PSP vor und die Lösungsvorschläge seiner Partei.

In Israel haben wir ausführliche Gespräche mit unseren Freunden von der Arbeiterpartei und der Mapam geführt. Die Arbeiterpartei ist dabei, ihre Position zur Beilegung des Konflikts zu überdenken. In der Frage der Verhandlungen mit der PLO ist die Haltung noch gespalten. Aber ich bin sicher, daß diejenigen zunehmen werden, die für Verhandlungen mit der PLO sind. Über eine internationale Friedenskonferenz wird jetzt in der Arbeiterpartei weniger geredet. Die Delegation teilt nicht die Auffassung des Verteidigungsministers Rabin, daß es für die Intifada nur eine militärische Lösung gibt. Wir glauben, daß sich die Intifada nur politisch lösen läßt. Eine politische Lösung besteht in einer positiven Antwort und Aktion auf die Beschlüsse von Algier der PLO.

Der Verteidigungsminister tritt auch für die Wahlen in den besetzten Gebieten ein: Wahl einer palästinensischen Delegation für Verhandlungen.

Die Erkenntnisse der Delegation sind eindeutig: Eine Lösung des Konflikts ohne die PLO wird es nicht geben. Wir müssen das Gespräch mit unseren Freunden von der Arbeiterpartei zielklar und freundschaftlich fortsetzen. Insbesondere auch in den Punkten, in denen keine Übereinstimmung besteht.

Das gilt auch für die Besatzungspolitik.

Mit unseren Freunden von der Mapam haben wir viel Übereinstimmung.

Bei unseren Gesprächen mit dem israelischen Ministerpräsidenten Schamir und dem Außenminister vom Likud hat sich folgendes ergeben:

Man ist für sofortige Verhandlungen mit Palästinensern aus den besetzten Gebieten. Aber man will sich die Verhandlungspartner selber aussuchen.

Man ist gegen eine internationale Friedenskonferenz. Man ist gegen Verhandlungen mit der PLO. Diese Vorstellungen führen nicht zum Frieden. Aber diese Vorstellungen werden auch nicht von allen Likudmitgliedern vertreten.

In Jerusalem und im Gazastreifen hatten wir ausführliche Möglichkeiten zur Aussprache mit führenden Palästinensern aus den besetzten Gebieten.

Die Haltung war eindeutig:

1. Alle Vertreter haben in vollem Umfang die Auffassung der Führung der PLO in Tunis vertreten.
2. Man lehnt Wahlen unter der israelischen Besatzung ab. Man habe eine anerkannte Führung.
3. Alle haben harte Kritik an der israelischen Besatzungspolitik geübt.
4. Die Intifada geht zu Ende an dem Tage, an dem die internationale Friedenskonferenz einberufen wird.

Ich danke den beiden israelischen Parteien, daß sie ein Programm für unseren Aufenthalt gestaltet haben, das uns nicht nur die Möglichkeit gegeben hat, ihre Meinung kennenzulernen, sondern auch die von Likud und den palästinensischen Repräsentanten in den besetzten Gebieten. Wir haben auch die Intifada und ihre militärische Bekämpfung hautnah kennenlernen müssen.

Als Ergebnis der Mission in den Nahen Osten hat Hans-Jürgen Wischnewski vor der Parteiführungskonferenz in Wien folgende Empfehlungen vorgetragen:

1. Die SI hat zwei israelische Mitgliedsparteien:
   die Arbeiterpartei in der Regierung
   die Mapam in der Opposition.
   Die SI unterhält aber auch gute Beziehungen zur PLO.
   Die Hauptaufgabe der SI und ihren Mitgliedsparteien besteht darin, Israelis und Palästinenser überall, wo das möglich ist, zum friedlichen und konstruktiven Dialog zusammenzuführen.
2. Da die Zeit drängt, werden wir möglichst noch im Monat Mai ein internationales Hearing in Brüssel durchführen. Dazu werden wir einladen die fünf ständigen Mitglieder des Weltsicherheitsrates, also die USA, die UdSSR, die Volksrepublik China, Frankreich und das Vereinigte Königreich.
   Wir werden dazu außerdem alle am Konflikt beteiligten Parteien einladen.
3. Wir fordern alle Mitgliedsparteien der SI auf, überall, wo die Voraussetzungen dafür gegeben sind, einen Dialog zwischen jüdischen Bürgerinnen und Bürgern und palästinensischen Bürgerinnen und Bürgern zu entwikkeln.
4. Die Palästinenser sind aufgefordert, auf jede Art von Terrorismus zu verzichten. Das gilt insbesondere für palästinensische Gruppen außerhalb der PLO, die von bestimmten arabischen Regierungen unterstützt werden.

5. Die israelische Arbeiterpartei trägt durch die Stellung des Verteidigungsministers besondere Verantwortung in den besetzten Gebieten.
   Sie ist aufgefordert, in der Tradition der Arbeiterbewegung strengste Maßstäbe bei der Einhaltung der Menschenrechte in den besetzten Gebieten anzulegen.
   Die Zerstörung von Häusern verstärkt den Konflikt und löst kein einziges Problem.
   Die Deportation von Menschen steht nicht im Einklang mit den Menschenrechten und dem Völkerrecht.
   Die Schulen und Universitäten müssen geöffnet werden.
6. Das Center for Peace in Middle East bedarf unser aller Unterstützung, auch der materiellen Unterstützung.
7. Die UNWRRA ist eine große Hilfe für die Palästinenser in den besetzten Gebieten. Sie bedarf in noch stärkerem Maße der Unterstützung. Wir bitten um entsprechende Aktivitäten unserer Mitgliederparteien.
8. Auch die Aufnahme von zwei Parteien aus arabischen Staaten (der Nationaldemokratischen Partei Ägyptens und des RCD Tunesiens) kann wesentlich zur Normalisierung zwischen Israelis und Arabern beitragen.

Das Nahostkomitee der SI läßt sich von folgenden Grundsätzen leiten: Es kann nur eine friedliche, politische Lösung des Konflikts geben. Er muß beruhen auf der gesicherten Existenz des Staates Israel und dem Selbstbestimmungsrecht der Palästinenser. Dazu bedarf es bald einer internationalen Friedenskonferenz, aber auch direkter Kontakte zwischen Israelis und Palästinensern, die durch die PLO vertreten werden.

Nach diesen Grundsätzen wird das Nahostkomitee der SI seine Arbeit fortsetzen.

5. Erklärung der Operation Kofre Kaddum vom 13. Oktober 1977

»An alle Revolutionäre der Welt!
An alle freien Araber!
An alle palästinensischen Massen!

Heute, Donnerstag, 13. Oktober 1977, gelangte die Lufthansamaschine 737 auf dem Fluge von Palma de Mallorca nach Frankfurt, Flug-Nr. LH 181, unter die vollständige Kontrolle unserer ›Martyr-Halimeh-Kommando-Einheit‹. Ihr Einsatz zielt auf die Befreiung unserer Kameraden aus den Gefängnissen der imperialistischen, reaktionären, zionistischen Allianz. Die Operation verstärkt nachdrücklich die Ziele und die Forderungen der Operationen der ›Siegfried-Hausner-Kommando-Einheit‹ der RAF, die am 5. September 1977 begann. Revolutionäre und Freiheitskämpfer in der ganzen Welt stehen dem Monstrum des Weltimperialismus gegenüber, dem barbarischen Krieg unter der Hegemonie der USA gegen das Volk in der Welt. In diesem Krieg haben imperialistische Unterzentren wie die zionistische Gemeinschaft und Westdeutschland die Aufgabe des Vollzugs der Unterdrückung und Liquidierung jeder revolutionären Bewegung in einem spezifischen Gebiet. In unseren besetzten Ländern demonstrieren Imperialisten, Zionisten und reaktionäre Feinde den höchsten Grad ihrer blutigen Arbeit gegen unser Volk, unsere Revolutionäre, gegen alle arabischen Massen und die patriotischen und fortschrittlichen Kräfte.

Der expansionistische und rassistische Charakter der Zionisten mit Menachem Begin an der Spitze ist ein Produkt imperialistischer Interessen, deutlicher als je zuvor. Aus den gleichen imperialistischen Gründen wurde Westdeutschland als eine US-Basis im Jahre 1945 aufgebaut. Seine Funktion ist die reaktionäre Reintegration der westeuropäischen Länder durch wirtschaftliche Unterdrückung und Erpressung. Soweit die unterentwickelten Länder der Welt betroffen sind, gibt Westdeutschland finanzielle, technische und militärische Unterstützung an die reaktionären Regime in Tel Aviv, Teheran, Pretoria, Salisbury, Brasilia, Santiago de Chile usw. Zwischen den beiden Regierungen von Tel Aviv und Bonn besteht eine besondere und enge Zusammenarbeit im militärischen und wirtschaftlichen Bereich wie auch in gemeinsamen politischen Standpunkten. Diese beiden feindlichen Regime machen gemeinsam Front gegen die patriotischen und revolutionären Bewegungen der Befreiung in der Welt, Afrika und Lateinamerika im besonderen. Beide Regime nehmen aktiv teil an ihren Lieferungen an minoritäre rassistische Regime in Pretoria und Salisbury mit Waffen, militärischem, taktischem und atomarem Know-how, durch die Lieferung von Söldnern und Hergabe von Krediten, durch die Öffnung von Märkten für deren Erzeugnisse sowie durch die Durchbrechung des Boykotts und der wirtschaftlichen

Isolierung dieser beiden Länder. Das deutliche Beispiel der engen Zusammenarbeit zwischen ›Mossad‹ und dem deutschen Nachrichtendienst zusammen mit CIA und DST mit der schmutzigsten Politik der imperialistisch-reaktionären Allianz (drei Worte unverständlich).

Tatsächlich wird der ähnliche Charakter des Neonazismus in Westdeutschland und des Zionismus in Israel auch immer deutlicher. In beiden Ländern ist die reaktionäre Ideologie vorherrschend. Die faschistischen, diskriminierenden und rassistischen Arbeitsgesetze werden verstärkt. Die schlimmsten Methoden seelischer und körperlicher Folterung und Morde werden angewendet gegen die Kämpfer für Fortschritt und nationale Befreiung. Formen der kollektiven Bestrafung werden praktiziert. Alle Bestimmungen des internationalen Gesetzes hinsichtlich des Rechtes der Gefangenen auf menschliche Behandlung, gerechtes Verfahren und Verteidigung werden vollständig abgeschafft. Während das zionistische Regime die echteste und praktischste Fortsetzung des Nazismus ist, tun die Regierung in Bonn und die Parteien des Bundestages ihr möglichstes, um den expansionistischen Rassismus in Westdeutschland zu erneuern, besonders im militärischen Establishment und anderen staatlichen Einrichtungen. Die wirtschaftlichen Kreise und die Magnaten der multinationalen Firmen in Westdeutschland spielen eine wirksame Rolle bei diesen Bestrebungen.

Ponto, Schleyer und Buback sind gute Beispiele von Personen, die dem alten Nazismus gut gedient haben und die jetzt die Ziele der neuen Nazisten in Bonn und der Zionisten in Tel Aviv beide sowohl im eigenen Land wie auch international anstreben.

Ein Teil der Antiguerillastrategie des Feindes ist die Nichterfüllung der legitimen Forderung auf Freilassung unserer gefangenen Revolutionäre, die die grausamsten Formen der Folterung leiden, mit dem schweigenden Wissen der internationalen Öffentlichkeit.

Wir erklären, daß diese Doktrin keinen Erfolg haben wird. Wir werden den Feind zwingen, unsere Gefangenen zu befreien, die ihn täglich herausfordern, indem sie fortfahren, die Unterdrückung zu bekämpfen, selbst im Gefängnis.

Sieg der Einheit der revolutionären Kräfte in der Welt!
Organisation Kampf dem Weltimperialismus.

13. Oktober 1977.«

6. Aufzeichnung des Telefongesprächs zwischen Bundeskanzleramt und Mogadischu via Rom

Frau Ravenschlag: Ist dort das Bundeskanzleramt?
Garbers: Wie bitte?
Frau R.: Ist dort das Bundeskanzleramt?
G.: Hier ist das Bundeskanzleramt, ja.
Frau R.: Der Herr Bundeskanzler ans Telefon bitte!
G.: Der Herr Bundeskanzler ans Telefon?
Frau R.: Ja.
G.: Wird geholt.
Frau R.: Danke.

Pause

G.: Sind Sie noch da?
Frau R.: Ja.
Zentrale Rom: Hallo Frankfurt!
Lufthansa Ffm: Ja, bitte?
Rom: Bitte, sprechen Sie!
Garbers: Sind Sie noch dran?
Frau R.: Ja!
G.: o. k.

Pause

G.: Es sind ein paar Störungen drin.
StM: Hallo!
G.: Ja, wir hören.
StM: Hallo!
G.: Hallo! Ja, jetzt kommt der Bundeskanzler.
BK: Helmut Schmidt, Helmut Schmidt hier! Ich höre dich kaum.
Rom: Einen Moment, Herr Bundeskanzler – hallo Mogadischu – ja, der Bundeskanzler ist am Apparat – sprechen Sie jetzt.
StM: (unverständlich)
BK: Helmut Schmidt hier – langsam sprechen, bitte.
StM: (unverständlich)
BK: Hans-Jürgen – Hans-Jürgen – hallo!
Rom: Hallo Frankfurt, hallo Frankfurt – Herr Schmidt, ich glaube, man kann gar nicht sprechen auf diese Weise.
G.: Wir versuchen, die Leitung zu verbessern.
LH Frankfurt: Moment mal eben, da ist der Kollege in Rom an der Leitung – Moment, wir versuchen, eine bessere Verbindung zu bekommen.
BK: Ja, danke schön.
Ruhnau: Hallo, Utter, haben Sie schon eine neue Verbindung?
Rom: Versuchen Sie es mal, bitte.

G.: Ja, hallo, hallo, hallo Frau Ravenschlag, können Sie jetzt hören?
Frau R.: (unverständlich)
G.: Sehr leise, Herr Bundeskanzler, sehr leise – können Sie bitte jetzt Ihre Mitteilung durchgeben – die Verbindung ist sehr schlecht.
StM: Hallo, wer sind Sie denn?
G.: Mein Name ist Garbers – der Herr Bundeskanzler ist hier im Raum.
StM: Hallo, sagen Sie dem Bundeskanzler, die Sache geht in zehn Minuten los.
G.: Ich kann Sie kaum verstehen. Können Sie noch einmal wiederholen?
StM: ... Bundeskanzler, die Sache geht in zehn Minuten los.
G.: Tut mir leid, ich kann Sie nicht verstehen. Können Sie bitte noch einmal wiederholen!
Frau R.: ... Der Herr Bundeskanzler!
G.: Der Herr Bundeskanzler ist hier im Raum.
Frau R.: In zehn Minuten.
G.: Verstanden – alles verstanden.
Ruhnau: Utter – zehn Minuten.
G.: Hallo, haben Sie noch etwas? Bitte, sprechen Sie.
Frau R.: Wer war denn dran. Wer spricht denn da?
G.: Hier ist noch Garbers am Apparat. Ich verstehe Sie jetzt einigermaßen – ich habe Ihre Nachricht weitergegeben.

Pause

G.: Da ist ein Krach in der Leitung.
Ruhnau: War das die Ravenschlag, die das durchgegeben hat?
G.: Ja, die versteht man besser. Die Nachricht von Herrn Wischnewski wird nicht verstanden.
LH Frankfurt: Hallo, haben Sie da noch Verbindung?
Garbers: Ja, es war eben noch da. Allerdings mit ziemlichen Störungen.
LH Frankfurt: Ja, ja, der Kollege in Rom fragt, ob das Gespräch schon beendet sei.
G.: Wir halten die Leitung ständig aufrecht.
Rom: Herr Schmidt, sind Sie noch dran? Sprechen Sie weiter, versuchen Sie es bitte.
G.: Hallo, sind Sie noch am Apparat?
Frau R.: Ja.
G.: Wir halten die Verbindung aufrecht.
Ruhnau: Ist die Verbindung gut oder schlecht – wer sitzt an der Postleitung auf der anderen Seite –
Rom: Mogadischu, hallo Mogadischu.
Frau R.: Ja.
Rom: Frankfurt.
G.: Ja.
Rom: Die Dame ist noch dran.
G.: Ja. Frau Ravenschlag. Hören Sie mich?

Frau R.: Ja!
G.: Alles o. k.
Ruhnau: Noch fünf Minuten.
Rom: Hallo!
G.: Ja!
Rom: Können Sie sich überhaupt verständigen?
G.: Ja, sehr schwer nur.
Rom: Tut mir leid, daß die Dame so schwer zu verstehen ist.
G.: Vielen Dank für Ihre Bemühung.
Rom: Wir werden versuchen, ob wir umschalten können auf einen anderen Kanal.
Ruhnau: Vier Minuten.
Frau R.: Sind Sie noch da?
G.: Ja, wir sind noch dran. Alles o. k.
Ruhnau: Drei Minuten.
Frau R.: Hallo, sind Sie noch dran?
G.: Alles o. k.
Ruhnau: Etwas besser, oder?
G.: Etwas besser, ja – er meint, er könne uns eine bessere Schaltung machen.
Rom: Hallo?
G.: Ja, lassen Sie bitte die Leitung stehen. Wir werden uns jetzt nicht mehr melden.
Ruhnau: Eine Minute noch.
Rom: Hallo, Frankfurt. Er gibt uns die Nummer noch mal. Sie wollten doch länger bleiben, oder wie – mamma mia.
Frau R.: Hallo Bonn.
G.: Ja, ich höre Sie.
Frau R.: Danke. Alles o. k.
Ruhnau: Wir haben jetzt »0« – 0 –

Pause

Frau R.: Hallo!
G.: Ich höre Sie.
Ruhnau: Was ist da los? – Nicht daran fummeln. – Wir sind ja hier in ständigem Kontakt.

Pause

Frau R.: Hallo!
G.: Ich kann Sie hören.
Frau R.: Hallo Bonn!
G.: Ja!
Frau R.: Sie sind drin.
G.: Ich bin drin, ja!
Ruhnau: Hallo – Ihr dürft euch jetzt hier nicht bewegen, sonst können wir nichts verstehen – ganz ruhig bleiben.

Ruhnau: Ja, ich höre ganz genau.
Frau R.: Können Sie mich noch hören?
Ruhnau (flüsternd): Nicht sprechen.
G. (flüsternd): Soll ich antworten – ich sag' nichts.
Ruhnau: (das stört nur jetzt)

Pause

Frau R.: Hallo Bonn!
G.: Sprechen Sie.
Frau R.: (unverständlich)
Ruhnau: Die ersten steigen aus – Sie können rübergehen und Bescheid sagen.
Ruhnau: Maihofer.
Maihofer: Ja.
Ruhnau: Bleib noch mal hier! Laß uns das lieber noch mal prüfen – zwei, drei Minuten noch –.
Ruhnau: Ruhe! Ruhe! Ruhe!
Maihofer: Ja! Bin schon ruhig – freuen darf man sich aber auch – oder?
Ruhnau: Passagiere steigen hinten und vorne aus – 008 –.
Ruhnau: Einzelfeuer... Moment... langsam... Einzelfeuer.
Maihofer: Können wir ihn jetzt herholen?
Ruhnau: Ja, Sie können ihn herholen.
Ruhnau: Was sagt Gäbel?
Ruhnau: 10–15 Personen schon weggelaufen.
Frau R.: Hallo!
Rom: Hallo Frankfurt! – Mogadischu – Mogadischu – bitte, Moment – hallo Frankfurt.
G.: Ja, die Dame soll sprechen.
Ruhnau: Wird der Kanzler geholt?
Maihofer: Wird geholt.
Ruhnau: Ja, wieviel Personen, kann man das ungefähr zählen?
Frau R.: Hallo!
G.: Sprechen Sie!
Ruhnau: 0010.
Frau R.: Bitte, Herrn Bundeskanzler ans Telefon holen!
Ruhnau: Macht bitte jetzt hier Platz.
Ruhnau: Kontrollierte Evakuierung.
Ruhnau: Ruhe! – Ja, Ihr müßt jetzt ruhig sein –.
Ruhnau: Ja, wir haben jetzt 0011 – Blitzlichter –
Frau R.: Hallo – Herr Bundeskanzler?
G.: Bitte warten Sie!
G.: Die Verbindung ist jetzt besser.
Ruhnau: Ach, das sind diese Flashlights!
G.: Herr Wischnewski. Möchte Herr Wischnewski den Herrn Bundeskanzler sprechen?

BK: Schmidt hier! – Schmidt hier! Ich höre!
StM: Hallo!
BK: Sprich langsam und laut bitte!
StM: . . . Das Flugzeug ist geknackt!
BK: Nicht verstanden.
StM: Die Arbeit . . .
BK: Die Arbeit ist erledigt.
StM: Drei tote Terroristen.
BK: Drei tote Terroristen.
StM: Ein GSG-9-Mann verwundet.
BK: Nicht verstanden.
StM: Ein GSG-9-Mann verwundet.
BK: Einer.
StM: Ein . . .
BK: Ein GSG-9-Mann verwundet.
StM: Sonst keine weiteren Kenntnisse.
BK: Sonst keine weiteren Kenntnisse.
StM: Warte noch ein paar Minuten. Jetzt fahren die Lastwagen.
BK: Jawohl, jetzt fahren die Kraftwagen.
Ruhnau: Jawohl, jetzt fahren die Autos zum Flugzeug.
StM: Und dann werden die Leute erst rausgeholt.
BK: Ich gebe zurück, Hans-Jürgen. Ich kann dich kaum verstehen.
G!: Hier ist Garbers.
Ruhnau: 014. Alle Passagiere sind draußen.
G.: Die Nachricht ist angekommen.
Ruhnau: 0012.
G.: Die Nachricht ist angekommen.
Ruhnau: Wir haben jetzt 0012.

Ende.

7. Bericht zur Lage der Partei vom 7. September 1981

»Koalition und Regierung befinden sich in einem rasant verschärfenden Verschleißprozeß.

Das Koalitionsklima hat sich wesentlich verschlechtert.

In der FDP wird die Bereitschaft zum »Umsteigen« größer.

Einige FDP-Politiker sehen ihre Hauptaufgabe auch schon darin, bei einem möglichen Umstieg die Schuld dafür der SPD zuzuschieben.

Aber auch in der SPD nimmt die Zahl derjenigen zu, die bereit sind, auf Regierungsverantwortung zu verzichten. Sie sind aber bis jetzt noch in einer sehr klaren Minderheit.

Aber der größte Teil der Sozialdemokraten ist sich über den Ernst der Lage *nicht* im klaren.

Ich halte eine jetzt nicht mehr auszuschließende Aufgabe der sozialliberalen Koalition, das heißt, das Ausscheiden der SPD aus der Regierungsverantwortung, für eine durch nichts zu rechtfertigende nationale Katastrophe:

1. Wenn die Erhaltung des Friedens unsere wichtigste Aufgabe ist, dann wäre es unverantwortlich, ja geradezu verbrecherisch, unmittelbar vor Beginn oder während einer für die weitere Entwicklung der Weltpolitik lebenswichtigen Verhandlungsperiode zwischen den beiden Weltmächten die Regierungsverantwortung abzugeben.
   Statt kleinkariert darüber zu streiten, wer bei den Koalitionsverhandlungen besser abgeschnitten hat, müssen wir dieses Problem in den Vordergrund stellen.
   Regierungswechsel in der Bundesrepublik bedeutet die volle Übernahme der Absichten der Regierung Reagan/Weinberger auf das Bündnis und die Bundesrepublik.
2. Ein Regierungswechsel löst keines der anderen Anliegen der SPD. Im Gegenteil: Die sozialen Einschnitte würden tiefer, und von Maßnahmen zur Arbeitsbeschaffung wäre keine Rede mehr.
3. Ein Regierungswechsel würde aber auch keines der innerparteilichen Probleme der SPD lösen. Die SPD würde zur Bedeutungslosigkeit degradiert:
   Die CDU/FDP-Koalition im Saarland würde gefestigt. In Berlin würden CDU und FDP eine Koalition bilden. In Hessen würden spätestens nach den Landtagswahlen CDU und FDP eine Koalition eingehen.
   Im Bundesrat würde der Einfluß der SPD sich auf Null zubewegen.
   Deshalb ist aus außenpolitischen, gesellschaftspolitischen und parteipolitischen Gründen die Erhaltung der sozialliberalen Koalition jetzt die wichtigste Aufgabe der SPD.

Zur Erreichung dieses Zieles halte ich folgende Maßnahmen für notwendig:

1. Die Durchsetzung der Koalitionsvereinbarung und Regierungsbeschlüsse in Fraktion und Partei.
   Dazu müssen Willy Brandt, Helmut Schmidt und Herbert Wehner in der Fraktionssitzung vom 8. September 1981 zu Beginn gemeinsam auftreten. Die Beiträge müssen genau aufeinander abgestimmt sein. Diese drei Beiträge müssen die Grundlage für die weitere Diskussion in Partei und Fraktion sein. Ich empfehle volle Übernahme in das nächste Mitgliedermagazin.
2. Es ist schon eine Schande, wenn man auch noch erleben muß, wie die nach unserer Auffassung zu geringen Maßnahmen für Arbeitsmarktpolitik gar nicht oder schlecht verkauft werden. Der Parteivorsitzende redet zum Glück von den 9 Milliarden DM Investitionen der Bundespost im Fernmeldebereich, die zuständigen Mitglieder der Bundesregierung scheinen das nicht einmal zu wissen.
   Der Bundesminister für wirtschaftliche Zusammenarbeit, dem 6 Milliarden DM anvertraut sind, weiß in dieser Debatte kein Wort zu sagen. Wir brauchen endlich ein Papier, in dem die Bundesregierung sagt, wo sie durch ihre Initiative für Arbeit Sorge trägt, statt darüber zu weinen, was wir noch nicht erreicht haben.
3. Neben der Haushaltskonsolidierung brauchen wir dringend öffentlich wirksame Aktivitäten zur Zukunftssicherung. Wir müssen das psychologische Tief überwinden und auf »Hoffnung« setzen. Ich denke nicht an Haushaltsmittel. Die besten Köpfe in Partei und Regierung müssen darüber nachdenken.

   Einige Beispiele:

   a) Der Bundeskanzler sollte eine Stiftung schaffen zum Thema »Zukunftssicherung«. Die gesamte Bevölkerung sollte aufgefordert werden, für diese Stiftung steuerfrei zu spenden. Der Bundeskanzler sollte dafür den bestmöglichen Sachverstand für sich arbeiten lassen und die Bevölkerung laufend informieren.
   b) Der Bundeskanzler sollte die für die Zukunftssicherung wichtigsten Forscher und Erfinder besonders auszeichnen.
   c) Der Bundeskanzler muß bei großen Exportgeschäften, bei denen er nicht zwischen die Mühlsteine deutscher Firmen gerät, sein persönliches Engagement deutlich zum Ausdruck bringen.
4. Wir sollten Herbert Wehner gemeinsam darum bitten, noch einmal für den Fraktionsvorsitz zu kandidieren. Gerade jetzt ist er besonders notwendig. Allerdings muß auch eine Regelung getroffen werden, die Herbert Wehner entlastet, damit nicht noch einmal ein so unrühmliches Spiel wie während seines Krankenhausaufenthaltes eintreten kann.
   Wir sollten bei der Neuwahl des Fraktionsvorstandes einen Vertreter des linken Flügels in den Geschäftsführenden Fraktionsvorstand einbeziehen. Es muß eine Zerreißprobe bei den bevorstehenden Fraktionsvorstandswahlen jedenfalls vermieden werden.

5. Der Bundeskanzler sollte die Bundesregierung umbilden. Das sollte nach den Gesichtspunkten geschehen:
   Schwachstellen abbauen und einen neuen Anfang auch durch neue Gesichter erleichtern.
6. Das Presse- und Informationsamt der Bundesregierung hat sich in seiner jetzigen personellen Zusammensetzung seiner Spitze als weitgehend unfähig erwiesen, die Politik der Bundesregierung nach außen zu vertreten. Eine von mir dem Bundeskanzler vorgeschlagene kleine Lösung reicht nun nicht mehr aus, die Probleme zu lösen.
7. Verbesserungsbedürftig ist das Verhältnis zur FDP, vor allem auch im persönlichen Bereich. Das Verhältnis von Fraktionsspitze zu Fraktionsspitze und auch von Parteispitze zu Parteispitze ist offensichtlich noch besser als zwischen Sozialdemokraten und Liberalen innerhalb der Regierung. Offensichtlich ist für diese Frage jetzt niemand in der Bundesregierung zuständig. Der Parteivorsitzende hat am Wochenende die notwendige Abrechnung mit der FDP vorgenommen. Damit sollte dieser auch notwendige Teil aber abgeschlossen werden.
   Es sollte eine gemeinsame Arbeitsgruppe zwischen uns und der FDP geben, die sich mit dem Thema »Vorrat an Gemeinsamkeit« beschäftigt.
8. Das notwendige Gespräch mit den Gewerkschaften muß sofort geführt werden. Es sollte auch gemeinsam von Willy Brandt, Helmut Schmidt und Herbert Wehner geführt werden.
   Ich warne vor der Annahme, daß das gewünschte Verständnis in der nächsten Sitzung des Gewerkschaftsrates erreicht werden kann.
9. In der CDU/CSU gibt es offensichtlich Auseinandersetzungen über die anzuwendende Strategie für ihre Übernahme der Regierungsverantwortung. Kohl will die sofortige Übernahme zu fast jeder Bedingung. Stoltenberg will Zeit gewinnen zum eigenen Aufbau. In diesem Zusammenhang ist auch seine Reise nach Leipzig und das Zusammentreffen mit Häber zu sehen.
   Die genaue Beobachtung dieser Entwicklung ist für uns wichtig.
10. Die Partei ist sich über den Ernst der Lage nicht im klaren. Sie weiß insbesondere nicht, was es bedeuten würde, in dieser schwierigen internationalen Lage die Verantwortung für die bevorstehende Verhandlungsphase der CDU/CSU zu überlassen.
   Jeder Sozialdemokrat muß wissen, was es bedeutet, wenn Kohl Breschnew in Bonn empfängt und wenn Kohl zu Honecker in die DDR reist. Das steht auf dem Spiel und nicht weniger. Nicht wegen der Personen, wegen der Sache.

Mit dieser Lage muß die Partei vertraut gemacht werden. Die Partei muß auch wissen, daß große Teile der Bevölkerung bereit sind, mehr Lasten zu übernehmen, als viele unserer Funktionäre glauben. Allerdings nur bei gerechter Belastung.

Die Partei muß auch wissen, daß die ständigen Angriffe auf den Bundeskanzler seine Position innerhalb der Koalition und der Öffentlichkeit geschwächt haben.

Für mich ist nach wie vor unerträglich, daß ein Teil dieser Angriffe aus dem Erich-Ollenhauer-Haus selber kommen. Das Haus muß sich auf die veränderte Lage einstellen.

Es ist doch ein Vorgang besonderer Art, wenn für die wichtigste Parteiveranstaltung des Jahres der Bundeskanzler als Mitwirkender überhaupt nicht eingeplant wird.

Für ihre Arbeit braucht die Partei jetzt drei Unterlagen:

a) Darstellung der Haushaltsbeschlüsse
b) Darstellung der Maßnahmen zur Behebung der Arbeitsmarktsituation
c) Darstellung der CDU/CSU-Außen- und Sicherheitspolitik in einer Dokumentation.

Hans-Jürgen Wischnewski.«

8. Rede vor der Vollversammlung der Vereinten Nationen am 30. September 1982

»Herr Präsident,
der Bundeskanzler der Bundesrepublik Deutschland, Helmut Schmidt, hat mich gebeten, in seinem Namen und für die Bundesregierung zu Ihnen zu sprechen.

Ihnen, Herr Präsident, überbringe ich seine Glückwünsche und die der Bundesregierung zu Ihrer Wahl. Zugleich danke ich dem Präsidenten der 36. Generalversammlung für die von ihm in dieser Versammlung geleistete Arbeit.

Die guten Wünsche der Bundesregierung gelten auch Ihnen, Herr Generalsekretär. Vor Ihnen liegen große und schwere Aufgaben. Wir haben gesehen, daß Sie diese Aufgaben mit ebenso geschickter wie fester Hand anpacken und mit dem Sinn für die Realitäten, zu denen auch das große Gewicht gehört, das eine Weltorganisation wie die Vereinten Nationen und ihr Generalsekretär in das politische Geschehen einbringen können. Sie haben sich bereits im ersten Jahr Ihrer Amtsführung durch Ihren beispielhaften Einsatz große Verdienste um die Stärkung des Ansehens der Vereinten Nationen und die Erhaltung des Friedens in der Welt erworben.

Die Konflikte in der Welt sind nicht weniger geworden, sie haben sich vermehrt. Sie sind härter, blutiger und für den Frieden in der Welt bedrohlicher geworden. Tausende von Menschen waren die Opfer kriegerischer und interner Auseinandersetzungen im Libanon, in Afghanistan, am Persischen Golf, im südlichen Afrika, in Südasien, im Südatlantik und in Zentralamerika.

Hunger und Not wachsen in einer Welt, deren Volkswirtschaften unter den Druck einer anhaltenden Rezession geraten sind – bis an die Grenzen ihrer Belastbarkeit, und in nicht wenigen Fällen darüber. Täglich verlieren Menschen ihre Arbeitsplätze: die Sorge darum, wie es weitergehen soll, nimmt bei den Menschen in Süd und Nord, in Ost und West zu.

Auch hier liegen große Gefahren für die internationale Zusammenarbeit, für den inneren, aber letztlich auch für den äußeren Frieden.

Gleichzeitig füllen sich die Waffenarsenale, überquellen von todbringenden Waffen unvorstellbarer Zerstörungskraft. Die Rüstungsspirale dreht sich anscheinend unaufhaltsam, und viele Menschen fürchten, sie könne sich immer schneller drehen und schließlich völlig außer Kontrolle geraten. Im Jahre 1981 haben Rüstungs- und sonstige Militärausgaben weltweit erstmals den Betrag von 600 Milliarden Dollar überschritten. Das entspricht sechs Prozent des Bruttosozialprodukts der ganzen Welt. Pro Kopf der Weltbevölkerung ist dies eine Ausgabe von über 100 Dollar pro Jahr, während viele Menschen in der Welt keine 100 Dollar zur Verfügung haben.

Wenn im Jahre 1980 die Weltwaffenproduktion den vielfachen Wert dessen erreichte, was alle Industriestaaten zusammen an öffentlicher Entwicklungshilfe zur Verfügung stellen, wenn nach Schätzungen des internationalen Instituts für strategische Studien in London und nach Angaben des Entwicklungsausschusses der OECD ihre Mitgliedstaaten etwa das Zehnfache ihrer Entwicklungshilfeleistung für Rüstung ausgeben, die Comecon-Länder etwa das Hundertfache, so lassen solche Zahlen zweifeln an der kollektiven Vernunft der Staatenwelt. Wir alle haben durch unser Verhalten teil an dieser kollektiven Unvernunft, wir alle müssen sie zu steuern versuchen.

Die zweite Sondergeneralversammlung für Abrüstung unserer Organisation hat sich zum Sprecher der Ängste in unseren Völkern gemacht. Ihre Stimme wurde gehört, aber sie hat noch nicht weit genug getragen.

Die Regierungen müssen sich in der Tat fragen lassen, ob sie ihrer Verantwortung für den Frieden in der Welt bisher gerecht geworden sind. Sie müssen sich die drängende sehr besorgte Frage gefallen lassen, ob die Waffensysteme, die sich aufhäufen, letztlich noch menschlich beherrschbar sind: sie müssen sich auch fragen lassen, wie sie rechtfertigen wollen, angesichts von Hunger und Not in der Welt, angesichts einer schweren zunehmenden Wirtschaftskrise, Jahr um Jahr zunehmende Ressourcen in Rüstung zu investieren.

Die bewegende Kraft, die in der Unruhe vieler unserer Mitbürger erkennbar geworden ist, muß von uns als Ansporn und auch als moralische Verpflichtung verstanden werden, sagte Bundeskanzler Helmut Schmidt vor der zweiten Abrüstungs-Sondergeneralversammlung.

Dazu reicht es nicht aus, allein die Ursachen für die Friedensgefährdung zu erkennen, es reicht auch nicht, lediglich Vorstellungen über die Wege zu entwickeln, wie diese Ursachen beseitigt werden können. Verlangt ist auch der feste, zielstrebige Wille und die Fähigkeit, sich über die Wege zu einer besseren Wahrung des Friedens zu verständigen.

›Es gibt keinen Frieden‹, so sagte Papst Johannes Paul II. in seiner Friedensbotschaft zu Beginn des Jahres 1980, ›ohne die Bereitschaft zu einem aufrichtigen und beständigen Dialog.‹

Friedenswahrung ist eine ständige Aufgabe. Nur wer Chimären nachjagt, kann meinen, daß Frieden ein Zustand sei, der ein für allemal hergestellt und dann festgehalten werden könne, kann meinen, daß die Ursachen für die Gefährdung des Friedens überall und auf Dauer beseitigt werden könnten. Sie wachsen Jahr für Jahr nach. Sie einzugrenzen, zu versuchen, sie zu entschärfen, funktionierende Regeln der Zusammenarbeit zu etablieren und damit zu verhindern, daß die Völkergemeinschaft in selbstzerstörerische Anarchie zurückgleitet, erfordert unser stetiges, nicht ermüdendes Bemühen.

Man spricht von Krisenmanagement und meint damit die Versuche, einzelne, größere und kleinere Krisen möglichst frühzeitig zu erkennen, mit Entschlossenheit und wirksam einzudämmen und möglichst zum Verschwinden zu bringen. Das ist gewiß eine notwendige, redliche und bestimmt sehr schwierige, an der Erhaltung des Friedens orientierte Aufgabe. Wir dürfen es damit aber nicht genug sein lassen. Wir brauchen nicht nur Krisenmanagement. Wir brauchen eine realistische Strategie für den Frieden.

Dazu brauchen wir eine Rückbesinnung auf die Prinzipien der Charta, auf die Einhaltung der durch sie gesetzten Normen im internationalen Zusammenleben, auf die wir uns alle verpflichtet haben.

Wir müssen das Gebot des Verzichts auf jegliche Gewalt und des Verzichts auf die Androhung von Gewalt in den Beziehungen zwischen den Staaten ernst nehmen. Dieses Umfassende in der Charta der Vereinen Nationen niedergelegte Gewaltverbot ächtet jeden Angriff und gilt für den Einsatz aller Waffen. Unser Ziel kann kein anderes sein als die Verhinderung jedes Konfliktes, den Verzicht auf den Einsatz jeder Art von Waffen.

Das Atlantische Bündnis hat in seiner Gipfelerklärung vom 10. Juni dieses Jahres bekräftigt, daß keine seiner Waffen jemals eingesetzt wird, es sei denn als Antwort auf einen Angriff.

Wir müssen Frieden schaffen durch Respekt vor der Eigenständigkeit aller Staaten, durch Respekt vor echter Blockfreiheit, durch Respekt vor dem Selbstbestimmungsrecht aller Völker.

Wir müssen Frieden schaffen durch mehr Sicherheit für alle Staaten. Wenn wir Sicherheitspolitik als weltweite Friedenspolitik begreifen, was wir müssen, so gilt es auch zu erkennen, daß Sicherheit nicht gegeneinander, nicht durch ein mit militärischen Mitteln der Aufrüstung ständig befriedigtes übertriebenes Sicherheitsbedürfnis oder gar durch Streben nach Vorherrschaft, nicht durch provozierende und letztlich bedrohliche Gesten der eigenen Stärke hergestellt werden kann. Dies eben führt dazu, daß Rüstungen sich auf allen Seiten aufhäufen.

Mehr Sicherheit für alle Länder wird es nur geben, wenn wir uns miteinander über die Grenzen von Bündnissen, über ideologische Schranken hinweg um vereinbarte Sicherheit bemühen, um ein vertraglich festgeschriebenes Gleichgewicht auf möglichst niedrigem Niveau.

Wettrüsten kann nicht zum Gleichgewicht führen und zur Stabilität, nur vereinbarte Rüstungskontrolle und Abrüstung führen zu diesem Ziel.

Hinzukommen muß eine Politik des Dialogs und der Zusammenarbeit zwischen den Staaten, regional wie auch weltweit. Eben deshalb dürfen bestehende Verbindungen und Kontakte nicht gekappt, sondern müssen gerade in schwierigen Zeiten aufrechterhalten werden. Sprachlosigkeit untereinander führt zu Fehleinschätzung über die Absichten des anderen und damit zu falschem Handeln.

Frieden kann aber nur Bestand haben, das Gespräch und die Zusammenarbeit nur Gehalt, wo eigene Interessen mit Mäßigung und Zurückhaltung vertreten werden, wo auch die Interessen des anderen erkannt und anerkannt werden, wo Berechenbarkeit und Verläßlichkeit herrschen.

Und – Frieden in der Welt kann auf Dauer nur gesichert werden, wenn das Gefälle zwischen arm und reich nicht noch stärker wird, sondern wenn wir versuchen, es in echter Partnerschaft zwischen Nord und Süd abzubauen. Dazu ist eine unserer wichtigsten Aufgaben zu verhindern, daß unsere Weltwirtschaft aus den Fugen gerät. Dies würde nicht nur dazu führen, daß die Armen noch ärmer würden, sondern es wäre auch eine Bedrohung des Friedens, vielleicht ebensogroß wie die Anhäufung das Leben auf der Welt bedrohender Waffen.

Als der damalige Bundeskanzler Brandt am 26. September 1973 als erster Vertreter der Bundesrepublik Deutschland vor dieser Versammlung sprach, hat er erklärt: ›Wir sind (vielmehr) gekommen, um – auf den Grundlagen unserer Überzeugungen und im Rahmen unserer Möglichkeiten – weltpolitische Mitverantwortung zu übernehmen.‹

Wir sind dieser Verpflichtung in den vergangenen Jahren treu geblieben. Dort, wo wir geographisch angesiedelt sind, das heißt in der Mitte Europas, wollen wir unseren Nachbarn in West und Ost, ebenso in Südeuropa und in Skandinavien, und sie sind zahlreich, ein guter Nachbar sein.

Als Mitglied der Europäischen Gemeinschaft, als Partner im Atlantischen Verteidigungsbündnis tragen wir dazu bei, daß Frieden und Stabilität insbesondere in Europa erhalten und gefestigt werden. Wir erklären unsere volle Unterstützung für das, was die dänische Präsidentschaft für die Europäische Gemeinschaft dargelegt hat.

Die Europäische Gemeinschaft, das Zusammenleben und -wirken ihrer Mitgliedstaaten ist und bleibt der überzeugendste Beweis dafür, daß eine dauerhafte, auf engste Zusammenarbeit und Partnerschaft angelegte Friedensordnung möglich ist – auch dort, wo über die Jahrhunderte hinweg immer wieder Rivalitäten, Kampf und Streit herrschten.

Die Europäische Gemeinschaft und das Atlantische Verteidigungsbündnis sind auf feste gemeinsame Interessen, auf identische Vorstellungen von Demokratie und Freiheit gegründet; aber eine Politik guter Nachbarschaft freilich muß auch fähig sein, über ideologische, militärische und strategische Grenzen hinweg zu wirken.

Deutschland ist ein geteiltes Land an der Nahtstelle zwischen West und Ost. Uns Deutschen schadet Konfrontation zwischen Ost und West am meisten. Zusammenarbeit und die Politik mit der Sowjetunion, mit Polen, mit der CSSR, wie auch die mit der DDR geschlossenen Verträge, haben uns und anderen Nutzen gebracht. Sie haben einen Modus vivendi geschaffen, der die Lage in Europa stabilisiert und den Frieden in Europa sicherer gemacht hat.

Sie war nur möglich, weil es das westliche Bündnis und seine Verteidigungsfähigkeit gibt und weil die Bundesrepublik Deutschland ihr Gewicht voll in dessen Waagschale legt.

An der Politik der Zusammenarbeit wollen wir festhalten. Wir müssen freilich feststellen, daß die Spannungen zwischen Ost und West zugenommen haben.

Ursächlich dafür sind die sowjetische Invasion in Afghanistan, die Ereignisse in Polen und im besonderen die sowjetische Hochrüstung. Vor allem die sowjetische Aufrüstung im Mittelstreckenbereich stellt für uns eine tödliche Bedrohung dar.

In Afghanistan wehrt sich ein kleines Volk nun schon im dritten Jahr gegen eine hochgerüstete Interventionsarmee. Die fortdauernden Kämpfe fordern einen hohen Blutzoll, über 20 Prozent der afghanischen Bevölkerung sind inzwischen aus ihrer Heimat geflohen. Ähnliches gilt für Kambodscha.

Wir fordern ein Ende der Gewalt und ein Ende dieser Leiden, wir fordern Frieden und Selbstbestimmung für das afghanische und für das kambodschanische Volk.

Die Entwicklung in Polen verfolgt die Bundesregierung mit größter Besorgnis. Wir erwarten, daß Polen seine inneren Angelegenheiten ohne Einmischung von außen regelt und – wie dies von der polnischen Führung zugesagt wurde – zu einem Zustand ohne Kriegsrecht, ohne Internierte und zum Dialog insbesondere mit den Gewerkschaften zurückgekehrt. Es kann in Polen keine Stabilisierung in der Sackgasse geben.

Ich will dem hinzufügen: Deutsche und Polen kommen aus einer schmerzvollen Vergangenheit. Beide sind nicht immer gerecht miteinander umgegangen, und wir Deutsche wissen, daß der Zweite Weltkrieg am 1. September 1939 mit dem Einmarsch in Polen begonnen hat. Beide Seiten haben dennoch oder wohl gerade deshalb Mut und Bereitschaft zur Verständigung bewiesen. Der Warschauer Vertrag insbesondere, ebenso aber die Vereinbarungen von 1975 sind Zeugnis dafür.

Ich bin froh darüber und auch stolz, daß die Bereitschaft zu Verständigung ganz offensichtlich nicht nur Sache der Regierenden ist. Millionen deutscher Mitbürger haben in ganz starkem Maße ihrer Hilfsbereitschaft tätigen Ausdruck gegeben, einer Hilfsbereitschaft, die von Herzen kommt. Waren die Verträge zunächst ein wichtiger Akt unter den Regierenden, so glaube ich, daß gerade jetzt dem polnischen Volk, in dieser bedrückenden Lage unser Versöhnungswille bewußt geworden ist.

Wir wollen auch und gerade in einer Zeit, in der die Ost-West-Beziehungen schwieriger geworden sind, alles tun, damit es nicht zu einer Politik der Konfrontation kommt. Eine solche Konfrontation kann es insbesondere nicht für uns Deutsche geben. ›Unser Ziel ist es‹, so heißt es in der Bonner Erklärung des Allianzgipfels, ›substantielle und ausgewogene Ost-West-Beziehungen mit dem Ziel einer wirklichen Entspannung zu entwickeln.‹

Bundeskanzler Helmut Schmidt und Generalsekretär Erich Honecker haben in ihrem Treffen am Werbellinsee am 13. Dezember 1981 ihre Überzeugung bekräftigt, daß von deutschem Boden nie wieder Krieg ausgehen darf. Nie wieder darf Deutschland aber auch durch einen Krieg verheert werden. Die Verpflichtung, zur Erhaltung des Friedens in Europa beizutragen, wird daher von allen Deutschen besonders klar empfunden. In einer Zeit, in der die Ost-West-Beziehungen schwierig geworden sind, dürfen von den deutsch-deutschen Beziehungen nicht zusätzliche Störungen ausgehen. Es wird daher unser Bestreben sein, diese Beziehungen so gut wie möglich zu halten und wo immer möglich zu verbessern.

Die Bundesrepublik Deutschland, die sich weltweit für eine Achtung des Selbstbestimmungsrechts einsetzt, fordert dieses Recht auch für das deutsche Volk. Es ist und bleibt deshalb unser politisches Ziel, auf einen Zustand des Friedens in Europa hinzuwirken, in dem das deutsche Volk in freier Selbstbestimmung seine Einheit wiedererlangt. Wir wissen, daß dieses Ziel kurzfristig nicht zu erreichen ist. Um so wichtiger ist es, durch Dialog und Verhandlungen Verbesserungen in den Beziehungen anzustreben.

Auch für Berlin hat sich die Vertragspolitik bewährt. Entspannungspolitik und Konfliktbewältigung haben sich gerade hier positiv ausgewirkt. Die strikte Einhaltung und volle Anwendung des Viermächteabkommens vom 2. September 1971 bleibt die sicherste Garantie dafür, daß seine stabilisierenden Impulse auch in Zukunft weiterwirken.

Für die Bundesregierung bleibt die wirtschaftliche Zusammenarbeit mit allen Staaten der Welt ein wichtiger Faktor internationaler Stabilität, auch und gerade in den Beziehungen zum Osten. Ein andauernder Handelskrieg zur Erreichung politischer Ziele wäre ebenso unklug wie unwirksam. Im besonderen kommt es uns auch darauf an, ein verläßlicher Partner von Verträgen zu sein und zu bleiben. Geschlossene Verträge müssen auch in schwierigen Zeiten Bestand haben; sie sind gerade auch für schwierige Lagen gemacht.

In etwa einem Monat werden die Beratungen des KSZE-Folgetreffens in Madrid wiederaufgenommen werden. Diesem Treffen messen wir eine besondere Bedeutung bei. Der KSZE-Prozeß bleibt für uns ein wesentliches Element zur Gestaltung der West-Ost-Beziehungen und zu mehr Abrüstung und Sicherheit in Europa.

Die Menschen in Europa haben erfahrbaren Nutzen aus diesem Vertragswerk gezogen, wenngleich keineswegs das Ausmaß ihrer Hoffnungen erfüllt ist. Rückschläge in einer langfristigen Politik der Friedenssicherung sind möglich.

Sie bedeuten für die betroffenen Menschen eine bittere Erfahrung. Aber eben dann ist es wichtig, die vorhandenen Instrumente zu nutzen und zu versuchen, zu einer Politik der Vernunft zurückzufinden. Die Verwirklichung der Schlußakte in allen ihren Teilen, die wir fordern, kann zur Verbesserung des West-Ost-Verhältnisses und der Stabilität des Friedens in Europa einen bedeutsamen Beitrag leisten. Für Madrid streben wir als Teil eines ausgewogenen Schlußdokuments ein präzises Mandat für eine Konferenz für Abrüstung in Europa an.

Ein entscheidender Schritt für die Sicherung des Friedens in Europa wurde getan, als im November vergangenen Jahres der Dialog zwischen den beiden Weltmächten wiederaufgenommen wurde und die Verhandlungen über nukleare Mittelstreckenraketen in Genf begannen.

Lassen Sie mich dieser Bemerkung hinzufügen – es würde sich in der gegenwärtigen schwierigen Phase des Ost-West-Verhältnisses günstig auswirken, so ist die Überzeugung des Bundeskanzlers, wenn die beiden höchsten Vertreter der USA und der SU direkt miteinander sprechen würden.

Die Bonner Erklärung des Nordatlantischen Bündnisses hat die zentralen Elemente unserer Sicherheitspolitik bekräftigt: nämlich Abschreckung und Verteidigungsfähigkeit einerseits, Abrüstung und Rüstungskontrolle andererseits. Abrüstung und Rüstungskontrolle sind Lebensfragen und integraler Bestandteil unserer auf den Frieden gerichteten Sicherheitspolitik.

Worum es geht, ist, unseren Völkern die Zuversicht zu geben, daß unsere Sicherheitspolitik den Frieden auch wirklich sichern kann. Es genügt dazu nicht, über Abrüstung zu reden. Die Völker in Ost und West wollen auch endlich Erfolge sehen.

Der Bundeskanzler hat in seiner kürzlichen Erklärung ›Zur Lage der Nation‹ den obersten Alliierten Befehlshaber in Europa, General Rogers, zitiert, der gesagt hat: ›Der einzige Weg für die Zukunft einer Welt, wie wir sie wollen, führt meiner Überzeugung nach an den Verhandlungstisch. Wir müssen über Abrüstung und Rüstungskontrolle verhandeln, über alle Arten von Streitkräften und Waffen. Dies ist der einzige Weg, um den Rüstungswettlauf auf beiden Seiten zu stoppen.‹ Gestützt auf das umfassende Angebot, das die Vereinigten Staaten der Sowjetunion auf dem Bonner Allianzgipfel für Verhandlungen zur Rüstungskontrolle und Abrüstung gemacht haben, setzen wir uns ein für zielstrebig und zäh und intensiv geführte, erfolgsorientierte Verhandlungen.

Wir wollen erstens echte Reduzierung der strategischen Kernwaffen in Ost und West. Die amerikanischen Vorschläge für einen weitreichenden Abbau der sowjetischen und amerikanischen strategischen Rüstungsarsenale (START) haben weltweit neue Erwartungen auf einen Wendepunkt in der Abrüstungspolitik geweckt. Wir begrüßen es, daß beide Staaten sich in Genf darum bemühen, nicht nur über Begrenzungen, sondern über substantielle Reduzierungen ihrer Interkontinentalwaffen zu verhandeln.

Wir wollen zweitens die Beseitigung landgestützter nuklearer Mittelstreckenraketen. Das Angebot, das die USA der Sowjetunion bei den Genfer Verhandlungen unterbreitet haben, eröffnet die Chance, durch den vollständigen Verzicht auf eine von beiden Seiten als besonders bedrohlich angesehene Waffenkategorie einen bedeutsamen Anfang zum Rüstungsabbau zu machen und damit die Bedrohung zu beseitigen, die wir in Europa angesichts des Aufwuchses sowjetischer Mittelstreckenraketen empfinden. Diese Verhandlungen, die heute in Genf fortgesetzt werden, sind für uns besonders wichtig.

Wir Deutschen haben uns durch Ratifizierung des Vertrages über die Nichtverbreitung von Atomwaffen verpflichtet, endgültig darauf zu verzichten, über atomare Waffen zu verfügen. Um so mehr fühlt sich die Bundesregierung gerechtfertigt, wenn sie immer wieder verlangt, daß auch die atomaren Mächte ihren Verpflichtungen aus dem Vertrag nachkommen.

Wir wollen drittens das vollständige vertraglich festgelegte Verbot aller chemischer Waffen. Mein Land, das sich dieser Frage seit Jahren mit besonderem Engagement widmet, hat in jüngster Zeit realistische und akzeptable Vorschläge zur Vereinbarung zuverlässiger Kontrollen der Einhaltung eines

Verbotsabkommens vorgelegt. Ich appelliere an alle Mitglieder der Vereinten Nationen, diese Vorschläge sorgfältig zu prüfen.

Wir wollen viertens eine Verringerung der Truppenstärken in Mitteleuropa. In Mitteleuropa stehen sich die größten konventionellen Streitkräftekonzentrationen der Welt gegenüber. Fortschritte bei den Verhandlungen über beiderseitige ausgewogene Truppenreduzierungen in Wien sind für uns, die wir inmitten dieser Region leben, von besonderer Bedeutung.

Darüber hinaus muß eine Konferenz über Abrüstung in Europa vertrauensbildende Maßnahmen für ganz Europa, vom Atlantik bis zum Ural, vereinbaren. Die militärischen Potentiale und Aktivitäten in Europa sollen transparenter gemacht und dadurch Furcht voreinander, wie auch die Gefahr ungewollter militärischer Eskalation abgebaut werden. Unsere besondere Verantwortung in Europa, in der Europäischen Gemeinschaft und im Atlantischen Bündnis bedeutet nicht, daß die Bundesrepublik Deutschland gegenüber Krisen in anderen Teilen der Welt gleichgültig bleiben kann.

Wir wissen: Ebenso wie Entwicklungen in Europa rasch auf andere Regionen und in der Welt durchschlagen würden, so haben auch Probleme in den uns entferntesten Regionen der Welt unmittelbare Rückwirkungen auf uns. Wir sehen sie nicht nur, wir spüren sie auch. Insbesondere auch wegen des Schicksals der direkt betroffenen Menschen.

Mit besonderer Sorgfalt verfolgt die Bundesregierung die Entwicklung im Nahen Osten. Durch den Mord an dem designierten libanesischen Präsidenten, Bechir Gemayel, und das grauenhafte Massaker in den palästinensischen Flüchtlingslagern ist der Frieden im Nahen Osten erneut erschwert worden. Die Bundesregierung verurteilt diese verbrecherischen Akte gemeinsam mit ihren europäischen Partnern auf das Nachdrücklichste.

Sie fordert wirksame Maßnahmen zum Schutz der Zivilbevölkerung. Sie fordert auch eine unabhängige Untersuchung. Sie hofft, daß die erneute Entsendung einer multinationalen Streitmacht dazu beitragen wird, Gewalt und Mord ein Ende zu setzen.

Souveränität, territoriale Integrität und die verfassungsmäßigen Institutionen des Landes müssen rasch wiederhergestellt werden. Dies erfordert den raschen Rückzug aller Truppen, die sich ohne den Willen der libanesischen Regierung im Lande befinden. Die Bundesregierung hofft auch, daß sich alle politischen Kräfte des Libanon beim Wiederaufbau des Landes zusammenfinden und durch Mäßigung dazu beitragen, daß weitere Gewalttaten verhindert werden.

Frieden und Stabilität im Nahen Osten können nur durch eine umfassende, gerechte und dauerhafte Friedensregelung gewährleistet werden. Eine solche Friedensregelung setzt die Beteiligung aller Parteien der Region voraus, einschließlich der PLO. Sie muß auf dem Prinzip der Sicherheit für alle Staaten der Region beruhen, einschließlich Israels. Sie muß beruhen auf der Gerechtigkeit für alle Völker, einschließlich der Palästinenser, die das Recht auf Selbstbestimmung haben. Sie muß schließlich beruhen auf der gegenseitigen Anerkennung aller betroffenen Parteien.

Die Bundesregierung begrüßt daher die neue Initiative des amerikanischen Präsidenten Reagan als einen bedeutsamen Schritt, um Ausgleich zwischen den Rechten der beteiligten Parteien zu finden. Die Bundesregierung hat auch mit Befriedigung zur Kenntnis genommen, daß sich zum erstenmal nahezu alle arabischen Staaten in der ›Charta von Fes‹ geschlossen auf eine Politik geeinigt haben, die sich auf den Frieden zwischen allen Staaten der Region gründet.

Die Bundesregierung appelliert an alle Beteiligten, die Chance zu einem Neubeginn zu ergreifen und mit aller Kraft auf eine umfassende Friedensregelung hinzuarbeiten. Die Politik der Unterdrückung der schwarzen Bevölkerung in Südafrika und der Rassenpolitik stellt nicht nur eine grobe Verletzung der Menschenrechte dar. Sie könnte auch zu internen Auseinandersetzungen mit zerstörerischen Folgen für das Land und die ganze Region führen.

Namibia muß 1983 in freien Wahlen auf der Grundlage der Sicherheitsratsresolution 435 endlich unabhängig werden. Dauerhaften Frieden in Afrika können wir nur erwarten, wenn die Staaten des Kontinents unabhängig und frei von dem Druck afrikafremder Mächte ihr Geschick gestalten können. Die Anwesenheit fremder Truppen stört Bemühungen um friedliche Lösungen von Konflikten.

Die Bundesregierung begrüßt die Vorschläge des Staatspräsidenten der Republik Korea, durch Dialog und Verhandlungen Spannungen in seinem geteilten Land zu vermindern und die friedliche Wiedervereinigung Nord- und Südkoreas zu erreichen.

Die Bundesregierung hat sich von Anfang an für eine friedliche Lösung des Konflikts im Südatlantik eingesetzt. Wir begrüßen die ersten konstruktiven Schritte zu einer Normalisierung der Beziehungen zwischen Großbritannien und Argentinien. Nur der politische Dialog und Verhandlungen werden eine langfristige Lösung dieses Streits ermöglichen. Die Pflege der traditionell engen und guten Beziehungen zu den lateinamerikanischen Ländern ist und bleibt ein vorrangiges Anliegen der Bundesregierung. Die Bundesregierung begrüßt es, daß der bevorstehende Beitritt Portugals und Spaniens zur Europäischen Gemeinschaft dazu beitragen kann, den Beziehungen der Gemeinschaft zu Lateinamerika eine noch engere Qualität zu verleihen.

Wir setzen uns mit Entschiedenheit dafür ein, daß Blockfreiheit von allen Staaten respektiert wird. Durch unsere partnerschaftliche Entwicklungspolitik suchen wir Blockfreiheit zu fördern und zu sichern. Die Bundesrepublik Deutschland fördert regionale Zusammenarbeit in der Dritten Welt, durch die Stabilität, Unabhängigkeit und Frieden gefestigt werden.

Bemühungen, dem Prinzip des Gewaltverzichts, der Eindämmung des Rüstungswettlaufs, und Vereinbarungen über Maßnahmen der Vertrauensbildung weltweit Geltung zu verschaffen, finden die volle Unterstützung der Bundesregierung. Sie werden von ihr auch durch eigene Initiativen nachdrücklich gefördert. Wir hoffen, daß der von uns der 2. SGV über Abrüstung unterbreitete Vorschlag der Erarbeitung eines Verhaltenskodex zu vertrauensbildenden Maßnahmen in den Vereinten Nationen aktiv weiterverfolgt wird. Vor dem im nächsten Jahr in der Bundesrepublik Deutschland geplanten internationalen Symposium über vertrauensbildende Maßnahmen erwarten wir weitere Impulse zur Gestaltung dieses weltweit bedeutsamen Mittels der Friedenspolitik.

Seit der letzten Generalversammlung mußten wieder Tausende von Menschen aus ihrer Heimat fliehen oder wurden aus ihr vertrieben. Wir dürfen nicht zulassen, daß Millionen ihre Heimat dauernd oder vorübergehend verlassen müssen, um in anderen Ländern Zuflucht zu suchen. Der in der letzten Generalversammlung erzielte Grundkonsens über die Notwendigkeit geeigneter vorbeugender Maßnahmen ist ein erster Schritt auf dem Weg, die Zusammenarbeit zwischen den Staaten und internationalen Institutionen zur Vermeidung neuer Flüchtlingsströme zu verbessern. An diesem Konsens sollten wir festhalten. Die vorgeschriebene Arbeitsgruppe von Regierungsexperten sollte bald ihre Arbeit aufnehmen.

Angesichts zahlloser Menschenrechtsverletzungen in der Welt darf es nicht bei der Beteuerung des guten Willens sein Bewenden haben. Wir müssen den Ausbau des internationalen Menschenrechtsschutzes ernsthaft und mit Beharrlichkeit forttreiben. Die Bundesregierung hält es dazu für erforderlich, einen internationalen Menschenrechtsgerichtshof zu errichten.

Wir unterstreichen unsere Initiative für eine weltweite Abschaffung der Todesstrafe. Wir wissen, daß unterschiedliche Rechtstraditionen und religiöse Überzeugungen viele Staaten zu einer anderen Beurteilung dieser Frage führen können. Wir setzen uns jedoch dafür ein, daß diejenigen Staaten, die dies wollen, sich auch international, sichtbar und verpflichtend zur Abschaffung der Todesstrafe bekennen.

Die Weltwirtschaft ist krank. Dieser Zustand stellt auch eine akute Gefahr für Stabilität und Frieden dar. Gleichzeitig sind die Voraussetzungen, Hunger und Armut zu überwinden, heute ungünstiger denn je.

Die Rezession in den Industrieländern hält bei hohem Zinsniveau an. Die Folge ist steigende Arbeitslosigkeit. Wir verzeichnen einen Rückgang des Welthandels und wachsenden protektionistischen Druck. Dies sind Entwicklungen, die uns allen schaden, im besonderen Maße auch den Ländern der Dritten Welt.

Gesunkene Rohstoffpreise bei weiterhin hoher Belastung für die Öleinfuhren, hohe und unbeständige Zinsen begrenzen die Kreditaufnahme der Entwicklungsländer. Hohe Schuldendienste belasten die Volkswirtschaften bis an die Grenze ihrer Leistungsfähigkeit, in einigen Fällen darüber hinaus. Industrieländer und Entwicklungsländer müssen in Partnerschaft zusammenstehen, um die Weltwirtschaft wieder auf den Pfad stabilen Wachstums und der Entwicklung zurückzuführen. Die bestehenden internationalen Organisationen wie IWF, Weltbank, müssen funktionstüchtig erhalten werden.

Vorrangige Aufgabe wird es auch sein, an der Freiheit für Handel und Kapitalverkehr nicht zu rütteln. Kein Land darf die Verpflichtungen mißachten, die es unter dem General Agreement on Tariffs and Trade (GATT) übernommen hat. Wer das GATT in Gefahr bringt, der vertieft die ökonomische Depression der Welt.

Wir brauchen daneben angesichts sinkender Rohstoffpreise ein weltweites System zur Stabilisierung der Exporterlöse. Gewiß werden wir uns bemühen, unsere öffentliche Hilfe innerhalb der uns durch die verfügbaren Mittel gesetzten Grenzen weiter zu steigern. Die Bundesrepublik Deutschland hat 1981 trotz schwieriger Wirtschaftslage und erheblicher eigener Haushaltsprobleme, trotz des Rückgangs unseres Bruttosozialprodukts um 0,3 Prozent und trotz eines hohen Leistungsbilanzdefizits mit 7,2 Milliarden DM oder 0,46 Prozent unseres Bruttosozialprodukts die höchste von ihr jemals erbrachte öffentliche Hilfe gegeben.

Die Entwicklungsländer werden in dieser Lage jedoch noch größere Anstrengungen erbringen müssen. Wirtschaftlichkeit, ein umsichtiger Einsatz der vorhandenen Investitionsmittel und eine vorsichtige Schuldenpolitik werden gebildet werden müssen.

Dazu gehört vor allem die Förderung der Landwirtschaft in der Dritten Welt, die in vielen ihrer Länder der das Wachstum und die Versorgung bestimmende Sektor der Volkswirtschaft ist.

Ein weiterer Schwerpunkt muß der Energiesektor sein. Die Kosten der Energieversorgung sind für viele Entwicklungsländer zu einer kaum noch tragbaren Bürde geworden. Hier liegt daher auch ein Schwerpunkt der Entwicklungshilfe der Bundesrepublik Deutschland. Wir sehen hierin auch einen Beitrag zum Aktionsprogramm der Konferenz der Vereinten Nationen über neue und erneuerbare Energiequellen.

Ein wichtiges Feld der Zusammenarbeit muß der Schutz der Umwelt sein. Wir müssen verhindern, daß die Menschheit durch rücksichtslose Verschmutzung der Umwelt und Übernutzung wertvoller Ressourcen sich selbst die Lebensgrundlagen zerstört. Hier ist noch viel und Entscheidendes zu tun. Und schließlich vergessen wir nicht: Das Wachstum der Weltbevölkerung kann alle unsere Anstrengungen um ein besseres weltwirtschaftliches Gleichgewicht überholen und zunichte machen.

Die dritte Seerechtskonferenz der Vereinten Nationen hat den historischen Versuch unternommen, eine internationale Ordnung für die Nutzung der Meere auszuarbeiten. Die Bundesregierung hat hieran aktiv und kooperativ mitgewirkt. Die Ergebnisse haben freilich nicht in allen Punkten unsere Erwartungen erfüllt. Befriedigenden Regelungen stehen Vereinbarungen zum künftigen Tiefseebergbau gegenüber, die uns eine positive Entscheidung zur Unterzeichnung der Konvention schwermachen. Wir bedauern es sehr, daß die Konferenz nicht in der Lage war, insgesamt konsensfähige Ergebnisse vorzulegen. Die Bundesregierung wird ihre Entscheidung über die Unterzeichnung der Konvention nach sorgfältiger Abwägung und in enger Abstimmung mit anderen Konferenzteilnehmern treffen.

Für eine vertrauensvolle Zusammenarbeit zwischen Industrie- und Entwicklungsländern ist es von entscheidender Bedeutung, daß der Dialog zwischen Nord und Süd nicht abreißt. Wir alle haben einstimmig beschlossen, globale Verhandlungen über die Themen Rohstoffe, Energie, Handel, Entwicklung, Währung und Finanzen zu führen. Die Bundesrepublik Deutschland setzt sich gemeinsam mit ihren Partnern in der Europäischen Gemeinschaft dafür ein, daß diese Verhandlungen jetzt zustande kommen. Auf dem Wirtschaftsgipfel in Versailles ist es gelungen, eine dann von allen OECD-Mitgliedstaaten getragene konstruktive Position zur Eröffnungsresolution für globale Verhandlungen zu formulieren. Es gilt, jetzt einen Konsens über die baldige Aufnahme der globalen Verhandlungen zu finden.

Herr Präsident, die in die Vereinten Nationen gesetzten Erwartungen sind in den vergangenen Jahrzehnten allzuoft nicht erfüllt worden. Dabei dürfen wir nicht übersehen, daß die Vereinten Nationen nicht stärker sein können, als der politische Wille aller ihrer Mitgliedstaaten, verantwortungsbewußt im Sinne der Charta zusammenzuarbeiten. Wer kurzlebige Abstimmungsziele und einseitige Resolutionen dem Ringen um Ausgleich und Konsens vorzieht, der verbaut den Weg zu echten Verhandlungen in diesem Forum.

Ich begrüße den mutigen Geist der Offenheit und des Realismus, mit dem der Generalsekretär in seinem Jahresbericht den Zustand der Weltorganisation beschrieben hat. Ich begrüße ebenso die konstruktiven Vorschläge, die er zur Verbesserung der Arbeit der Vereinten Nationen und der Rolle des Sicherheitsrates unterbreitet hat. Meine Regierung wird solche Bestrebungen aktiv unterstützen. Wirksam zur Sicherung des Friedens in der Welt beizutragen, bleibt eine zentrale Aufgabe der Vereinten Nationen, ihre Fähigkeit hierzu muß gestärkt, das Instrumentarium zur Friedenssicherung besser genutzt werden.

Herr Präsident, die Außenpolitik der Bundesrepublik Deutschland ist und bleibt Friedenspolitik. Wir nehmen sie wahr im Verein mit unseren Partnern in der Europäischen Gemeinschaft, die eine weltoffene, ihrer Verantwortung in der Welt bewußte Gemeinschaft ist, und im Bündnis mit den Vereinigten Staaten und Kanada.

Unsere Friedenspolitik ist eine Politik der Kontinuität, gestützt auf die Lehren, die wir aus unserer eigenen Geschichte gezogen haben, bedingt auch durch unsere Lage als eines geteilten Landes an der Nahtstelle zwischen Ost und West. Diese Friedenspolitik ist getragen von einem breiten Konsens aller Schichten unserer Bevölkerung. Sie steht nicht zur Disposition.

Den Frieden zu sichern, ist unsere allererste und vorrangige Aufgabe. Es gilt nicht nur die Angst aus der Welt zu schaffen, wir müssen uns den Gefahren stellen, die uns weltweit bedrohen. Frieden ist kein Naturzustand. Er muß, wie der deutsche Philosoph Kant gesagt hat, gestiftet werden, täglich neu, unter äußerster Anspannung der Vernunft, unserer politischen und moralischen Verantwortung, unseres Willens. Hier darf nicht gelten, daß Wahrheit auf der einen Seite der Berge, Irrtum auf der anderen ist, wie Pascal sagte. Angesichts einer globalen Bedrohung müssen globale Regeln des Verhaltens gelten. Dies ist der Geist der Charta der Vereinten Nationen. Nur in diesem Geist werden wir eine wirksame Strategie für den Frieden führen können.«

9. Vorschlag der Regierung von Nicaragua, um die Feuereinstellung im Rahmen von Esquipulas II zu erreichen

Die Regierung von Nicaragua bekräftigt einmal mehr ihre Verpflichtung, einen gerechten und dauerhaften Frieden in Nicaragua zu suchen und im höchsten Maße beizutragen, zur Erreichung der Entspannung in der Region durch eine getreue und vollständige Erfüllung der Abkommen von Esquipulas II.

Infolgedessen, in der Erwägung,

1. daß in der Akte (Abkommen) zum »Verfahren zur Schaffung eines tragfähigen und dauerhaften Friedens in Zentralamerika« die verfassungsmäßigen Präsidenten von Costa Rica, El Salvador, Guatemala, Honduras und Nicaragua eine »nachdrückliche Aufforderung gemacht haben, damit in den Staaten der Region, die gegenwärtig unter Aktionen irregulärer Gruppen oder von Aufständischen leiden, eine Einstellung der Feindseligkeiten konzertiert wird«;
2. daß »die Regierungen besagter Länder sich verpflichten, alle notwendigen Maßnahmen, um eine wirksame Feuereinstellung innerhalb des verfassungsmäßigen Rahmens zu erreichen«;
3. daß die Präsidenten bei ihrem in San José, Costa Rica, am 15. und 16. Januar durchgeführten Treffen, den historischen Wert und die Bedeutung des Abkommens von Esquipulas II bestätigten, dessen Konzeption und Geist sie als vital für die Erreichung der Demokratisierung und der Befriedigung der Region anerkannten und bekräftigten;
4. daß die Regierung von Nicaragua eine einseitige Feuereinstellung in drei Zonen des Landes dekretierte und ihre Bereitschaft erklärte, neue Gebiete zur Feuereinstellung zu bezeichnen, in denen irreguläre Gruppierungen sich bewegen können, wenn sie dies so verlangen;
5. daß die Verfassung der Republik Nicaragua im Artikel 95 festsetzt, daß der Staat die Beteiligung des Volkes an der bewaffneten Verteidigung des Vaterlandes vorbereitet, organisiert und durch das sandinistische Volksheer (EPS) führt. Es können keine weiteren bewaffneten Einheiten auf dem nationalen Territorium existieren, als die durch das Gesetz, das die Grundlagen der militärischen Organisation regelt, geschaffenen;
6. daß am 23. Januar 1985 die Regierung von Nicaragua ein gegenwärtig in Kraft befindliches Amnestiegesetz für alle an konterrevolutionären Aktivitäten beteiligten Nicaraguaner erließ, die sich den zuständigen Behörden stellen und die Waffen niederlegen; dieses Amnestiegesetz und seine strikte Erfüllung durch die Regierung seit seiner Inkraftsetzung 1985 bis heute, garantieren die Unverletzlichkeit des Lebens, die Freiheit in allen ihren Formen und die persönliche Sicherheit aller derjenigen, die sich in den Schutz dieser Amnestie begeben;

7. daß die Regierung von Nicaragua in Übereinstimmung mit den Vereinbarungen von Esquipulas II, »den Dialog mit allen unbewaffneten Gruppen der internen politischen Opposition« begonnen hat und ihre vollständige Bereitschaft erklärt hat, daß sich diesem Dialog ebenfalls anschließen »diejenigen, die sich in den Schutz der Amnestie gestellt haben«; und
8. daß die Regierung von Nicaragua am 13. November 1987 über Kardinal Miguel Obando y Bravo einen Vorschlag vorgestellt hat, um die Feuereinstellung, die Entwaffnung, Amnestie und Eingliederung der irregulären Kräfte in das zivile Leben zu erreichen, auf welches keinerlei Reaktion der irregulären Gruppen einging;

hat die Regierung von Nicaragua beschlossen, neue Schritte zu unternehmen, »um eine tatsächliche Feuereinstellung innerhalb des verfassungsmäßigen Rahmens« und zu den von dem »Verfahren zur Schaffung eines tragfähigen und dauerhaften Friedens in Mittelamerika« definierten Bedingungen (Termini) zu erreichen und schlägt dazu den irregulären Gruppen vor, daß »die Einstellung der Feindseligkeiten konzertiert werden möge, nach den folgenden Klauseln:

1. Die Feuereinstellung ist eine notwendige Bedingung für die volle Geltung für die Verpflichtungen, die in den Abkommen für Esquipulas II festgelegt sind und um günstigen Bedingungen die Entwaffnung der irregulären Kräfte und ihre friedliche Wiedereingliederung in das Leben des Landes zu erlauben, ohne welche es unmöglich ist, den tragfähigen und dauerhaften Frieden in Zentralamerika zu erreichen;
2. die Feuereinstellung wird für eine begrenzte Zeit konzertiert, während der die irregulären Gruppen sich in für diesen Zweck bestimmten Zonen sammeln, die auf der beigefügten Landkarte abgegrenzt werden. Während dieser Zeit können diese ihre Waffen und Munition behalten.
   Die Feuereinstellung sollte spätestens zu einer abgestimmten Stunde am 15. März dieses Jahres in Kraft treten und sie sollte sich erstrecken bis zum 15. April desselben Jahres; an diesen Daten soll eine internationale Kommission, mit der Fähigkeit zur Inspektion vor Ort die Erfüllung des vorliegenden Vorschlages feststellen. Dieser Zeitraum der Feuereinstellung kann in gegenseitigem Einvernehmen verlängert werden.
3. 15 Tage vor der Inkraftsetzung der konzertierten Feuereinstellung (1. März) werden die Truppen des EPS/Sandinistische Armee ihre Offensivoperationen im ganzen Lande suspendieren, um zu ermöglichen, daß die irregulären Gruppen sich mit Garantien für ihre Sicherheit in die Zonen der Feuereinstellung bewegen. Die Truppen des EPS, die zum Zeitpunkt des Inkrafttretens der Feuereinstellung in den Feuereinstellungszonen operieren, bewegen sich zur Sammlung an die Orte, die bestimmt werden.
4. Nach Herstellung der Feuereinstellung tritt für jede Feuereinstellung eine gemischte Militärkommission von technischem Charakter in Funktion, in der das EPS und die irregulären Gruppen vertreten sind, mit dem

Ziel, die Probleme zu lösen, die während der Wirksamkeit der Feuereinstellung auftreten.

5. Die zivilen- und Ordnungs-Behörden behalten sich das Recht vor, sich in den vorher erwähnten Zonen zu bewegen, in Erfüllung ihrer normalen Funktion. Die irregulären Gruppen enthalten sich der Einmischung in diese Regierungsaktivitäten, ebenso wie der Beeinträchtigung gleich in welcher Form des Lebens und des Eigentums der Zivilbevölkerung oder des Eigentums des Staates in diesen Zonen.
6. Bewaffnete Gruppen oder Personen, die sich außerhalb der Feuereinstellungszonen befinden, werden bekämpft, ebenso wie diejenigen, die die Bestimmungen der Feuereinstellung verletzen.
   Die Untersuchung und unmittelbare Lösung von Konflikten, die zwischen beiden Teilen entstehen, sei es innerhalb oder außerhalb der Feuereinstellungszonen, wird in den Händen des Vermittlers oder seiner Vertreter und der zuständigen gemischten Militärkommission liegen. Die Regierung von Nicaragua wird dem Vermittler oder seinen Vertretern über individuelle Verletzungen der Feuereinstellung berichten, behält sich aber das Recht vor, ihre gesetzliche Jurisdiktion über alle und jeden einzelnen Gesetzesbruch innerhalb der Gesamtheit des nicaraguanischen Territoriums auszuüben.
7. In Übereinstimmung mit dem in Absatz 5 der Vereinbarungen von Esquipulas II festgelegten, müssen die irregulären Kräfte »sich des Empfangs von Hilfe enthalten«, solange die Feuerpause in Kraft ist. Die in den Abkommen der Präsidenten untersagte Hilfe ist jede Art von »militärischer, logistischer, finanzieller, propagandistischer Hilfe oder durch Stellung von Menschen, Waffen, Munition und Ausrüstung«, die »offen oder versteckt gegeben wird«, von Regierungen der Region oder außerhalb der Region.
8. Lieferungen, wie Bekleidung, Lebensmittel, medizinische Hilfe und ähnliche, die die irregulären Kräfte benötigen, während die Feuerpause in Kraft ist, können zur Verfügung gestellt werden, von oder über eine in gegenseitigem Einvernehmen bestimmte neutrale Organisation oder Institution, wie das Internationale Rote Kreuz.
9. Wenn der vereinbarte Zeitraum für die Feuerpause abläuft, beginnen die irregulären Gruppen ihre Waffen in Anwesenheit der unter Nummer 2 erwähnten internationalen Kommission, des Vermittlers oder seiner Vertreter und der nationalen Kommission für die nationale Versöhnung niederzulegen, an den Orten, die für diesen Zweck bestimmt werden. Es wird davon ausgegangen, daß sie mit diesem Akt automatisch der von der Regierung der Republik in Kraft gesetzten Amnestie unterliegen und daß sie sich in das nationale, politische Leben mit vollem Genuß ihrer Rechte integrieren können.
10. Um den Organisationen oder Personen, die die Waffen niederlegen oder sich in die Amnestie begeben, den Genuß jener Rechte und Freiheiten, die in der politischen Verfassung der Republik festgelegt sind, zu garan-

tieren, bildet die Regierung von Nicaragua eine internationale Sonderkommission, die aus den folgenden Organisationen zusammengesetzt sein könnte:

- Die internationale Überprüfungs- und Kontrollkommission (CIVS)
- Die Vereinten Nationen
- Die Organisation Amerikanischer Staaten
- Die Contadora-Gruppe
- Die Unterstützungsgruppe
- Die Christlich-demokratische Internationale
- Die Liberale Internationale
- Die Sozialistische Internationale
- Die Republikanische Partei der Vereinigten Staaten
- Die Demokratische Partei der Vereinigten Staaten.

11. Nachdem dieser Schritt erfüllt ist, können die irregulären Gruppen, die sich in die Amnestie begeben und die es so wünschen, ihre Titular und Ersatzdelegierten sowie Berater benennen, um sich in den von der Regierung von Nicaragua am vergangenen 5. Oktober 1987 eingerichteten nationalen Dialog zu integrieren, mit dem Ziel der Verwirklichung von »Maßnahmen für die nationale Versöhnung, die die vollgesicherte Beteiligung des Volkes an echten politischen Prozessen mit demokratischem Charakter auf der Grundlage von Gerechtigkeit, Freiheit und Demokratie ...«.
12. Die Regierung von Nicaragua wird auf die Nationale Interinstitutionelle Kommission, die damit beauftragt ist, die Wiedereingliederung der irregulären Elemente oder Gruppen zu erleichtern, die beschließen, sich in die nicaraguanische Gesellschaft und das politische Leben wieder einzufügen, hinwirken, daß sie sich stützt auf internationale Organisationen mit Erfahrung auf diesem Gebiet und auf Vertreter der Gruppen, die sich in die Amnestie begeben haben.
13. Sollte es Nicaraguaner geben, die in Aktivitäten mit den irregulären Kräften verstrickt sind und die nicht ins Land zurückkehren oder verbleiben wollen, verpflichtet sich die Regierung von Nicaragua Hilfe bei der internationalen Gemeinschaft zu beantragen unter Einschluß der entsprechenden spezialisierten Organisationen, damit sie in anderen Ländern angesiedelt werden können.
14. Wenn der Waffenstillstand vereinbart ist, die irregulären Kräfte ihre Waffen niedergelegt haben, die Amnestie akzeptiert und sich in das zivile Leben integriert haben, wird die Regierung von Nicaragua das Amnestiegesetz Nr. 33 anwenden.
    Für den Fall, daß eine Feuerpause nicht vereinbart wird, ist die Regierung von Nicaragua gleichermaßen bereit, besagte Personen zu befreien, wenn die Regierung der Vereinigten Staaten oder eine andere nichtzentralamerikanische Regierung beschließt, sie in ihrem Territorium aufzunehmen; sie können nach Nicaragua zurückkehren, wenn der Krieg beendet ist.
15. Die Regierung von Nicaragua bekräftigt, daß die irregulären Gruppen,

die sich in das zivile Leben integriert haben werden mit Gleichheit der Bedingungen und Garantien, an den Wahlen zum zentralamerikanischen Parlament und den Kommunalwahlen teilnehmen werden können, zu den Daten, die für diese bestimmt werden, ebenso wie an den allgemeinen nationalen Wahlen zu den Daten, die die politische Verfassung etabliert.

Zone Nr. 1

Mit einer territorialen Ausdehnung von 3000 Quadratkilometern umfaßt sie die Sektionen von:

Wamblan
Planes de Villan
Valle el Conzuelo
San José de Bocay
Tapal
Sabawas
Rivera del Rio Amaka
Rio Mora Tigni
Rio Lakus
Raiti

Zone Nr. 2

Mit einer territorialen Ausdehnung von 4200 Quadratkilometern umfaßt sie die Sektionen von:

Bocana de Paiwas
Comarca Quisaura
La Chinamos
El Jobo
Wapi
Cerro Wawasang
Cerro Waspado
Tumarin
Rivera del Rio Grande
San Pedro del Norte
Copalar

Zone Nr. 3

Mit einer territorialen Ausdehnung von 3000 Quadratkilometern umfaßt sie die Sektoren von:

Verdun
Cerro Montiel
Cano Mejia

Rio Agua Zarca
Atlanta
Colonia German Pomares Ordonez
Providencia
Nuevo Leon

Insgesamt sind das 10 800 Quadratkilometer.

10. Entwurf für ein Abkommen zwischen der verfassungsmäßigen Regierung der Republik Nicaragua und dem nicaraguanischen Widerstand über den endgültigen Waffenstillstand

Die verfassungsmäßige Regierung der Republik Nicaragua.

Als Beweis der gegenüber dem nicaraguanischen Volk eingegangenen Verpflichtung, damit fortzufahren, ein pluralistisches System mit Mitbestimmung voranzutreiben, das die Förderung sozialer Gerechtigkeit, die Respektierung der Menschenrechte, die Souveränität und die territoriale Integrität Nicaraguas beinhaltet sowie das Recht der Nicaraguaner, ihr wirtschaftliches, politisches und soziales Modell in freier Willensentscheidung und ohne äußere Einmischung zu bestimmen.

Entschlossen, damit fortzufahren, ein demokratisches, parlamentarisches und pluralistisches System zu vervollkommnen, das die Bildung von politischen Parteien und die wirkliche Beteiligung des Volkes an Entscheidungsfindungen garantiert, sowie den freien Zugang der verschiedenen Meinungsströmungen zu ehrlichen und regelmäßigen Wahlprozessen sicherstellt, begründet auf der strikten Einhaltung der Bürgerrechte der Nicaraguaner. Darauf bestehend, mit der Schaffung der Bedingungen, die jeder Demokratie innewohnen, fortzufahren.

Zusammen mit dem nicaraguanischen Widerstand.

Im vollständigen Bewußtsein der Friedenssehnsucht der Nicaraguaner. Daß der Frieden das höchste Gut der Völker ist und unabdingbare Voraussetzungen für die Entwicklung.

Gleichermaßen in dem Bewußtsein, daß es ohne Entwicklung unmöglich ist, ein demokratisches und pluralistisches System bei Mitbestimmung zu vervollkommnen und zu festigen.

Die historische Herausforderung akzeptierend, eine friedliche Zukunft für Nicaragua zu schmieden.

In der Verpflichtung, für den Frieden zu kämpfen und den Krieg auszumerzen.

Daher

Die verfassungsmäßige Regierung von Nicaragua und der nicaraguanische Widerstand, versammelt in Managua, Hauptstadt von Nicaragua, an den Tagen 15., 16., 17. und 18. April 1988 mit dem Ziel, den endgültigen Waffenstillstand zu beschließen und den Krieg zu beenden, all das im Geiste und unter Einhaltung der Abkommen von Esquipulas II und dem am 23. März 1988 in Sapoá unterzeichneten Abkommen in der bezeugenden Anwesenheit von seiner Eminenz Kardinal Miguel Obando y Bravo und seiner Exzellenz, Botschafter Joao Clemente Baena Soares, Generalsekretär der Organisation Amerikanischer Staaten.

Kommen überein:

1. Den Krieg endgültig und unabänderlich zu beenden, zugunsten des Friedens, der Einheit und der nationalen Versöhnung und die in dem vorliegenden Abkommen vorgesehenen Fristen des Wiedereingliederungsprozesses in das friedliche Leben aller Angehörigen der irregulären Kräfte des nicaraguanischen Widerstandes einzuhalten.
   Für die Einhaltung dieses Abkommens verlängert sich um 30 Tage bis zum 1. Juli 1988 die Einstellung aller militärischen Offensivmaßnahmen zwischen der Regierung von Nicaragua und den irregulären Kräften, wie sie in Sapoá am 23. März 1988 vereinbart wurden.

Standorte

2. Innerhalb einer Siebentagefrist, die am 19. April beginnt und am 25. April endet, beide Daten diesen Jahres, schließt die verfassungsmäßige Regierung von Nicaragua die Verlegung ihrer Truppen und Sicherheitskräfte aus den Zonen, in die die Kräfte des nicaraguanischen Widerstandes einziehen werden, ab. Die Zonen, die auf der beiliegenden Karte eingezeichnet sind, sind fester Bestandteil dieses Abkommens.
   Anschließend nehmen die Kräfte des Widerstandes innerhalb einer Frist von 20 Tagen, beginnend am 25. April und am 15. Mai endend, beide Daten dieses Jahres, ihre Standorte.
3. Das im vorausgehenden Absatz erwähnte militärische Personal, ebenso wie die Fahrzeuge, Schiffe und Flugzeuge in dessen Gebrauch, unterläßt es, in diese Zonen während der Frist der Aussetzung militärischer Operationen einzudringen, außer in von den in Absatz 17 dieses Abkommens vorgesehenen gemischten Kommissionen im voraus vereinbarten Fällen oder in Notfallsituationen.
4. Die nicaraguanische Regierung, in Ausübung ihrer gesetzmäßigen Verpflichtungen und in Übereinstimmung mit dem Wortlaut des vorliegenden Abkommens, wird die Freiheit und Sicherheit sowie die physische und moralische Integrität der Kräfte des nicaraguanischen Widerstandes, die sich in diesen Zonen befinden, respektieren.
5. Die Kräfte des Widerstandes werden in die vereinbarten Zonen mit ihrer vollständigen Waffenausrüstung, Munition und Nachrichtengerät einziehen und bleiben im Besitz ihrer militärischen Ausrüstung während des vereinbarten Zeitraumes.
6. Innerhalb der Abmessungen der Zonen und in deren Randgebieten werden das sandinistische Volksheer und die Kräfte des Widerstandes ihre militärische Lage weder qualitativ noch quantitativ verändern.
7. Um die notwendigen Sicherheitsmaßnahmen zu gewährleisten und das vorliegende Abkommen wirksam werden zu lassen, werden die gemischten Kommissionen gemeinsame Anstrengungen zur Neutralisierung von Minen und anderen Explosivkörpern in den Abmessungen der Zonen und deren Randgebieten unternehmen.

8. Die in den vereinbarten Zonen vorhandenen, von der nicaraguanischen Regierung dargebrachten Dienstleistungen werden auf normale Weise weiterfunktionieren.
9. Mit der Absicht, Zwischenfälle in den vereinbarten Zonen vorzubeugen, wird die nicaraguanische Regierung darauf verzichten, innerhalb der in Artikel 1 vereinbarten Frist, die am 1. Juli 1988 abläuft, Artilleriegeschütze in einer geringeren Entfernung als deren maximaler Reichweite aufzustellen. Ebenso verzichtet sie darauf, im Umkreis der Zonen militärische Aktivitäten zu entfalten.
10. Die Verifizierungskommission, ins Leben gerufen mit dem Abkommen von Sapoá vom 23. März, verfügt über eine Frist von nicht mehr als sieben Tagen, bemessen zwischen dem 16. und dem 22. Mai 1988, um den Standort, die Anzahl und die Identität der Angehörigen der Kräfte des Widerstandes in den Zonen zu ermitteln.

Versorgung mit humanitärer Hilfe

11. Von dem Augenblick an, in dem die Verifizierungskommission ihre Mitteilung herausgibt über die Standorte der irregulären Kräfte des Widerstandes in den Zonen, gewährt die Regierung von Nicaragua alle nur möglichen Erleichterungen betreffs der Versorgung mit humanitärer Hilfe für diese Kräfte, in Übereinstimmung mit Artikel 4 des Abkommens von Sapoá.
    Das Internationale Komitee des Roten Kreuzes wird zu dem Organismus ernannt, der mit der humanitären Hilfe beauftragt wird.
    Zu dem Zweck, die diesbezügliche Versorgung zu gewährleisten, werden die Regierung von Nicaragua und das Internationale Komitee des Roten Kreuzes alle für die rasche Übergabe der humanitären Hilfe notwendigen Vorrichtungen zur Verfügung haben.
    Die humanitäre Hilfe wird ausschließlich an diejenigen Angehörigen der irregulären Kräfte übergeben, die sich innerhalb der vereinbarten Zonen befinden und somit im Prozeß der Wiedereingliederung in ein normales Leben innerhalb der vereinbarten Fristen. In Übereinstimmung mit Artikel 4 des Abkommens von Sapoá, von Esquipulas und internationalem Recht können Angehörige des Widerstandes, die bewaffnet in Nachbarländern verbleiben, keinerlei Hilfsleistungen erhalten.
12. Die von der Verifizierungskommission verordneten Kontrollmechanismen betreffs der Versorgung mit humanitärer Hilfe werden angewandt:
    a) an den Abfahrtsorten,
    b) während des Transportes der Fracht,
    c) an den Endpunkten für den Empfang.
13. Sobald die humanitäre Hilfe übergeben ist, unterliegt alles bezüglich der Verteilung der betreffenden Hilfe an die Kräfte innerhalb der Zonen der alleinigen Verantwortung des Widerstandes.
14. Das Internationale Komitee des Roten Kreuzes wird der Regierung von Nicaragua regelmäßig und möglichst frühzeitig einen entsprechenden

Zeitplan über den Land-, Luft- und Seeverkehr sowie anderer vorlegen, sowie über die Abstände der Transportmittel und deren Kennzeichnung, vorbestimmte Verkehrspunkte sowie Daten und Uhrzeit der Übergabe der Versorgungsgüter. Die Behörden der nicaraguanischen Regierung garantieren den schnellen Fluß der Versorgungsgüter, soweit es in ihren Zuständigkeitsbereich fällt.

Kommunikations- und Zugangsmöglichkeiten

15. Die Bewegungs- und Verständigungsmöglichkeiten zwischen den Zonen für die Chefs und Angehörigen der irregulären Kräfte des nicaraguanischen Widerstands werden in Übereinstimmung mit den gemischten Kommissionen abgewickelt und, wenn einmal von diesen genehmigt, mit Hilfe der Regierungsbehörden und unter dem Schutz der Verifizierungskommission durchgeführt. Auf der Karte der Anlage Nr. 1 sind die Kommunikationsmöglichkeiten auf dem Lande zwischen den Zonen eingezeichnet.
16. Wegen der Notwendigkeit einer ununterbrochenen und beständigen Verständigung, die das Befehligen und die Kontrolle der Kräfte des Widerstandes sichert, verpflichtet sich die Regierung von Nicaragua, die Funkverbindungen des Widerstandes in keiner Form zu stören oder zu interferieren.

Gemischte Kommissionen

17. In jeder Zone werden gemischte Kommissionen eingesetzt, die von maximal fünf Vertretern der verfassungsmäßigen Regierung von Nicaragua und des nicaraguanischen Widerstandes gebildet werden. Die Vertreter der Verifizierungskommission fungieren als Zeugen der Arbeit der gemischten Kommissionen.
    Die Aufgaben der gemischten Kommissionen werden in der Durchführung der Abkommen bis zum 1. Juli 1988 bestehen und in der Lösung von mit diesem Abkommen verknüpften Problemen, die in jeder Zone auftreten können.
18. Vermittels des Wortlauts dieses Abkommens werden in bezug auf jede vereinbarte Zone die folgenden Bezugspunkte festgelegt:
    Für die Zone 1 – Quilalí
    Für die Zone 2 – San José de Bocay
    Für die Zone 3 – Kuskawas
    Für die Zone 4 – La Piñuela
    Für die Zone 5 – La Fonseca
    Für die Zone 6 – Bilwaskarma
    Für die Zone 7 – Alambikamba
    An diesen Bezugspunkten werden sowohl die gemischten Kommissionen als auch die Vertreter der Verifizierungskommission arbeiten.

Garantien für die Zivilbevölkerung

19. Diejenigen Bevölkerungsteile in den Gebieten, aus denen sich die Kräfte des Widerstandes zurückziehen, die Beziehungen zu Aktivitäten der irregulären Kräfte des Widerstandes hatten, »werden nicht vor Gericht gestellt und weder bestraft noch verfolgt wegen der Aktivitäten politischen Charakters, die sie entwickelt haben könnten«. Die Verifizierungskommission wird über die strikte Einhaltung dieses Punktes wachen.
20. Vom 1. Juli 1988 ab und in dem Maße, wie Zone für Zone sich der Zeitplan für die Wiedereingliederung ins zivile Leben der Kräfte des Widerstandes vervollständigt, können die aus Kriegsgründen Abgewanderten mit allen Garantien an ihre Heimatorte zurückkehren, wenn sie es aus freien Stücken so wünschen.
21. Die Regierung von Nicaragua garantiert den Zugang zu den vereinbarten Zonen für die Familienmitglieder der Angehörigen der irregulären Kräfte, die sich innerhalb derselben befinden, sowie den von Ärzten und medizinischem Hilfspersonal, Händlern, Vertretern neutraler Organisationen und humanitären, kulturellen und religiösen Institionen sowie nationalen und internationalen Presse. Zu diesem Zweck legen die gemischten Kommissionen Zugangspunkte fest.
22. Die in den Zonen wohnenden nicaraguanischen Bürger genießen weiterhin alle Rechte, die die Verfassung und die Gesetze der Republik ihren Bürgern gewähren. Zu diesem Zweck ermöglicht die Regierung die Versorgung, freie Bewegungsmöglichkeiten, Arbeit und Handel der Zivilbevölkerung, die sich in den Zonen befindet, sowie deren Kommunikation und Transport, um ihre wirtschaftlichen Aktivitäten zu gewährleisten. Das Leben, Eigentum und die Aktivitäten der Zivilbevölkerung sowie das Staatseigentum dürfen in keiner Weise angetastet werden.
Die nicaraguanische Regierung wird für jede Zone die Mechanismen und Möglichkeiten des Bankverkehrs aufrechterhalten, die eine normale Abwicklung der Bezahlung von Gütern und Diensten erlaubt.

Amnestie

23. Sobald die Bestätigung des Standortes in den Zonen durch die Verifizierungskommission vorliegt, wird die Regierung von Nicaragua, innerhalb der gesetzmäßigen Vorgehensweisen, spätestens am 20. Mai 1988, die Amnestieverordnung, die im 2. Absatz von Artikel 3 des Abkommens von Sapoá vorgesehen ist, die besagt: »In dem Moment, in dem der Einzug der Kräfte des nicaraguanischen Widerstands in die gemeinsam vereinbarten Zonen festgestellt ist, werden 50 Prozent der Häftlinge freigelassen.«
24. Nach Abschluß des Wiedereingliederungsprozesses ins zivile Leben der Kräfte des Widerstandes, die auf die ersten vier Zonen entfallen, in Übereinstimmung mit dem Zeitplan des Artikels 27 aufgezeigten,

13. Juni und nach vorheriger Bestätigung durch die Verifizierungskommission, wird die Regierung von Nicaragua die Amnestieverordnung erlassen, die, entsprechend dem Artikel 3 der Abkommen von Sapoá, die restlichen 50 Prozent der »wegen Vergehens gegen das Gesetz zur Aufrechterhaltung der öffentlichen Ordnung und Sicherheit vor Gericht Gestellten und Verurteilten« begünstigt.

25. Im Falle der Häftlinge, die im letzten Teil des ersten Absatzes von Artikel 3 des Abkommens von Sapoá berücksichtigt sind, wird mit deren Freilassung nach der Unterzeichnung des vorliegenden Abkommens begonnen werden, nach vorherigem Gutachten der Interamerikanischen Menschenrechtskommission der Organisation Amerikanischer Staaten.

Einbeziehung in den nationalen Dialog

26. Nachdem durch die Verifizierungskommission die Standortbestimmung der irregulären Kräfte des Widerstands zu den Zonen herausgegeben wurde, werden sich die Vertreter der politischen Organisationen, die dem nicaraguanischen Widerstand angehören, in den nationalen Dialog eingliedern, in Übereinstimmung mit Artikel 6 des Abkommens von Sapoá.

Der Prozeß der Wiedereingliederung ins zivile Leben

27. Zwischen dem 1. Juni und dem 1. Juli 1988 wird begonnen, den Prozeß der Wiedereingliederung der irregulären Kräfte des Widerstands in das zivile Leben in fortschreitender Form, Zone für Zone und in Übereinstimmung mit folgendem Zeitplan zu vervollständigen:

Zone Nummer 1:	vom	1. Juni	bis	4. Juni
Zone Nummer 2:	vom	5. Juni	bis	8. Juni
Zone Nummer 3:	vom	9. Juni	bis	12. Juni
Zone Nummer 4:	vom	13. Juni	bis	16. Juni
Zone Nummer 5:	vom	17. Juni	bis	20. Juni
Zone Nummer 6:	vom	21. Juni	bis	24. Juni
Zone Nummer 7:	vom	25. Juni	bis	28. Juni

Die Wiedereingliederung der Kräfte des Widerstandes ins normale Leben wird vermittels der Amnestie und der Übergabe von Kriegsmaterial im Besitz des Widerstandes durchgeführt. Beide Vorgehensweisen werden durch die Verifizierungskommission bestätigt.

28. Das Kriegsmaterial in Händen des Widerstandes wird der Verifizierungskommission übergeben werden. Im Moment der Waffenübergabe wird die Regierung von Nicaragua vermittels eines Dokumentes, das als individuelle Urkunde übergeben wird, die Eingliederung ins zivile Leben und damit die vollständige Nutznießung der Rechte und Garantien, festgeschrieben in der Verfassung und sonstigen Gesetzen der Republik, bescheinigen.

29. Das übergebene Kriegsmaterial wird für den Zeitraum von einem Jahr unter der Kontrolle der Verifizierungskommission gelagert. Über seinen Verbleib wird im Rahmen des Artikels 7 des Abkommens von Esquipulas II, betreffs der verbleibenden Punkte, die im Rahmen von Contadora im Hinblick auf Sicherheit, Kontrolle und Waffenbeschränkungen in der zentralamerikanischen Region, zu behandeln sein werden, entschieden.
30. Die irregulären Kräfte, die sich nach dem 15. Mai außerhalb der vereinbarten Standortzonen befinden, weil sie das vorliegende Abkommen und das Abkommen von Sapoá nicht befolgen, kommen nicht in den Genuß der Vorzüge und Garantien, die in diesen verankert sind.
31. Die Verifizierungskommission bestätigt die Einhaltung des vorliegenden Abkommens.
    Die verfassungsmäßige Regierung von Nicaragua und der nicaraguanische Widerstand bieten alle Möglichkeiten dar, damit die Verifizierungskommission mit absoluter Freizügigkeit ihre Aufgaben der Verifizierung durchführen kann.
    Im Falle jedweder Unstimmigkeit bestimmt die Verifizierungskommission über die endgültige Auslegung dieses Abkommens und über die nichtgelösten Fälle der gemischten Kommissionen. Zur Einhaltung dieser Abkommen gibt die Verifizierungskommission der Regierung von Nicaragua und dem Widerstand ihre Erfordernisse bekannt.
32. Dieses Abkommen wird unterzeichnet in Übereinstimmung mit der Berufung des nicaraguanischen Volkes zu einem festen und dauerhaften Frieden und um eine Etappe des Wiederaufbaus von Nicaragua zu beginnen, deren am höchsten respektiertes Wappenzeichen die Unabhängigkeit und die nationale Souveränität sind, ebenso wie Demokratie und das Recht des nicaraguanischen Volkes weiterhin in uneingeschränkter Freiheit sein eigenes politisches, wirtschaftliches und soziales System zu wählen.

Dieses Abkommen stellt einen historischen Beitrag für den Frieden, die Unabhängigkeit und die regionale Kooperation in Zentralamerika dar.

Zur Beglaubigung unterzeichnen wir, die Unterschreibenden, das vorliegende Abkommen in vier gleichlautenden Ausführungen in Managua, Hauptstadt von Nicaragua, am achtzehnten Tag des Monats April neunzehnhundertachtundachtzig.

Bildquellenverzeichnis

Associated Press Frankfurt: S. 330

Bundesbildstelle Bonn: S. 248 unten

dpa Düsseldorf: S. 228 unten, 239 unten, 252

dpa Frankfurt: S. 195 oben, 232, 291 unten

dpa München: S. 45, 227 oben, 296

F. W. Holubovsky, Köln: S. 355 unten

Max Machol, New York: S. 252

Privat: S. 15 oben und unten, 24 unten, 57 unten, 85, 98, 111, 161, 239 oben, 291 oben, 321 oben und unten, 355 oben

Sven Simon, Bonn: S. 181

Dietrich Spranger, Köln: S. 24 oben

Bilderdienst Süddeutscher Verlag: S. 38 oben und unten, 57 unten, 65, 134 oben und unten, 142, 184, 195 unten, 199, 227 unten, 228 oben, 248 oben

Ullstein Bilderdienst, Berlin: S. 74

Personenregister

A

Abbas, Ferhat 109
Abdalla, Mohamed 399f.
Adenauer, Konrad 26, 28, 50, 78, 101, 117, 120, 124, 163, 353
Agustsson, Einar 184
Albertz, Heinrich, Pastor 210
Allende, Salvador 277ff.
Altamiro, Clodomiro 278
Apel, Hans 235
Amerongen, Otto Wolff von 25
Anaya Sanabira, Herbert 309, 311
Andropow, Jurij W. 91
Arafat, Jassir 130f., 159ff., 167, 170ff., 399f.
Arce, Bayardo 302, 321
Arias Sanchez, Oscar 297, 299, 301f., 322, 342
Azcona, José 310

B

Baader, Andreas 202, 207, 210, 215, 231, 236
Bahr, Egon 90
Barberene, Arturo Salazar 334
Barschel, Uwe 34f.
Becker, Verena 215
Begin, Menachem 148, 164, 166f., 192, 405
Belagassem, Yunis 208
Belkassem, Abd el-Krim 271
Ben Bella 110, 123
Ben Gurion 124, 163
Benirschke, Hans 141
Ben Khedda 109
Ben Tobal 123
Ben Yahia 108
Benzoni, Alberto 399
Bermudez, Enrique 345
Bischop, Maurice 273
Bin Rashid, Sheik Mohammed 219f.
Bin Sultan Al Nahayan, Sheik Zayed 219ff.
Blecha, Karl 399
Blüm, Norbert 158, 249, 282
Böden, Gerhard 204, 218
Boigny, Houphonet 42
Bokassa, Jean Bédel 47
Böll, Heinrich 23f.
Bölling, Klaus 92, 193, 204, 248
Bonilla, Oscar 279f.
Börner, Holger 21, 66, 77, 364
Boumedienne 142, 208
Bourgiba, Habib 38, 42, 143, 151, 171
Bouteflika, Abdul Aziz 141
Brändle, Reinhold 223
Brandt, Brigitte 360
–, Willy 23, 29, 48ff., 54, 56, 60, 64ff., 80ff., 87ff., 95, 101, 122f., 126, 128, 130, 140, 143f., 162, 166, 177, 186, 198ff., 244, 247, 257ff., 262ff., 289, 294, 298, 314f., 326, 353ff., 391, 395, 414f., 420
Brauchitsch, Eberhard von 204ff.
Brauer, Max 262
Braun, Sigismund von 140
Braunmühl, Gerold von 273
Bräutigam, Hans-Otto 92, 253
Brentano, Heinrich von 114f.
Breschnew, Leonid 89f., 250, 284, 415
Brück, Alwin 279, 282f.
Brzezinski, Zbigniew 265
Buback, Siegfried 203, 273, 406
Buchstaller, Werner 22
Budtz, Lasse 399
Burauen, Theo 24, 26
Burger, Norbert 27, 98
Bush, George 349

C

Cabral, Amilcar 272
Calero Portocarrero, Adolfo 329f., 334, 345

Callaghan, James 235
Carazo, Jaime Morales 319, 334, 345
Cardinal, Ernesto 321
Carstens, Karl 114
Carter, Jimmy 264 ff., 287, 303
Castro, Fidel 277, 287 ff.
Ceausescu, Nicolae 88
Cesar Aguirre, Alfredo 328 f., 334, 344 f.
Chaddam, Abd el-Halim 150 f.
Chalid, König von Saudi-Arabien 222
Chaisson, Claude 245
Chenal, Alain 399
Chruschtschow, Nikita 89
Churchill, Winston Sir 101
Clement, Wolfgang 354, 359
Collemann, Osorno 334
Cordes, Rudolf 183
Corvalan, Louis 283 f.
Couve de Murville, Maurice 122

D

Dahlgrün, Rolf
Daric, Ruben 301
Dellwo, Karl Heinz 215
d'Escorto, Miguel 320
Dingels, Hans-Eberhard 38, 127, 130, 145, 150, 170
Dregger, Alfred 294
Drenkmann, Günter von 202
Duarte, Ines 289 ff.
–, Napoleon 289 f., 308 f., 311 f., 322, 340, 349
Dubcek, Alexander 86

E

Ebert, Friedrich 69, 99
Echeverria, Alvarez 285
Ehmke, Horst 72 f., 101
Ensslin, Gudrun 202, 213, 215, 231, 236
Eppler, Erhard 52, 66
Erhard, Ludwig 50, 124 ff.
Ertl, Josef 196
Eschenburg, Theodor 87
Eyadema, Gnallingbe 44 ff., 53, 197

F

Faisal, König von Saudi-Arabien 272
Fanon, Frantz 109
Fernandez-Torrecilla, Francisco Ramos 399
Finckh, Herrmann 43 f.
Fischer, Oskar 251, 253
Frangi, Abdalla 172
Frangié, Suleiman 144
Frank, Paul 114, 145
Fredrikson, Conny 399
Frei, Eduardo 280
Friderichs, Hans 182
Fröhlich, Siegfried 204
Fuchs, Jockel 111

G

Gaebel, Martin 218, 225
Gandhi, Indira 273
Gansel, Norbert 22, 167 ff.
Garbers 407 ff.
Gaulle, Charles de 101, 122
Gaus, Günter 92
Gemayel, Bechir 424
Genscher, Hans-Dietrich 92 f., 149, 177 ff., 187 f., 196, 204, 247, 250 ff., 293 f., 395
Gerstenmaier, Eugen 124
Ghaddafi, Muammar Al 155
Giscard d'Estaing, Valéry 245
Glotz, Peter 245, 247, 258 f., 356, 358, 362 f.
Gobzadegh, Sadegh 266
Goldman, Nahum 167 f.
Gomulka, Wladyslaw 80
Gonzales, Philippe 263 f.
Gorbatschow, Michail 91, 250, 339
Grass, Günter 87
Gromyko, Andrej 90
Gscheidle, Kurt 68
Guadalupe, Ana Maria 289
Güde, Max 115 ff.
Guilleaume, Günter 177

H

Häkkerup, Peer 19
Hamilton, Lee 320
Halstenberg, Friedrich 258
Hansen, Werner 28
Hassan, Kronprinz von Jordanien 401
Hauptmann, Gerhard 13

Hausner, Siegfried 216f., 405
Heine, Fritz 393
Heinemann, Gustav 68f., 72, 117
Herold, Horst 204f.
Herr, Trude 24
Hindenburg, Paul von Beneckendorff und 99
Hirsch, Burkhard 243
Hitler, Adolf 13f., 41, 100, 155, 233
Höcherl, Hermann 242
Höffner, Joseph, Kardinal 25
Holleben, Ehrenfried von 118f.
Honecker, Erich 94, 251, 415, 421
Hoppe, Werner 215
Huonker, Gunter 92
Hupka, Herbert 81f.
Hussein, König von Jordanien 127, 132, 139f., 171
Hüssler, Georg 127

J

Jagger, Bianca 311
–, Mick 311
Jalloud, Abdel Salam 155
Jansen, Michael 293
Jaruzelski, Wojcieck 83
Jenniger, Philipp 253
Jerosch, Horst 132
Jeschke, Peter 131f.
Jimenez, Almirante Ramón Emilio 334, 345
Jospin, Lionel 245, 263
Jumblatt, Walid 169
Junghans, Hans Jürgen 66
Juan Carlos, König von Spanien 263

K

Kadar, Janos 85f.
Karl der Große 152
Karry, Heinz-Herbert 273
Kassem, Mouloud 107, 114ff., 208
Katzer, Hans 28
Kennedy, John F. 101, 271
Keramane, Hafid 107, 110, 115ff., 125
Khomeini, Ayatollah 157f.
Kiesinger, Georg 49, 58, 69, 87, 126, 141, 391
Kiewitt, Peter 47, 204, 207, 209, 218, 226
Kiff-Wischnewski, Gika de 45
Kinkel, Klaus 254
Kissinger, Henry 284
N'krumah, Kwame 39, 42
Kliszko, Zenon 80f.
Klose, Hans-Ulrich 357f., 362f.
Knies, Günter 294f.
Kohl, Helmut 92f., 191, 244, 250, 253f., 294, 359, 367, 415
–, Michael 91, 194f.
Kohut, Pavel 87
Koschnik, Hans 244
Krabbe, Hanna 215
Kreisky, Bruno 162, 166
Kühn, Heinz 72

L

Lafontaine, Oskar 362
Lambsdorff, Otto Graf 247, 250
Leber, Georg 392f., 396
Ledo, Muñoz 285
Legalle, Gerard 399
Lenin 101
Letelier, Orlando 272
Lizin, Annemarie 399
Lopez, Walter Calderón 334
Lorenz, Peter 202, 210
Lübke, Heinrich 54ff., 68, 272
Lumumba, Patrice 271

M

Madrid, Miguel de la 285
Maher, Abu 129, 131
Maihofer, Werner 204, 228, 233, 236, 238, 410
Malek s. Keramane, Hafid
Manescu, Corneliu 88
Marcisz, Heinz 223
Mathiopoulos, Margarita 356f., 360, 362
Matthöfer, Hans 202, 261
Mboya, Tom 271
Meinhof, Ulrike 202
Meins, Holger 202
Meir, Golda 164ff.
Membreno, Diogenes Hernandez 334
Mende, Erich 50
–, Peter 128, 135
Meyers, Franz 21

Millowitsch, Willy 23
Mischnik, Wolfgang 71
Mittag, Günter 251
Mitterrand, François 245f.
Mobuto, Sésé Séko 47
Mohammed, Prophet 158
Moldt, Ewald 91, 194
Möller, Alex 70ff., 393, 395
–, Irmgard 215, 236
Mollet, Guy 120
Mondlane, Eduardo 271
Monge, Louis Alberto 299
Moro, Aldo 272
Mubarak, Hosni 172
Müller, Günter 21
–, Heinrich 48

N

Nachman, Werner 167
Nasser, Gamar Abd el- 125, 147f.
Nau, Alfred 69f., 391, 393
Navarrete, Hugo 311
Niemöller, Martin, Pastor 216
Noriega, Antonio 288, 340
Numeiri, Gaafar Mohamed 145f.
Nyerere, Julius 42

O

Obando y Bravo, Miguel, Kardinal 302f., 314, 316f., 323ff., 330f., 333f., 430, 435
Ollenhauer, Erich 20, 28, 120f., 262, 266, 361
Olympio, Sylvanus 43, 271
Oqueli, Hector 311
Ortega Saavedra, Daniel 289, 297, 302, 304, 314, 316f., 321f., 324, 326, 329f., 347
–, Humberto 321, 326, 328ff., 334, 337

P

Palme, Olof 273
Payot, Denis 206, 212f., 216
Peres, Carlos Andres 286
–, Schimon 162f., 167, 170f.
Peron, Juan D. 185
Piatkowski, Waclaw 82
Pieler, Roland 223
Pinochet Ugarte, Augusto 269, 278, 281ff.
Pittermann, Bruno 267
Ponto, Jürgen 203, 273, 406
Portillo, López 285
Posser, Dieter 117

R

Rabin, Yitzhak 401
Rafsandjani, Ali Akbar Haschemi 183
Ramirez, Sergio 302
Rappe, Hermann 361
Raspe, Jan-Carl 202, 212f., 215, 231, 236
Rau, Johannes 243, 260, 353ff., 359, 362
Ravenschlag 407ff.
Reagan, Ronald 246, 265f., 287f., 294, 299, 313, 319f., 322, 339, 341, 413
Rebmann, Kurt 204
Reichard, Herbert 218
Reichler, Paul 314, 316f., 319, 329, 334, 345f., 350
Reitsch, Hanna 42
Renger, Annemarie 82
Reza Pahlevi, Schah von Persien 157, 183, 287
Rifai, Said 129, 137
Rivera y Damas, Erzbischof 309
Rocha, Fernando Aguero 334
Rommel, Manfred 233
Rosenberg, Ludwig 87
Rössner, Bernd 215
Roth, Wolfgang 22
Ruhnau, Heinz 204, 407ff.
Rushdie, Salman 158
Rusnak, Josef 295

S

Sadat, Anwar el- 148ff., 165f., 272
Salewski, Wolfgang 218
Sanches, Herdocia, Aristides 334, 345
Santos, Marcellino dos 38
Sartawi, Issam el- 162, 272
Sauvaynargues, Jean 180
Schäuble, Wolfgang 255
Scheel, Walter 50, 71, 78, 81f., 130, 139, 177, 237, 395
Scherpenburg, Hilger von 114

Schewardnadse, Eduard A. 401
Schiller, Karl 51, 56, 62, 70, 72 f., 392, 396
Schlei, Maria 186
Schleyer, Hanns Martin 203 ff., 219, 223, 235 f., 241 f., 273, 406
Schmid, Carlo 78
Schmidt, Helmut 59, 70, 72 ff., 78, 80, 86, 148 f., 177, 186 ff., 206 f., 213, 216, 218, 221 f., 224, 235 ff., 243 ff., 263, 361, 366 f., 391, 395, 407 ff., 414 f., 417, 421
Schröder, Gerhard 68
Schubert, Ingrid 215
Schüler, Manfred 193, 204, 213, 254
Schumacher, Kurt 18
Schumann, Jürgen 203, 222 ff., 228, 231, 237
Schütz, Klaus 198
Senghor, Leopold Séder 42
Shultz, George Pratt 160, 294
Siad Barre 223 f., 230, 239, 265
Silva, Kardinal 283
Soares, Joao Clemente Baena 326, 329, 331, 333 f., 435
Soares, Mario 264
Sonnenberg, Günter 215
Spreti, Karl, Graf von 119
Stalin 14, 89
Stehle, Emil, Bischof 290, 293 ff., 309, 319
Steiner, Rolf 35, 146
Stobbe, Dietrich 200
Strauss, Bob 265
Strauß, Franz Josef 56, 83, 222, 240, 282
Streiter, Georg 357
Stücklen, Richard 190

T

Talhuni, Bahjat 132
Thoon, Gaston 180
Tinoco, Victor Hugo 316 f.
Tolbert, William Richard 272
Torrijos Herrera, Omar 286 ff.
Touré, Sekou 39, 42, 50, 53 f.
Tschernenko, Konstantin 91
Tschung-Hi, Park 272
Twal, Ghazi 218, 220

U

Ulbricht, Walter 125
Ulmer, Helmut 223
Ungo, Guillermo 311
Urroz Castillo, Roberto 334
Utter, Werner 218, 236, 407 f.

V

Väänänen, Pentti 399
Vance, Cyros 265
Vanzetti, Dr. 294
Verheugen, Günter 356
Vetter, Oskar 214
Vitor, Jürgen 228
Vogel, Hans-Jochen 90, 204, 238, 260, 298, 314 f., 356, 362, 366 f.
–, Wolfgang 94, 269
Voigt, Karsten 22, 38

W

Wasfi Mustafa at-Tell 271
Wegener, Ulrich 226 f.
Wehner, Herbert 49, 51, 67 f., 70, 72 f., 121, 164 ff., 186, 231, 235, 247, 391, 414 f.
Weinberger, Caspar Willard 413
Weizsäcker, Richard von 248 f., 294
Well, Günther van 204, 212, 253
Weyer, Willy 72
Wieczorek-Zeul, Heidi 22
Wright, Jim 342

Z

Zaldivar, Batista y 288
Zamorra, Ruben 311
Zarapkin, Semjon 101
Zereso, Vinicio 297, 307, 322
Ziegler, Nes van 26
Zine el Abidine Ben Ali 171